本 著 作 获

咸阳师范学院学术著作出版基金

国家“一流专业”——汉语言文学专业建设经费

校级重点学科——中国语言文学学科建设经费

资　　助

先秦士人与司马迁

（增订版）

王长顺 著

XIANQIN SHIREN YU SIMA QIAN

人民出版社

目　录

下　篇

序

张 新 科

长顺同志的这本著作，是在他的硕士学位论文《先秦士人道义传统与司马迁〈史记〉的批判精神》基础上修改补充而成的。2003 年，长顺同志顺利通过高校教师攻读硕士学位招生考试，开始在我的门下学习。他为学严谨，刻苦努力，善于思考，勤于耕耘，在学期间发表了多篇论文，初步显示出了他的学术素养。学位论文写成之后，送校外专家盲审，得到了东北师范大学曹胜高教授、南京师范大学徐克谦教授、西北大学李志慧教授的肯定，三位专家对论文的评定成绩均为优秀。在毕业论文答辩会上，李浩、张弘、高益荣、傅绍良、高一农五位专家一致称赞学位论文有一定的学术性和理论性。最后，被答辩组评定为优秀硕士学位论文。此后的几年，长顺同志在繁忙的工作岗位上也没有停止学业的进步，2008 年通过博士入学考试成为我的博士生。近年来发表学术论文 10 多篇。在深入思考、不断提高的基础上，长顺同志对自己的硕士学位论文进行了认真的补充完善和深化。如今，修改稿即将付梓，作为导师和第一位读者，我很乐意对这部著作说几句话。

司马迁是世界文化名人，他的巨著《史记》具有百科全书的特点，学术界对于司马迁与《史记》的研究取得了多方面的成果，就司马迁与士人研究而言，单篇论文也不少。但是，把先秦士人与司马迁进行系统研究，并从思想、文化史的角度给予观照的尚不多见。该著作突破一般意义上的士风与司马迁研究，从先秦士人思想文化、精神传统等入手，探究这些思想精神在司马迁身上及其《史记》中的承继和发扬。尤其是将先秦士人的道义传统与司马迁《史记》的批判精神进行勾连，挖掘其间的联系，分析司马迁《史记》批判精神的渊源、目的、批判内容和表现形式，对以往的研究都有所超越。如著作认为，先秦士人所表现出的“崇道尚义”传统对司马迁的影响，乃是其在《史记》中表现出强烈批判精神的历史渊源。著作在有些方面还拓新了士人与司马迁研究的一些观点。如探讨先秦士人史鉴教育传统对于司马迁《史记》史学社会功用论的影响、先秦士人理性精神与《史记》的创作宗旨的关系等，都是对司马迁史学思想研究的有益补充。

著作结构宏大，逻辑严谨。全书除绪论和结语之外，共有14章，分为上下篇。上篇从精神传统、理想人格、学术思想、政治思想、历史意识、史传传统、道义传统等方面分析先秦士人对于司马迁的影响。与此同时，著作还注重论说司马迁在以上诸方面的继承、弘扬和创造，视野宏阔，境界高远。下篇选取孔子、孟子、老子、庄子、荀子、韩非子、屈原等先秦时期有代表性的士人，作为个案分析，探索其与司马迁的精神关联。这对于上篇的宏观研究来说，既是论据支持，又是观点印证。各章节之间层次分明，构成了完整统一的体系，这使得著作成为一部在论说先秦士人与司马迁方面较为详尽的专门著作。

著作有意识地体现思想文化视界与观照对象的有机结合。如在思想史方面，著作主要从先秦士人学术思想、政治思想方面研究其对司马迁的沾溉，而学术思想则选择了对中国思想文化影响深远的儒家、道家、法家，详细而具体地分析了它们对于司马迁《史记》的影响。在政治思想方面，就先秦士人重德思想、民本思想、法治思想在司马迁《史记》中的体现作了充分的阐释。在文化史方面，就精神传统而言，论述先秦士人的忧国忧民传统、“诗言志”传统、不朽意识等，并分别与司马迁的爱国思想、“发愤著书”说、《史记》创作之元动力相联系，考察它们之间的必然关系。就历史意识而言，又从史官文化、史鉴教育传统、理性精神等方面切入，分别阐释它们与司马迁的历史主体意识、史学社会功能、创作宗旨的贯通。这样的特点在著作中表现得十分明显。

任何研究都离不开对原著的深刻理解和有关资料的挖掘。长顺同志下了很大功夫对《史记》文本进行细读，从中探讨司马迁的思想与人文精神，不空发议论。同时，为了深入理解司马迁的思想、精神渊源，阅读了大量先秦典籍，中国古代经、史、子、集等有关的文献均有所涉及，并引用恰当，印证充分。而对于现当代的研究资料也广有涉猎，对其中有益的观点也进行了较好的借鉴，表现出长顺同志严谨的治学态度和朴实的学术作风。另外，著作也显示出了长顺同志较强的问题意识。如从先秦士人的道义传统思考司马迁《史记》的批判精神，实属难能可贵。更值得一提的是，著作提出先秦士人优秀传统对于后世读书人的影响途径、传承方式、接受过程等问题的研究，应当引起学界的关注，并以期这方面的研究对培养现代知识分子的社会责任、承当精神、理想人格起到积极的作用。这样，就把历史研究与现实社会结合起来，使研究更具有现实意义。

《史记》是先秦文化的集大成者，又是汉代文化的代表，因此，把司马迁与先秦士人联系起来进行研究，一方面体现了先秦文化广泛而深远的影响，另一方面也体现了司马迁在继承传统的基础上进行新的巨大的创造。如先秦时代的儒家、道家、法家等对司马迁产生了多方面的影响，各家学术思想在他身上都有一定的表现，但司马迁的伟大在于他能融百家成一家，这“一家”已经超越了先秦的各家而具有了独立的新的内涵，是司马迁对中国学术的重要贡献。如果仅仅停留在先秦的“影响”层面而忽略司马迁的“创新”层面，就不能真正了解司马迁。长顺同志很好地把握了这两者之间的关系。从这个角度来说，本著作的研究具有重要的理论意义，它对于全面认识司马迁、认识汉代文化能起到积极的促进作用。

司马迁与《史记》研究已有两千多年的历史了，如何使研究继续深入下去，是学术界值得思考的问题。长顺同志对司马迁与《史记》有浓厚的兴趣，且勤于思考，善于思考，期望他能以该著作的研究为起点，更加努力，在司马迁与《史记》研究上取得更大、更好的成绩。

2010年7月31日于西安

绪　论

“从20世纪80年代以来，关于士风与文风的问题渐渐成为学术界讨论的热点。与其他众多学术话题的回归一样，这也是对已中断多年的学术话题的回归。早在20年代①时，以鲁迅为代表的一批学者就开始运用现代学术理念研究士风与文风的关系。如鲁迅《魏晋风度及文章与药及酒之关系》，谢国桢《明末清初士人活动》、王瑶《中古文学论集》，就是其中的经典之作。……当代学人在研究这一问题时，其学术方式与学术视角也有了较新的变化，研究的空间也不断扩大。由社会风气到士人心态，由地域文化到生活方式，研究内容也越来越细化。”②这样一来，中国古代士风与文风、士人与社会、士人与文化的研究就有了相当深厚的基础。因此，系统研究司马迁与先秦士人既有了必要，也有了可能。司马迁以他如椽之笔，饱蘸感情之墨，撰成了“史家之绝唱，无韵之《离骚》”的《史记》，他自己遂成了中华民族思想文化史上的一位巨人。这位思想文化巨人的诞生，自有其深厚的历史文化继承。由《史记》看，司马迁的个性气质与思想精神都深深根植于先秦士人文化土壤中，他一生都在追踪古代国士风范，具有崇道尚义精神。因此，探讨司马迁对先秦士人学术承继与精神弘扬，以及先秦士人对司马迁的思想沾溉，并对其进行理性审视，一方面可从士风的角度观照司马迁及其《史记》，另一方面也可为培养现代知识分子以天下为己任的人格理想、自

---

① 此指20世纪20年代。——引者注。

② 王水照：《〈从游士到儒士——汉唐士风与文风论稿〉序》，复旦大学出版社2005年版，第1页。

觉意识和担当精神助一臂之力。

第一节　士人及其产生

在中国社会漫长的历史演变中，士这一阶层地位非常特殊。他们不仅是中国文化的创造者或承担者，而且还是中国社会传统的操纵者和管理者。就其文化功能而言，“中国传统文化体系中价值系统、知识系统和意识形态这三个次生系统，是与士人这一群体的主体性活动密不可分的。”①可见“士人”阶层和“士人”群体在中古代文化史上是非常重要的。

在先秦典籍中，士的称谓有多重含义。但其基本含义还是成年男子。因此，士、女往往可以并称，从“士”之字又可从“女”，如“婿”同“壻”，从“士”。《易·归妹·上六》曰：“女承筐，无实；士刲羊，无血。”西周师寰簋铭文曰：“徒驭殴俘士女羊牛。”此器为周厉王时为伐淮夷之胜利而作，其铭文中士、女并称。《诗经·郑风·女曰鸡鸣》曰：“女曰鸡鸣，士曰昧旦。”孔颖达疏：“士者，男子之大号也。”《诗经·召南·野有死麇》曰：“有女怀春，吉士诱之。”《管子·小问》曰：“苗，始其少也，眴眴乎何其孺子也；至其壮也，庄庄乎何其士也。”是少为孺子而及壮则为士②，“壮”字亦从士。《易·大过》曰：“枯杨生华，老妇得其士夫。”孔颖达疏：“今年老之妇而得强壮士夫，亦可丑辱也。”此处所列各例中，“士”是指男子。

对于“士”之初义，学者注解、阐释颇多。许慎以“事”训“士”：“士，事也。数始于一，终于十，从一从十。孔子曰：推十合一为士。”③段玉裁注曰：“引申之，凡能事其事者称士。《白虎通》曰：‘士者事也，任事之称也。’故《传》曰：‘通古今，辨然否，谓之士。’”④近人吴承仕在《说文略说笺识》中曾

① 田刚：《鲁迅与中国士人传统》，中国社会科学出版社 2005 年版，第 16 页。

② 阎步克认为，古时 20 岁行冠礼而进入成人，故可言二十成人，及壮为士。阎步克：《士大夫政治演生史稿》，北京大学出版社 1996 年版，第 30 页。

③ 许慎撰，徐铉校订：《说文解字》，中华书局 1963 年版，第 14 页。

④ 段玉裁：《说文解字注》，中华书局四部备要本，第 18 页。

对《说文解字》中“士，事也”作了解释，他说：

> 士，古以称男子，事谓耕作也。知事为耕作者，《释名》释言语，云：事，倳也；倳，立也，青、徐人言立曰倳。……《汉书·蒯通传》曰：不敢事刃于公之腹者。李奇注曰：东方人以物臿地中为事。事字又作菑。……《汉书·沟洫志》注云：菑亦臿也。……盖耕作始于立苗，所谓插物地中也。士事菑古音并同，男子从力，依形得义，士则以声得义也。事今为职事事业之义者，人生莫大于食，事莫重于耕，故臿物地中之事引申为一切之事也。①

这是说称“男子”的“士”与有“耕作”之意的“事”意思是相通的。士、事二字可以通假，古籍多见其例。《诗经·周颂·桓》曰：“桓桓武王，保有厥士。”《传》曰：“士，事也。”《管子·山至数》曰：“仓廪虚则倳贱无禄”，“倳”即“士”。《白虎通义·爵》曰：“士者，事也，任事之称也。”由此，“士”原有“事”义。

关于“士”，学者还从文字学的角度予以训释。王国维《观堂集林》说：“《说文》：‘牡，畜父也。从牛，土声。’案：牡，古音在尤部，与土声远隔。卜辞中牡字皆从丄。丄，古士字。孔子曰：‘推十合一为士。’丄字正｜（古文十字）一之合矣。古音士在之部，牡在尤部，之尤二部音最相近。牡从士声，会意兼形声也。”②这是说“牡”从士，意思是牡为成年雄畜，而士为男子。郭沫若曾指出：“余所见土、且、士，实为牡器之象形。”谓士象阳物，用以指代男子。③ 杨树达认为：“士字甲文作丄，一象地，｜象苗插入地中之形。”④此说谓士字象插苗田中之形，士通事，男子以耕作为事。另外，古代男子二十成人之时，须举行一种成年礼——“士冠礼”。“年二十而行，共三加冠。”《仪礼·士冠礼》中详细记载男子成年礼的施礼过程及仪式规范。初加缁布冠，意为具备衣食能力，且拥有治权。二加皮弁，即“武冠”，是指

---

① 转引自余英时：《士与中国文化》，上海人民出版社 2003 年版，第 5 页。

② 王国维：《观堂集林》卷六《释牡》，中华书局 1959 年版，第 87—88 页。

③ 参见郭沫若：《郭沫若全集》考古编第一卷，《甲骨文字研究》，科学出版社 1962 年版，第 39 页。

④ 杨树达：《积微居小学述林》，《释士》，中华书局 1983 年版，第 72 页。

具备基本的武技,可以介入兵事,应当承担武事义务。三加爵弁,拥有祭祀权,可以参加祭祀活动。由“士”加“皮弁”之礼可知,二十岁的成年男子就可以成为战士,参与打仗。由以上可知,“士”在古代,其基本含义当是“成年男子”之称。

既然“士”的基本含义为成年男子,那么作为一个很宽泛的称呼,“士”这个群体最初似乎应包括氏族中的所有男性正式成员。士作为氏族正式成员,其最基本的义务便是劳作,当然还有“执干戈以卫社稷”的义务。《礼记·少仪》曰:“问士之子长幼,长则曰‘能耕矣’,幼则曰‘能负薪,未能负薪?’”当时,“长”乃指加冠之后。孙希旦《礼记集解》曰:“长谓已冠,幼谓未冠。”《礼记·曲礼下》曰:“君使士射,不能则辞以疾,言曰:某有负薪之忧。”《盐铁论·未通》曰:“古者十五入大学,与小役;二十冠而成人,与戎”而冠礼中“三加”之一为皮弁,这也说明士是正式战士。

要之,“士”在先秦时期当是指能够承担耕作、卫戍等社会责任的成年男子。

第二节　士之演进及士人阶层的出现

随着社会的进化和发展,中国古代社会内部发生了分化,“士”之称谓和含义便日趋复杂化。如前文所述,早期指成年男子的“士”有“执干戈以卫社稷”的义务,所以“士”又经常特指甲士、军士或武士。到了商周时代,随着军事征服和社会共同团体的扩大,经过漫长的社会分化,“士”逐渐演化为承担民政和行政的官员,成为当时社会等级制中的一个等级,这一意义上的“士”的概念,最早见于商周时代。《尚书》和《诗经》中已有“众士”“庶士”“多士”“列士”“卿士”等名称。在这一时期的文献中,“士”至少包含有以下几层含义:为一切成年男子之称;为氏族正式男性成员之称;为统治部族成员员工之称;为封建贵族阶级之称;为受命居官的贵族官员之称;为贵族官员的最低等级之称。不难看出,“‘士’这一称谓的如上涵义繁衍,与社会群体分化的一种重要形式——身份性等级分层显示了某种相关性。这种等级分层的过程,使得作为'男子之大号'的'士'这一称谓,繁衍出众多的不同涵义。它们在不同场合指称按等级高下排列的不同群体。"①刘泽华在对《墨子》《商君书》《庄子》《战国策》《荀子》《韩非子》《论语》《孟子》《管子》等先秦典籍进行研究之后,认为战国时期以"士"为中心组成的称谓和专用名词,据粗略统计有百余种。他还在分析士的特点和社会地位后,认为士大体可分为六大类,即:武士、文士、吏士、技艺之士、商贾之士、方术之士等。此外,还有一些难以归类的其他称谓。② 这些繁杂的分类,自然是经过了一个"等级分层"的过程,其分化的结果,便是士阶层的产生。

随着社会发展变化,"士"逐渐成了贵族官员之称。《说文解字》释曰:"事,职也"。在殷周史料中,"事"已常常特指国家政事。顾炎武《日知录》卷九说:"则谓之士者,大抵皆有职之人",由于"士"有"事"义,所以,作为封建贵族的"士",是封建国家行政之事的主要承担者。

到了西周、春秋时代,实行宗法分封制,"士"遂成分封制的一个等级。当时,天子、诸侯和卿大夫,都要把自己的庶子、幼子或宗族兄弟,以另立小宗支庶的办法逐层分封出去,形成了天子——诸侯——卿大夫——士四级宗法贵族系列,"士"处于这一宗法贵族系列的最末一等。《左传·昭公七年》曰:"天有十日,人有十等,下所以事上,上所以躬身也。故王臣公,公臣大夫,大夫臣士,士臣皂,皂臣舆,舆臣隶,隶臣僚,僚臣仆,仆臣台。马有圉,牛有牧,以待百事。"说的就是"士"的政治地位在大夫之下,皂之上。《国语·晋语四》曰:"公食贡。大夫食邑,士食田,庶人食力,工商食官,皂隶食职,官宰食加。政平民阜,财用不匮。"此言"士"的经济地位在庶人之上。

① 阎步克:《士大夫政治演生史稿》,北京大学出版社 1996 年版,第 44 页。

② 刘泽华经过考证,将每一类"士"又分为好多种。如武士分为"选士""练士""锐士""精士""良士""持戟之士""射御之士""材士""材伎之士""贲士""虎贲之士""剑士""死士""甲士""介胄之士""战介之士""介士""爪牙之士""教士""庶士""吏士"等;文士分为"通士""公士""直士""悫士""志士""修士""善士""信士""廉士""劲士""正士""文学之士""学士""法士""辩士""游士""游宦之士""察士""巧士""博士""居士""处士"等;吏士、技艺之士、商贾之士、方术之士等没有更细的分类;其他称谓又有"勇士""国士""秀士""俊士""豪士""豪杰之士""豪杰""厮养士""车士""都士"等。详见刘泽华:《先秦士人与社会》,天津人民出版社 2004 年版,第 1—14 页。

由此可见，就政治和经济地位来看，“士”是贵族阶级中的较低阶层，“他们凭借自己的脑力劳动在天子、诸侯、大夫各种行政机构中任职，并具备了相应的‘职事知识’。”①

掌握“职事知识”的“士”，在社会政治文化巨大变革的现实基础上，随着理性认识的发展，就成为专门的知识阶层。“一方面，‘士’作为武士集团，随着征服和共同体的扩大而发展为军官阶级，并且因逐渐承担起民政而演化为行政官员；另一方面，‘士’，即与‘王’意义相近的‘士’，作为加入了军民联盟的各族各类大小首领，即‘多王’或‘多士’之类，也逐渐因上述分工任事的过程，而发展出了最高王权之下的行政官员身份。”②为了使“士”能胜任其职，西周统治者对这些“行政官员”的教育和选拔十分重视。据《礼记·王制》和《周礼·地官·司徒》载，“士”受教育的内容有礼、乐、射、御、书、数，即所谓“六艺”，因此，西周的“士”就成了彼时文化的主要传承者，同时又是宗法制奴隶社会的主要维护者，至此，“士”这一称谓除了具有任事的意味之外，还有指称知识技艺者的意味。《穀梁传·成公元年》云：“古者有四民，有士民、有商民、有农民、有工民。”晋代范宁注“士民”曰：“学习道艺者。”唐代杨士勋疏引东汉何休《穀梁废疾》云：“德能居位曰士。”“德”可以理解为居位任事者必备之知识，要通过“学习道艺”来获得。《白虎通义·爵》释“士”为“任事之称”，又曰：“故《传》曰：通古今，辨然否，谓之士。”“任事”则必须“通古今，辨然否”，掌握基本的知识和技能。故“士”与“学”有必然联系。章太炎先生对此具体描述道：

> 古之学者，多出王官。世卿用事之时，百姓当家，则务农、商、畜、牧，无所谓学问也。其欲学者，不得不给事官府为之胥徒，或乃供洒扫为仆役焉。故《曲礼》云：“宦学事师”。“学”字本或作御。所谓宦者，谓为其宦夺也。所谓御者，谓为其仆御也。故事师者，以洒扫进退为职，而后来从者，才比于执鞭拊马之徒。观春秋时，世卿皆称夫子。夫子者，犹今言老爷耳。孔子为鲁大夫，故其徒遵曰：“夫子”，犹是主仆

① 章太炎：《章太炎选集·论诸子学》，上海人民出版社1981年版，第358页。

② 阎步克：《士大夫政治演生史稿》，北京大学出版社1996年版，第49页。

相对之称也。《说文》云:“仕,学也。”“仕”何以得训为“学”?所谓宦于大夫,犹今之学习行走尔。是故非仕无学,非学无仕,二者是一而非二也。①

这里,“王官”,指“王者之官”,即官府。士人之“学”,在乎“任事”,要“任事”,则必须“通古今,辨然否”,即具备“职事能力”。

西周自周夷王便开始走向衰微,经厉、宣、幽诸王,由于玁狁、西戎等外族的侵扰,再加上统治者的无能,至平王时王朝已经无法维持,都城由镐京而迁往洛邑,进入了政治文化大变革的时期。这一变化的根本之点是宗法制度的破坏以及由此而来的社会价值观的转变。这种政治文化的巨变,是士人作为知识阶层产生的现实基础。

春秋时代是“士”作为一个社会等级逐步解体,其社会角色发生本质性变化。这一时期,“士”“庶”的界限开始模糊,士人数量增加,出现了士、商、农、工“四民杂处”的社会局面。

春秋以前,士作为贵族的支庶,对宗族长有很强的依附性,宗族长既是行政长官,又占地称王。这种三位一体的体制到春秋后期明显被削弱。随着封建贵族兼并斗争的发展,春秋后期,出现了“高岸为谷,深谷为陵”的剧烈社会大变动,不少在兼并斗争中失败的强宗大族,丧失了原有的爵禄和封土臣民,或“降在皂隶”,或逃亡他国,其氏族组织随之崩散,从而把大批原来隶属于他们的宗法之士抛向民间,沦为无所归依、只得自谋出路的“游士”。这种“游士”,在春秋前期已经出现。《管子·小匡》载,春秋第一霸主齐桓公曾根据管仲建议,招纳游士。《韩诗外传》卷三亦说齐桓公曾“设庭燎以待士”,“四方之士相导而至矣”。《左传·文公十四年》载:齐“公子商人骤施于国,而多居士,尽其家。贷于公有司以继之”,又《襄公二十年》载,齐“怀子(栾盈)好施,士多归之”。这里所说“天下贤士”“四方之士”,都是那些脱离了原有世族组织的士人。春秋末叶,随着宗法制的进一步动摇,一些游士逐渐抛弃了不臣二主的信条,开始自由地投奔于能施展其抱负和才

① 章太炎:《章太炎选集·论诸子学》,上海人民出版社1981年版,第358页。

能的诸侯国，择君而仕，于是形成了“士无定主”的局面。随着氏族制的衰落，士从氏族血缘羁绊中解脱出来，成为社会上一种特有的“细胞”。这样一来，“士”作为一个社会等级逐步解体，其社会角色也发生了本质性的变化，成为有一定“职事能力”，可以“择君而士”的人。如果说“四民社会”的出现是春秋战国时期新的士人阶层产生的社会背景和现实基础的话，那么，“道术将为天下裂”的“哲学的突破”则是“士人”这一知识阶层兴起的思想基础，并直接促成了“士人”阶层的诞生。

春秋、战国的“礼崩乐坏”是“百家争鸣”的前奏。而礼乐则是官师政教合一的古代王官之学，也就是古代学术的总汇。论及古之“无乎不在”的“道术”分散为诸子百家，《庄子·天下》说：

古之人其备乎！配神明，醇天地，育万物，和天下，泽及百姓，明于本数，系于末度，六通四辟，小大精粗，其运无乎不在。其明而在数度者，旧法、世传之史尚多有之；其在于《诗》《书》《礼》《乐》者，邹鲁之士、缙绅先生多能明之。《诗》以道志，《书》以道事，《礼》以道行，《乐》以道和，《易》以道阴阳，《春秋》以道名分。其数散于天下而设于中国者，百家之学时或称而道之。①

在庄子看来，古代的圣人已经很完备了，然儒家主要是传《诗》《书》《礼》《乐》《易》《春秋》，这些曾数度散布于天下的学问，各家都在宣扬传播。《庄子·天下》接着说：

天下大乱，贤圣不明，道德不一，天下多得一察焉以自好。譬如耳目鼻口，皆有所明，不能相通。犹百家众技也，皆有所长，时有所用。虽然，不该不遍，一曲之士也。判天地之美，析万物之理，察古人之全，寡能备于天地之美，称神明之容。是故内圣外王之道，闇而不明，郁而不发，天下之人各为其所欲焉以自为方。悲夫，百家往而不反，必不合矣！后世之学者，不幸不见天地之纯，古人之大体，道术将为天下裂。②

战国时期天下大乱，各有所长的“百家”都只是“一曲之士”，皆执“一孔之

① 《庄子·天下》，《诸子集成》本，中华书局1954年版，第216页。
② 《庄子·天下》，《诸子集成》本，中华书局1954年版，第216页。

见”,天地的纯真之美与古人的体道精神隐而不显,“道术将为天下裂”。余英时指出:“从现代社会学的观点看,这一‘道术为天下裂’的过程正是古代文明发展史上的一个最重要的关键,即所谓‘哲学的突破’(‘philosophic breakthrough’)”①对“哲学的突破”一说论述得最为清楚的,系当代美国社会学家帕森思(Talcott Parsons)。他认为,在公元前一千年之内,希腊、以色列、印度和中国四大古代文明,都曾先后各不相谋而方式各异地经历了一个“哲学的突破”的阶段。所谓“哲学的突破”即对构成人类处境的宇宙的本质开始了一种理性的认识,而这种认识所达到的层次之高,则是从来都未曾有的。与这种认识伴随而来的,是人类对自身处境及其基本意义有了新解释。“哲学的突破”在中国表现得最为温和。因为中国传统寄托在几部经书之中。此一传统经过系统化之后,在宇宙秩序、人类社会和物质世界几个方面都发展出一套完整而别具一格的看法。②

前文所引的《庄子·天下》中“道术将为天下裂”一节,便是对“突破”观念的阐发。在这里,“破”和“裂”是同义的。当然,古代中国的“突破”自有其独特的文化基础,那便是“礼崩乐坏”的时代背景。众所周知,春秋战国是所谓“礼崩乐坏”的时代,“王官之学”就是在这种“崩坏”的情势下散失到读书人中。《庄子·天下》中论“道术将为天下裂”而溯源至“天下大乱,圣贤不明,道德不一”,也正点出了“突破”与“崩坏”之间的联系。而“崩坏”,一是指社会秩序方面,即社会制度的解体;二是指文化秩序的“崩坏”。就文化秩序而言,儒、墨、道三家的基本理论便是对“礼崩乐坏”时代的直接或间接的反映。也就是说,儒、墨、道的兴起及其基本的思想乃是“哲学突破”在春秋战国时期的重要表现。

儒家在诸子百家中兴起最先,因此与礼乐传统的关系也最为密切而直接。这就是《庄子·天下》所谓“其在《诗》《书》《礼》《乐》者,邹鲁之士,缙绅先生多能明之”。孔子一生尊重三代相传的礼乐,自称“述而不作”,但另一方面却又极不满当时礼乐没有内在的生命。所以《论语·阳货》说:“礼

① 余英时:《士与中国文化》,上海人民出版社2003年版,第20页。
② 参见余英时:《士与中国文化》,上海人民出版社2003年版,第21页。

云、礼云！玉帛云乎哉！乐云、乐云！钟鼓云乎哉！”

孔子的思想具有十分丰富的内容，自未可一言以概其全，但是从基本方向上看，孔子显然是要为礼乐寻求一个新的精神基础：“林放问礼之本。子曰：“大哉问。礼，与其奢也，宁俭；丧，与其易也，宁戚。”①孔子认为，“礼”（指“吉礼”）与其过于奢华，在适合身份和场景的情况下，宁可选择节俭；“丧礼”最好是办的既周全周到，又要足以表达哀伤的心情。孔子主张吉礼去奢从简，丧礼去易从戚。他还说：“人而不仁，如礼何？人而不仁，如乐何。”②“礼”和“乐”的根本是“仁”，没有“仁德”，就谈不上“礼”“乐”。

“仁”是孔子思想的核心，他终于在这里找到了礼乐的内在根据。如果说礼乐是孔子思想中的传统部分，那么“仁”则是其创新部分。孔子以后，儒家对仁与礼两方面都分别有所发展，孟子的主要贡献偏向仁的方面，荀子则偏向礼的方面。

墨家的“突破”也和古代的礼乐传统有密切的关系。墨子曾受儒者之业，熟习《诗》《书》《礼》《乐》。但是他对礼乐传统的反应却与孔子截然不同。他自觉“其道不怒又好学而博不异，不与先王同，毁古之礼乐”③。《墨子》一书中对儒家的“争鸣”，主要也是在礼乐方面。所以墨子对礼乐传统的“突破”远比孔子更为激烈，但从另一方面看，墨家却又远比儒家保守。他的“兼爱”论不立足于“人道”，而立足于“天志”，也就是古代的天道思想。故儒、墨两家的中心学说虽都是针对礼乐传统而发，但两者突破的方式却颇不一致。儒家继承了礼乐传统而同时试图从内部以“仁”来改造这个传统，赋予礼乐以崭新的哲学含义——仁，墨家对礼乐持否定的态度，但其开辟的新的精神境界——兼爱——则建立在原始宗教的基础之上，这是比礼乐更古老的传统。

道家的“突破”远在儒、墨之后出现，其所表现的批判锋芒也指向礼乐传统。《老子》云：“故失道而后德，失德而后仁，失仁而后义，失义而后礼。

---

① 《论语·八佾》，《诸子集成》本，中华书局 1954 年版，第 44 页。
② 《论语·八佾》，《诸子集成》本，中华书局 1954 年版，第 44 页。
③ 《庄子·天下》，《诸子集成》本，中华书局 1954 年版，第 217 页。

失礼者忠信之薄而乱之道。”①“德”是对“失道”的补充,“仁”是对“失德”的补充,“义”是对“失仁”的补充,“礼”是对“失义”的补充。“道”“德”“仁”“义”的关键在于“忠信”的薄厚,“失礼”则忠信最薄,是“乱”的根源。

可以说,“道”“德”两字是道家的中心观念,仁义则代表儒家的基本理论。《庄子》说的是个人“得道”的历程,与《老子》论社会“失道”恰成一往一复。要把握住道家之“道”,第一步是超越仁义的观念,第二步是超越礼乐的观念,第三步则是超越随文化而来的一切观念。最后便接触到那个“先天地生”的原始道体。由此看来,道家是比儒家的仁义境界更高一层的领域,所以在《大宗师》篇中,庄子特别假孔子之口提出“游方之内”与“游方之外”的分别,而严格地把儒家划入“游方之内”。

上述三家的“突破”方式虽然各异,但脱胎于礼乐传统则并无不同。其他诸家也无不直接间接地从礼乐传统中发展出来,用班固的话说,“合其要归,亦《六经》之支与流裔。”②所以“九流出于王官”和“道术将为天下裂”同样可以说明中国古代思想界“哲学的突破”的特殊品格。

然而,诸子“哲学的突破”与古代知识阶层的兴起有极密切的关系,是知识阶层产生的思想基础。因为突破的结果是在社会上形成了一个显著的集团,即帕森思所谓的“文化事务专家”(specialists in cultural matters)。他们可以说是“知识分子的最初形态。”③从此,文化系统与社会系统分化而具有相对独立性。对于春秋时期的中国来说,则是“官师合一”和“政教一体”的政治格局被打破。对此,章学诚描述说:

> 盖官师治教合,而天下聪明范于一,故即器存道,而人心无越思。官师治教分,而聪明才智不入于范围,则一阴一阳入于受性之偏,而各以所见为固然,亦势也。夫礼司乐职,各守专官,虽有离娄之明,师旷之聪,不能不赴范而就律也。今云官守失传,而吾以道德明其教,则人人皆自以为道德矣。故夫子述而不作,而表章六艺,以存周公之旧典也,

① 《老子·三十八章》,《诸子集成》本,中华书局1954年版,第23页。

② 班固:《汉书·艺文志》,中华书局1962年版,第1746页。

③ 余英时:《士与中国文化》,上海人民出版社2003年版,第22页。

不敢舍器而言道也。而诸子纷纷，则已言道矣。①

在中国古代社会，“道”与“器”某种程度上分别代表文化系统和社会系统。《周易·系辞》云：“形而上者谓之道，形而下者谓之器”。西周王朝的社会格局是“即道存器”，文化系统和社会系统是一体的。因此，拥有“职事知识”的士人的自由度是极为有限的。春秋末期之后，官师即分，道器相离，王朝的文化系统和政治系统逐渐分化而具有相对独立性。这样一来，自“道术将为天下裂”以后，古代礼乐传统辗转流散于士阶层之中，为知识分子的产生准备了条件。而礼乐文化也就是这样被士人们带到民间加以保存并传布，诸子百家随之而起。

诸子中最先兴起的是儒、墨两家。《韩非子·显学》云：“世之显学，儒墨也。孔子、墨子俱道尧舜，而取舍不同，皆自谓真尧舜”；《孟子·滕文公下》云：“世道衰微，诸侯放恣，处士横议，杨朱、墨翟之言盈天下。天下之言不归杨，即归墨”。孔子是这一时期“哲学的突破”的关键人物。他是当时博文知礼的专家。他奉行“有教无类”的原则，以兴办私学的形式，将以往被古代贵族所垄断的诗、书、礼、乐传统传播到民间。此后，儒、墨几家或赋予诗、书、礼、乐传统以新的意义，或者给予礼、乐以批判，礼乐不但不复出自天子，而且也不再出自诸侯或大夫，而是出自诸子百家了。这种“哲学的突破”，就为独立的中国士人阶层的出现奠定了思想基础。因此，由宗法血缘维系着的等级关系的瓦解，相当一部分亡国之君、卿大夫的地位急剧下降，以至游离出原有秩序而进入士阶层行列。与此同时，学术下移，私学的兴起，诸子之说得到了社会阶层的认可，“士”就成为社会治理的中坚力量。当然，诸侯争霸的政治需求，则是士阶层产生的关键因素之一。春秋战国时期，诸侯国之间战争不断，政治、经济、外交方面矛盾复杂尖锐，人才对各国来说都非常重要。王充《论衡·效力》说：“六国之时，贤才为之臣，入楚楚重，出齐齐轻，为赵赵完，畔魏魏伤。”可见贤才对于各国都非常重要。《墨子·亲士》云：“入国而不存其士，则亡国矣。见贤而不急，则缓其君矣。非

① 章学诚著，吕思勉评：《文史通义·原道中》，上海古籍出版社 2008 年版，第 39 页。

贤无急，非士无与虑国。缓贤忘士，而能以其国存者，未曾有也。"治理国家就要体恤贤能之士，要亲近贤能，贤能之人能够应对急难，怠慢贤才，不珍惜人才，国家难以长治久安。《吕氏春秋·明贤》云："人主有能明其德者，天下之士，其归之也，若蝉之走明火也。凡国不徒安，名不徒显，必得贤士。"统治者"明其德"，就能得到"贤士"。这些都从不同方面强调"士"的重要性。当时，社会上也出现了尊士、养士、蓄士、用士之风，礼贤下士、平等待士、以士为师蔚然成风。各国也不同程度因"士"而强，因"士"而盛。这就是"士"阶层出现的社会条件。基于此，独立于社会系统之外代表中国文化系统的阶层——"士人"便产生了。

宋人张耒云："司马迁尚气任侠，有战国豪士之余风。"①司马迁有着"世典周史"的家学渊源，且"天下遗闻故事靡不毕集于太史公"，先秦士人的精神传统、理想人格、学术思想、政治理想、道义传统无不对司马迁产生着深刻的影响，因此，司马迁在他的《史记》中，以其执着的理性精神继承并弘扬着先秦士人的优秀传统。

① 张来：《柯山集·司马迁论下》，商务印书馆1935年版，第450页。

上　篇

第一章　先秦士人的精神传统与司马迁

先秦士人诞生之时，天下分裂，礼崩乐坏，他们身经社会变革，心追美好治世，曾经“观乎天文，以察时变；观乎人文，以化成天下”，[①]进而审视作为“天地之心”的“人”，以显示自己的独立自主性。在这一过程中逐步形成了其独有的精神传统，而这些传统影响着后世的知识分子，这些影响在司马迁身上也得到了体现。

第一节　先秦士人忧国忧民传统与司马迁的爱国思想

历史悠久的中国，爱国思想早已成为传统人文精神的核心。爱国观念最初是与“家”、血缘宗法关系等紧密联系在一起，是一种以土地、同胞、血缘为主导的褊狭的朴素观念。直至春秋时期，社会大变革给各个阶层都带来了危机，使人们对个体与社会，尤其是对国家的存亡进行思考，爱国观念上升为普遍的道德范畴，成了一种内在道德自觉，并出现了一大批爱国者：有爱家、爱国的明君，如越王勾践；有“苟利社稷，死生以之”而舍身为国的子产；有机智保国的商人弦高；更有爱国诗人屈原。虽然这些“爱国”还局限在爱宗族、爱诸侯国的小范围内，但毕竟已经成为一种具体存在，成为后

① 《周易·贲卦》，《十三经注疏》本，中华书局 1980 年版，第 25 页。

世爱国精神的先导。

随着秦朝的统一及汉代的大一统，“国家”的概念、范围得以扩大，爱国的内涵得以扩展。随着秦汉统一的多民族国家的形成与巩固，以及大一统思想的确立，中原的汉族以及周边各民族都不约而同地产生了强烈的国家认同意识，中华民族的凝聚力开始形成，并由此发展成国家统一和民族共同体意识。

先秦优秀士人的爱国，大都表现为以“治国平天下”为己任，表现出了忧国忧民的传统。他们从维护统治者的长远利益出发，提出关心民间疾苦的政治主张。孔子主张“仁爱”，《论语·学而》云：“泛爱众，而亲人。”强调要爱大众而亲近有仁德的人。《论语·颜渊》云：“樊迟问仁，子曰：‘爱人’。”这就是“仁者爱人”。孔子以仁为基础，提出天下国家观念。《论语·宪问》云：“志士仁人，无求生以害仁，有杀身以成仁。”仁不仅仅是个人的道德修养，而是超越个人的利害而对国家民族及天下大道的关怀。《孟子·梁惠王下》云“乐民之乐”“忧民之忧”，就是要与民同忧乐。《孟子·尽心下》提出“民为贵，社稷次之，君为轻”的“民贵君轻”说，强调“民”的重要性，突出了“民”在国家政治结构中的地位。孟子还从孔子“仁者爱人”思想出发，提出了“仁政”观念，主张国家要养民并施行“仁政”。荀子的法治思想也从“礼仪”出发，强调“蔽于用而不知文”，主张以人治为本。

先秦士人还从小生产者的生存利益出发，提出过关心民瘼的政治主张。墨子主张“非乐”，《墨子·非乐》从“万民之利”出发，认为王公大人“撞巨钟，击鸣鼓，弹琴瑟”等活动，都是在“亏夺民衣食之财”。又云：“子墨子之所以非乐者，非以大钟、鸣鼓、琴瑟、竽笙之声以为不乐也”；“然上考之，不中圣王之事，下度之，不中万民之利。是故子墨子曰：为乐非也。”墨家讲“节用”“节葬”，多半也是从“万民之利”出发，其“忧民之忧”与孟子颇为相似。

这些忧民传统，到了屈原得到发扬光大，表现为爱国的炽热情感和“存君兴国”的“美政”理想。

屈原的忧国忧民首先表现为深沉执着的爱国情感。他以一颗赤子之心，深情地眷恋着自己多难的祖国。在朝之时，他竭忠尽智，辅佐怀王，力图振兴楚国；既疏之后，仍不弃“存君兴国”之志。他把个人的进退、生死置之度外，惟将楚国的前途命运系于心中。他在《离骚》中表达自己的心迹：“岂余身之惮殃兮，恐皇舆之败绩。”虽然楚国不能容他，他却离不开楚国。他也曾想“远逝以自疏”，但当他神游四方之时，“忽临睨夫旧乡”，那积淀于胸中千丝万缕的爱国情愫缚得他“蜷局顾而不行”。诗人宁肯以身殉国，也不愿离开父母之邦。南宋洪兴祖评论屈原“徘徊而不忍去”的根本原因乃是“忧国”这种深挚的爱国情感以及强烈的忧患意识。同时，屈原的忧国忧民是与他的忠君思想紧密地联系在一起的。因为在中国古代，君主是国家的象征，君国一体，密不可分。此外，屈原的忧国忧民还表现为他面对楚国内忧外困，决心实施“美政”以救楚国于水火。屈原在楚怀王之世，身处日趋衰落的楚国，他“明于治乱”，有强烈的参与意识。他遭谗被疏，仍心系怀王，念念不忘振兴楚国。即使他壮志难酬，也向往一统天下，主张以民为本，渴求举贤任能，冀望修明法度，表现出对大一统的憧憬与追求。他称道“前王”“前圣”“前修”，并不囿于楚国的历史传统，如《离骚》曰：“彼尧、舜之耿介兮，既遵道而得路”“汤、禹俨而祗敬兮，周论道而莫差”“汤、禹俨而求合兮，挚、咎繇而能调。”期望美好的政治。

另外，屈原热切向往天下一统的愿望，表现成了突破楚国疆域的四方神游以及对圣智之人、圣德之人的渴求。《离骚》说：“皇天无私阿兮，览民德焉错辅。夫维圣哲以茂行兮，苟得用此下土。瞻前而顾后兮，相观民之计极。夫孰非义而可用兮？孰非善而可服。”民德是治理的根本，圣人是以美德来治理国家的。

可见，屈原的“美政”理想是建立在“以民为本”“惟德是辅”的根基之上的。因此，屈原在《离骚》中表达“长太息以掩涕兮，哀民生之多艰”，重视民心，主张“有德在位”。

受孔子“仁者爱人”“为政以德”，孟子“保民而王”“民贵君轻”，屈原忠君爱国、重民重德、天下一统等忧国忧民传统的影响，司马迁有着强烈的民族意识和朴素的爱国主义情怀，在《史记》中表现出了对祖国、民族命运前途的关注。

第一，司马迁受先秦士人忠君思想的影响，竭忠尽智，效力国家，这是其爱国的重要方面。他在《史记·田单列传》中写道："忠臣不事二君，贞女不更二夫"；《郑世家》云："为人臣无忘尽忠得死"；《太史公自序》云：作为人臣要"不顾其身，为国家树长画"；《李斯列传》云："不忠者无名以立于世"。司马迁时刻牢记着要用实际行动报效朝廷，《报任少卿书》说：

> 主上幸以先人之故，使得奉薄技，出入周卫之中。仆以为戴盆何以望天，故绝宾客之知，忘室家之业，日夜思竭其不肖之材力，务壹心营职，以求亲媚于主上。①

在李陵投降这件事上，司马迁为汉武帝着想，勇于直言。天汉二年，汉武帝派兵出击匈奴，李广利出兵失败，李陵投降匈奴，这对汉武帝震动很大。司马迁在《报任少卿书》中记道，汉武帝为之"惨凄悼""为之食不甘味，听朝不怡。大臣忧惧，不知所出"，朝廷上下情绪低落，不知所措。司马迁为此忧心忡忡，他以国家利益为重，逢汉武帝召问，便陈述了他对李陵事件的看法，他想以自己的话语来宽慰汉武帝，消除汉武帝因李广利失败和李陵兵败投降而带来的不快。司马迁尽到了一位忠君爱国臣子的责任。

同时，司马迁竭忠尽智，以自己的实际行动报效国家。他说：

> 仆赖先人绪业，得待罪辇毂下，二十余年矣。所以自惟：上之，不能纳忠效信，有奇策材力之誉，自结明主；次之，又不能拾遗补阙，招贤进能，显岩穴之士；外之，不能备行伍，攻城[野战]，有斩将搴旗之功；下之，不能累日积劳，取尊官厚禄，以为宗族交游光宠。四者无一遂，苟合取容，无所短长之效，可见于此矣。②

他的人生追求是为国家贡献自己的才智。

司马迁出生于史官世家，父亲司马谈担任太史令，通晓天文气象、阴阳吉凶，信奉黄老之学。司马谈一生最大的愿望就是编撰一部史书。他将自己毕生的事业和理想都留给了司马迁，司马迁在《太史公自序》中向父亲立

---

① 司马迁：《报任少卿书》，见班固：《汉书·司马迁传》，中华书局1962年版，第2729页。
② 司马迁：《报任少卿书》，见班固：《汉书·司马迁传》，中华书局1962年版，第2727页。

誓:“小子不敏,请悉论先人所次旧闻,弗敢阙”。为了更好地了解历史、研究历史,司马迁游遍了大江南北。通过漫游和实地考察、民间采访,司马迁印证了许多历史文献和传闻,掌握了大量历史材料,虽身受宫刑却“发愤著书”。他在《报任少卿书》中说:“故祸莫憯于欲利,悲莫痛于伤心,行莫丑于辱先,而诟莫大于宫刑。”司马迁因为李陵辩护而下狱,无钱赎死,忍辱下“蚕室”。在生与死激烈的思想斗争中,他悟出了人生的意义,《报任少卿书》说:“人固有一死,死有重于泰山,或轻于鸿毛,用之所趋异也。”司马迁用备受磨难的历史人物来坚定自己活下去的信念,以了却自己生平的著述理想,同时也了却父亲的遗愿。对此,他有一段著名的论说:

古者富贵而名没灭,不可胜记,惟倜傥非常之人称焉。盖西伯拘而演《周易》;仲尼厄而作《春秋》;屈原放逐,乃赋《离骚》;左丘失明,厥有《国语》;孙子膑脚,《兵法》修列;不韦迁蜀,世传《吕览》;韩非囚秦,《说难》、《孤愤》。《诗》三百篇,大氐贤圣发愤之所为作也。①

出狱后,司马迁“尊宠任职”,做了中书令,但他内心却要忍受着极端的痛苦、愤恨,《报任少卿书》说自己“肠一日而九回”,“每念斯耻,汗未尝不发背沾衣也”。但选择“忍辱苟活”,为了事业、为了正义而献身,他不后悔。诚如《报任少卿书》所说:“仆诚已著此书,藏之名山,传之其人,通邑大都,则仆偿前辱之责,虽万被戮,岂有悔哉!”于是,把爱国忠于朝廷化为“述往事,思来者”的实际行动。

第二,司马迁受先秦士人爱国精神传统影响,在《史记》中宣扬大一统。司马迁不仅将爱国表现为实际作为,还在《史记》中得到体现。这首先体现为民族统一思想。中华民族是以汉族为主体的多民族大家庭,司马迁以其卓越的史识、前所未有的胸怀和宽广的眼界,站在历史和时代的高度,在他的《史记》中首创民族史传,在中国古代史上闪耀着夺目的光辉。

司马迁继承公羊学的大一统思想,有着浓厚的民族同祖同源意识。司马迁认为,中国境内民族皆为黄帝子孙,都是兄弟,是一家人,他们的根是相

---

① 司马迁:《报任少卿书》,见班固:《汉书·司马迁传》,中华书局1962年版,第2735页。

同的。他在《五帝本纪》《夏本纪》《殷本纪》《周本纪》中记载了黄帝以后的帝王都是黄帝的苗裔，并在《三代世表》中谱列了五帝三王的承传世系。不惟如此，司马迁还认为匈奴、东越、闽越等也都是黄帝的子孙。他在《秦本纪》中说："秦之先，帝颛顼之苗裔。"在《楚世家》中说："楚之先祖出自帝颛顼高阳。"在《越王勾践世家》中说："越王勾践，其先禹之苗裔，而夏后帝少康之庶子也。"在《吴太伯世家》中说："余读《春秋》古文，乃知中国之虞与荆蛮勾吴兄弟也。"在《匈奴列传》中说："匈奴，其先祖夏后氏之苗裔也，曰淳维。"在《东越列传》中说："闽越王无诸及越东海王摇者，其先皆越王勾践之后也。"如此等等，都说明少数民族是中华民族共同体的组成部分。司马迁各民族皆为黄帝子孙的说法，是对天下一统格局形成的歌颂。

《史记》中还有民族等列思想。司马迁站在时代的前列，打破了"种别域殊"的界限，视中国境内的各民族为统一密切联系的整体。在《史记》中，他记述了华夏之外的各民族如匈奴、南越、闽越、西南夷以及朝鲜等，认为这些民族都是中华民族的重要组成部分。各民族都有各自的优秀传统和文化，对中华民族都有不可忽视的特殊贡献。而各民族风俗习惯形成自有其经济、地理、历史的原因，各民族的经济发展、繁荣与物产交流，对促进汉帝国的繁荣昌盛，对中华民族一统经济的发展都具有重要作用。

坚持民族统一，反对民族分裂是司马迁民族一统思想的主要内容之一，贯穿于《史记》的始终。秦统一六国使中国已初步形成了一个统一的多民族国家。西汉立国后，随着中央集权的加强，以汉族为主体的各民族之间的联系更加密切。汉初几十年中，统治者采取了削弱诸侯王势力和限制其权力的种种措施，"强本干弱枝叶"，即消灭或削弱诸侯势力，加强中央集权，巩固大一统。司马迁称赞"削藩"政策所取得的成果，表现了他坚持民族统一、反对民族分裂的民族大一统思想。

汉初，由于连年战争，兵连祸结，经济萧条，满目疮痍，中央对周边民族采取"安抚"的政策，对西南夷和两越采取置国封王的策略，对匈奴采取"和亲"的政策。汉初与匈奴的和亲政策，从高祖始，经惠帝、高后、文帝、景帝，直到武帝初年始终没有改变，使内政安稳、休养生息、经济发展、力量积蓄，同时缓和了汉与匈奴间的矛盾，促进了中原与匈奴间政治、经济、文化的交流，使双方形成相互依存、友好往来的密切关系。司马迁正是看到这一点，在《吕太后本纪》中对汉初坚持和亲的四位皇帝给予肯定："黎民得离战国之苦，君臣俱欲休息乎无为，故惠帝垂拱，高后女主称制，政不出房户，天下晏然，刑罚罕用，罪人是希，民务稼穑，衣食滋殖。"在这些赞语中，司马迁突出了一个"安"字，国家安定，无杀伐之祸，少徭役之苦，这是发展经济、强国富民的一个极为重要的条件。

司马迁赞颂民族融合统一与经济文化交流。司马迁在《史记》各篇民族列传以及《刘敬叔孙通列传》《韩信卢绾列传》《卫将军骠骑列传》《司马相如列传》《货殖列传》《平准书》等传记中，详细记述各民族之间的相互融合与友好往来，热情歌颂各民族之间的经济文化交流，认为这对促进民族关系、加强民族了解与融合、增强民族凝聚力、巩固和发展统一的多民族国家都具有重大的作用。

第三，司马迁爱国思想还表现为在《史记》中对爱国人物的礼赞。司马迁怀着敬意与热爱，歌颂屈原、樊於期、荆轲等为国捐躯的名士；颂扬蔺相如、孙膑、吴起、申包胥等勇敢机智、高风亮节的贤相良才；赞扬淳于髡、优孟等为国献才的辩士。司马迁不惜笔墨，在《史记》的字里行间赞颂和宣扬他们的事迹，"溶化透射自己的爱国主义思想"。① 在《史记》中，司马迁对历史上忠于祖国、热爱人民的英雄人物充满了崇敬和赞赏，塑造了爱国人物形象。在《屈原贾生列传》里，他称颂屈原"正道直行，竭忠尽智"，认为其操守可以同日月争辉，肯定其热爱祖国、不畏强暴的斗争精神，并且愤怒地谴责楚国贵族统治者不辨忠奸。在《五帝本纪》中，赞扬舜忧国忧民的高贵品质。在《越王勾践世家》中，司马迁称赞勾践："勾践可不谓贤哉！盖有禹之遗烈焉。"司马迁还非常推崇蔺相如，在"完璧归赵""将相和"等历史叙述中对其爱国行为大加赞扬。

总之，司马迁继承先秦士人忧国忧民、爱国精神传统，在《史记》中歌颂

---

① 汪洋泉：《论司马迁的爱国主义思想》，《学术论坛》1991 年第 3 期。

民族统一，反对民族分裂，认为华夏各民族都是黄帝的苗裔，并深情歌颂爱国志士仁人，塑造了爱国英雄群像。

第二节　先秦士人“诗书言志”传统与司马迁“发愤著书”说

“诗言志”是中国古代对文学艺术本质特征的认识。《尚书·尧典》曰：“夔！命汝典乐，教胄子，直而温，宽而栗，刚而无虐，简而无傲。诗言志，歌永言，声依永，律和声。八音克谐，无相夺伦，神人以和。”帝舜让夔掌管音乐，负责用音乐教化百姓，并说明诗、歌、声、律的功能和作用。这里的“诗言志”是说诗是表达思想感情的。《左传·襄公二十七年》记载，郑国国君在垂陇招待晋国大臣赵文子，请七位随从赋诗以观其志，宴会结束后，赵文子总结评论时提到“诗以言志”。这是指借用或引申《诗经》中的某些篇章来表达自己的志向怀抱。《庄子·天下》曰：“《诗》以道志，《书》以道事，《礼》以道行，《乐》以道和，《易》以道阴阳，《春秋》以道名分。其数散于天下而设于中国者，百家之学时或称而道之。”是说《诗》是人用来表达思想感情意愿的。《荀子·儒效》曰：“《诗》言是其志也；《书》言是其事也；《礼》言是其行也；《乐》言是其和也；《春秋》言是其微也。”是说《诗》表达的是内心的意志。《论语·阳货》曰：“小子何莫学夫《诗》！《诗》可以兴，可以观，可以群，可以怨。迩之事父，远之事君，多识于鸟兽草木之名。”这里的“可以怨”是说《诗》具有委婉地批评时政的作用，可以“怨刺上政”，也有认为是说《诗》可以排遣心中的郁闷。①《诗大序》云：“诗言志。”又说“诗可以怨”，意思即是说《诗经》要表达一定的思想。同时，说明《诗经》可以用来宣泄心中的怨恨和对现实的不满。其实，不仅仅是《诗》，先秦士人的著书立说都是在“申道明志”。刘勰在《文心雕龙·诸子》中论述诸子著书之后说：“嗟夫，

① 钱锺书在《诗可以怨》的演讲稿中，倾向于认为这里是说《诗》是由排遣心中郁结怨含而生，是一种情绪的释放。

身与时舛，志共道申，标心于万古之上，而送怀于千载之下，金石靡矣，声其销乎！”个人的理想与时代发展不符合，其志向、观念只能以其著作表达，立论高古，寄托千载，即使金石消亡，他们的声名也不会磨灭，概括了先秦诸子著书立说的传统。司马迁在《史记·太史公自序》中说：

夫《诗》《书》隐约者，欲遂其志之思也。昔西伯拘羑里，演《周易》；孔子戹陈、蔡，作《春秋》；屈原放逐，著《离骚》；左丘失明，厥有《国语》；孙子膑脚，而论兵法；不韦迁蜀，世传《吕览》；韩非囚秦，《说难》、《孤愤》；《诗》三百篇，大抵贤圣发愤之所为作也。此人皆意有所郁结，不得通其道也，故述往事，思来者。①

司马迁这段话在提出“发愤著书”说的同时，也集中概括了先秦诸子的立志著书传统。可见，司马迁“发愤著书”说与先秦士人“诗言志”传统有着一定的联系。正如钱锺书所说，“《报任少卿书》和《史记·自序》历数古来的大著作，指出有的是坐了牢写的，有的是贬了官写的，有的是落了难写的，有的是身体残废后写的；一句话，都是遭贫困、疾病以至刑罚磨折的倒霉人的产物。他把《周易》打头，《诗三百篇》收梢，总结说：‘大抵圣贤发愤之所为作也。’还补充一句：‘此人皆意有所郁结。’那就是撇开了‘乐’，强调《诗》的‘怨’和‘哀’，作‘诗’者都是‘有所郁结’的伤心不得志之士，诗歌也‘大抵’是‘发愤’的叹息和呼喊了。”②说明司马迁著《史记》既是情志的表达，也是“发愤”为作。

关于“发愤”，最早应见于《论语·述而》，其曰：“叶公问孔子于子路，子路不对。子曰：‘女奚不曰：其为人也，发愤忘食，乐以忘忧，不知老之将至云尔。’”“发愤忘食，乐以忘忧”本指“学有未得，愤而忘食。学有所得，乐以忘忧。”③屈原在《九章·惜诵》中有“惜诵以致愍兮，发愤以抒情”之语，这里的“发愤”，当是发泄愤懑之意。

司马迁继承并发扬了先秦士人上述的“诗书言志”和“发愤”传统。天

① 司马迁：《史记·太史公自序》，中华书局 1959 年版，第 3300 页。

② 钱锺书：《诗可以怨》，《文学评论》1981 年第 1 期。

③ 钱穆：《论语新解》，三联书店 2002 年版，第 181 页。

汉三年（前98年），正当其全力撰写《史记》时，因李陵事件遭受腐刑而下狱，为了完成《史记》，司马迁以古人“发愤”来激励自己，忍辱苟活，完成自己未竟的事业。他在答复友人任少卿的信中，列举了先秦时期那些虽遇困遭厄却著述不已的圣贤事迹之后说：

此人皆意有所郁结，不得通其道，故述往事，思来者。及如左丘明无目，孙子断足，终不可用，退论书策以舒其愤，思垂空文以自见。仆窃不逊，近自托于无能之辞，网罗天下放失旧闻，考之行事，稽其成败兴坏之理，凡百三十篇，亦欲以究天人之际，通古今之变，成一家之言。草创未就，适会此祸，惜其不成，是以就极刑而无愠色。①

司马迁认为，古代圣贤情志被压抑，理想不能实现，才通过著述以发泄胸中的愤懑，自己真实心迹就是撰史书以“舒其愤”，以“究天人之际，通古今之变，成一家之言。”

在《史记》中，司马迁四次使用“发愤”一词。第一次出现是在《孔子世家》中：

明年，孔子自蔡如叶。叶公问政，孔子曰：“政在来远附迩。”他日，叶公问孔子于子路，子路不对。孔子闻之，曰：“由，尔何不对曰：‘其为人也，学道不倦，诲人不厌，发愤忘食，乐以忘忧，不知老之将至’云尔。”②

孔子对于叶公问政，其回答是“来远附迩”，对自己的评价则是“学道不倦”，“诲人不厌”，勤奋努力而不顾吃饭。这里的“发愤”，是勤奋努力之意。

“发愤”一词在《史记》中第二次出现是在《伯夷列传》中：

或择地而蹈之，时然后出言，行不由径，非公正不发愤，而遇祸灾者，不可胜数也。③

有的人精心选择所在之地，小心把握说话的时机，走路都不走小路，不是为正义之事就不去奋发而为，但遭灾祸的也不在少数。这里的“非公正不发

① 司马迁：《报任少卿书》，见班固：《汉书·司马迁传》，中华书局1962年版，第2735页。

② 司马迁：《史记·孔子世家》，中华书局1959年版，第1928页。

③ 司马迁：《史记·伯夷列传》，中华书局1959年版，第2125页。

愤”，司马贞《索隐》云：“谓人臣之节，非公正之事不感激发愤或出忠言，或致身命，而卒遇祸灾者，不可胜数。谓龙逢、比干、屈平、伍子胥之属是也。”作为人臣应把“发愤”作为自己的处事原则。客观地讲，司马贞关于“非公正不发愤”的解释符合司马迁的本意。略显不足的是，司马贞的论述没有注意到司马迁寓于其中的身世之叹。① 日本学者泷川资言的观点对此作了补充。他指出：

> 愚按，数句史公暗自道也。“非公正不发愤”六字，尤见精神。中说未得。董份曰“太史公寓言为李陵遭刑之意。”②

就是说，在司马迁那里，“发愤”之提出与其身受李陵之祸有相当的关系。

“发愤”一词在《史记》中第三次出现是在《儒林列传》中：

> 陈涉起匹夫，驱瓦合适戍，旬月以王楚，不满半岁竟灭亡，其事至微浅，然而缙绅先生之徒负孔子礼器往委质为臣者，何也？以秦焚其业，积怨而发愤于陈王也。③

陈涉聚合戍边之众反对暴秦，在楚地称王，但不到半年竟又复归灭亡。当时体面的士大夫们却背负礼器去追随陈涉，因为秦王朝焚毁书籍，坑杀儒者积下的仇怨，投奔陈王是为了来发泄满腔的愤懑。这里的“发愤”似乎与司马迁遭受“李陵之祸”相类似。

“发愤”一词最后一次出现在《太史公自序》中：

> 于是论次其文，七年而太史公遭李陵之祸，幽于缧绁。乃喟然而叹曰：“是余之罪也夫！是余之罪也夫！身毁不用矣。”退而深惟曰：“夫《诗》、《书》隐约者，欲遂其志之思也。昔西伯拘羑里，演《周易》；仲尼厄陈、蔡，作《春秋》；屈原放逐，著《离骚》；左丘失明，厥有《国语》；孙子膑脚，而论兵法；不韦迁蜀，世传《吕览》；韩非囚秦，《说难》、《孤愤》；《诗》三百篇，大抵圣贤发愤之所为作也。此人皆意有所郁结，不

① 张强：《司马迁学术思想探源》，人民出版社 2004 年版，第 118 页。

② ［日］泷川资言、水泽利忠：《史记会注考证附校补》，上海古籍出版社 1986 年版，第 1288 页。

③ 司马迁：《史记·儒林列传》，中华书局 1959 年版，第 3116—3117 页。

得通其道也，故述往事，思来者。”于是卒述陶唐以来，至于麟止，自黄帝始。①

至此，可以说司马迁的“发愤著书”说正式形成。“发愤著书”说“除了对《史记》撰写起到推动作用外，同时也影响到司马迁评价历史人物及事件的思想观点。”②司马迁之“发愤著书”，对前人“发愤”有了新的发展和阐释，包蕴着更为深广的含义。

首先，司马迁的“发愤著书”，将“发愤”与“学道”连接在一起，其潜台词是发表对天道和人道的看法。③ 关于这一点，在司马迁的《悲士不遇赋》中能够得到印证：

悲夫！士生之不辰，愧顾影而独存，恒克己而复礼，惧志行之无闻。谅才韪而世戾，将逮死而长勤。虽有形而不彰，徒有能而不陈。何穷达之易惑，信美恶之难分。时悠悠而荡荡，将遂屈而不伸。使公于公者，彼我同兮；私于私者，自相悲兮。天道微哉，吁嗟阔兮！人理显然，相倾夺兮。好生恶死，才之鄙也。好贵夷贱，哲之乱也。炤炤洞达，胸中豁也。昏昏罔觉，内生毒也。我之心矣，哲已能忖。我之言矣，哲已能选。没世无闻，古人惟耻。朝闻夕死，孰云其否。逆顺还周，乍没乍起。理不可据，智不可恃。无造福先，无触祸死。委之自然，终归一矣。④

在赋中，司马迁叹“生之不辰”，自己有才有德，却只能顾影独存，“有形不彰”，“有能不陈”，言行合于礼法。但世事互相倾轧，美恶难辨，自己只能屈而不能伸。决心心胸阔达，尽忠为国，朝闻夕死，祸福顺其自然。这篇赋约作于汉武帝天汉三年，与《报任少卿书》的写作年代大体相当。⑤ 核心是诉说个人的不幸，当时，司马迁身受腐刑，故“悲士不遇”实为抒写个人的愤懑，与“发愤”之意同。然其中“天道微哉”，意谓天道幽深难知，旷远难见。

---

① 司马迁：《史记·太史公自序》，中华书局1959年版，第3300页。

② 张强：《司马迁学术思想探源》，人民出版社2004年版，第117页。

③ 张强：《司马迁学术思想探源》，人民出版社2004年版，第117页。

④ 司马迁：《悲士不遇赋》，见严可均辑：《全上古三代秦汉三国六朝文》第1册，中华书局1958年版，第270—271页。

⑤ 参见朱东润：《史记考索》，华东师范大学出版社1996年版，第149页。

"人理显然,相倾夺兮",是说人间事理显而易见,只有互相倾轧和侵夺。司马迁将个人的不幸与探究天人关系的学道联系了起来,其"发愤之所为作",就是为了撰成《史记》以"究天人之际,通古今之变,成一家之言。"

其次,"发愤著书"已经升华成了司马迁评判历史和现实的价值尺度。① "发愤"的初义是指勤奋。司马迁"发愤"的心理基础是因身受腐刑之苦、之辱而产生的愤懑,这些意绪的叠加,加上历史上成就大事业者身处逆境而自强不息行为的触动,使得"发愤"不但成为司马迁撰写《史记》的内驱力,而且也成为其向命运抗争的诉求。因此,当司马迁在《史记》中记载那些发愤著书或发愤图强的历史人物时,他关注的主要是那些历史人物向命运抗争的不屈精神。这些"发愤"的人物事迹,引起了司马迁的共鸣,他们身上所体现出的身处逆境而又自强不息的人文精神遂成为司马迁评价历史人物或事件的价值取向。同时,他以"发愤"者的事迹为价值判断,在《史记》中最大限度地展示历史人物的精神风貌。历史上可供《史记》立传的人物甚多,但司马迁更乐意为"发愤"人物立传。

再次,司马迁"发愤著书"将"发愤"升华为一个创作理论。郭绍虞在《中国历代文论选》中,对收录的《史记·太史公自序》阐释时,将"发愤著书"的含义概括为以下三点:一是司马迁在李陵事件遭祸之后,结合自己的创作实践,更加体会到古人发愤著书的心情,把问题归结为"意有所郁结,不得通其道。"他所谓"述往事,思来者",正是针对现实有感而发的。二是司马迁不满当时现实,在《史记》中揭露和抨击黑暗现象,同情被压迫的人民。进步的历史观和批判现实的文学精神相结合,使得《史记》成为"无韵之离骚"。三是作者的义愤愈深广,则作品的思想性也就愈加深刻。司马迁在《太史公自序》中阐明了这一客观真理,揭示出了这一可贵的文学精神。②

我们说,根据《报任少卿书》中的表述,"发愤著书"作为一个创作理论,有以下几方面的深刻含义。"《诗》三百篇,大抵圣贤发愤之所为作也。"指

① 参见张强:《司马迁学术思想探源》,人民出版社2004年版,第118—121页。

② 郭绍虞:《中国历代文论选》,上海古籍出版社1979年版,第41页。

出了作家进行创作的一个重要心理原因，即："抒愤懑"。作家由于心理上受到压抑，郁结不通，直至产生怨愤情绪，成为创作的心理动力。"所以隐忍苟活，幽于粪土之中而不辞者，恨私心有所不尽，鄙没世而文采不表于后世。"这是第二个层次。如果说前一个层次指出了作家进行创作是出于宣泄内在感情的心理要求，那么，这里指出的是作家进行创作还出自对自身主体性的自觉，出自个体人格的自我实现的强烈要求。"究天人之际，通古今之变，成一家之言。"这是"发愤著书"的最高层次，即作家对真理的执着追求。

由于司马迁的发扬，"发愤著书说"在中国古典文论中承先启后，形成了一条历史发展的贯穿线，对文学创作的影响十分深远，激励了一代又一代士人。正如张新科在总结司马迁"发愤著书"对中国古代文艺理论思想的影响时所指出的：

> 司马迁的这一理论，在中国文论史上产生了深远影响。刘勰"蓄愤说"，钟嵘"怨愤说"，韩愈"不平则鸣"，欧阳修"诗穷而后工"，一直到晚清刘鹗"哭泣说"，都是这一理论的延伸和发展。[①]

当然，司马迁"发愤著书说"作为一个文艺心理学命题，包蕴着深刻的心理美学内涵。在司马迁看来，自古以来的圣贤们，如《周易》《春秋》《离骚》《诗经》的创作者，都是在建功立业的过程中遭到了各种打击和创伤，在"意有所郁结，不得通其道"的情况下，就通过著书来抒发他们的悲愤，阐扬他们的主张，陈述往事的兴衰成败，留传后世，寄希望于来者。他揭示了作家在受到创伤情况下，其"创作发生的心理学规律，阐明了创作的发生是主体为了舒其愤、泄其怒，满足一种深层次心理需求。"[②]这一论说成了司马迁及其《史记》对后世产生极为深远影响的重要方面。这种影响"表现在他所提出的以'舒愤懑'为其特色的美学观上"，[③]这也"正是司马迁美学思想的

① 张新科：《史记学概论》，商务印书馆 2003 年版，第 226—227 页。

② 李建中："发愤著书说"，见鲁枢元、童庆炳、程克夷、张皓：《文艺心理学大辞典》，湖北人民出版社 2001 年版，第 123 页。

③ 李泽厚、刘纲纪：《中国美学史·先秦两汉编》，安徽文艺出版社 1999 年版，第 486 页。

核心和实质所在。”①

首先，“发愤著书说”蕴含着强烈的心理内驱力，是司马迁完成《史记》的心理动力。综观司马迁关于“发愤著书说”的叙说话语，可以看出，他强调写作的目的是抒发、宣泄那种“郁结”之情。这种“郁结”的情感是一种郁积性的情感。这种情感的方向性是内指的而非外散的，其痛苦体验，由于发散不出，故形成郁积之势，使得这种郁积性的苦闷情感成了作家心中强烈的心理势能。从字面来看，“舒愤懑”的“懑”，在《说文》中用来释“闷”，“闷”字从“门”从“心”，指情绪被封堵发散不出，而“懑”字，意为“烦”，指情绪满塞于心中，“满”的状态正是心理张力饱满、势能强盛之意。这种强盛的心理势能，成为司马迁完成史记的心理动力。正如日本文论家厨川白村在《苦闷的象征·出了象牙之塔》中所说的，“生命力受了压抑而生的苦闷懊恼，乃是文艺的根柢。”②除此之外，这种情感又是一种受到创伤之后的情感体验。弗洛伊德曾给创伤经验下定义：“一种经验如果在一个很短暂的时间内使心灵受一种高度的刺激，以致不能用正常的方法谋求适应，从而使心灵的有效能力的分配受到永久的扰乱，我们便称这种经验是创伤的。”③这种创伤经验是一种持久的不易消除的痛苦体验，它像烙在心灵中的烙印，时过境迁仍不时隐隐作痛，这种创伤性的苦闷也积郁成了作家巨大的心理势能。无论是郁积性的苦闷还是创伤性的心理痛苦所造成的那种强大的心理势能，都能转化为心理内驱力，迫使作家通过“著书”这种途径使得情感得以释放。

公元前 99 年，司马迁因李陵事件受到宫刑，这使他在肉体上受到了极大的痛苦，同时也使他在人格、精神上受到了极大的侮辱，那种压抑和苦闷，“是以肠一日而九回，居则忽忽若有所亡，出则不知所如往。每念斯耻，汗

---

① 李泽厚、刘纲纪：《中国美学史·先秦两汉编》，安徽文艺出版社 1999 年版，第 479 页。

② [日]厨川白村著，鲁迅译：《苦闷的象征·出了象牙之塔》，人民文学出版社 1988 年版，第 21 页。

③ [奥]弗洛伊德：《精神分析引论》，商务印书馆 1984 年版，第 216 页。

未尝不发背沾衣也。”[①]这种境遇的压抑状态转变成了“愤”的创作冲动。“发愤著书”正是司马迁强烈的心理动力在继续完成《史记》实践上的充分体现,而“发愤著书说”则是司马迁将创作心理动力普遍化的结果。

其次,“发愤著书说”隐含着内心巨大的自我表现欲,是司马迁实现人生超越的心理基础。司马迁认为,作家的“抒愤”,是希望在压抑状态下表明自己的心迹,以便从后人那里得到共鸣,即“思垂空文以自见”。这里的“自见”,其实就是一种自我表现。从《报任少卿书》中可以看出,司马迁对现实的绝望,使他不止一次地想到死。他之所以“隐忍苟活”“发愤著书”,是不愿意自己的思想和才华徒然如空谷幽兰般不为人知晓。即“所以隐忍苟活,幽粪土中而不辞者,恨私心有所不尽,鄙没世而文采不表于后世。”可见,司马迁写《史记》是为了“剖明心迹”,展示其才情、文采与个性,是“文学家对于自己的才华总有一种自觉,而不愿意随便埋没”的表现。[②]

这种浓烈的自我实现欲望,是司马迁成就事业自信与身遭屈辱自卑相矛盾的产物。司马迁的自信心突出表现为对自己修史事业的自负。他一再表明自己的著作是沟通古今,整齐百家的“一家之言”,并坚信它将与圣人经典一样流传后世。他在《史记·太史公自序》中说,他有“世典周史”的家世,自认“少负不羁之才”,“十岁诵古文”,二十南游,足迹所至,遍布天下,又能遍览“史记石室金匮之书”,“天下遗文古事靡不毕集于太史公”。在此,司马迁着意表现自己的家学渊源,丰富的阅历,超人的博学与不凡的天资,言语之中无不流露出自负的心理。然而,宫刑之耻又使司马迁对自身感到极度的自卑。他在《报任少卿书》中说:“仆以口语遇遭此祸,重为乡党戮笑,汙辱先人,亦何面目复上父母之丘墓乎?虽累百世,垢弥甚耳。”[③]这种奇耻大辱剥夺了他做一个正常人的资格,使他感到自己成了世人取笑的对象,而且还玷污了先人,这就从宗法意识上毁灭了其做人的勇气,使他感到无地自容,唯有忍辱生存而已。“这在司马迁是再奇耻大辱不过了”,“他觉

① 司马迁:《报任少卿书》,见班固:《汉书·司马迁传》,中华书局1962年版,第2736页。

② 李长之:《司马迁之人格与风格》,天津人民出版社2007年版,第92页。

③ 司马迁:《报任少卿书》,见班固:《汉书·司马迁传》,中华书局1962年版,第2736页。

得也未尝不可以自杀,可是他想到他的文学天才,还没有表现出来,那部'究天人之际,通古今之变,成一家之言'的第二部《春秋》——《史记》也还没有脱稿,他于是倔强而坚韧地'就极刑而无愠色'了!"[①]其核心内容是对自己无足轻重的政治地位和徒有抱负而不能有所作为的命运的自卑,宫刑之辱使这种自卑得以强烈地表现出来,而这又与他事业的自信心形成尖锐的矛盾。这种尖锐矛盾两方面相作用的结果,就转化成了强烈的自我表现欲望,以便"为自己重新铸造生活的英雄主义神话,才不致陷入价值解体后的精神崩溃",[②]正是自我价值的表现,才最终实现了人生的自我超越。"发愤著书说"正是对这种超越过程的最佳注解。

再次,"发愤著书说"饱含着深切的感情体验,它是司马迁在《史记》上取得巨大成就的心理根源。如前所述,"发愤著书说"是一种深切的创伤性体验的结果。在文人眼里,创伤性体验决定着作品价值的高低。他们常常把艺术上的成就说成是诗人不幸遭遇的结果,是悲剧命运的馈赠。大凡优秀的作家作品都离不开苦闷这个熔炉的冶炼。韩愈在《荆潭唱和诗序》中说:"夫和平之音淡薄,而愁思之声要妙;欢愉之辞难工,而穷苦之音易好。"意思是说和平安定的曲调平淡浅薄,而忧伤的歌乐深刻精彩;欢快愉悦的文辞难以写好,而穷困痛苦的文章反而容易写好。雪莱说:"最甜美的诗歌就是那些诉说最忧伤的思想的""最美妙的曲调总不免带有一些忧郁"。[③]中国古代文人还从具体作家作品入手分析创伤与作品优劣的关系。明代谢榛在《四溟诗话》卷二中也说:"子美不遭天宝之乱,何以发忠愤之气,成百代之宗。"这些都从不同角度说明了创伤性的情感体验决定着文学艺术作品的价值。

创伤逆境中的心理体验能够使作家对人生进行深刻反思。优秀的文学艺术作品都是对人生和世界深刻反思的产物,因而具有深刻的哲学意味。

---

① 查屏球:《从游士到儒士——汉唐士风与文风论稿》,复旦大学出版社 2005 年版,第 39 页。

② 冯川:《人文学者的生存方式》,四川人民出版社 1998 年版,第 162 页。

③ 雪莱:《为诗辩护》,见陶东风:《中国古代心理美学六论》,百花文艺出版社 1992 年版,第 188 页。

《孟子·尽心》云："人之有德慧术知者，恒存乎疢疾；独孤臣孽子，其操心也危，其虑患也深，故达。"《告子》篇也说："动心忍性，曾益其所不能。人恒过，然后能改；困于心，衡于虑，而后作；征于色，发于声，而后喻。入则无法家拂士，出则无敌国外患者，国恒亡。然后知生于忧患，而死于安乐也。"法国史达尔夫人在比较欧洲南北方文学时曾说过一句很深刻的话："忧郁的诗歌是和哲学最为调和的诗歌，与人心的其他任何情感相比，忧郁对人的影响最大。"①与哲学最为调和的诗歌也是最具有深刻反思精神、最具有哲学意味的诗歌，而它正产生于忧郁。人在逆境中往往能严肃地正视人类的命运，探索宇宙和人生的奥秘，因为环境使他不得不如此，而心中的苦难也迫使他为寻求解脱而探寻人生的答案。因此，忧郁地、深切地体验着不幸的作家，其作品也往往深刻。屈原因忧愤而作《离骚》《天问》，思考人生与社会。司马迁也正是在对身受腐刑的创伤情感体验中，"使他对社会问题有了更清醒的认识，尤其是对当代历史有了更深刻的评价，促使他把自己的思想发表出来，引起世人的注目。"②在痛苦的人生体验中，对历史的总结，对历史的认识，也是他对当世的认识，对人生的认识。在对"天人之际""古今之变"进行深刻思考的基础上"发愤著书"，终于完成了"一家之言"的《史记》。正是这一深刻思考，才使《史记》的"一家之言"在文学和史学上都有着极高的价值。

郁积的创伤性情感体验强化了司马迁艺术感受力。艺术感受力是艺术家的内功，是艺术创造力的内在标志。因为艺术活动是人类的感性活动，艺术品是人类感性能力的伟大创造。因此，以情感为动力，以想象为核心，以感官为工具的艺术感受力，就不能不成为决定艺术成就的关键因素。而艺术感受力的培养，正离不开艺术家的痛苦体验。欧阳修在《梅圣俞诗集序》中说："凡士之蕴其所有，而不得施于世者，多喜自放于山巅水涯，外见虫鱼草木，风云鸟兽之状类，往往探其奇怪；内有忧思感愤之郁积，其兴于怨刺，以道羁臣寡妇之所叹，而写人情之难言。"而其着眼点正是艺术感受力的体

① 史达尔夫人：《论文学》，见伍蠡甫编：《西方文论选》，上海译文出版社 1979 年版，第 125 页。

② 张新科：《唐前史传文学研究》，西北大学出版社 2000 年版，第 155—166 页。

现。他说明了失意苦闷之人对郁积的创伤性内心世界，会有更加细微幽深的深切体会。司马迁的悲惨境遇，“肠一日而九回”，这必然使他对外界的直接刺激和历史上的人物事件有更加敏捷的感受和思考。加之，他的遭遇与“忠而被逐”的屈原有相近之处，对屈原的学习和继承，又使他能够“以诗人敏感的心灵来感受历史”，①同时对历史上那些可以使人喜、使人悲，使人特别感动、特别震颤的东西，进行咀嚼、品味、欣赏；或者从中寻觅和发现历史的诗意，从而把诸如易水送别、乌江自刎、高祖还乡、窦太后认弟这些情节和场面诗意地展现在人们面前，并以诗人的情怀去观照，从而受辱发愤，借历史之酒杯，浇胸中之块垒，终于完成了《史记》这一“无韵之《离骚》”的不朽巨著。

郁积的创伤性情感体验赋予司马迁以鲜明的倾向性。受到创伤的作家，在创作作品时都十分重视作品的思想倾向。司马迁正是受到李陵事件的打击之后，“发愤”以著《史记》，使之具有了浓郁的批判现实的精神，对封建社会的腐朽政治与黑暗现实进行大胆的揭露和讽刺，对下层人民的痛苦、灾难表示同情。这样的作品容易成为激励人们改造环境、推动历史的精神力量，从而具有不朽的社会价值。

这样说来，无论是从对人生的深刻反思，还是对艺术感受力的提升，抑或是赋予作家鲜明的政治倾向，郁结的创伤性情感体验都给予了司马迁以积极的作用，乃是《史记》成为“史家之绝唱，无韵之《离骚》”这一不朽作品的心理根源。

另外，司马迁“发愤著书”还蕴涵了其建功立业和修养道德的精神。发愤，乃是人主观能动的精神动力和积极作为的特征表现。《太史公自序》说：“扶义俶傥，不令己失时，立功名于天下，作七十列传。”《报任少卿书》说：“人固有一死，死有重于泰山，或轻于鸿毛，用之所趋异也。”“立名者，行之极也。”司马迁赞赏的是那些忍辱含垢成就事业的人，同情不得志者，鄙夷无所作为的人。

① 冷成金：《中国文学的历史与审美》，中国人民大学出版社 1999 年版，第 54 页。

在记述秦汉之际的历史大变局时，司马迁充分肯定了这一时代的奋斗者。《秦楚之际月表》说："愤发其所为天下雄"，讴歌勇于为天下先，反抗秦朝暴政的人物。《儒林列传》中，"积怨而发愤于陈王"，肯定了儒生的发愤精神。司马迁还肯定刘邦"愤发蜀汉"，指出刘邦在项羽分封后，并未偏安蜀汉，而是发愤作为，进军关中，扫除天下，从而平定海内，成就帝业。愤发有为是秦汉时代变革之际豪杰人士的共同特征。

在《史记》中，"发愤著书"也与道德修养有某种联系。司马迁在《太史公自序》中说"愤发文德"，作《周公世家》，指出了修养道德的重要性。《司马相如列传》的"太史公曰"：

> 《春秋》推见至隐，《易》本隐之以显，《大雅》言王公大人而德逮黎庶，《小雅》讥小己之得失，其流及上，所以言虽外殊，其合德一也。①

传世的著作虽然表面形式不同，但在发愤的道德修养上却是一致的。

"发愤"表现在人的品格上，就是勇于承当历史和时代赋予的任务。《太史公自序》记司马谈临终前对司马迁说：

> "余先周室之太史也。自上世尝显功名于虞夏，典天官事。后世中衰，绝于予乎？汝复为太史，则续吾祖矣。今天子接千岁之统，封泰山，而余不得从行，是命也夫，命也夫！余死，汝必为太史；为太史，无忘吾所欲论著矣。且夫孝始于事亲，中于事君，终于立身。扬名于后世，以显父母，此孝之大者。夫天下称诵周公，言其能论歌文武之德，宣周召之风，达太王王季之思虑，爰及公刘，以尊后稷也。幽厉之后，王道缺，礼乐衰，孔子修旧起废，论《诗》《书》，作《春秋》，则学者至今则之。自获麟以来四百有余岁，而诸侯相兼，史记放绝。今汉兴，海内一统，明主贤君忠臣死义之士，余为太史而弗论载，废天下之史文，余甚惧焉，汝其念哉！"迁俯首流涕曰："小子不敏，请悉论先人所次旧闻，弗敢阙。"②

司马谈在临死的时候，告诉司马迁祖上功名显赫，世代为史官，嘱托司马迁

---

① 司马迁：《史记·司马相如列传》，中华书局1959年版，第3073页。

② 司马迁：《史记·太史公自序》，中华书局1959年版，第3295页。

“无忘所欲论著”,以载“明主贤君忠臣死义之士”,要做到“孝”,就应当“始于事亲,中于事君,终于立身。扬名于后世以显父母”。司马谈希望司马迁能继承他的事业,当世海内一统,明主贤君、忠臣义士的事迹就应当由史官记录下来。他热切希望司马迁能完成他未竟的大业。司马迁不负父亲命训,“悉论先人所次旧闻,弗敢阙。”这种勇于承当精神在司马谈父子著史上是一脉相承的,司马迁效法前代圣贤,对此高度自觉。因此,司马迁发愤精神不仅是写就《史记》的精神动力,而且是司马迁自我完善伟大人格的道德修养方式。

第三节 先秦士人不朽意识与司马迁《史记》创作元动力

“死而不朽”是西周以来的传统观念,是指生命个体死后的多个“灵魂”依然以肉体方式影响宗族社群的血缘延续性。“灵魂”观念至少在商代就已经产生了。有专家分析说。“商代所谓的‘灵魂’——‘䰠’之‘鬼’尽管有了一定的精神性内容,但形式化程度还很低,物质性内容还很多,主要还是指一种人死后‘人态的’(Anthropomorphic),即仅具有人的外形的游离人格,这与其来源——‘鬼与禺同为类人异兽之称’很有关联,此特征至今依然严重存遗。”①西周时期,“灵魂”观念有了很大变化。除了继续存在着“䰠”的观念外,还出现了更多的表达“灵魂”观念的概念,如“严”“魄”“魂”等,并且这些概念的精神性、抽象性和主体性也比殷商时期大大提高。在西周晚期,已明确出现了“严”这个精神性较高的“灵魂”观念,认为人受生于天曰命,死后其灵不灭曰“严”,亦谓之“鬼”。周人还相信存在着一种称为“魄”的“灵魂”,它左右着人之生死,人因“生魄”而始生,又因“天夺其魄”而死,“魄”乃“天”之所予所夺,“魄”乃人之“命”,“魄”终而“命”终。这是

① 马小虎:《魏晋以前个体“自我”的演变》,中国人民大学出版社2004年版,第73页。

“死而不朽”观念的初期形态。

其实,“不朽”观念的本质,就是如何使死的意义变成了生的意义的问题。由于“死亡”意味着个体生命的自然终结,而“不朽”则意味个体生命的社会评价。所谓“不朽”,“就是给人类、给社会留下宝贵的精神财富,为后人所敬仰、所学习,永远激励来者,推动社会向合理的方向发展。”①因此,“死的意义何在”就成了个体完成“自我”的一个重要问题。随着社会的发展,有人就有了新的不朽观念,《左传·襄公二十四年》曰:

> 穆叔如晋范宣子逆之问焉,曰:“古人有言曰,‘死而不朽’,何谓也?”穆叔未对。宣子曰:“昔匄之祖,自虞以上为陶唐氏,在夏为御龙氏,在商为豕韦氏,在周为唐杜氏,晋主夏盟为范氏,其是之谓乎?”穆叔曰:“以豹所闻,此之谓世禄,非不朽也。鲁有先大夫曰臧文仲,既没,其言立,其是之谓乎。豹闻之,大上有立德,其次有立功,其次有立言,虽久不废,此之谓不朽。若夫保姓受氏,以守宗祊,世不绝祀,无国无之。禄之大者,不可谓不朽。”②

叔孙豹(穆叔)看来,在宗族社群中不忝辱祖宗,保持世卿世禄,延续血缘宗祧等传统“不朽”观念,仅仅是世禄而并不能真正造就自己死后的“不朽”。只有“立德”“立功”“立言”才是真正的道德自我完成,针对个体性的道德自我完成而言,更突出个体自主性、积极性、主动性和社会性的道德实践活动,是一种开放性的,人人通过努力都可以实现的“死而不朽”。“这个价值观代表了当时大多数有志之士的理想追求,并且对后代产生了极其重要的影响,激励人们奋发向上,建功立业。”③

作为个体生命,它必然要经历一个从生命的开始到生命终结的过程,也就是说,个体的生命总是有限的。个体存在的这种有限性,就使人生的意义成为严峻的问题,既然人生必然要走向死亡,那么,人的存在究竟有何意义?人怎样才能超越死亡?这种对生命的感悟和自觉关怀是人类发展到文明阶

① 张新科:《中国古典传记文学的生命价值》,人民出版社2012年版,第94页。

② 《左传·襄公二十四年》,见阮元校刻:《十三经注疏》,中华书局1980年版,第1979页。

③ 张新科:《中国古典传记文学的生命价值》,人民出版社2012年版,第12页。

段之后的产物。先秦士人对这一问题从不同角度进行了思考和探索。

先秦儒家始终把人对生命价值的追求根植于现实的人生之中，“他们从生命的自然延续与历史待续（文化待续）中寻找有限的超越与存在的价值，使儒家一开始便避免了对彼岸世界的幻想，而努力在现实人生中追求和实现存在的终极意义。”①《尚书·泰誓》就有“立功立事，可以永年”的思想。《论语·先进》记载：“子路问鬼神，子曰：‘未能事人，焉能事鬼。’曰：‘敢问死。’曰：‘未知生，焉知死。’”鬼神是彼岸世界的对象，死则意味着现实世界的终结，相对于二者而言，人及其现实的存在具有更为重要的意义。以孔子为代表的先秦儒者不语“怪、力、乱、神”，对鬼神敬而远之，但并不说明他们对人生的身后价值不予关注；相反，他们对现实功业的执着追求，正是欲借之传载自己的后世声名，从而获得人生不朽的价值。《论语·卫灵公》所谓“君子疾没世而名不称焉”，正是这种思想的表达。前文所述《左传》中的“三不朽”，就成了一种既有限而超越有限，乐生而不畏死的人生态度。

先秦道家则是以高歌迎接死亡。《史记·老子韩非列传》载：“老子修道德，其学以自隐无名为务。”老庄哲学中的人生观，以“道”为起点和终点，将人的生命历程视为大道衍化的过程，把人生的意义定位到与“道”同偕，而现实生活的穷达贵贱皆可忘却不计。对道家而言，可以说不朽存在于永恒变化之中。透过老庄哲学的这种虚无，可以看出他们认为人的生命回归于“道”之中才有价值，才是不朽。

“三不朽”中，最为重要的是“立德”。“立德，这是不朽的首要条件。尽管‘德’具有明显的时代特征，不同的时代有不同的道德标准，但它也有相对的共性、继承性，这种共性、继承性的长期积淀，就形成一种民族心理定式。‘德’是人们评价一个人的关键条件。要达到不朽，必须在德的方面树立起高风亮节，如崇高的理想、博大的胸怀、坚贞的节操，等等。中国历史上有志之士之所以受到后人的敬重，就是因为他们有高尚的品德。孔子、屈

① 王绍东：《论“三不朽”说对司马迁及〈史记〉创作的影响》，《内蒙古社会科学》1998 年第 5 期。

原、司马迁、苏武、诸葛亮……哪个不是在‘德’的方面站立在世人前列呢？……可见，在‘三不朽’中，德是最重要的，是个体生命的立身根本。当然，立德不能是空洞、抽象的，一定要通过实际的行动来体现，即立功，给绝大多数人谋福利，并树立起光辉的榜样。如果在恶劣的环境中遭受挫折，不能实现政治抱负，仍然保持耿介纯洁的品德，在著述中表达自己的人生态度和政治见解，此为立言。立言实际也是立功的一种特殊表现，或施展文学才华，或表达对社会看法，或提出政治主张，等等，这是文人学士在遭受厄运时的一种追求。因此，立德、立言，最后的归结点仍是立功。‘三不朽’中，立功成了最为引人注目的东西，也成为每一时代传记的主旋律。”①“立德”是“立功”“立言”的条件，是立身的根本，“立德”又是通过“立功”的实际行动来体现，“立言”又是“立功”的一种特殊表现。所以说，“立德”“立功”“立言”属不同层次，在个体的身上能够统为一体，而“立功”最能够受到人们的关注。

司马迁受先秦士人“不朽”思想的影响，将“三不朽”作为自己的人格理想。他在《与挚峻书》中用“三不朽”以表明心迹：“迁闻君子所贵乎道者三：太上立德，其次立言，其次立功。伏维伯陵材能绝人，高尚其志，以善厥身，冰清玉洁，不以细行荷累其名，固已贵矣；然未尽太上之所繇也！愿先生少致意焉。”这“可以看作司马迁心目中的人生和人格三境界。立德之人，是最高尚的；立言之人，也高尚，但已属次之了；立功之人，也高尚，但更属次之了。但必须注意，三者境界虽不同，但司马迁都认为是‘贵乎道者’的。……司马迁本人的人格演进正是奏出了这样的三步曲：立功——立言——立德。当然，他每前进一步，所付出的代价是巨大的，甚至是生命的全部。”②在司马迁身上，“三不朽”有着一定的阶段性特质，就是说，司马迁人格发展大致可分为立功、立言、立德三个阶段。且三个阶段之间有相互包容，也有相互衔接。③ 司马迁精神人格的第一阶段是“立功”，司马迁在《史

① 张新科：《中国古典传记文学的生命价值》，人民出版社2012年版，第94—95页。

② 陈雪良：《司马迁人格论》，上海人民出版社1997年版，第24页。

③ 陈雪良：《司马迁人格论》，上海人民出版社1997年版，第28页。

记》中记录了自己多"功"的家世，载录立功之人，寻访历代"立功者"足迹，尽心尽力于"立功之职"。在《史记》中，写"司马氏世典周史"，记"司马氏去周适晋"，且对于"去周适晋"实书实写，有名、有姓、有职，甚至有业绩。据学者考证和统计，"司马氏去周适晋"大约发生在公元前六世纪中叶，司马迁本人出生于公元前一世纪中叶，相隔约500年。这500年间，有名有姓的祖先就提到了11人。① 而这"列祖列宗中，有英武的战将（如司马错、司马靳、司马卬之属）、有侠义的剑客（如司马凯、司马蒯聩之属）、有干练的行政长官（如司马喜、司马无泽之属）、有经业有术的货殖者（如司马昌之属）……其实司马迁对自己家世采取的是无功不录的态度。500年，如果以25年为一代，至少也是传了20代（可能还不止），但司马迁只录了其中的10人，取其半。很清楚，列祖列宗中的无功者、碌碌无为者被巧妙地删除了，只注以'某某孙'、'某某玄孙'字样，而对于有功者，即使有相当污点的（如司马靳参与坑杀赵兵40万），也被录入了。功业，在年轻的司马迁心目中是第一位的。"②正因为如此，司马迁在《史记》中不仅记录了有功的先祖，还记录了曾在自己出生地上有着不可磨灭功绩的大禹。在司马迁看来，凿开龙门山的大禹就是成功者的偶像，是一位圣者。历史上的成功者，"唯禹之功为大！"《史记》记大禹平水土之功、定九州之功、承帝统之功、树至德之功。③《史记》之中，记述各个不同历史时期、各种复杂社会环境中的"立功之人"。如记录明君贤臣的"治世之功"，他认为"国有贤相良将，民之师表也。"④又说："且欲兴圣统，唯在择任将相哉！唯在择任将相哉！"⑤因此，《五帝本纪》写黄帝"生而神灵，弱而能言，幼而徇齐，长而敦敏，成而聪明。"⑥对古代明君贤臣的典范虞舜，写他笃谨诚孝，勤政爱民，重用人才，"举八恺，使主后土，以揆百事，莫不时序。举八元，使布五教于四方，父义，

① 陈雪良：《司马迁人格论》，上海人民出版社1997年版，第35页。
② 陈雪良：《司马迁人格论》，上海人民出版社1997年版，第38页。
③ 详见陈雪良：《司马迁人格论》，上海人民出版社1997年版，第45—50页。
④ 司马迁：《史记·太史公自序》，中华书局1959年版，第3304页。
⑤ 司马迁：《史记·匈奴列传》，中华书局1959年版，第2919页。
⑥ 司马迁：《史记·五帝本纪》，中华书局1959年版，第1页。

母慈，兄友，弟恭，子孝，内外平成。”[1]舜提倡音乐，重视教化，以为“诗言意，歌长言，声依永，律和声，八音能谐，毋相夺伦，神人以和。”[2]深情歌颂舜艰苦创业的历程和治世功勋。文帝是司马迁心目中最合乎“仁”的君主，《孝文本纪》中写文帝初即位就“施德惠天下，填抚诸侯四夷皆洽驩”。[3] 执政期间政令宽省，废除酷刑；广开言路，积极纳谏；精兵简政，厉行节约；重视农业，轻徭薄赋；反省自励，以德治国。字里行间充溢着由衷的热爱。再如《陈涉世家》生动地描写了陈涉和吴广的形象。陈涉出身雇农，胸怀大志，有政治远见，他希望把百姓从“苦秦”中解放出来；他聪明果断，具有组织群众、制定策略、指挥战争的卓越才干，是农民阶级的杰出领袖。吴广虽然刻画简略，但在他预谋起义、诱杀将尉等事迹中，也表现了非凡的机智勇敢和反抗精神，歌咏了他们对秦朝统治的“首难”之功。

可以说，《史记》的本纪、表、书、世家、列传五种体例，分别写了五个社会层次的人物。第一层次是帝王。他们处在社会的中心地位，这是“本纪”所记述的人物。第二层次是诸侯王、贤圣、领袖人物与国家的重臣。这是“世家”所包括的人物，他们起着“拱辰共毂”的作用。第三个层次是谋臣将相。他们中有的在中央朝廷，有的在诸侯王国，是帝王与国君的出谋划策者、政令执行人，在具体的政治、军事活动中，他们发挥着重要作用。第四个层次是属于士大夫一层的。他们处于社会的中下层，依附于以上三个层次，其社会活动的多样性，丰富了社会历史的内容。第五个层次是社会的直接生产者，如《货殖列传》所说的从事农、虞、工、商的人。这五个层次的人物共同发挥作用，都在推动历史发展的进程中有“功”。正如学者所论，“司马迁心目中‘功’的观念是广义的。有武功，有政功，有实业之功，有施仁乐义之功。总之，一切利于国、利于民、利于他者，皆可言之为功。这就不难揣测到司马迁为什么写《史记》时涉及的人物是那样的广博了，上及帝王将相，下及黎民百姓，中及失败英雄、落难之辈，还以极大的热诚赞颂了侠士、义

① 司马迁：《史记·五帝本纪》，中华书局 1959 年版，第 35 页。
② 司马迁：《史记·五帝本纪》，中华书局 1959 年版，第 39 页。
③ 司马迁：《史记·孝文本纪》，中华书局 1959 年版，第 420 页。

士、豪士，其中包括地位低微的鸡鸣狗盗之徒。在司马迁眼中，地位降到低之又低的田地，而是否有功于国、有功于民、有功于人是首位的。”①可以说，司马迁在《史记》中表达了自己立功的追求，也记述了历史上立功之人及其所立之功。

此外，司马迁还通过“壮游”寻访立功者的足迹。《史记·太史公自序》说：“二十而南游江、淮，上会稽，探禹穴，窥九疑，浮于沅、湘；北涉汶、泗，讲业齐、鲁之都，观孔子之遗风，乡射邹、峄；戹困鄱、薛、彭城，过梁、楚以归。”②这样的“壮游”，除了搜集历史史料外，也是在寻访立功者足迹，“步入功者的生活圈”，目的是为自己“做一个名垂千古的建功立业者”打下基础。③

“入仕郎中”是司马迁自己“立功”的开始。《汉书·司马迁传》载，他“绝宾客之知，忘家室之业”“壹心营职”，以“纳忠效信”“自结明主”。后来，司马迁奉命“西征巴蜀以南，略邛、筰、昆明”，这就是他“西征南略”之功。“征巴蜀以南”，就是对该地区采用征伐的方式；对于“邛、筰、昆明”地区，则是采用巡视、安抚的方法。无论怎样，司马迁看探了西南夷地区的地理状况和民族分布情况，了解了西南夷地区的风俗人情，传播了文化。这一切，都是“立功”的具体体现。

如前文所论，“立言”这种先秦士人追求“不朽”的方式，乃是中国古代作家创作活动的内在的动力之一。曹丕《典论·论文》说：“盖文章经国之大业，不朽之盛事。年寿有时而尽，荣乐止乎其身，二者必至之常期，未若文章之无穷。是以古之作者，寄身于翰墨，见意于篇什。不假良史之辞，不托飞驰之势，而声名自传于后。”曹丕认为文学创作是个人赖以不朽的手段，这无疑揭示了作家创作的内在动机。因此，“从终极意义上讲，创作冲动本身就是一种不朽冲动。”④

---

① 陈雪良：《司马迁人格论》，上海人民出版社1997年版，第38页。

② 司马迁：《史记·太史公自序》，中华书局1959年版，第329页。

③ 参见陈雪良：《司马迁人格论》，上海人民出版社1997年版，第51—62页。

④ 冯川：《〈死亡恐惧与创作冲动〉序言》，四川人民出版社2003年版，第27页。

受先秦士人不朽意识的熏染和影响，司马迁思想深处也镕铸了不朽观念，这些观念和体验转化成了《史记》创作的元动力。司马迁生活在一个"世典周史"、父亲司马谈任太史令的史官之家，其先祖"尝显功名于虞夏"，他"年十岁，诵古文"，饱读诗书，对青史留名的伟大人物充满着敬仰和向往，20岁开始壮游天下，不仅领略了祖国的名山大川，开阔了眼界和胸怀，而且通过实地考察古代英雄豪杰的历史，聆听民间对英雄人物的怀念和颂扬，对垂名不朽的意义有了进一步的深切体验，把"不朽"作为《史记》创作的意义和目的之一。

作为受先秦思想文化影响极大的天才司马迁，无疑是把"立言"作为实现"不朽"的选择。司马迁从父亲的手中接过了"著史"这一"不朽"工程，确信"立言"是个人赖以不朽的重要手段。他已经把自己的自我，连同其独特的个性和丰富的色彩，成功地转移到另一种超越肉体的不朽载体——《史记》之中。因此，司马迁内心深处那种强烈的生命不朽意识，也是创作《史记》的原动力之一。于是，在生死抉择上，司马迁"隐忍苟活，幽粪土之中而不辞者，恨私心有所不尽，鄙没世而文采不表于后也。"①为了"立言"的壮志，他选择了"隐忍苟活"。他对古代圣贤发愤"立言"倍加肯定，《汉书·司马迁传》曰：

> 古者富贵而名摩灭，不可胜记，唯倜傥非常之人称焉。盖西伯拘而演《周易》；仲尼厄而作《春秋》；屈原放逐，乃赋《离骚》；左丘失明，厥有《国语》；孙子膑脚，《兵法》修列；不韦迁蜀，世传《吕览》；韩非囚秦，《说难》《孤愤》；《诗》三百篇，大氐圣贤发愤之所为作也。此人皆意有所郁结，不得通其道，故述往事、思来者。②

古时既富且贵的人而名声却泯灭不传，无法记载下来，只有卓越不凡的人才能名扬后世，圣贤们都是在遭受困厄时才"发愤为作"，司马迁即使遭受"奇

① 司马迁：《报任少卿书》，见班固：《汉书·司马迁传》，中华书局1962年版，第2725—2735页。

② 司马迁：《报任少卿书》，见班固：《汉书·司马迁传》，中华书局1962年版，第2725—2735页。

耻大辱”，也要为完成使命、实现人生理想而忍辱负重，坚强活下去。《汉书·司马迁传》载：

仆窃不逊，近自托于无能之辞，网罗天下放失旧闻，考之行事，稽其成败兴坏之理，凡百三十篇，亦欲以究天人之际，通古今之变，成一家之言。草创未就，会遭此祸，惜其不成，是以就极刑而无愠色。仆诚已著此书，藏之名山，传之其人通邑大都，则仆偿前辱之责，虽万被戮，岂有悔哉！然此可为智者道，难为俗人言也。①

司马迁遭受腐刑之后，之所以没有选择死，而隐忍苟活，“就极刑而无愠色”，就在于他自己心中有理想，肩上有使命。若不能实现理想，完成使命，而选择就死，实际上就是他所说的“轻于鸿毛”之死，与“蝼蚁”无异。于是，司马迁“整齐百家杂语”，辨是非，通礼义，明褒贬，重行事，最终成就“一家之言”。

如前文所述，“立德”是“三不朽”中层次最高，且最为重要。司马迁在“立言”的同时，走向了“立德”。他在遭“李陵之祸”之后，就开始“在‘立言’中寻找自我，并以自我精神去改铸‘立言’，并把‘立言’和‘立德’有机结合起来。”②“他开始真正地感悟到了‘立德’之于人生的巨大意义。一个具有崇高德性和人格精神的人，才可能勇敢地面对大灾大难，才会认真严肃地直面生活的一切。”③司马迁所立之“德”，首先是“受辱不屈，受辱奋起”之“德”。司马迁遭“李陵之祸”而受腐刑，乃奇耻大辱。他在《报任少卿书》中说：

太上不辱先，其次不辱身，其次不辱理色，其次不辱辞令，其次诎体受辱，其次易服受辱，其次关木索、被箠楚受辱，其次剔毛发、婴金铁受辱，其次毁肌肤、断肢体受辱，最下腐刑极矣！④

① 司马迁：《报任少卿书》，见班固：《汉书·司马迁传》，中华书局1962年版，第2725—2735页。

② 陈雪良：《司马迁人格论》，上海人民出版社1997年版，第188页。

③ 陈雪良：《司马迁人格论》，上海人民出版社1997年版，第191页。

④ 司马迁：《报任少卿书》，见班固：《汉书·司马迁传》，中华书局1962年版，第2725—2735页。

思想这些“辱”，司马迁“辱中愤起”，“舒愤懑以晓左右”“发愤为作”，在逆境中奋起，积极进取。因为，在“辱”中愤起，有着“性格气势优势”“精神境界优势”“目标设定优势”。[①] 正是这样的“辱中发愤”，让司马迁有了异于常人的“德”，那就是从困厄之辱中获得清醒的力量、激励的力量、不懈奋斗的力量，驱使自己直达目标。

司马迁的“立德”，还表现为正确面对生死，看重重于泰山之死。“生死观”是指人对于生存与死亡意义、价值的看法和观念。司马迁在《报任少卿书》中对“生死观”有所阐述：

> 盖钟子期死，伯牙终身不复鼓琴。何则？士为知己者用，女为说己者容。夫人臣出万死不顾一生之计，赴公家之难，斯已奇矣。
>
> 仆之先非有剖符丹书之功，文史星历近乎卜祝之间，固主上所戏弄，倡优畜之，流俗之所轻也。假令仆伏法受诛，若九牛亡一毛，与蝼蚁何以异？而世又不与能死节者比，特以为智穷罪极，不能自免，卒就死耳。何也？素所自树立使然。人固有一死，死有重于泰山，或轻于鸿毛，用之所趋异也。
>
> 且勇者不必死节，怯夫慕义，何处不勉焉！仆虽怯懦欲苟活，亦颇识去就之分矣，何至自沉溺缧绁之辱哉！且夫臧获婢妾犹能引决，况若仆之不得已乎！所以隐忍苟活，幽粪土之中而不辞者，恨私心有所不尽，鄙没世而文采不表于后也。[②]

在这里，司马迁表达了他对死亡的看法：其一，为知己而死，在所不辞。其二，为人臣子，为赴国难而死，在所不辞。其三，人固有一死，或重于泰山，或轻于鸿毛。重于泰山之死，死之值得；轻于鸿毛之死，一文不值。其四，为节义而死，值得尊敬，但壮志未酬而文章名节不著于后世就死去，实为不值。其五，生前富贵，死后名灭，不算英雄；生前受辱，而能坚强活下来，最终成就一番事业，流芳后世，才是真英雄。其六，完成自己的使命，实现自己的理

---

① 陈雪良：《司马迁人格论》，上海人民出版社 1997 年版，第 202—206 页。

② 司马迁：《报任少卿书》，见班固：《汉书 · 司马迁传》，中华书局 1962 年版，第 2725—2735 页。

想，虽遭万戮，也在所不辞。综观司马迁的生死观可以看出，他认为人为了国家、为了大义而死的就是勇，就重于泰山，就应当受到后世的敬仰和尊重；为了使命、为了理想在遭受不公正待遇的境况下，能够坚强地活下来，最终完成使命，实现理想，也同样重于泰山。对于英雄人物来说，选择生，或是选择死，都是基于其自身肩负的使命、大义和理想。因此说，“死有重于泰山，有轻于鸿毛”者，司马迁更推崇的是“重于泰山”之死。可以说，忍辱而活著成《史记》，“司马迁就足以不朽。它是民族精神的凝聚，它是民族心声的呼唤，它是民族气质的再现，它是民族灵魂的精华，人们透过这一句话，看到的是一个不屈的民族。”①这种看重泰山之死的“德”，成为我们民族最可宝贵的精神财富。也正是有这样的“不朽”，中华民族在磨难中崛起，在奋进中延绵不息，在自强中走向辉煌。

① 陈雪良：《司马迁人格论》，上海人民出版社1997年版，第219页。

第二章　先秦士人的理想人格与司马迁

先秦士人自诞生以后，便以独立的精神人格卓立于世，在各自学说和作为中，设计并实践着自己的理想人格。

“人格”是一个外来词。美国学者B.R.赫根法说：

> 人格这个术语来自拉丁词persona，是面具的意思。把人格定义为面具等于把人格视为人的社会自我，正是人的这一方面被人用来向社会显露他自己。这个定义隐含着这样的意思：由于种种的原因，人还有某种隐秘的东西没有被显露出来。①

这一解释从语源学的角度既说明了“人格”具有显在性，又有隐在性。就显在性来说，面具本身是戏剧中的人物在角色扮演时显示给观众自己作为剧中人身份的“面目”，可以指一个人的内在自我的外在表现。同时，它又有一定的内指性，即对人真实本质的隐在性。然而，作为人文科学的一个外来术语，“人格”进入中国文化系统以后，其内涵发生了流变，据统计，“人格”定义多达一百多个，涉及文化、心理、哲学、伦理学、社会学、法学、政治学等学科，②意旨“变得相当含混。尤其在心理学界之外，人们更多将人格指向道德品质。”③有学者认为，对于“人格”，应当从文化、社会、人三者的交叉关系中对其下定义，“人格”应当指“在一定社会制度与传统文化中所形成

---

① ［美］B.R.赫根法：《现代人格心理学历史导引》，郑雪等编译，河北人民出版社1988年版，第1页。

② 曲炜：《什么是人格》，《百科知识》1988年第9期。

③ 彭红卫：《屈原文化人格研究》，华中师范大学出版社2007年版，第3页。

的，旨在调节人与自然、人与社会、人与人（包括自身）关系的行为准则，以及在实际行动中所凸显出来的精神素质。……是人实现求真、向善、爱美的意向时所表现出的智慧的迸发，道德的判断与审美的追求过程中的精神素质。……是一个社会、一个民族文化中的人们推崇的人格范型，这种人格范型最典型地体现了该社会文化的基本特征和价值标准。”①我们说，就中国传统文化的特性及其对人们文化心理影响之深远而言，将“人格”理解为内指的道德品质和外指的个性特点的结合，是比较恰当的。“理想人格”也可称作人格理想，是指“某个人，或集团或阶级的人们所期望的高尚的人格境界”②。

司马迁撰写《史记》，翻阅了大量的先秦典籍，先秦士人的理想人格深深地影响着司马迁。可以说，一部《史记》，是司马迁对先秦优秀士人思想人格的弘扬与礼赞，也是司马迁这种独特人格的总体塑造与熔铸。因此，司马迁的人格构成，与先秦士人的理想人格有着必然的联系。他“从那些百家学说中广泛吸取精神营养，以充实自己的精神世界，就他的人格结构来说，对他起作用最大的莫过于儒道两家。”③

第一节　先秦儒家的理想人格与司马迁

先秦儒学是孔子通过对春秋时期已经崩坏的礼乐文化进行反思而建立起来的思想体系，而“礼乐文化是儒学产生的土壤，它决定儒学的主体是人学，而不是自然科学。”④其特点是用冷静的、现实的、合理的态度来解释和对待事物，以求得人道和人格在人生追求中的统一，表现为实践理性的特

① 朱义禄：《儒家理想人格与中国文化》，复旦大学出版社2006年版，第7—8页。

② 陈兰村：《司马迁传记文学中的理想人格》，《浙江师范大学学报》（社会科学版）1994年第1期。

③ 高益荣：《试论司马迁崇高人格的形成》，《西安建筑科技大学学报》（社会科学版）2002年第1期。

④ 周光庆：《中国读书人的理想人格》，湖北教育出版社1999年版，第22页。

征，并因此而肯定了人格的主动性、独立性和历史责任感。儒家既重视个人发展，又重视社会责任与人格完善。因此，儒家关注为"人"之道，为"君子"之道，亦即修养"人"的现实人格之"道"，以培育"君子"的理想人格。

先秦儒家关于理想人格的论述很多，融贯于《论语》《孟子》《荀子》《易传》《礼记》有关篇章之中。孔子在《论语》中对理想人格的称谓是"圣人""君子"，《雍也》说："圣人，吾不得而见之矣；得见君子者，斯可矣"；《宪问》说："仁者不忧，知者不惑，勇者不惧"；《子张》说："尊贤而容众"；《里仁》说："见贤思齐"；《宪问》说："贤者辟世"；《卫灵公》说："君子忧道不忧贫"。孟子提出的类似于"君子"称谓的"大丈夫"。《孟子 · 滕文公下》说："富贵不能淫，贫贱不能移，威武不能屈，此之谓大丈夫。"孟子强调人的意志在造就理想人格时的作用，认为富贵、贫贱、威武这些外在的压力都不能改变大丈夫的气节。

从以上所述，结合其他论说，孔子、孟子、荀子都是从人格境界的角度，以士、君子、圣人为三等，"终乎为圣人"，但"圣人，吾不得而见之矣"，因此谈得最充分，最具体的是"君子"的人格。因此，"'士'人格是他们心目中的现实人格，'君子'人格是他们心目中的最高理想人格。""'圣人'人格是他们心目中的最理想人格。"①"君子"一词，原本指称社会上占据高位的人。《周易 · 遁卦》："好遁，君子吉，小人否。"形势有利于退让的时候，君子做到合宜的退让，就会获吉，小人做不到则陷入困阻。以孔子为代表的原始儒家把"君子"从古代指称"位"的旧义中解放出来，而赋予其"德"的新义，寄托人格理想，并作为一个"道德之称"的类概念来运用，这是原始儒家人格意识觉醒的有力证据。孔子谈论"君子"型理想人格，是为了从现实出发，针对现实中士人的文化心态，引导他们朝着既可望又可即的理想人格目标攀登。

孟子则提出理想人格的境界。《孟子 · 尽心下》说："可欲之谓善，有诸己之谓信。充实之谓美，充实而有光辉之谓大，大而化之之谓圣，圣而不可

① 周光庆：《中国读书人的理想人格》，湖北教育出版社 1999 年版，第 33 页。

知之之谓神。乐正子,二之中,四之下也。”孟子怀着满腔“浩然之气”,将善、信、美、大、圣、神六个层次作为理想人格的境界。他所谓的“善”的人格境界,是指个体在他的行动中只追求“值得追求”的东西;“信”的人格境界,是指个体在他行动中处处都以自己本性中所固有的仁义品性为指导,即“由仁义行”,而不是“行仁义”;“美”的人格境界,是说个体不但遵循着“善人”“信人”所信守的道德原则,而且将它扩展贯注于自己的全人格之中,使自己外在的容色、应对进退等等,都自然而然地体现出仁义等道德原则,它包含着“善”与“信”,又超越了“善”与“信”;“大”的人格境界,“充实而有光辉”,比一般“美”的人格境界更为鲜明、强烈、广大,其中焕发出一种辉煌宏大的“壮美”,相当于孔子所称颂的“巍巍”“荡荡”“焕乎其有文章”的境界;“圣”的人格境界,又比“大”的人格境界更高一层,其特点是不但有一种辉煌的“壮美”,而且还是集前代之大成,作出了划时代的创造,成为百代的楷模,具有极大的感染化育力量;“神”的人格境界,是“圣而可知之”的境界。如果参合孔子、孟子所划分的理想人格境界的等级,那么,“孟子所描述的‘善’‘信’‘美’三层境界,大致是‘圣人’的理想人格的具体化、层次化。”①

总之,“君子”型人格与“圣人”型人格都是原始儒家基于对自己现状的不满足,基于超越自身的内在要求,构想出来的理想人格。

这些理想人格自有其心理结构状态,孔子在《论语·宪问》中说:“君子道者三,我无能焉:仁者不忧,知者不惑,勇者不惧。”其后学者引之以为纲领,纷纷阐说,《中庸》还将它概括为“智、仁、勇三达德”。三者之中,“仁”是最高概念,“仁”以“礼”为准,与“德”相关联,其旨趣是“隆礼”,其精神是“爱人”,由“亲”及“人”,“由爱有差等”而“泛爱从”,由“亲亲”发展为“仁民”,最后实现社会角色的协调,伦理秩序的重建。因此,《论语·卫灵公》说:“仁以为己任”“无求生以害仁,有杀身以成仁”,“仁”是孔子的信条。“知”是体认“仁”、实现“仁”、维护“仁”的条件,即《论语·里仁》中所说的,

① 周光庆:《中国读书人的理想人格》,湖北教育出版社1999年版,第34页。

“知者不惑”“知者利仁”。“勇”与“志”相贯通，既是弘毅进取、百折不回的决心，又是敢作敢为、敢于献身的气魄。因为实践“仁”、维护“仁”是最大的进取、最大的作为，所以“勇”也是实现“仁”、维护“仁”的条件，即《论语·宪问》所说的“仁者必有勇。”

关于理想人格的行动（行为）表现，《论语·述而》曰：“用之则行，舍之则藏。”《论语·卫灵公》曰：“邦有道则仕，邦无道则可卷而怀之。”《孟子·尽心上》曰：“古之人，得志，泽加于民；不得志，修身见于世。穷则独善其身，达则兼济天下。”由此，先秦儒家都有强烈的政治参与意识，力主入世救世，认为只有在“邦无道”、君不用的情况下士人才可以穷处。但要出“仕”，其前提条件是“有道”，这样才能达到“行道”以“博施于民而能济众”的目的。这既是入世、行“道”的真诚，也是行为的独立，人格的尊严。孟子论及理想人格的修养途径说：

> “敢问夫子恶乎长？”曰：“我知言，‘我善养吾浩然之气。’”“敢问何谓浩然之气？”曰：“难言也。其为气也，至大至刚，以直养而无害，则塞于天地之间。其为气也，配义与道；无是，馁也。是集义所生者，非义袭而取之也。行有不慊之心，则馁矣。”①

这种修养“浩然之气”，就是个体自我坚守的“义”与“道”，不放弃自己的理想追求。可以说，先秦儒家理想人格体现为积极进取精神。积极进取是“人的活力的释放的一种突出表现，是建功立业、进行力的创造的重要精神之一。”②

先秦儒家的理想人格在司马迁身上最为突出的表现当是其积极入世的人生理想。生活在汉帝国空前强大历史时期，司马迁以满腔的热忱投入到了社会生活当中，他渴望把自己所有的才能都奉献给他所处的那个伟大的时代。《汉书·司马迁传》载，他一生中担任过郎中、太史令、中书令三个官职，在担任郎中和太史令期间，他“绝宾客之知，忘家室之业，日夜思竭其不肖之才力，务一心营职，以求亲媚于主上。”即使后来惨遭腐刑，也没有泯灭

① 《孟子·公孙丑上》，《诸子集成》本，中华书局1954年版，第117—119页。

② 张新科：《中国古典传记文学的生命价值》，人民出版社2012年版，第95—96页。

他奋斗的理想。他仍然坚信“古者富贵而名摩灭，不可胜记，惟俶傥非常之人称焉。”在担任太史令期间，于太初元年（前104年）建议并主持修订了太初历。司马迁积极入世不是一般意义上的“扬名”和“显父母”，而是一种积极有为要努力为社会做贡献的人生追求，这正是先秦儒家入世思想的要义所在。正如李长之所说，司马迁“虽然在本质上是浪漫的，在思想上也还留有他父亲的黄老之学的遗泽，可是在精神上却留有一个不可磨灭的烙印，对儒家——尤其孔子，在了解着，欣赏着，在崇拜着了”[①]。他在精神上继承了儒家的济世思想，并以第二个孔子自居。他说：

> 先人有言，自周公卒五百岁而有孔子，孔子卒后至于今五百岁，有能绍明世，正《易传》，继《春秋》，本《诗》《书》《礼》《乐》之际，意在斯乎，意在斯乎！小子何敢让焉？[②]

司马迁的积极入世精神有着壮烈的人生志向和兼济天下的胸怀。作为一个史官，他顺应时代的要求，《太史公自序》说：“述往事，思来者……亦欲以究天人之际，通古今之变，成一家之言。”他要通过创作《史记》，总结历代成功、兴盛的经验和衰败、灭亡的教训，探讨历史的发展规律，并且在著述的过程当中体现自己的思想。他的积极入世是站在历史的高度，勇敢地承担了历史赋予的责任。为此，他不畏艰险，努力探索。为了撰写《史记》，《太史公自序》中说他阅读“石室金匮之书”，“二十而南游江淮，上会稽，探禹穴，窥九嶷，浮于沅湘，北涉汶泗，讲业齐鲁之都，观孔子之遗风，乡射邹峄，厄困鄱薛彭城，过梁楚以归。”此后，“仕为郎中”，又“奉使西征巴蜀以南，南略邛、笮、昆明。”后又因侍从武帝巡狩、封禅，游历了北到长城内外的地方。他实地考察风土人情、物产经济、历史遗迹。如在《魏公子列传》中说：“吾过大梁之墟，求问其所谓夷门，夷门者，城之东门也。”《河渠书》记载了自己考察黄河决口的有关史实，戳穿了汉代官僚们宣扬的“天人感应”的谎言。如陆游《感兴》所说的，司马迁“饱以五车读，劳以万里行”的阅历和经历，为撰写《史记》积累了大量的第一手资料。更为重要的是，“游历使司马迁的

① 李长之：《司马迁之人格与风格》，天津人民出版社2007年版，第30页。

② 司马迁：《史记·太史公自序》，中华书局1959年版，第3296页。

人格更加成熟了……增强了承受险恶环境的勇气，也极大地增强了自己的历史使命感，形成了不畏艰险的探索精神。”①

先秦儒家的理想人格也影响到了司马迁的人格结构。综观《史记》，司马迁的人格心理结构特点主要表现为仁、智、勇等特征。

司马迁“仁”的人格特征主要表现为热忱与同情。司马迁的天性是富有情感、充满激情的。在儒家思想的影响下，他浓烈的情感表现为热忱与同情。同情心是仁爱的主要内涵，司马迁对一切美好的事物都表现出积极的同情。在《史记》中，对于孔子，他称为“至圣”“心向往之”，“想见其为人”；对于屈原，称“能无怨乎”，称“盖自怨生也”，且“悲其志”，“未尝不垂涕”；对于韩非，也称“余独悲韩子，为《说难》，而不能自脱”；对于苏秦，竟也说“毋令独蒙恶声”；对于游侠，说“自秦以前湮灭不见，余甚恨之”，“余悲世俗不察其意，令与暴豪之徒同类，而共笑之”。《史记》记述人物，包含着对人物悲剧命运的同情与怀念。

司马迁“智”的人格特征主要表现为才识。司马迁是一位博学多才的学者，《史记》是一部百科全书式的著作，贯注着司马迁的才识，即鉴定、抉择、判断、烛照到大处的眼光和能力——这就是识。凭借这种识，他统驭上下古今，实现了“究天人之际，通古今之变，成一家之言”的事业。因此，他的“识”“智”集中体现在“一家之言上”。司马迁所谓的“成一家之言”，是他关于历史学的一个首创，他作史并不是历史资料的汇抄和事实的堆积，而是要阐明自己的思想，是要“稽其成败兴坏之理”，以“志古自镜”。也就是说，他著《史记》，就是以关心国家前途和命运的极大热忱，立足于现实，积极主动地适应社会需要，并从哲学高度审视古今历史，从社会的各个方面深入考察其变化的原因，紧密结合现实研究历史，表述自己对于国家和社会发展的远见卓识。用司马迁自己的话说就是：“网罗天下放失旧闻，王迹所兴，原始察终，见盛观衰，论考之行事，略推三代，录秦汉，上记轩辕，下至于兹，著十二本纪，既科条之矣。并时异世，年差不明，作十表。礼乐损益，律

① 田平：《司马迁的人格精神探析》，《南都学坛》2003 年第 3 期。

历改易，兵权山川鬼神，天人之际，承敝通变，作八书。二十八宿环北辰，三十辐共一毂，运行无穷，辅弼股肱之臣配焉，忠信行道，以奉主上，作三十世家。扶义俶傥，不令己失时，立功名于天下，作七十列传。凡百三十篇，五十二万六千五百字，为《太史公书》。序略，以拾遗补艺，成一家之言，厥协《六经》异传，整齐百家杂语，藏之名山，副在京师，俟后世圣人君子。"①通过历史撰述，"原始察终，见盛观衰"。

司马迁"勇"的人格特征主要表现为侠肝义胆。司马迁天性是"少负不羁之才"，又极富同情心和正义感，表现为刚毅坚强，有气敢任的侠肝义胆。他在《报任少卿书》中说："勇怯，势也；强弱，形也。审矣，曷足怪乎？且人不能蚤自财绳墨之外，已稍陵夷，至于鞭箠之间，乃欲引节，斯不亦远乎！古人所以重施刑于大夫者，殆为此也。""仆闻之：修身者，智之府也；爱施者，仁之端也；取予者，义之符也；耻辱者，勇之决也；立名者，行之极也。士有此五者，然后可以托于世，列于君子之林矣。"这是司马迁对"勇"的理解。当然，他的理解还表现在行动上。在汉武帝的专制时代，他敢于为李陵辩护。《报任少卿书》说，李陵兵败投降，汉武帝"为之食不甘味，听朝不怡"，满朝"大臣忧惧，不知所出。"此时，"保全妻子之臣随而媒孽其短"，司马迁"诚私心痛之"。他对李陵兵败仗义执言，表现出极大的胆略和勇气。他说李陵"身虽陷败，彼观其义，且欲得其当而报汉。事已无可奈何，其所摧败，功亦足以暴于天下"，并想"欲以广主上之意，塞睚眦之辞。"然而汉武帝却以"沮贰师"和"诬上"之罪，将其"遂下于理"。作为一位与李陵"素非相善也，趣舍异路，未尝衔杯酒结殷勤之欢"的"局外人"，不趋炎附势，不惧皇权威严，这其中，表现了"勇"的胆量。

司马迁所具有的"勇"，还表现在他通过"一家之言"对汉王朝最高统治者的直接批评上。从《史记》对史实的记述里，可以看到司马迁直言不讳的品格。他不仅颂汉，为明主贤君立传，而且对这些"明主贤君"不光彩的一面给予无情的揭露和批判。《高祖本纪》记汉高祖"好酒及色。常从王媪、

① 司马迁：《史记·太史公自序》，中华书局 1959 年版，第 3319—3320 页。

武负贳酒，醉卧”，而不付酒钱。《吕太后本纪》记吕太后凶狠残忍，“断戚夫人手足，去眼，煇耳，饮瘖药，使居厕中，命曰‘人彘’。”《武帝本纪》记汉武帝建明堂，筑寿宫，敬鬼神，信方术，求蓬莱，访仙人，希图长生不老，屡屡受骗，屡屡不悟。司马迁“实录”其事，“入寿宫侍祠神语，究观方士祠官之言，于是退而论次自古以来用事于鬼神者，具见其表里。后有君子，得以览焉。”① 此外，司马迁还对劳民伤财的拓边政策、任用酷吏滥肆杀戮的暴政也给予了批评。

司马迁对先秦儒家理想人格的继承和弘扬还表现在《史记》所记人物的崇高品格上，在传记中寄托了人格理想，在《史记》中对人物评论所用的人格称谓有“君子”“至贤”“至圣”等，与先秦儒家所设计的理想人格多有一致。《史记·齐太公世家》赞称姜尚：“以太公之圣，建国本，桓公之盛，修善政，以为诸侯会盟，称伯，不亦宜乎？”在《孔子世家》中称孔子“可谓至圣矣！”用了最高的人格称谓。《史记》中还提到“贤者”。如《越王句践世家》中称“句践可不谓贤哉！”《田儋列传》赞曰：“田横之高节，宾客慕义而从横死，岂非至贤！”《季布栾布列传》赞曰：“贤者诚重其死。”关于“君子”，《吴太伯世家》赞中称延陵季子为“闳览博物君子”，《韩长孺列传》赞称壶遂为“鞠躬君子”，《史记·律书》说：“文帝时，会天下新去汤火，人民乐业，因其欲然，能不扰乱，故百姓遂安。自年六七十翁，亦未尝至市井，游敖嬉戏，如小儿状。孔子所称有德君子者邪？”称孝文帝为“有德君子”。《樗里子甘茂列传》称：“甘罗年少，然出一奇计，声称后世，虽非笃行之君子，然亦战国之策士也。方秦之强时，天下尤趋谋诈哉！”甘罗尽管不是“笃行君子”，也是“策士”。《傅靳蒯成列传》说：“蒯成侯周緤，操心坚正，身不见疑，上欲有所之，未尝不垂涕，此有伤心者；然可谓笃厚君子矣。”称蒯成侯周緤为“笃厚君子”。《万石张叔列传》也说：“塞侯微巧，而周文处谓，君子讥之，为其近于佞也。然斯可谓笃行君子矣。”《韩长孺列传》说：“余与壶遂定律历，观韩长孺之义，壶遂之深中隐厚，世之言梁多长者，不虚哉！壶遂官至詹事，天子

① 司马迁：《史记·孝武本纪》，中华书局1959年版，第486页。

方倚以为汉相，会遂卒；不然，壶遂之内廉行修，斯鞠躬君子也。”称壶遂为“鞠躬君子”。这都是从符合儒家道德的标准赞扬他们。《史记》中也有类似孟子“大丈夫”“烈丈夫”的人格称谓，如《伍子胥列传》“太史公曰”：“怨毒之于人甚矣哉！王者尚不能行之于臣下，况同列乎！向令伍子胥从奢俱死，何异蝼蚁。弃小义，雪大耻，名垂于后世，悲夫！方子胥窘于江上，道乞食，志岂尝须臾忘郢邪？故隐忍就功名，非烈丈夫孰能致此哉？白公如不自立为君者，其功谋亦不可胜道者哉！”①伍子胥在江边困窘危急，沿途乞讨，都不曾片刻忘掉郢都的仇恨，可以算作“隐忍就功名”的“烈丈夫”。

总之，受先秦儒家理想人格的影响，司马迁有着积极入世的人格追求，“仁”“智”“勇”的人格品质，并在《史记》中对圣贤、君子、烈大夫予以褒扬。

第二节　先秦道家的理想人格与司马迁

先秦道家的理想人格，是以他们自己独具特色的“道”论和“人”论为坚实基础。也就是说，道家理想人格的基础，主要表现在其以“道”为核心的哲学思想中。

作为道家的创始人，老子有老子的“道”论，庄子有庄子的“道”论，然二者的基本内涵是一致的。《庄子·在宥》云：“何谓道？有天道，有人道。”

“天道”是自然界的内在秩序，万物的固有之理，“人道”是人类社会的秩序和规则，人的固有之理。因此“道”既是自然本体，又是人的本体。《老子》认为“道”的最大特征是“无为而无不为”，“道”无意志，无愿欲，自然而然地生成天地万物。就其无意愿、自然而然来说，是“无为”；就其生成天地万物来说，是“无不为”。“无为”与“无不为”都是以顺应自然而然的规律为基础的。

《道德经》第四十二章云：“道生一，一生二，二生三，三生万物”，这个

---

① 司马迁：《史记·伍子胥列传》，中华书局1959年版，第2183页。

“万物”中自然包括“人”。“道”化育了人类，使人类具有了自己的本性。从一个特定的角度看，“道”的最大特征是“无为”，因此，人的本性的最大特征也应该是“无为”。作为人的本性特征的“无为”，就是那种无知无欲、无矫无饰、无机无巧、纯真朴实的原始状态，也就是人得之于“道”的自然本性。这一本性对道家来说，他们拒绝机巧，拒绝知识。《老子》第二章云：“天下皆知美之为美，斯恶矣；皆知善之为善，斯不善矣。”意思就是说当人们以设定的美、善的标准看待事物的时候，这就会带来弊端。这样一来，人们就有了对于善的刻意追求，结果便不免陷于毁誉褒贬之争，甚至以伪善的手段获取善的虚名。所以庄子说：

是故骈于明者，乱五色，淫文章，青黄黼黻之煌煌，非乎？而离朱是已。多于聪者，乱五声、淫六律，金石丝竹黄钟大吕之声，非乎？而师旷已。枝于仁者，擢德塞性，以收名声，使天下簧鼓以奉不及之法，非乎？而曾史是已。骈于辩者，垒瓦结绳窜句，游心于坚白同异之间，而敝跬誉无用之言，非乎？而扬墨是已。故此皆多骈旁枝之道，非天下至正也。①

在庄子看来，视觉明晰超出本体该有的部分，则会“乱五色，淫文章，青黄黼黻之煌煌”炫人眼目；听觉超出本能部分的话，就会“乱五声、淫六律”；超于一般意义上的“仁”，就是矫擢道德、闭塞真性来捞取名声，而使人们争相鼓噪，信守那些不可能做到的礼法；过分工于辩才者，就是堆砌辞藻，穿凿文句、心思驰骋于“坚白”诡辩的是非之中，而追求短暂的名声。这些都是附加在“仁”本性上的“旁枝之道”，不是天下之正道。《庄子·天地》也说：

子贡南游于楚，反于晋，过汉阴，见一丈人，方将为圃畦。凿隧而入井，抱瓮而出灌，搰搰然用力甚多而见功寡。子贡曰：“有械于此，一日浸百畦，用力甚寡而见功多，夫子不欲乎？”为圃者卬然而视之曰：奈何？曰：“凿木为机，后重前轻，挈水若抽，数如泆汤，其名为槔。”为圃者忿然作色而笑曰：“吾闻之吾师，有机械者必有机事，有机事者必有机心。机心存于胸中，则纯白不备；纯白不备，则神生不定；神生不定

① 《庄子·骈拇》，《诸子集成》本，中华书局1954年版，第53—54页。

者,道之所不载也。吾非不知,羞而不为也。"①

子贡建议楚国老者用机械来浇灌田地,而老者认为"有机械者必有机事,有机事者必有机心",而机变的心思就会让世俗沾染到纯洁空明的心境,让人精神不专一安定,"大道"就不会充实心田。在这里,丈人是庄子的化身,庄子宁可过"凿隧入井""抱瓮出灌"的生活,也不愿意受"用力甚寡见功多"这种人造机械对于内心宁静的影响。

在老子、庄子看来,五声、五色、言辞,用来取水的机械等,都是对"自然"世界的改造和干预。这些既改变了事物的本性和世界的自然状态,也改变了人的本性和社会的自然状态。如果有"机心存于胸中",必然导致"道之所不载",终"非天下之正也"。也就是说,道家所肯定和弘扬的,乃是人和社会的自然状态。从另一方面来说,道家的"道"是强调人与自然界的同一,他们所讲的道德是自然道德,老子的理想人格则是自然道德人格,即自然人格。因此,老子认为,道德规范是人为的东西,道德规范或道德之名的东西是社会风尚衰颓的表现。他主张弃绝道德规范,否认道德自觉,认为道德的本质特征就是自然,道德行为是出乎本性的自然而然的行为,而不是有意要那样做,因而不是有意识的,而是无目的的。

庄子主张的是一个"无"的世界。从精神意识上说是"无己""无功""无名";从生活和行为方式上说是"无为""无待""无用";而以"无己""无为"为核心,构成内"无己"而外"无为"的人格模式。《庄子·逍遥游》说:"至人无己,神人无功,圣人无名。"这里的"至人""神人""圣人"并不是三种不同的人,而是庄子理想人格的异名;"无己""无功""无名"是庄子从不同角度对其理想人格的定性。其实庄子的"无为",是指顺应自然。庄子的"自然"具有自然规律和自然命运的双重含义。从自然规律的角度讲,《庄子》主张"不以人助天","无以人灭天";从自然命运的角度讲,庄子认为"死生、存亡,穷达、贫富,贤与不肖、毁誉、饥渴、寒暑,是事之变,命之行也";主张"无以故灭命","知其不可奈何而安之若命",是之为真人;"唯有

① 《庄子·天地》,《诸子集成》本,中华书局1954年版,第74—75页。

德者能之”，都是强调必须完全排除个人的主观愿望。

《庄子》主张“遗物离人而立于独”，以实现“独与天地精神往来”的目的。“遗物”就是解脱自我与客观世界万物的联系；“离人”即割断自我与社会人群的联系；“立于独”就是化有待之我为无待之我，成为既摆脱对物的依赖，又摆脱对人的依赖的独立人格，又叫“丧其耦”。“独与天地精神往来”就是把自我从现实社会和现实生活中超脱出来，反对人对物的依赖和人对人的依赖，而在精神趋向上是与自然宇宙本体同一。独立自存的自我与自然之道交相感应，就是逍遥游。一个不受任何约束的自我，达到与自然之道同一，即“万物与我同一”，“就能以任何规定性为规定性，这实际上是一种超功利的审美境界。”①庄子认为，这种精神上的逍遥无需任何条件，也不受时间和空间的限制，因而是至美和至乐的境界；达到这种人生境界而得至美、游至乐的人就是圣人，这就是庄子的理想人格。庄子人生理想和人格理想的核心是人格独立和精神自由，这体现了庄子重视人的个体存在，并将其提高到宇宙论高度。总之，道家的理想人格是个体的，自然的，审美的，出世的，无为的。因此道家与诸子其他各家对“人”和“道”的理解大不相同，构想出的理想人格也别具特色，常常以各种名号的人物形象来表达。仅在《庄子》中，表达理想人格的人物形象的名号就有“真人”“至人”“圣人”“德人”“大人”“天人”“全人”等，其中对“真人”的表达最完整：

> 何谓真人？古之真人，不逆寡，不雄成，不谟士。若然者，过而弗悔，当而不自得也。若然者，登高不慄，入水不濡，入火不热，是知之能登假于道者也若此。古之真人，其寝不梦，其觉无忧，其食不甘，其息深深……不知说生，不知恶死；其出不訢，其入不距；倏然而往，倏然而来而已矣。不忘其所始，不求其所终；受而喜之，忘而复之，是之谓不以心捐道，不以人助天。是之谓真人。②

所谓“真人”，不拒绝薄德无智慧的人，不以身先，无心于事，虚己以游；他们虽有过失而不懊悔，虽合机宜而不快意；他们登高不惧，入水不湿，“入火不

① 苏鹏、韩文娟：《先秦道家的理想人格》，《兰台世界》2007年第5期。

② 《庄子·大宗师》，《诸子集成》本，中华书局1954年版，第37—38页。

热”,达到了“大道”的境界;作为“真人”,“其寝不梦,其觉无忧,其食不甘,其息深深”;他们不贪生,不怕死;无拘无束,无忧无虑,回归自然,一任自然。无论是“真人”“至人”“神人”,还是“圣人”“德人”“天人”,这些人物形象所代表、所表达的理想人格大体是一致的。这样的理想人格概括起来有以下特性:一是在精神境界方面,表现为超越、回归和逍遥。这种理想人格超越了生与死的自然之限;超越了“时”与“命”的社会之限;超越了情与欲的自我之限。这种超越的实质就是改变人的生存方式。故而《庄子·应帝王》说:

> 无为名尸,无为谋府,无为事任,无为知主。体尽无穷,而游无朕;尽其所受于天,而无见得,亦虚而已。至人用心若镜,不将不迎,应而不藏,故能胜物而不伤。①

不附加名誉,不为智慧府库,以“无为”任事,体悟大道,应化无穷;逍遥自在,尽享自然之性,以至虚寂无为境界,超脱物外而不为外物所害。这是人的一种新的存在方式,是人的回归天地之间。这里有行为的回归,有心理的回归,综合起来,就是人格的回归。行为的回归,是回归天地之德,回归天地之境,回归天地之仁,而其最高境界,则是“逍遥”——一种忘世、忘物、忘性,“入于不死不生”“独与天地精神往来”的自由境界。二是在处世态度方面,表现为顺世、遁世、超世。顺世就是安命无为,与时俱化。遁世就是自埋于民,无用之和。超世就是不与物迁,游乎尘外。② 道家的理想人格对司马迁以及撰写《史记》的影响是深刻的。

首先表现在对司马迁个性的影响。司马迁“少负不羁之才,长无乡曲之誉”。这种个性上的“不羁”,“表现在好作逍遥游上”。③ “负不羁之才”的司马迁有着出游的愿望,这个愿望得到父亲司马谈的认同。因为“司马谈是个赤诚的道家学者,在学术上,他力主‘道家无为,又曰无不为’。将这一观念用于子女教育上,必也强调人的自由发展,这势必会助长司马迁的‘不羁’秉性。甚至可以这样说,司马迁的‘不羁’秉性正是‘无为’式家教

① 《庄子·应帝王》,《诸子集成》本,中华书局1954年版,第51页。

② 参见周光庆:《中国读书人的理想人格》,湖北教育出版社1999年版,第51—60页。

③ 陈雪良:《司马迁人格论》,上海人民出版社1998年版,第54页。

的产物。”①从某种意义上说，司马迁“二十而南游江、淮，上会稽，探禹穴，窥九疑，浮于沅、湘；北涉汶、泗，讲业齐、鲁之都，观孔子之遗风，乡射邹、峄；戹困鄱、薛、彭城，过梁、楚以归。”②这样的壮游，正是“不羁”之个性的体现。

其次，道家理想人格对司马迁的影响表现在人生境界上的自我超越。司马迁在撰著《史记》的过程中，祸从天降，因李陵事件受到牵连，惨遭宫刑。司马迁以名山事业为重，隐忍发愤，终于完成了《史记》，体现了一种自强不息、积极进取的精神；另一方面，在这一过程中，司马迁也体会到世态炎凉、祸福莫测，因而悲叹自己生不逢时，对道家自然主义有了更为深刻的认识，并以此为本，力求达到一个自我解脱、自我超越的境界。其《悲士不遇赋》所谓“委之自然，终归一矣”，就是司马迁这种心态的反映。司马迁意识到，在人生道路上，逆境和顺境交替出现，周而复始，因此要超越所谓祸福贵贱的观念，顺应并归于自然。此处“自然”，显然是道家概念，而“归一”乃《庄子·齐物论》所追求的目标。在万物归一的世界中顺应自然而生存者，是司马迁心目中的理想人物。这与道家推崇的“与时迁移，应物变化”的“真人”“至人”的人生境界是相同、相通的。③

再次，道家理想人格对司马迁的影响还体现在撰著《史记》中人物身上。司马迁主张遵循道家柔弱不争的思想，注重礼让谦退。他赞赏张良，是因其深明《老子》“名遂、身退”之旨，《太史公自序》说：“无知名，无勇功，图难于易，为大于细”。他敬重季布，一个重要原因在于季布能够“摧刚为柔”，而这也是道家理想人格的反映。在司马迁笔下，“嘉伯之让”，遂以吴太伯居世家之首，伯夷“让国饿死，天下称之”，乃以居列传之首，“这些或本于老子‘不敢为天下先’的思想。”④

总而言之，司马迁受道家“自然”“无为”的影响，形成了“不羁”的个

① 陈雪良：《司马迁人格论》，上海人民出版社1998年版，第55页。

② 司马迁：《史记·太史公自序》，中华书局1959年版，第3293页。

③ ［日］清宫刚：《中国古代文化研究——君臣观、道家思想与文学》，九州图书出版社1997年版，第179—180页。

④ 王萍：《略论司马迁的道家思想》，《齐鲁学刊》2000年第4期。

性；对道家“超然”人格境界的推崇，实现着对生死的超越；受“无功”人格的影响，对历史人物的评价上以道家之论则之，以道家理想人格的基本原则来评判人物，正如李长之所论：

> 至于司马迁把道家思想应用于人事处更多。我们几乎可以这样说，凡是书中论到一个人的成败处，大体上都是采取道家的观点。例如论项羽之败是在“兴之暴”，是在“自矜功伐”；黥布之败也是在“拔兴之暴”，在“常为首虐，功冠诸侯”，于是“用此得王，亦不免于身为世大僇”。他责备周亚夫的是“足已而不学，守节不逊”，所以“终以穷困”。他责备韩信的是“假令韩信学道谦让，不伐己功，不矜其能，则庶几哉于汉家勋，可以比周召、太公之徒”。因为这些人都是不晓得老子所谓“飘风不终朝，骤雨不终日”的道理，更缺乏老子所谓“不自伐故有功，不自矜故长”的修养的，司马迁之责论即是由老子立场而云然。反之，像司马迁之赞美张良“无知名，无勇功，图难于易，为大于细”（《自序》），也是同样就道家观点而加以欣赏了。①

说明在道家理想人格的影响下，司马迁对历史人物的评价也是以道家的眼光和标准了。

司马迁参酌古今，从古圣先贤的著述作为中汲取精神力量，铸就了伟大的精神人格，并通过《史记》表现给世人。正如学者所论：“《史记》这样一部伟大作品就在一个博大而至深的心灵中诞生出来。这是一个奥衍闳深、波谲云诡的世界，历史的大气磅礴与创巨痛深都在这里得到了充分展现。这又是一个蕴含着无限精神内涵的世界，人的希望与绝望，自信与困惑，豪气与柔情……都在这里涌动、隐现。通读《史记》五十二万字，我们无时不感到这是一个艰难而伟大的创造，无时不感到它渗透着丰富的思想、情感与气质。反复诵读，一种伟大而苍凉的气息自会把我们带入一个崇高的境地。……伟大的艺术是伟大人格的写照，《史记》更是司马迁与艰难伟大历史血肉相连的生命写照。”②

---

① 李长之：《司马迁之人格与风格》，天津人民出版社 2007 年版，第 149 页。

② 程世和：《司马迁精神人格论》，商务印书馆 2013 年版，第 319 页。

第三章　先秦士人学术思想与司马迁

如前文所述，春秋时代，“士”作为一个职事阶层出现以后，“礼崩乐坏”的状况成了诸子之学兴起的前奏。此时，学在官府的局面被打破，“礼”“乐”之学逐渐被“士”人掌握，同时，“道术”“为天下裂”，“王官之学”散失到读书人（士人）中，士人便纷纷阐述己说，以重整文化秩序。这样一来，先秦士人便把自己的学术思想公之于世，形成了“百家争鸣”的局面。这些都成了中国哲学、学术思想的重要渊源。

司马迁在《史记·太史公自序》中称，著《史记》是“厥协六经异传，整齐百家杂语”。这里整齐百家杂语，就是“在六经的旗帜之下，通过选择、批判和扬弃，将战国秦汉之际立论殊方的百家之学整合为一个协调的学术思想体系，回归到上古三代学术统一的传统。”[①]因此，生当汉武时代的司马迁，适值思想文化由百家齐放而转为舆论一律的变革时期，他深谙百家思想，这些学术思想对其有着深刻的影响。儒家、道家、法家等在司马迁及其《史记》中留下了深深的烙印。

第一节　儒家思想与司马迁

儒家思想作为中国传统学术思想的主体，对后世学者产生了极其深刻

① 陈桐生：《〈史记〉与诸子百家之学》，安徽大学出版社2006年版，第1页。

的影响。司马迁处在先秦诸子之学向儒学独尊的转型时代，他"考信于六艺""折中于夫子"，其思想与儒家学说有着密切的关系。对此，古人也多有论述。晋代葛洪曾经对班彪、班固父子批评司马迁"论学术，则崇黄老而薄五经"，"论大道则先黄老而后六经"的观点进行辩驳。他认为："班固以史迁先黄老而后六经，谓迁为谬。夫迁之洽闻，旁综幽隐，沙汰事物之臧否，核实古人之雅正。其评论也，实原本于自然，其褒贬也，皆准乎至理。不虚美，不隐恶，不雷同以偶俗。刘向命世通人，谓为实录；而班固之所论未可据也。"①朱熹认为："以为先黄老，后六经，此自是太史谈之学。若迁则皆宗孔氏，如于夏纪赞用行夏时事，于商纪赞用乘商辂事，高祖纪赞则曰'朝以十月，车服黄屋左纛'，盖讥其不用夏时商辂也。迁之意脉恐诚如是，考得什好。然但以此遂谓迁能学孔子，则亦徒能得其皮壳而已。假使汉高祖能行夏时，乘商辂，亦只是汉高祖，终不可谓之禹汤。此等议论，恰与欲削乡党者相反。必大。"②陈傅良《止斋先生文集》卷四一《答贾端老五》认为，司马迁"尽百家之精而断以六艺，……荀卿之后，仅见此书。"明康海《康对山先生文集》卷四《史记序》认为："是非得失，固难以一人之言尽万世之议者也。至于黄老之谈，盖当时所尚，行已有征，非先之也。"焦竑《焦氏笔乘》卷二《史公权衡》认为，史公"列孔子于世家，老子于列传，而且与申韩相埒，亦曷尝先黄老而后六经哉！"清冯班《钝吟杂录》卷六指出："史迁极行仲尼，史谈乃重老子，父子异论。"王鸣盛《十七史商榷》卷六《司马氏父子异尚》说："《太史公自序》叙其父谈《论六家要指》……以明孔不如老，此谈之学，而迁意则尊儒，父子异尚……观其下文称引董仲舒之言，隐隐以已上承孔子，其意可见。"赵翼《陔余丛考》卷五《史记三》认为："孔子无公侯之位，而《史记》独列于世家，尊孔子也……孔子、孟子并称，是尊孟子亦自史迁始也。"金锡龄《劬书室遗集》卷一二指出，"子长推尊儒术，昭然若揭，而说者不察，谓其先黄老而后六经，岂能论哉！"这里列举以上诸论并不是想争论司马迁

① 葛洪：《抱朴子·内篇卷十》，见杨燕起、陈可青、赖长扬汇辑：《史记集评》，华文出版社2005年版，第58页。

② 黎靖德编：《朱子语类》卷一二二，中华书局1986年版，第2956—2957页。

到底是道家还儒家，而是想以此说明司马迁的思想受到了儒家思想的影响。

首先，司马迁接受了儒家思想的“仁义”学说，继承发扬儒家思想。“仁义”学说是儒家思想的重要内容。何谓“仁”？《说文解字》：“仁，亲也，从人从二。”意为人耦相亲，表示人际关系。春秋末期的孔子，将“仁”纳入了自己的学说，并进行了系统阐发，建立起了仁学体系。《论语》说：“夫仁者，己欲立而立人，己欲达而达人。”“己所不欲，勿施于人”“克己复礼为仁”。孔子首先以自我为出发点论“仁”。他还将“仁”从自我保护的原始观念提升为包含道德情感和道德行为的伦理范畴。”①因此，在孔子看来，“仁”的关键，在于将这种情感推广及人，由对自己生命和欲望的珍惜推及对他人生命、欲望的尊重和重视，即“爱人”或“忠恕”。至此，“仁”开始具有了表示人与人之间道德关系的明确含义，“仁者爱人”更成了儒学中“仁”学的基本精神，体现了对于生命的爱惜和对于人格的尊重，带有明显的人文关怀色彩。此后的孟子，继承了孔子仁学的基本精神，并作了进一步的发展。孟子将“仁”置于人的内心，将“仁”与人的内心情感世界联系起来：

> 孟子曰：“乃若其情，则可以为善矣，乃所谓善也。若夫为不善，非才之罪也。恻隐之心，人皆有之；羞恶之心，人皆有之；恭敬之心，人皆有之；是非之心，人皆有之。恻隐之心，仁也；羞恶之心，义也；恭敬之心，礼也；是非之心，智也。仁义礼智，非由外铄我也。费思耳矣。”②

孟子从人人共有的自然情感出发，认为人的自然情感中包含有“恻隐”“羞恶”“恭敬”“是非”四端之情，这四端之情就是仁、义、礼、智之善端。至此，孟子已将“仁”独立了出来，以区别于义、礼、智。更为重要的是，孟子在仁学的实践过程中，继承孔子“仁者爱人”的思想，将“仁”从道德约束人际关系发展到政治领域，提出了“民贵君轻”的亲民思想，还有“仁者无不爱也，急亲贤之为务”，“尧舜之仁，不遍爱人，急亲贤也。”这些都是孟子“仁学”思想观念。

---

① 周永刚、向德富：《论司马迁对先秦仁学的继承和改造》，《北京化工大学学报》（社会科学版）2007 年第 4 期。

② 《孟子·告子上》，《诸子集成》本，中华书局 1954 年版，第 443—446 页。

司马迁继承扬弃了先秦儒家的仁学思想，并在《史记》中给予了深刻的表现。司马迁将儒学的昌盛与孔子的仁学思想联系起来。《史记·太史公自序》说："孔子述文，弟子兴业，咸为师傅，崇仁厉义。"在《史记·孟子荀卿列传》说孟子"述仲尼之意，作《孟子》七篇。"司马迁囊括史料，分别作传。从这里可以看出，"无论是孔门弟子'兴业'还是孟荀复兴孔学，他们作为儒学发展史上的一个环节，其历史功绩在于宣传了孔子的仁学思想。"①也就是说，儒学的兴盛是在孔子仁学得到发扬光大的基础上得以发生的，而司马迁为孔子及其弟子、孟子作传，在宣扬"仁"方面功不可没。司马迁认识到了"仁"对于个体道德的作用。《报任少卿书》说："修身者，智之府也；爱施者，仁之端也；取与者，义之符也；耻辱者，勇之决也；立名者，行之极也。士有此五者，然后可以托于君子之林。"这与儒家推行仁义的思想一致。也是基于此，《报任少卿书》评价李陵"事亲孝，与士信，临财廉，取与义，分别有让，恭俭下人，常思奋不顾身，以徇国家之急。"并且在与李陵"趣舍异路，未尝衔杯酒，接殷勤之余欢"的情况下，自己奋不顾身，仗义执言，为李陵辩护，以致下狱受刑。

另外，司马迁在道德自律的基础上，加上"礼"的社会约束力，作为建立社会秩序的核心。《史记·太史公自序》说："夫不通礼义之旨，至于君不君，父不父，臣不臣，子不子……故《春秋》者，礼义之大宗也。"《史记·礼书》说："洋洋美德乎，宰制万物，役使群众，岂人力也哉？余至大行礼官，观三代损益，乃知缘人情而制礼，依人性而作仪，其所由来尚矣。"这里，司马迁已经认识到了作为道德自律的"仁"与"礼"的社会约束相结合，则能够起到维护良好社会秩序的作用

其次，司马迁勾勒儒学发展线索。在《史记》中，司马迁记述儒学发展过程，清晰地勾勒出了儒学的发展线索。《史记》的《孔子世家》《仲尼弟子列传》《孟子荀卿列传》和《儒林列传》，比较系统地记载了自孔子至西汉武帝时儒学的发展概况。一是司马迁记述了孔子与儒学的奠基与初创。孔子

① 张强：《论司马迁仁学思想的来源与帝王批判》，《苏州大学学报》2005年第4期。

的言行事略，体现了早期儒学的基本精神——以“仁”为核心的思想体系。同时，对孔子传道授业过程的记载，也就是儒学的奠基史，还原了真实的孔子，较客观地再现了早期儒学的发展。二是司马迁记述了孔门弟子的兴业与儒学的衰微。《史记·十二诸侯年表序》说，孔子曾周游列国，宣传自己的主张及学说，然“干七十余君，莫能用。”他的学术思想未得到重视。在其死后，弟子为传播其学术思想作出了不懈努力。《太史公自序》认为“孔氏述文，弟子兴业，咸为师傅，崇仁厉义”，肯定孔子为传播儒学所作出的历史功绩。三是司马迁记述孟子、荀子对儒学的复兴。司马迁在《太史公自序》中说明写《孟子荀卿列传》的目的：“猎儒墨之遗文，明礼义之统纪，绝惠王利端，列往世兴衰。作《孟子荀卿列传》第十四。”记录了孟子、荀子对于复兴儒学的功绩，点明了孟子、荀子对儒学的创新。四是司马迁记述了儒学的新兴。司马迁看到了从刘邦建汉到汉武帝刘彻表彰五经，儒学由潜沉在民间一跃成为汉代官方学术的过程，充分肯定了儒生为汉代政治以及学术昌盛做出的贡献，为传播儒学的汉代人作传，又从儒学发展史的角度撰写了《儒林列传》。①

再次，司马迁的思想源于儒学。总体上说来，《史记》是以儒学为指导的，司马迁思想中有儒学的根基。司马迁学术思想既源于儒学而又不盲目尊从于儒学，在儒学的基础上有所突破，兼容其他学派精华，而自成“一家之言”。司马迁思想源于儒学还表现在其以继《春秋》为己任。他认为，孔子的《春秋》是治国的纲纪，与社会治乱、国家兴亡相攸关。《史记·十二诸侯年表》在记述了孔子作《春秋》之后说：

> 鲁君子左丘明惧弟子人人异端，各安其意，失其真，故因孔子史记具论其语，成《左氏春秋》。铎椒为楚威王傅，为王不能尽观《春秋》，采取成败，卒四十章，为《铎氏微》。赵孝成王时，其相虞卿上采《春秋》，下观近势，亦著八篇，为《虞氏春秋》。吕不韦者，秦庄襄王相，亦上观尚古，删拾《春秋》，集六国时事，以为八览、六论、十二纪，为《吕氏春

---

① 参见张强：《论司马迁仁学思想的来源与帝王批判》，《苏州大学学报》（哲学社会科学版）2005年第4期。

秋》。及如荀卿、孟子、公孙固、韩非之徒,各往往捃摭《春秋》之文以著书,不可胜纪。汉相张苍历谱五德,上大夫董仲舒推《春秋》义,颇著文焉。①

司马迁认为,左丘明依照孔子《春秋》论述详尽真实的原义,编撰成《左氏春秋》。铎椒任楚威王太傅,便抄摘《春秋》中关于国家兴衰成败的记述辑合成《铎氏微》。赵孝成王时的虞卿上采《春秋》,结合当时各国形势编辑成《虞氏春秋》。秦庄襄王的相国吕不韦结合前代古史,删减补合《春秋》,编八览、六论、十二纪而成《吕氏春秋》。荀卿、孟子、公孙固、韩非等人也抄摘《春秋》言论著书立说。汉代丞相张苍根据《春秋》编制历法,上大夫董仲舒推论《春秋》著作了不少文章。说明《春秋》不唯是儒家的经典,也是诸子百家的源头。在这里,司马迁充分肯定了《春秋》的价值。他还在《史记·太史公自序》中说:

故有国者不可以不知《春秋》,前有谗而弗见,后有贼而不知。为人臣者不可以不知《春秋》,守经事而不知其宜,遭事变而不知其权。为人君父而不通于《春秋》之义者,必蒙首恶之名。为人臣子而不通于《春秋》之义者,必陷篡弑之诛,死罪之名。②

强调了上自国君、中到人臣,下至庶民,人人都得通《春秋》之义,并按其准则律己、行事。“守经事”应知《春秋》之宜,“遭事变”应知《春秋》之“权”,“人君父而不通于《春秋》之义”。否则,君臣父子的伦理关系就无法维持。在这里,他认为孔子的《春秋》体现了礼仪、伦理的准则,是治国的纲纪,与社会治乱、国家兴亡攸关。另外,司马迁还把《春秋》作为著述的楷模,父亲司马谈告诉他:

幽厉之后,王道缺,礼乐衰,孔子修旧起废,论《诗》《书》,作《春秋》,则学者自今则之,自获麟以来,四百有余岁,而诸侯相兼,史记放绝。今汉兴,海内一统,明主贤君忠臣死义之士,余为太史而弗论载,废

① 司马迁:《史记·十二诸侯年表》,中华书局1959年版,第509—510页。

② 司马迁:《史记·太史公自序》,中华书局1959年版,第3298页。

天下之史文，余甚惧焉，汝甚念哉！①

司马谈告诉司马迁，周幽王、厉王之后，王道衰败，礼乐衰颓，孔子整理典籍，作《春秋》，学者以之为准则。四百余年来诸侯之间相互兼并，史书被丢弃殆尽。在汉朝兴起、海内统一的兴盛之世，作为太史令而不能把明主贤君忠臣死义之士记录下来，放弃了修史传统，实在是惶恐至极。嘱托司马迁一定要完成著史大业。对于父亲的期望，司马迁表明了态度，要效法孔子作《春秋》，他说：

先人有言："自周公卒五百岁而有孔子。孔子卒后至于今五百岁，有能绍明世，正《易》《传》，继《春秋》，本《诗》《书》《礼》《乐》之际？"意在斯乎！意在斯乎！小子何敢让焉。②

周公之后有孔子，孔子之后至当世，要能够修编《易》《传》，继《春秋》之义，司马迁自己不能不去承当这个使命，他发誓做第二个孔子，继《春秋》而作《史记》。

司马迁遵从儒学，与他生活的汉代学术取向和政治需要有绝大的关系。西汉建立以前，儒学经过孔门弟子的"兴业"，孟子、荀子的继承、发展和弘扬，一度在当时的学术思想界占有一定的地位。在汉朝的建立和发展过程中，儒家思想曾对政治生活产生了明显的作用，由民间的学说而成为汉代政治统治学说。汉武帝继位以后，重用爱好儒术的窦婴和田蚡等儒生，他们依照汉武帝的旨意，为提倡儒学和加强中央集权采取了一系列行动。《史记·魏其武安侯列传》载，"迎鲁申公，欲设明堂，令诸侯就国，除关，以礼为服制，以兴太平。"六年之后，汉武帝推行"罢黜百家，独尊儒术"的政策。生活在这一时代的司马迁，其思想就不可避免地受到儒家思想的影响。他评价并肯定儒学拨乱而反正的政治意义和价值：

夫周室衰而《关雎》作，幽厉微而礼乐坏，诸侯恣行，政由强国。故孔子闵王路废而邪道兴，于是论次《诗》《书》，修成《礼》《乐》。适齐闻

---

① 司马迁：《史记·太史公自序》，中华书局1959年版，第3295页。

② 司马迁：《史记·太史公自序》，中华书局1959年版，第3296页。

《韶》，三月不知肉味。自卫返鲁，然后乐正，《雅》《颂》各得其所。世以混浊莫能用，是以仲尼干七十余君无所遇，曰"苟有用我者，期月而已矣"。西狩获麟，曰"吾道穷矣"。故因史记作《春秋》，以当王法，其辞微而指博，后世学者多录焉。①

周王室衰微的情况下，有讽刺之意的《关雎》诗就出现了；周厉王、周幽王统治衰败，礼崩乐坏，诸侯恣意横行，周王朝的权威受到极大挑战。孔子担忧"王路废而邪道兴"，于是编定《诗》《书》，在世道混乱污浊，无人起用他的情况下，在鲁国已有历史记录的基础上撰写《春秋》，在叙事中暗寓褒贬，以鲜明的政治倾向和是非评判，贬损当世。

司马迁还在《史记·儒林列传》中肯定提倡儒学后的成效："自此以来，公卿大夫士吏斌斌多文学之士矣。"《太史公自序》又说："自孔子卒，京师莫崇庠序，唯建元元狩之间，文辞粲如也。"可以说，司马迁适应汉初政治思想需要，其源于儒学的思想得到了发挥。

最后，司马迁对儒学的肯定，也表现为对儒家六经的推崇。《史记·太史公自序》说：

《易》著天地阴阳四时五行，故长于变；《礼》经纪人伦，故长于行；《书》记先王之事，故长于政；《诗》记山川溪谷禽兽草木牝牡雌雄，故长于风；《乐》乐所以立，故长于和；《春秋》辨是非，故长于治人。是故《礼》以节人，《乐》以发和，《书》以道事，《诗》以达意，《易》以道化，《春秋》以道义。②

认为《易》载述天地阴阳、四时五行，其优长在于阐释"变"的道理；《礼》规范人伦，明确了人们行事规则；《书》记述先王之事，阐说政治治理之道；《诗》记山川溪谷、禽兽草木、牝牡雌雄，可以了解风土民俗；《乐》的功能在于促进和谐；《春秋》辨是非，有制"义法"的效果。这说出了"六经"的学术主旨、社会作用和价值。

另外，《史记》篇章设立、取材和史料的鉴别都是以儒家学说为依据。

① 司马迁：《史记·儒林列传》，中华书局 1959 年版，第 3115 页。
② 司马迁：《史记·太史公自序》，中华书局 1959 年版，第 3296 页。

司马迁精心安排《史记》五种体例，都以儒学为设置和判断的标准。把《五帝本纪》作为全书的开篇，并列为十二本纪之首，就是采用儒家典籍《礼记》的说法，并整理出以儒家思想为指导的古史体系；以《三代世表》为十表之首，作为记载朝章国典、社会生活的重要篇章；把《礼书》置于八书之首，以突出儒家礼制对维系君臣等级和人伦关系的重要作用；把《伯夷列传》作为七十列传之首的主要原因是由于伯夷受到了孔子的大力表彰。另外，《伯夷列传》全篇以序、赞的形式发表议论的部分远远超过其记载史实的部分，可以看作是整个列传的总序。当然，儒家的“德治”“仁政”思想也贯穿了《史记》始终。关于这一点，将在其他章节论及。

第二节　道家思想与司马迁

道家是春秋战国诸子百家中最重要的思想学派之一。一般来说，公认第一个确立道家学说的是春秋时期的老子。道家倡导自然的世界观和方法论，尊黄帝、老子为创始人，并称黄老。道家思想的核心是“道”，认为“道”是宇宙的本源，是宇宙的法则。老子把“道”看做是宇宙生成的本原，《老子》第二十五章说：“有物混成，先天地生。寂兮！寥兮！独立而不改，可以为天地母。吾未知其名，强名之曰‘道’。”这“先天地生”之物就是“道”，而“道”又育生万物。《老子》第四十二章说：“道生一，一生二，二生三，三生万物。”《老子》第二十五章说：“道独立而不改，周行而不殆，可以为天下母。”可见，在老子看来，“道”是宇宙生成的本原，是宇宙运行的动因。然而，“道”育生万物的过程并不是无序的，它以“自然”为存在与运行的法则，非人力所及。《老子》第二十五章说：“人法地，地法天，天法道，道法自然。”这就是说，道即自然，要达于道，则一切都要按自然法则去做。“无为无不为”是道家学说的思想核心。“无为”亦是“道”的运行法则，《老子》第三十七章说：“道常无为而无不为。”“无不为”则体现在“无为”之中，只有“无为”，才能“无不为”。“道”作为宇宙中万物所共同遵循的客观规律，主宰着事物的生存、发展和消亡。它没有明显作用形式，所以“道常无为”；但是，万物的发展运动又总是遵循客观规律的作用，因此“无不为”。人对自然界的改造也是离不开客观规律的作用的，所以人要顺应自然界的变化，遵循客观规律的作用，在不违反客观规律的前提下进行改造自然的活动，这样才可以真正有所作为。《老子》第四十八章曰：“为学日益，为道日损；损之又损，以至于无为，无为无不为矣。”追求知识每天都要学习新内容；追求客观规律每天都要排除万物纷纭的表象，这样持续下去，最终就会把握“无为”的客观规律。道家重视人性的自由与解放。一方面是人的知识能力的解放，另一方面是人的生活心境的解放，前者提出了“为学日益，为道日损”“此亦一是非，彼亦一是非”的认识原理，后者提出了“谦”“弱”“柔”“心斋”“坐忘”“化蝶”等的方式来面对世界。

作为先秦诸子中重要派别的道家和先秦学术重大成果的道家思想，对司马迁及其撰写《史记》有着深刻的影响。东汉班固在《汉书》本传中评司马迁：“论大道则先黄老而后六经，序游侠则退处士而进奸雄，述货殖则崇势利而羞贫贱，此其所蔽也。”司马迁学术思想的基本倾向或主体倾向是否为道家，古今学者对此聚讼不休。唐宋以前，司马迁崇道之说非常普遍，唐宋以降，司马迁崇儒之说昌盛。但仍有学者认为司马迁是崇道的，明人杨慎即持此说，今人程金造主张司马迁的思想“实偏重道家”。[①] 陈柱认为，司马迁的思想“为道家而兼儒家者”。[②] 李长之认为，“司马迁之根本思想是道家。”[③]还有论文论及司马迁道家思想的倾向。[④] 对于司马迁的思想倾向到底是儒家还是道家，甚或是别的什么家，我们都暂且不去争论，但毋庸置疑

---

① 程金造：《司马迁崇尚道家说》，《师大月刊》1933 年第 2 期。

② 陈柱：《李斯列传讲记》，《学术世界》1936 年第 1 卷第 10 期。

③ 李长之在《司马迁之人格与风格》一书第七章《司马迁精神宝藏之内容——浪漫的自然主义》第六部分“司马迁之根本思想——道家”，专论司马迁受道家思想的影响，认为“道家思想是司马迁思想的根底”，“道家自然主义是司马迁思想之哲学基础”。见李长之：《司马迁之人格与风格》，天津人民出版社 2007 年版，第 142—149 页。

④ 何旭光：《司马迁思想基本倾向应是道家》，《昭通师专学报》1983 年第 3、4 期合刊；李世萼：《谈司马迁道家思想的进步性》，《杭州师院学报》1984 年第 4 期；张大同：《司马迁与道家思想的关系》，《文史哲》1992 年第 5 期。

的是，道家思想对于司马迁《史记》有着深刻的影响。

第一，道家思想影响了司马迁的经济思想、唯物史观。如前文所述，“自然无为”是道家思想的基本范畴之一，体现在经济方面，就是强调顺应自然的观念。在道家看来，顺乎自然则是其最高境界。顺乎自然，就是按照自然的规律行事，不违背其自然状态。因此，经济活动就要按照经济运行的自然规律进行，“于自然无所违”，方可达到经济发展的最佳状态。老子的“无为”思想，能更好地指导经济活动中人应该如何作为，就是要不妄为，不干预，以实现“无不为”。从而达到“处无为之事，行不言之教”的境界。因此，老子希望统治者去掉专制、干涉、独断、烦扰的行为，让百姓按其自然本性与自身需要去自我化育、发展生产，以此实现社会的和谐与稳定。这一思想在《老子》中多有表述。《老子》第十七章曰：“功成事遂，百姓皆谓我自然。”意思是说“功成事遂”，百姓“迁善远罪”，皆自然而然。《老子》第六十四章曰：“是以圣人欲不欲，不贵难得之货；学不学，复众人之所过，以辅万物之自然，而不敢为。”作为圣人，不同于常人的就在于遵循万物的自然本性而不妄加干预，诚如苏辙《老子解》所云：“辐万物之自然，而待其自成矣。”《老子》第五十七章又说：

> 天下多忌讳，而民弥贫；民多利器，国家滋昏；人多伎巧，奇物滋起；法令滋彰，盗贼多有。故圣人云：我无为而民自化；我好静而民自正；我无事而民自富；我无欲而民自朴。①

在老子看来，法制禁令规定越繁杂，人们的思想行为受到束缚，这些禁忌下的民众必定手足无措，难以有所作为，所以“天下多忌讳，而民弥贫”。圣人无为，则百姓自我化育，自然富足，自然淳朴，顺应自然，以无为处事，天下就太平了。《老子》说：

> 不尚贤，使民不争；不贵难得之货，使民不为盗；不见可欲，使民心不乱。是以圣人之治，虚其心，实其腹，弱其志，强其骨，常使民无知无欲。使夫知者不敢为也。为无为，则无不治。②

---

① 《老子》第五十七章，《诸子集成》本，中华书局1954年版，第35页。

② 《老子》第三章，《诸子集成》本，中华书局1954年版，第2页。

不尚贤就会让百姓不滋生名位欲、权力欲，不争权夺位；不贵货，百姓不拜物，则盗贼不生；不炫耀一切诱发物质与精神欲望的东西，民心就会恬静纯真，这样"无为"，天下就大治了。《庄子》也说：

> 道行之而成，物谓之而然。恶乎然？然于然。恶乎不然？不然于不然。物固有所然，物固有所可。无物不然，无物不可。①

道路是行走而成的，事物的名字是人们称谓而就的，事物都有着本来的属性和自然的状态。道家的自然无为思想在战国和汉初经过继承和改造，发展成了黄老之学。在社会政治领域，黄老之学强调"道生法"，主张"是非有分，以法断之，虚静谨听，以法为符"。认为君主应"无为而治"，"省苛事，薄赋敛，毋夺民时"。

司马迁对道家及黄老之学在社会治理方面"因循为用"的价值和作用是肯定和认可的。综观《史记》，司马迁所歌颂的圣君贤相，皆"因循为用"。司马迁《史记》所讲的"因循"是顺民之俗，给人之欲。如《货殖列传》为春秋末期至秦汉以来的大货殖家，如范蠡、子贡、白圭、猗顿、卓氏、程郑、孔氏、师氏、任氏等作传。通过介绍他们的言论、事迹、社会经济地位，以及他们所处的时代、重要经济地区的特产商品、商业城市和商业活动、各地的生产情况和社会经济发展特点，叙述他们的致富之道，表述自己的经济思想，以便"后世得以观择"。司马迁重视社会生产活动，认为政治上的治乱兴衰与社会经济情况密切相联；社会经济活动有不以人们意志为转移的客观规律，主张发展工商业，倾向于经济自然发展，反对人为干涉。他认为自然界的物产是极其丰富的，社会经济的发展是不以人的意志为转移的，商业发展是自然趋势，人们没有不追求富足的。《史记·货殖列传》说："农不出则乏其食，工不出则乏其事，商不出则三宝绝，虞不出则财匮少。"司马迁主张根据实际情况任商人自由发展，引导他们积极进行生产与交换，国家不必强行干涉，更不要同他们争利。强调农、工、商、虞并重，强调工商活动对社会发展的作用。在《史记》中，司马迁肯定工商业者追求物质利益的合理性与合法

① 《庄子·齐物论》，《诸子集成》本，中华书局 1954 年版，第 10 页。

性，强调经济的发展关乎国家盛衰等。明确地提出了欲望是历史发展动力的观点，主张施政要顺应民俗。他说："故善者因之，其次利导之，其次教诲之，其次整齐之，最下者与之争。"①"因之"的政策就是遵循经济发展的趋势和规律，放手商人活动，听凭人们追逐财富，发展生产，国家可以得到用不完的财富。因此，《货殖列传》一开篇就把老子的小国寡民主张作为批判的靶子引用。司马迁从道家的"无为"学说中引出"因循"是一种创新和发展。所以，《太史公自序》"布衣匹夫之人，不害于政，不妨百姓，取之于时而息财富，智者有采焉。作《货殖列传》"。道出了写作该列传的动机与主旨。

《史记·平准书》中，司马迁提倡顺应人的本性，主张自然发展，这也是黄老思想的体现。司马迁认为，经济的发展要依从社会的自然趋势，使之自由竞争，自然进步。这一主张仍源于黄老"因循为用"、任其自然的思想。《货殖列传》说："汉兴，海内为一，开关梁，驰山泽之禁，是以富商大贾周流天下，交易之物莫不通，得其所欲，而徙豪杰诸侯强族于京师。"

这就是汉初实行的"因之"政策所带来的经济繁荣。同时，司马迁还认识到，农、工、商、虞社会分工的出现也是经济发展的必然之势，是不以人们意志为转移的客观规律。《货殖列传》说："农而食之，虞而出之，工而成之，商而通之。"只有四业并重，才能"故物贱之征贵，贵之征贱，各劝其业，乐其事，若水之趋下，日夜无休时，不召而自来，不求而民出之。"这都是"事势之流，相激使然。"只有按照经济社会发展的本来规律行事，才能民富足而社会安定。

司马迁在《史记》中，对汉初政治中黄老思想得到成功运用有着全面的记载。《史记·曹相国世家》记曹参以黄老思想治国曰：

> 参之相齐，齐七十城。天下初定，悼惠王富于《春秋》，参尽召长老诸生，问所以安积百姓，如齐故俗诸儒以百数，言人人殊，参未知所定。闻胶西有盖公，善治黄老言，使人厚币请之。既见盖公，盖公为言治道贵清静而民自定，推此类具言之。参于是避正堂，舍盖公焉。其治要用

① 司马迁：《史记·货殖列传》，中华书局1959年版，第3253页。

黄老术，故相齐九年，齐国安集，大称贤相。①

曹参相齐后，向诸儒生征询治理之法，然“言人人殊”，在其不知所措的情况下，请来了盖公，盖公也言黄老之治，主张“治道贵清静而民自定”，曹参以其术治理，“齐国安集”。而盖公之术确源于黄老：

乐臣公学黄帝、老子，其本师号曰河上丈人，不知其所出。河上丈人教安期生，安期生教毛翕公，毛翕公教乐瑕公，乐瑕公教乐臣公，乐臣公教盖公，盖公教于齐高密、胶西，为曹相国师。②

盖公的学术思想和渊源在黄老。其传承来自学黄老的乐臣公，而乐瑕公、毛翕公、安期生、河上丈人等一脉相承，都源于黄老。后来曹参为相，以黄老之术为要：

举事无所变更，一尊萧何约束。

择郡国吏木诎于文辞，重厚长者，即招除为丞相史。吏之言文刻深，欲务声名者，辄斥去之。③

这样的无为而治，取得了成效，得到了百姓的称赞。《曹相国世家》曰：“萧何为法，觏若画一；曹参代之，守而勿失。载其清静，民以宁一。”又说：“参为汉相国，清静极言合道。然百姓罹秦之酷后，参与休息无为，故天下俱称其美矣。”司马迁在《史记·吕后本纪》中肯定吕后推行与民休息的政策：

孝惠皇帝、高后之时，黎民得罹战国之苦，君臣俱欲休息乎无为，故惠帝垂拱，高后女主称制，政不出房户，天下晏然。刑罚罕用，罪人是希。民务稼穑，衣食滋殖。④

吕后实施休养生息、发展生产、减少干扰的政治政策，无为而治，不用走出宫殿，政事就能处理好，很少用刑罚，犯罪的人也少了；老百姓根据时令播种收获，丰衣足食。“与民休息”政策对于安邦治国、发展经济起了巨大作用，国家太平无事。肯定吕太后推行无为政治所取得的历史功绩。司马迁对统治

① 司马迁：《史记·曹相国世家》，中华书局 1959 年版，第 2028—2029 页。

② 司马迁：《史记·乐毅列传》，中华书局 1959 年版，第 2436 页。

③ 司马迁：《史记·曹相国世家》，中华书局 1959 年版，第 2029 页。

④ 司马迁：《史记·吕太后本纪》，中华书局 1959 年版，第 412 页。

者用黄老之学给汉初社会经济和人民生活所带来的稳定与发展是非常赞赏的。《史记·平准书》记载“文景之治”的社会状况：

> 汉兴七十余年之间，国家无事，非遇水旱之灾，民则人给家足，都鄙禀庾皆满，而府库余货财。京师之钱累巨万，贯朽而不可校。太仓之粟陈陈相因，充溢露积于外，至腐败不可食，众庶街巷有马，阡陌之间成群，而乘字牝者傧而不得聚会。守闾阎者食粱肉，为吏者长子孙，居官者以为姓号。故人人自爱而重犯法，先行义而后绌耻辱焉。①

汉朝建立后，经过七十多年的发展，西汉呈现出社会安定、经济繁荣、国家富裕、百姓“人给家足”的兴旺局面。同时，也出现了百姓重视守法行义，富人豪强横行霸道，皇室、贵族、列侯、公、卿、大夫以下争于奢侈的现象。司马迁在《孝文本纪》中写道：

> 孝文帝从代来，即位二十三年，宫室苑囿狗马服御无所增益，有不便，辄弛以利民。尝欲作露台，召匠计之，直百金。上曰："百金中民十家之产，吾奉先帝宫室，常恐羞之，何以台为！"上常衣绨衣，所幸慎夫人，令衣不得曳地，帏帐不得文绣，以示敦朴，为天下先。治霸陵皆以瓦器，不得以金银铜锡为饰，不治坟，欲为省，毋烦民。南越王尉佗自立为武帝，然上召贵尉佗兄弟，以德报之，佗遂去帝称臣。与匈奴和亲，匈奴背约入盗，然令边备守，不发兵深入，恶烦苦百姓。吴王诈病不朝，就赐几杖。群臣如袁盎等称说虽切，常假借用之。群臣如张武等受赂遗金钱，觉，上乃发御府金钱赐之，以愧其心，弗下吏。专务以德化民，是以海内殷富，兴于礼义。②

孝文帝注重节俭，不增加宫室苑囿物品，取消建露台计划，所宠幸的慎夫人衣服不得曳地，建陵墓皆以瓦器，以德报越王；与匈奴和亲，不发兵深入，而以和亲为主，避免烦苦百姓，带头倡导节俭，遗诏薄葬，轻罚朝臣。汉文帝以自然无为治世，以德化民，“海内殷富”。这是对黄老之学运用于治国后所产生的良好效果的描述。

---

① 司马迁：《史记·平准书》，中华书局1959年版，第1420页。

② 司马迁：《史记·孝文本纪》，中华书局1959年版，第433页。

另外，司马迁吸收了道家朴素的辩证法思想，形成了“见盛观衰”的历史观。道家学派十分重视事物发展变化的普遍性和绝对性。作为万物本原的道是在不断运动、变化的，具有动态的过程性。《老子》第四十章强调“反者道之动”，认为事物无不向其反面转化；第四十二章曰“物或损之而益，或益之而损”；第五十八章曰“祸，福之所倚；福，祸之所伏。”社会的大变动要求变革政治制度，但就对“变革”的思考而言，道家是最深刻、最透彻的。司马谈在《论六家要》中提及道家对待变革的态度：“与时迁移，应物变化”，“有法无法，因时为业；度无度，因物与合”，“圣人不朽，时变是守”。从理论上讲，道家对时、变的认识皆与“天”“道”有关，而其现实的意义则在于道家特别是黄老学派试图说明社会变革的根源和意义，并通过一定的形式积极地参与其中。从这个意义上说，“贵时”就是把握社会变化的节奏，而主变即是参与社会的变革。

《老子》一书揭示了两种对立事物之间相互依存又相互转化的关系。《老子》第四十二章说：“物或损之而益，或益之而损。”第二十二章说：“曲则全，枉则直，洼则盈，蔽则新，少则得，多则惑。是以圣人执一，以为天下牧。不自视，故彰；不自见，故明；不自伐，故有功；弗矜，故能长。夫唯不争，故莫能与之争。古之所谓‘曲则全’者，岂虚言哉！诚全归之。”枉屈才能矫正。低凹才有盈满，陈旧才能出新，少取则有所获，贪多就会迷惑无所得，说明事物的对立面是转化的。而圣人把握着万物的本原“一”，将它作为天下的规范。不自我标榜，所以才声名显扬；不自我表现，才体现自己的高尚；不自我夸耀，别人才承认自己的成就；不自以为贤能，才能提高自己的地位。正因为与人无争，就没有谁能和自己相争。老子的“道”论，认为道生天地万物，而天地万物是在“道”的范围内发展变化。

司马迁在道家朴素辩证法基础上，形成了朴素的唯物史观。《太史公自序》中说：

> 罔罗天下放失旧闻，王迹所兴，原始察终，见盛观衰，论考之行事，略推三代，录秦汉，上记轩辕，下至于兹，著十二本纪，既科条之矣。并时异世，年差不明，作十表。礼乐损益，律历改易，兵权山川鬼神，天人

之际，承敝通变，作八书。二十八宿环北辰，三十辐共一毂，运行无穷，辅弼股肱之臣配焉，忠信行道，以奉主上，作三十世家。扶义俶傥，不令己失时，立功名于天下，作七十列传。凡百三十篇，五十二万六千五百字，为《太史公书》。序略，以拾遗补艺，成一家之言，厥协《六经》异传，整齐百家杂语，藏之名山，副在京师，俟后世圣人君子。①

这里的“原始察终，见盛观衰”，“承敝通变”，乃是司马迁用以考察人类社会历史发展的方法。“原始察终”就是追原其始，察究其终，要把握历史的全过程来看它的原因、经过、发展和结果。“见盛观衰”是在承认历史不断地变化发展的基础上，去探究其“变”的规律。《平准书》说，“物盛而衰，因其变也。”“物盛而衰，时极而转，一质一文，终始之变也。”这些都体现了司马迁发展变化的历史观。

本于道家之说，司马迁将历史盛衰作为一个辩证发展的过程来把握，并以此来认识历史，揭示历史发展规律。《太史公自序》说作“八书”“十表”的目的：“礼乐损益，律历改易，兵权山川鬼神，天人之际，承敝通变，作八书。”“八书”记载历代典章制度，重点在于论述典制的变化及其原因。十表则反映了从黄帝至汉武帝初年历史变化的梗概。“通古今之变”，既是司马迁著史的重要宗旨，也是他对自己的史学体系和史学理论的集中概括。在司马迁看来，宇宙间万事万物都处于不断变化之中，只有用变的观点才能探究事物发展的规律。从通变思想出发，司马迁注意用发展变化的眼光看待人类社会的历史，就是“变”，就是“渐”。这与《老子》讲事物对立面转化的观点是相通的。司马迁还注重从物质、经济的变动说明历史通变是一种必然，强调历史的盛衰、霸业的兴起与衰落、民间风俗特征的变化，都是社会经济变化的体现。前引《货殖列传》就说明了这一点。所以，《史记》的通古今之变的思想，有着更为深邃的内涵，可以视为对道家学说的进一步深化和发展。

以道家之说为本，司马迁始终坚持认同和赞颂社会政治变革。在《六

① 司马迁：《史记·太史公自序》，中华书局1959年版，第3319—3320页。

国年表序》中，他肯定了战国之变，肯定了秦代之变异、统一天下的意义，认为“秦取天下多暴，然世异变，成功大。”对于惠帝、景帝年间历史发展变化，司马迁作《惠景间侯者年表》以“咸表始终，当世仁义成功之著者也。”他称引《老子》之语，颂赞适应这种历史变化的政治人物。如《刘敬叔孙通列传》曰：“叔孙通希世度务，制礼进退，与时变化，卒为汉家儒宗。‘大直若诎，道固委蛇’，盖谓是乎？”司马迁强调历史发展所遵循的根本规律是物极必反、祸福变化，这正是老子思想的再现。

要通古今之变，就要述往事，载录中华民族早期发展史。司马迁述往事，是从黄帝开始的，某种程度上也是受道家思想影响。战国时期，五行学说的盛行，象征五行之主即土德的黄帝成为人们崇拜的对象。就有了“黄老之学”。“黄老之学”是战国、秦汉之际极为流行的道家学派的一个主要分支，是早期道家学说与黄帝崇拜相结合的产物。黄老学者打出了黄帝的旗号，将黄帝冠于老子之上，声言自己的学派乃是直接承于黄帝的统绪，依托黄帝而论道，在著述中宣传、记述黄帝的言行，并以之作为立论的依据。在道家的著作中，也宣扬黄帝。比如《庄子》中《在宥》《天地》《胠箧》《大宗师》等，都讲述过黄帝的事迹。如《管子·五行》提到“黄帝得六相而天地治，神明至”，等等。《庄子》亦有称述黄帝之处，如《天运》提到“黄帝之治天下，使民心一。”《五帝本纪》为《史记》之首，而黄帝又为《五帝本纪》之首，这源于道家特别是黄老学派对黄帝的崇拜，属于道家观点，与儒墨之说显然大不相同。①

除此之外，司马迁还称引道家之说来批判现实社会的腐朽、黑暗。司马迁在《游侠列传》中指出，社会黑暗，是非颠倒，善良的人遭受欺压、迫害而哭告无门，“何知仁义，已飨其利者为有德。”接下来便称引《庄子·胠箧》“窃钩者诛，窃国者为诸侯”之语，揭露统治者标榜仁义的虚伪性和欺骗性。这些都冲破了儒家为尊者讳的藩篱，体现了道家思想对司马迁的巨大而深刻的感染力、影响力。另外，司马迁尊崇道家天道自然、抱朴守真的思想，反

① 参见王明：《〈道教通论——兼论道家学说〉序——兼论黄帝在中华民族文化史上的地位和作用》，见《道教通论——兼论道家学说》卷首，齐鲁书社1991年版。

映到史学领域，就是坚持实录精神，再现历史发展的本来面貌。章太炎曾经指出：老子之道，“司马迁父子得之为直笔”。① 司马迁直笔不隐，甚至将自己的生命都交给了历史的真实。这的确可以说是道家天道自然之旨在中国传统史学中的直接反映。

道家思想对司马迁《史记》之所以产生影响，这与其家学渊源有着一定的关系。在《史记·太史公自序》中，司马迁追述家世说：

> 昔在颛顼，命南正重以司天，北正黎以司地。唐虞之际，绍重黎之后，使复典之，至于夏商，故重黎氏世序天地。其在周，程伯休甫其后也。当周宣王时，失其守而为司马氏。司马氏世典周史。②

司马迁的祖先是传世的史官，颛顼之时，南正重掌管有关天象的事务，负责观察天象等自然现象以占吉凶，北正黎掌管地理的事务。唐虞之际，又让重、黎的后代继续掌管天象、地理，直到夏商时期，重、黎氏世代掌管天象、地理。周朝时候，程伯休甫就是他们的后裔。周宣王时，程伯休甫失去“世序天地”的职掌，成为掌管军事的司马氏，后来，司马氏世代掌管周史。到了司马迁的父亲司马谈，在汉武帝建元六年（前 135 年）为太史令，“既掌天官，不治民。”司马谈学识渊博，其所学受道家影响较大，《太史公自序》曰，“学天官于唐都，受《易》于杨何，习道论于黄子。”唐都，唐张守节正义“《天官书》云：‘星则唐都’也。”关于黄子，宋裴骃集解：“徐广曰：‘儒林传曰黄生，好黄老之术。’”这些人或者擅于星历之学和《易》学，与道家关系密切，或是典型的道家人物，他们的学术思想影响了司马谈，其《论六家要指》说：

> 道家使人精神专一，动合无形，赡足万物。其为术也，因阴阳之大顺，采儒墨之善，撮名法之要，与时迁移，应物变化，立俗施事，无所不宜，指约而易操，事少而功多。③
>
> 道家无为，又曰无不为，其实易行，其辞难知，其术以虚无为本，以因循为用。无成势，无常形，故能究万物之情。不为物先，不为物后，故

① 章太炎：《章太炎学术史论集》，中国社会科学出版社 1997 年版，第 246 页。

② 司马迁：《史记·太史公自序》，中华书局 1959 年版，第 3285 页。

③ 司马迁：《史记·太史公自序》，中华书局 1959 年版，第 3289 页。

能为万物主。有法无法,因事为业;有度无度,因物与合。①

司马谈认为,道家主张合一,行为符合无形的"道",使万物安定而备足。道家的学术,顺应阴阳家的"序四时之大顺",采用儒家、墨家的长处,撮取名家、法家的精要,顺应时代变迁,万物变化,立俗施事,无所不宜。旨意简约容易掌握,事少而功多。道家无为主张容易施行,主张立足于虚无的"道",遵循规律去运用。道家主张变化,认为世上没有一成不变的势,没有长存不变的形,"道"能探究万物的本性,能成为万物的主宰,顺应时事而定。颜师古注《汉书·司马迁传》说:"凡此皆言道家之教为长也。"司马谈《论六家要旨》中所言道家实乃黄老之学,其重要特征是主张"无为而治"。作为"战国末年,楚文化的老学与北方中原的黄帝崇拜相结合而形成黄老之学,它标志着道家思潮发展到一个新的阶段。黄老之学是借黄帝之名,宗老子之学,兼取儒法、阴阳名家的思想而建立起来的,它在汉初大为流行。"②汉初恢复经济以发展生产乃是朝廷的主要任务,加上秦亡的教训使统治者意识到,单靠严刑苛法来统驭天下是行不通的。于是黄老之学就盛行于世,并成为官方学术以及最高统治者治理国家、统驭百姓的理论依据。这样的思想作为治国方略,有利于社会安定,经济复苏,使新生的汉政权获得巩固和发展。司马迁受其父司马谈道家思想的影响,并得到汉初黄老之学的浸染,难免有着道家以及黄老之学的思想。

由此可以看出,司马谈对道家的全面肯定与尊崇,对司马迁的思想产生一定的影响。《汉书·扬雄传》引桓谭语:"昔老聃著虚无之言两篇,薄仁义,非礼学,然后世好之者尚以为过于《五经》,自汉文、景之君及司马迁皆有是言。"《史记》中有不少援引道家经典,以道家思想褒贬历史人物,评论历史事件。后世学者中更有不少人认为司马迁在学术思想上本于道家。东汉班固在《汉书·司马迁传》中批评司马迁和《史记》论大道则"先黄老而后六经",就说明司马迁思想受道家的影响,"唐宋以前,司马迁崇道之说非常

① 司马迁:《史记·太史公自序》,中华书局1959年版,第3292页。

② 牟钟鉴:《走近中国精神》,华文出版社1999年版,第106页。

普遍。唐宋以降，司马迁崇儒之说日起，但仍有不少学者认为司马迁是崇道的，如明人杨慎即持此说。”①程金造认为司马迁“主自然”“斥法令”“轻名利”“戒杀戮”“贬儒术”，其思想“实偏重于道家”。② 李长之认为：

> 司马迁的主要思想的路线，所走的却是他父亲的同样道路，这便依然是道家。道家的主要思想是自然主义，这也就做了司马迁的思想的根底。③

此说是相当中肯的。

我们说，司马迁受家学渊源的影响，《史记》深受道家思想的影响，对道家思想有吸收，但也吸收了儒家及其他各家的思想，可谓“融百家为一家”。

第三节　法家思想与司马迁

法家是先秦时期一个重要的学术流派，其学说对当时及后世都产生了深远的影响。关于法家渊源及其产生，《汉书·艺文志》说：“法家者流，概出于理官，信赏必罚，以辅礼制。《易》曰：‘先王以明罚饬法’；此其所长也。及刻者为之，则无教化，去仁爱，专任刑法而欲以致治，至于残害至亲，伤恩薄厚。”④可见法家是在作为礼制必要辅佐的赏罚之制的基础上发展而来的。冯友兰说：

> 春秋战国时，贵族政治崩坏之结果，一方面为平民之解放，一方面为君主之集权。当时现实政治之一种趋势，为由贵族政治趋于君主专制政治，由人治礼治趋于法治……一方面一国之君权渐重，故各国旧君，或一二贵族，渐集政权于一国之中央。一方面人民渐独立自由，国家社会之范围既广，组织又日趋复杂，人与人之关系，亦日趋疏远。则

① 王明信、余樟华：《司马迁思想研究》，华文出版社 2005 年版，第 327 页。

② 程金造：《司马迁崇尚道家说》，《师大月刊》1933 年第 2 期。

③ 李长之：《司马迁之人格与风格》，天津人民出版社 2007 年版，第 186 页。

④ 班固：《汉书·艺文志》，中华书局 1962 年版，第 1736 页。

> 以前“以人治人”之方法，行之自有困难。故当时诸国，逐渐颁布法律。如郑子产作《刑书》(《左传》襄公三十年)、晋作刑鼎，“著范宣子所为刑书焉”(《左传》昭公二十九年)，皆此等趋势之表现也。郑作刑书，叔向反对之。子产曰：“吾为救世也。”盖子产切见当时之需要矣。……盖此趋势乃社会经济组织改变所产生之结果，本非一部分人之意见所能遏止也。①

指出了法家产生的社会经济根源。法家的先驱人物子产之后，秦有商鞅，魏有李悝，韩有申不害，楚有吴起，赵有慎到，都是法家的代表人物。司马迁在《史记》中也写出了法家渊源。《老子韩非列传》说申不害之学“本黄老而主刑名”，韩非“喜刑名法术之学”。《孟子荀卿列传》说“慎到，赵人。田骈、接子，齐人。环渊，楚人。皆学黄老道德之术。”关于这一点，范文澜在《中国通史简编》中阐释说：

> 老子的唯物论是把天地万物的运行生灭，看作纯循自然规律，并无人格化的神存在。人对自然只能任(顺从)和法(效法)，不能违背它。他说：“天地不仁(无情)，以万物为刍狗”，所以“圣人不仁，以百姓为刍狗”。刍(草)、狗(兽)、人都是天地间自然生长的物，兽食草，人食狗，都合乎自然规律，天地并不干预兽食草，人食狗，所以圣人也不干预百姓的各谋其生活，……归根还是无为，任自然的意思。后来法家引申这种思想为极端的专制主义，就是臣主制定法令，臣民绝对服从，像服从自然规律一样。②

意思是说法家是以黄老自然之学为基础演变而成的专制主义。

法家的核心思想是以法治引领社会。他们的理论根据是万物以道为原为本，“法”是“道”在社会的体现。法家推行法治思想的根本目的是富国强兵。而为了富国强兵，法家主张改革贵族奴隶主世袭制，强调奖励耕战，减轻赋税。法家的法制思想的现实基础是战国时期天下争雄，要“各当时而立法，因事而制礼”。古礼只适合于古代，当其时必须实行法制。他们认为

① 冯友兰：《中国哲学史》，古吴轩出版社 2021 年版，第 269 页。

② 范文澜：《中国通史简编》(修订本，第一编)，人民出版社 1964 年版，第 273 页。

历史发展“不必法古”，“古不可非”。不同的法家，其法治、术治、重势思想各有侧重：商鞅重法治，申不害重术治，慎到强调重势，韩非则为法家思想的集大成者。

司马迁在《史记》中，对法家给予了肯定。司马迁从历史发展变化的角度，对法家的改革给予了一定的评价。司马迁肯定了法家的改革路线，对商鞅在秦，吴起在楚，申不害在韩的改革成果予以肯定。《史记·太史公自序》云：“鞅去卫适秦，能明其术，强霸孝公，后世遵其法。作《商君列传》第八。”司马迁“使用的总结性语言，肯定了商君的历史功绩……商鞅‘强霸孝公’，实现了秦孝公‘强秦’的夙愿，也完成了为秦的帝业奠基的历史任务。所谓‘后世遵其法’，是确定的历史事实。杀灭商鞅人身的秦惠文王依然坚持商鞅之法，维持了政策的稳定性。直到秦末，商鞅时代制定的法律体系和政策方向仍是执政的主导。”①《太史公自序》说：“能明其画，因时推秦，遂得意于海内，斯为谋首。作《李斯列传》第二十七。”肯定李斯能够阐明谋略，顺应时势推尊秦国，终于使秦得志于海内。又说：“敢犯颜以达主义，不顾其身，为国家树长画。作《袁盎晁错列传》第四十一。”袁盎、晁错敢于犯颜强谏，使主上言行合于道义，不顾自身安危，为国家建立长远方案。

这些都可以看出司马迁对于法家的肯定。从事实来看，由于秦国的变法，使秦国的面貌发生了巨大的变化。荀子在看到秦国的治国情况时赞不绝口，他指出：

> 入境，观其风俗，其百姓朴，其声乐不流污，其服不挑，甚畏有司而顺，古之民也。及都邑官府，其百吏肃然，莫不恭俭、敦敬、忠信而不楛，古之吏也。入其国，观其士大夫，出于其门，入于公门，出于公门，归于其家，无有私事也。不比周，不朋党，倜然莫不明通而公也，古之士大夫也。观其朝廷，其闲听决百事不留，恬然如无治者，古之朝也。故四世有胜，非幸也，数也。是所见也。故曰：佚而治，约而详，不烦而功，治之至也。秦类之矣。②

① 王子今：《商鞅虽死，其“弱民”之法却未死》，《光明日报》2016 年 11 月 23 日。

② 《荀子·强国》，《诸子集成》本，中华书局 1954 年版，第 202 页。

当时，秦国风俗纯朴，官吏治理有方，百姓顺从，各级官府百官严肃认真，无不恭敬节俭、敦厚可敬、忠诚守信而不懈怠。国都中士大夫不结党，不营私，明智通达，公正无私。朝廷中各种政事处理得井井有条，达到了治理的最高境界。《史记》记载了当时的历史状况，《商君列传》记述变法的现实功效：

> 行十年，秦民大说，道不拾遗，山无盗贼，家给人足。民勇于公战，怯于私斗，乡邑大治。……居五年，秦人富强，天子致胙于孝公，诸侯毕贺。①

在《袁盎晁错列传》中，司马迁通过晁错与其父以及邓公和景帝的对话，肯定了晁错“不顾其身，为国家树长画”“削地以尊京师”的不朽功绩。司马迁肯定管仲治理的成效。他在《货殖列传》中说：

> 太公望封于营丘，地潟卤，人民寡，于是太公劝其女功，极技巧，通鱼盐，则人物归之，繦至而辐凑，故齐冠带而衣履天下，海岱之间敛袂而往朝焉。其后齐中衰，管子修之，设轻重九府，则桓公以霸，九合诸侯，一匡天下；而管氏亦有三归，位在陪臣，富于列国之君，是以齐富强至于威、宣也。②

太公望在营丘鼓励女子纺织，推行倡导工艺技巧，把鱼、盐运到别处去销售。百姓归附，货源充足，生活物品丰富，畅销天下，诸侯来朝。太公之后，管仲又修治太公的事业，设立官府，精心治理，使齐国强盛，齐桓公称霸天下，多次以霸主的雄姿盟会诸侯，匡正天下的政治，齐国强盛之势一直持续到齐威王、齐宣王时期。《平准书》也说：“齐桓公用管仲之谋，通轻重之权，徼山海之业，以朝诸侯，用区区之齐显成霸名。”齐桓公任用管仲，按照其谋略治理，实行调节商品、货币流通和控制物价的政策，发展山林、海河产业，使诸侯来朝见，成就了霸主的声名。既肯定了法家代表人物管仲法治成绩，又表达了佩服、羡慕之情。司马迁在《孙子吴起列传》中记录了吴起在楚国变法后所产生的效果：“于是南平百越，北并陈蔡，却三晋，西代秦，诸侯患楚之强。”通过吴起的变法，楚国强大了起来。

---

① 司马迁：《史记·商君列传》，中华书局 1959 年版，第 2231—2232 页。

② 司马迁：《史记·货殖列传》，中华书局 1959 年版，第 3255 页。

司马迁《太史公自序》中说法家“不别亲疏不殊贵贱，一断于法。”他在《史记》中详细记载了法家人物吴起、商鞅、赵武灵王、晁错等人变法图强的改革事迹，“第一次大胆、充分地肯定了商鞅变法的意义，是非常了不起的。”①同时，司马迁还肯定法的作用，宣扬法的平等，赞同“法”“术”“势”相结合的作用。司马迁认为，国君以术御臣下，则权力下移，国势日衰而趋灭亡，滥用权势，就会失势而亡。“术”与“势”是防止臣下作乱的一种手段。

作为伟大的史学家，司马迁并没有一味地肯定法家思想，而是在对法家思想肯定的同时，对其不合理的成分给予了批判和否定。

司马迁首先批判法家的“严而少恩”和“严刑峻法”。《史记·商君列传》中司马迁认为商鞅变法有局限性，如一味严刑峻法，刻薄少恩而不辅之以德政，“残伤民以峻刑，是积怨畜祸也”。李斯在佐秦政时，其一系列严刑酷法助长了秦始皇的暴虐，纵容了秦二世的荒淫昏聩。《史记·李斯列传》曰：“收去《诗》、《书》百家之语以愚百姓，使天下无以古非今”，用行政命令强行把百家之言统一到“以法为教”“以吏为师”上面来。秦二世时，上“督责书”，使胡亥的暴政更变本加厉，结果是“行督责益严，税民深者为明吏。”又曰：“刑者相半于道，而死人日成积于市。杀人众者为忠臣。”于是“法令诛罚日益深刻，群臣人人自危，欲叛者众。”最终导致了二世而亡。法家不重视道德伦理教化，严用刑法的作为，在汉代法家就演变为酷吏的严刑峻法，且成了维护专制集权和镇压人民的手段。因此，在《史记·酷吏列传》中，司马迁批判酷吏的残暴行径，揭露法律的虚伪性。他认为酷吏并不依法办事，而是以皇帝的好恶和自己的爱憎来执法，酷吏大都是阿谀奉承、贪赃枉法之徒。对吴起和商鞅这两个著名法家人物，司马迁既有肯定，也有否定。司马迁对韩非这位法家之集大成者的否定明确而坚决，称其“极惨礉少恩”。司马迁说申不害“本于黄老而主刑名”，韩非“喜刑名法术之学，而其本归于黄老，”二人学说探“其本源皆祖黄老”。② 司马迁通过对暴政的

① 俞樟华：《司马迁与法家》，见王明信，余樟华：《司马迁思想研究》，华文出版社 2005 年版，第 339 页。

② 司马迁：《史记·老子韩非列传》，中华书局 1959 年版，第 2146 页。

揭露,对秦始皇、秦二世、李斯等人的鞭挞,又从另一个方面表现了他强烈的反法治思想和反专制主义精神。①

总的说来,司马迁在《史记》中肯定了先秦法家治理社会、变法改革、法治的效果和功绩。同时,对其不合理的成分给予了批判和否定。我们说,司马迁以独有的史识,创新的精神,继承前人,熔铸古今,形成了独特的"一家之言"。

① 参见范振国:《司马迁对法家的否定态度有反专制主义精神》,《河南大学学报》1988年第1期。

第四章　先秦士人政治思想与司马迁进步思想

先秦士人作为春秋战国时期的知识阶层，以自己独有的责任承当精神，深入思考并阐释治世方略，形成了比较系统的政治思想，如"德治"思想、"民本"思想、"法治"思想等，这些都影响着司马迁。当然，司马迁在《史记》中也深刻地表现了对以上思想的继承和创造。

第一节　先秦士人重德思想与司马迁

中国历史上，"德治"思想的萌芽当是早期的重德思想。《尚书·洪范》云："平康，正直；强弗友，刚克；燮友，柔克。沈潜，刚克；高明，柔克。"①这是将"正直""刚克""柔克"作为"三德"。周王汲取商朝滥用刑罚导致灭亡的教训，提出了"以德配天"，"敬德保民"，主张通过道德的提升来治理国家。春秋时著名的政治家子产说："夫令名，德之舆也。德，国家之基也。有基无坏，无亦是务乎？有德则乐，乐则能久。"②"令名"如同承载道德的车子，美好的道德则是国家治理和长久发展的基础。诸子百家的学说中都蕴有重德思想，而尤以儒、道两家最为突出。

在先秦文化中，儒家有"道德至上论"和"道德中心说"。儒家思想的代

① 这一思想散见于《尚书》的《无逸》《康诰》《梓材》《召诰》《召奭》《酒诰》等篇中。
② 《左传·襄公二十四年》，阮元校刻：《十三经注疏》，中华书局1980年版，第1979页。

表人物孔子根据当时的社会情况，提出“为政以德，譬如北辰，居其所，而众星共之。”①说明“德”在国家管理中的重要性，劝谕治理国家的人施以德政，这已经把早期的“重德”思想发展成为“德治”思想。他还进而提出：“道之以政，齐之以刑，民免而无耻；道之以德，齐之以礼，有耻且格。”②用政令来治理百姓，用刑法来整顿社会秩序，老百姓只求能免于犯罪受惩罚，却没有廉耻之心；如果用道德引导百姓，用礼制去同化他们，百姓不仅会有羞耻之心，而且能归服。

孟子则继承孔子的“德治”思想。他认为要王天下，就要施行仁德之治。他说：“以力假仁者霸，霸必有大国；以德行仁者王，王不待大。汤以七十里，文王以百里。以力服人者，非心服也，力不赡也；以德服人者，中心悦而诚服也，如七十子之服孔子也。”③依靠道德，施行仁义才是成就大业的途径，凡以王道之名而行霸道之实的，是不会长久的。“天子不仁，不保四海；诸侯不仁，不保社稷；卿大夫不仁，不保宗庙；士庶人不仁，不保四体。”④“仁”是保四海、保社稷、保宗庙、保四体的条件，说明“仁”的重要性。孟子主张用“德”教化百姓。“谨庠序之教，申之以孝悌之义”⑤，施德教于天下。所以“得乎丘民为天子，得乎天子为诸侯，得乎诸侯为大夫。诸侯危社稷，则变置。”⑥以民为本，施行德教，就能够治理好天下。孔子、孟子是把仁爱和道德教化运用到政治领域中，把道德礼仪作为治国的原则和措施。可以说，他们是将政治道德化或者说是将道德政治化。

道家作为先秦诸子中的重要一家也是十分重视道德的。《老子》一书高扬道德权威，提出“尊道贵德”的思想，包含着深厚的德治内涵。老子生活在社会纷乱、道德失落的“大道废”的春秋时代，他视道德修养为整治天下的要务。因此，“尊道贵德”就是他为救治社会所开具的药方。《老子》二

① 《论语·为政》，《诸子集成》本，中华书局1954年版，第20页。
② 《论语·为政》，《诸子集成》本，中华书局1954年版，第22页。
③ 《孟子·公孙丑上》，《诸子集成》本，中华书局1954年版，第130—131页。
④ 《孟子·离娄上》，《诸子集成》本，中华书局1954年版，第290页。
⑤ 《孟子·梁惠王上》，《诸子集成》本，中华书局1954年版，第35页。
⑥ 《孟子·尽心下》，《诸子集成》本，中华书局1954年版，第573页。

十一章云："孔德之容，惟道是从"，这是说大德的运行都要以道为唯一的法则准绳。"道"是指物质世界或现实世界运动变化的规律，"德"属于人生论和政治论范畴，是指为人为政应该遵循的准则。《老子》五十一章云："道生之，德畜之，物形之，势成之。是以万物莫不尊道而贵德。道之尊，德之贵，夫莫之命而常自然。故道生之，德畜之，长之育之，成之熟之，养之覆之。生而不有，为而不恃，长而不宰。是谓玄德。"在老子看来，"道"乃是天地万物之始，万物之母；"德"是"道"的具体表现和功能效用。对于"道"的社会功用，老子说，如果修养成具有朴实淳厚道德品格的人就能返璞归真，达到婴儿般的纯真柔和了；以完善的道德修养持家，他的家就会懿德四布，远近敬仰；把道德的原则贯彻到一乡，他的德性就会更加光大；把道德的原则贯彻到国家，这个国家就会昌盛富强；用道德的精神教化天下，他的德性就会充满天下而更加强大。老子说出了道德对于国家长治久安的作用。

司马迁《史记》集先秦文化之大成，从士人的政治思想中吸取有益的成分，在继承"德治"传统的基础上，认真反思西汉现实政治的利弊得失，在《史记》中表达出了"德治"思想。司马迁在《史记》中用历史事实来说明"得民心者得天下，失民心者失天下"这一民本思想。他在《五帝本纪》《夏本纪》《殷本纪》中，都从历史的成败来说明"德治"的必要性。《五帝本纪》是《史记》的开篇，记载远古传说中相继为帝的五个部落首领——黄帝、颛顼、帝喾、尧、舜的事迹，同时也记录了当时部落之间频繁的战争，部落联盟首领实行禅让，远古初民战猛兽、治洪水、开良田、种嘉谷、观测天文、推算历法、谱制音乐等多方面的情况。五帝的统序为黄帝、颛顼、帝喾、帝尧和帝舜，诸侯归服黄帝是因为黄帝"修德"，颛顼有天下是因有"圣德"，帝喾有天下也是因为"其德嶷嶷"，至于帝尧禅让天下于帝舜，也是因帝舜"厚德"。所以司马迁在《五帝本纪》中说："自黄帝至舜、禹，皆同姓而异其国号，以章明德。"①从表层看，"德"是衡量帝王能否有天下的标准；从深层看，以帝德揭开中国历史的序幕，其用意在于司马迁把治道严格地约整在"德"的范围

① 司马迁：《史记·五帝本纪》，中华书局1959年版，第45页。

之内。他认为,个人品质的完善是天下归服的根本,如五帝一统天下令万民敬仰首先靠的是个人品质的完善。在《史记》中,司马迁还突出"德"在"合和万国"中的作用,"合和"从字面上讲是"和睦"。对此,司马迁有着深刻的认识,如他讲汉文帝以"贤圣,仁孝闻于天下",又说:"汉兴,至孝文四十有余载,德至盛也。"①对汉文帝"德"的称赞,其中包含着对"合和"的肯定。

在《史记》中,司马迁首先强调"德治"的必要性和重要性。《史记·太史公自序》云:"非兵不强,非德不昌。"认为没有军队,国家不能强,没有德治,国家就不会繁荣昌盛。在《天官书》中,他又进一步指出:"国君强大,有德者昌;弱小,饰诈者亡。太上修德,其次修政,其次修救,其次修禳,正下无之。"这是说德治是治国的最佳方略。关于德的重要性,《商君列传》引《尚书》语肯定"恃德者昌,恃力者亡。"司马迁通过历史记述说明德治的重要性。在《孙子吴起列传》中,魏武侯与吴起谈治国之道:

> 武侯浮西河而下,中流,顾而谓吴起曰:"美哉乎山河之固,此魏国之宝也。"起对曰:"在德不在险。昔三苗氏左洞庭,右彭蠡,德义不修,禹灭之。夏桀之居,左河、济,右泰华,伊阙在其南,羊肠在其北,修政不仁,汤放之。殷纣之国,左孟门,右太行,常山在其北,大河经其南,修政不德,武王杀之。由此观之,在德不在险。若君不修德,舟中之人尽可敌国也。"武侯曰:"善"。②

武侯与吴起对话,对吴起说壮美险要的山川乃是魏国的瑰宝,吴起认为,国家政权的稳固,在于施德于民,而不在于地理形势的险要,并以历史上的国家为例,说明修德的重要性。如三苗氏左临洞庭湖,右濒彭蠡泽,因为其不修德行,不讲信义,所以被夏禹所灭。夏桀的领地左临黄河、济水,右靠泰山、华山,南有伊阙山,北有羊肠坂。然他不施仁政,则被商汤放逐。殷纣的领地,左有孟门山,右有太行山,北有常山,南有黄河,然其不施仁德,则被武王杀了。因此,在吴起看来,政权能否稳固关键在于给百姓施以恩德,不在于地理形势的险要。这就是说,要使国家长治久安,修德比险要的地理环境

---

① 司马迁:《史记·孝文本纪》,中华书局 1959 年版,第 473 页。

② 司马迁:《史记·孙子吴起列传》,中华书局 1959 年版,第 2166—2167 页。

更重要。司马迁还借赵良之言盛赞五羖大夫之德：

发教封内，而巴人致贡。施德诸侯，而八戎来服。由余闻之，款关请见。五羖大夫之相秦也，劳不坐乘，暑不张盖，行于国中，不从车乘，不操干戈，功名藏于府库，德行施于后世。①

赵良称赞五羖大夫在国内施行德化，以至于巴国前来纳贡；他施德政于诸侯，周边的少数民族前来朝见。五羖大夫出任秦相，劳累不坐车，酷暑炎热不打伞，走遍国中，不用随从的车辆，不带武装防卫，他的功名载于史册，藏于府库，他的德行成为后世学习的榜样。这样才能使"教之化民也深于命，民之效上也捷于令。"

其次，司马迁强调仁德对于社会和谐的重要意义。在《五帝本纪》中写道：

帝尧者，放勳。其仁如天，其知如神。就之如日，望之如云。富而不骄，贵而不舒。黄收纯衣，彤车乘白马，能明驯德，以亲九族。九族既睦，便章百姓。百姓昭明，合和万国。②

帝尧仁德如天，智慧如神。接近他的人就能得到惠泽。帝尧有着美好的品德，能尊敬有善德的人，使同族的人亲睦，各方诸侯邦国都能和睦相处。这是说仁德让社会和谐。同时，司马迁还强调"以德化民"，在《孝文本纪》中记载道：

群臣如张武等受赂遗金钱，觉，上乃发御府金钱赐之，以愧其心，弗不下吏。专务以德化民，是以海内殷富，兴于礼义。③

大臣中间如张武等人接受金钱贿赂，皇帝得知后，不交给官吏治罪，而是拿出自己府库中的金钱赏赐给他们，使他们内心感到惭愧。皇帝一心一意地致力于用道德教化百姓，因此，四海之内，殷实富足，兴起了讲究礼义的风气。司马迁在篇末的赞中又说："汉兴，至孝文四十有余载，德至盛也。"

第三，司马迁还强调积德累善的历史功用。《秦楚之际月表》序称：

---

① 司马迁：《史记·商君列传》，中华书局1959年版，第2234页。

② 司马迁：《史记·五帝本纪》，中华书局1959年版，第15页。

③ 司马迁：《史记·孝文本纪》，中华书局1959年版，第433页。

昔虞、夏之兴，积善累功数十年，德洽百姓，摄行政事，考之于天，然后在位。汤、武之王，乃由契、后稷修仁行义十余世，不期而会孟津八百诸侯，犹以为未可，其后乃放弑。秦起襄公，章于文、缪，献、孝之后，稍以蚕食六国，百有余载，至始皇乃能并冠带之伦。以德若彼，用力如此，盖一统若斯之难也。①

司马迁认为，虞舜、夏禹治理兴盛的原因在于他们积累善行，施行德治几十年，百姓都受到恩德润泽。商汤、周武称王则是由契、后稷开始讲求仁政，实行德义，也经历了十几代。像虞、夏、汤、武那样实行德治，国家才能得到统一。虽说此论中有德善报应的因素，但司马迁却通过追溯历史，得出长期积德累善，才能得天下的结论。

司马迁在《孝文本纪》中录孝景帝的诏书肯定汉文帝的仁德：

盖闻古者祖有功而宗有德，制礼乐各有由。闻歌者，所以发德也；舞者，所以明功也。高庙酎，奏《武德》、《文始》、《五行》之舞。孝惠庙酎，奏《文始》、《五行》之舞。孝文皇帝临天下，通关梁，不异远方。除诽谤，去肉刑，赏赐长老，收恤孤独，以育群生。减嗜欲，不受献，不私其利也。罪人不帑，不诛无罪。除肉[宫]刑，出美人，重绝人之世。朕既不敏，不能识。此皆上古之所不及，而孝文皇帝亲行之。德厚侔天地，利泽施四海，靡不获福焉。明象乎日月，而庙乐不称，朕甚惧焉。其为孝文皇帝庙为《昭德》之舞，以明休德。然后祖宗之功德著于竹帛，施于万世，永永无穷，朕甚嘉之。②

孝景帝诏书中说孝文帝是有德之君，用乐歌发扬道德，以舞蹈来显示功业，以醇酒祭祀高庙。孝文皇帝畅通关塞津梁，友善对待远近友邻。废除诽谤罪等严刑峻法，赡养老人，收养孤独，注重节俭，废除宫刑。孝景帝称赞孝文帝圣德浩大，惠泽流及四海，其积善行德让百姓受益。《孝文本纪》赞语说："孔子言'必世然后仁。善人之治国百年，亦可以胜残去杀'。诚哉是言！汉兴，至孝文四十有余载，德至盛也。廪廪乡改正服封禅矣，谦让未成于今。

① 司马迁：《史记·秦楚之际月表》，中华书局1959年版，第759页。

② 司马迁：《史记·孝文本纪》，中华书局1959年版，第436页。

呜呼，岂不仁哉！”司马迁之所以如此称赞孝文帝的品德，是因为文帝的“行事”与自己推崇“德政”的思想是一致的。

第四，司马迁在《史记》中，反对暴政，以充分肯定德治。在司马迁笔下，“德治”与“暴政”两相对立，作者的褒贬倾向极为鲜明。《太史公自序》将古圣先贤禹、汤、文、武称颂为德治之君。说夏禹“德流苗裔”，周文王“德盛西伯”；将夏桀、殷纣、周幽王、周厉王，以及秦始皇、秦二世等，贬抑为“暴”。司马迁用这一政治观念总结历史经验。他肯定五帝之德的楷模意义。《五帝本纪》载传说时代黄帝、颛顼、帝喾、唐尧、虞舜五帝禅让相承，突出的是帝王之德的楷模意义。“五帝”中，重点记述的是黄帝和尧、舜。《五帝本纪》说：

> 学者多称五帝，尚矣。然《尚书》独载尧以来；而百家言黄帝，其文不雅驯，荐绅先生难言之。孔子所传宰予问《五帝德》及《帝系姓》，儒者或不传。余尝西至空桐，北过涿鹿，东渐于海，南浮江淮矣，至长老皆各往往称黄帝、尧、舜之处，风教固殊焉，总之不离古文者近是。予观《春秋》、《国语》，其发明《五帝德》、《帝系姓》章矣，顾弟弗深考，其所表见皆不虚。《书》缺有间矣，其轶乃时时见于他说。非好学深思，心知其意，固难为浅见寡闻道也。余并论次，择其言尤雅者，故著为本纪书首。①

司马迁认为轩辕氏“修德振兵”，统一了天下，法天则地，成为帝德的楷模。也认可《尚书》称尧、舜有宽仁的“让”德，记述黄帝“修德振兵，治五气，艺五种，抚万民，度四方”，强调在政治、经济、军事诸方面得以发展，以德临天下。《夏本纪》是一部夏王朝的兴衰史。夏禹的兴起，是由于他治理洪水拯民于灾难，百姓拥护他。夏朝的衰亡，则是由于孔甲、夏桀这样的统治者败德伤民，人民怨恨他们。这说明，一个朝代的兴衰，人心向背是一个根本性因素。《夏本纪》说：“帝桀之时，自孔甲以来而诸侯多畔夏，桀不务德而武伤百姓，百姓弗堪，乃召汤而囚之夏台，已而释之。汤修德，诸侯皆归汤，

① 司马迁：《史记·五帝本纪》，中华书局1959年版，第46页。

汤遂率兵以伐夏桀"。《殷本纪》说纣王"好酒淫乐,嬖于妇人,……百姓怨望而诸侯有畔者,于是纣乃重刑辟,有炮烙之法"。而周文王"修德行善,诸侯多叛纣而往归西伯。"认为古代"虞、夏之兴","汤、武之王",因修仁行义,"德洽百姓",①而桀、纣之亡,则是因暴虐不仁。中古春秋时期,"弑君三十六,亡国五十二,诸侯奔走不得保其社稷者不可胜数","察其所以,皆失其本已"。② 这里所说的本,就是仁义之本。近世楚亡汉兴,也因"子羽暴虐,汉行功德"。③"汉定百年之间,诸侯或骄奢,忕邪臣计谋为淫乱,大者叛逆,小者不轨于法,以危其命,殒身亡国"。④ 所以司马迁更明确地宣称,他写《汉兴以来诸侯王年表》的目的,就是"谨记高祖以来至太初诸侯,谱其下益损之时,令后世得览。形势虽强,要之以仁义为本"。⑤

"德治"与"暴政"两相对立,司马迁的褒贬倾向极为鲜明。

《殷本纪》批评帝桀在位时,不注重修德而且用武力多伤害百姓。而商汤修务道德之治,诸侯都来归附,最后率兵征讨夏桀,夏桀逃到鸣条,被放逐而死。"修德"与"不修德"的结果反差极大。《殷本纪》说纣王:

> 好酒淫乐,嬖于妇人。爱妲己,妲己之言是从。于是使师涓作新淫声,北里之舞,靡靡之乐。厚赋税以实鹿台之钱,而盈钜桥之粟。益收狗马奇物,充仞宫室。益广沙丘苑台,多取野兽蜚鸟置其中。慢于鬼神。大冣乐戏于沙丘,以酒为池,县肉为林,使男女倮相逐其间,为长夜之饮。⑥
>
> 百姓怨望而诸侯有畔者,于是纣乃重刑辟,有炮格之法。⑦

纣荒淫奢靡,声色犬马,大肆挥霍,对于怨叛的百姓施行残忍的炮烙之法。而周文王"修德行善,诸侯多叛纣而往归西伯"。⑧《秦楚之际月表》序说:

---

① 司马迁:《史记·秦楚之际月表》,中华书局1959年版,第759页。
② 司马迁:《史记·太史公自序》,中华书局1959年版,第3297页。
③ 司马迁:《史记·太史公自序》,中华书局1959年版,第3302页。
④ 司马迁:《史记·汉兴以来诸侯王年表》,中华书局1959年版,第802页。
⑤ 司马迁:《史记·汉兴以来诸侯王年表》,中华书局1959年版,第803页。
⑥ 司马迁:《史记·殷本纪》,中华书局1959年版,第105页。
⑦ 司马迁:《史记·殷本纪》,中华书局1959年版,第106页。
⑧ 司马迁:《史记·殷本纪》,中华书局1959年版,第107页。

> 秦既称帝，患兵革不休，以有诸侯也，于是无尺土之封，堕坏名城，销锋镝，锄豪桀，维万世之安。然王迹之兴，起于闾巷，合从讨伐，轶于三代，乡秦之禁，适足以资贤者为驱除难耳。故愤发其所为天下雄，安在无土不王。此乃传之所谓大圣乎？岂非天哉，岂非天哉！非大圣孰能当此受命而帝者乎？①

前文感叹虞、夏、商、周、秦五朝创建帝业的长久和艰难，以唱叹为议论，“以德若彼，用力如此”，“盖一统若斯之难也”。论秦朝统一之后，为了惩前毖后，防天下兵争再起，于是废诸侯分封之制，毁名城，销兵器，诛锄豪杰，想要以此来长保帝业，“维万世之安”；然祸常起于细微。陈涉、吴广“起于闾巷”，揭竿而起；“合从讨伐”，声势之大与发展之速，“轶于三代”，“向秦之禁，适足以资贤者为驱除难耳”，“故愤发其所为天下雄，安在无土不王”，“此乃传之所谓大圣乎？岂非天哉，岂非天哉！”刘邦无尺土之封而得天下，是因为秦朝“驱除”于前，项氏“虐戾”于后，这种形势之变，使得刘邦“愤发”获得了天命，说明汉朝之得天下，不完全是战功、智谋的人事之效。

《史记·太史公自序》中说，春秋时期“弑君三十六，亡国五十二，诸侯奔走不得保其社稷者不可胜数”，“察其所以，皆失其本已。”这里所说的“本”，就是仁义之“本”。近世楚亡汉兴，也是因“子羽暴虐，汉行功德。”“汉定百年之间，亲属益疏，诸侯或骄奢，忕邪臣计谋为淫乱，大者叛逆，小者不轨于法，以危其命，殒身亡国。”②汉统一天下，一些诸侯王骄奢淫逸，不守法度而叛朝廷以致丧身亡国。所以，司马迁说他写《汉兴以来诸侯王年表》的目的，就是“臣迁谨记高祖以来至太初诸侯，谱其下益损之时，令后世得览。形势虽强，要之以仁义为本。”司马迁从历史的盛、衰史实总结，得出“形势虽强，要之以仁义为本”的结论。

---

① 司马迁：《史记·秦楚之际月表》，中华书局1959年版，第760页。

② 司马迁：《史记·汉兴以来诸侯王年表》，中华书局1959年版，第802页。

第二节 先秦士人民本思想与司马迁

在古代，民本思想既是政治理论的核心，又是重要的史学思想，是历代史家对历史进行思考的理论依据。所谓“民”是国家治理者以外的庶民。而民本则是指以民为本，将民视为国家根本所在，突出民对于治理国家、巩固政权的极端重要性。民本思想的核心是强调国家为君主之本，庶民为国家之本，安定民生为施政之本。① 先秦时期的文化典籍和诸子之说中，已经有“以人为本”的观念和重民思想。《管子·霸言》云：

> 夫霸王之所始也，以人为本，本理则国固，本乱则国危。故上明则下敬，政平则人安，士教和，则兵胜敌，使能则百事理，亲仁则上不危，任贤则诸侯服。②

管仲认为，成就霸业的重要基础就在于“以人为本”，“人”之“本”治理好了，国家才能安定稳固，国家治理者英明的话，老百姓才能敬服，政事平易的话则人心安定，任用贤能之人国家才能得到很好的治理。因此，要做到“以人为本”，就要重视用人才，亲近贤能之人。《管子·霸形》中还有一段话：

> 桓公变躬迁席，拱手而问曰：“敢问何谓其本？”管子对曰：“齐国百姓，公之本也。人甚忧饥，而税敛重；人甚惧死，而刑政险；人甚伤劳，而上举事不时。公轻其税敛，则人不忧饥；缓其刑政，则人不惧死；举事以时，则人不伤劳。”③

当齐桓公问管仲国家治理的根本，管仲认为，“百姓”是国家的根本，如果能轻征赋税，宽缓刑政，政令适时，使民“不忧饥”、“不惧死”、“不伤劳”，才能守住治国的根本。《荀子·大略》云：“礼以顺人心为本，故亡于《礼经》而顺人心者，皆礼也。”“顺人心为本”即顺应老百姓的愿望是根本。《论语·学

① 参见刘泽华：《中国古代政治思想史》，南开大学出版社2001年版，第350页。
② 《管子·霸言》，《诸子集成》本，中华书局1954年版，第144页。
③ 《管子·霸形》，《诸子集成》本，中华书局1954年版，第139页。

而》中有“节用而爱人”，即“节用不奢侈，国以民为本，故爱养之。”《孟子》中有“民为贵，社稷次之，君为轻”，朱熹注为：“盖国以民为本，社稷亦为民而立，而君之尊，又系于二者之存亡，故其轻重如此。”①《尚书·夏书》所记《五子之歌》说：“皇祖有训，民可近，不可下，民惟邦本，本固邦宁。”老百姓是国家的根本，百姓安稳，国家才能安宁。因此，“民为贵，社稷次之，君为轻。”

殷商西周之际，中国文化开始从尊神重鬼的鬼神文化逐渐走向尊礼尚德的礼乐文化。因为，随着人类实践经验的日益丰富，人们认识世界的能力和水平的不断提高，对神的崇拜渐次淡薄，人的自我意识越来越强。周人从商王朝虔诚地敬奉鬼神却最终走向众叛亲离以致灭亡的过程中，产生了“天命靡常”的观念，开始审视人在历史发展中的作用。

《尚书·泰誓》上说：“天视自我民视，天听自我民听。”“民之所欲，天必从之。”这已经说明即使信奉天命，天意也是来自民众，民心代表天意。如前文所述，周人由于“殷鉴”意识的增强，形成了“以德配天”“敬德保民”的思想，这也成了当时人本思想的核心内容。而“保民”的基本政策是“明德慎罚”。《尚书·康诰》记载：

> 成王既伐管叔、蔡叔，以殷余民封康叔作《康诰》、《酒诰》、《梓材》。惟三月哉生魄，周公初基，作新大邑于东国洛，四方民大和会。侯、甸、男邦、采、卫，百工、播民和，见士于周。周公咸勤，乃洪大诰治。
>
> 王若曰：“孟侯，朕其弟，小子封。惟乃丕显考文王，克明德慎罚；不敢侮鳏寡，庸庸，祗祗，威威，显民，用肇造我区夏，越我一、二邦以修，我西土惟时怙冒，闻于上帝，帝休，天乃大命文王。殪戎殷，诞受厥命，越厥邦厥民惟时叙，乃寡兄勖。肆汝小子封，在兹东土。”
>
> 王曰：“呜呼！封，汝念哉！今民将在祗遹乃文考，绍闻衣德言。往敷求于殷先哲王，用保乂民，汝丕远惟商耉成人，宅心知训。别求闻由古先哲王，用康保民。宏于天，若德裕乃身，不废在王命！”

① 朱熹：《四书章句集注·孟子集注》，中华书局1983年版，第367页。

王曰:“呜呼小子封,恫瘝乃身,敬哉!天畏棐忱;民情大可见,小人难保。往尽乃心,无康好逸豫,乃其乂民。我闻曰:‘怨不在大,亦不在小;惠不惠,懋不懋。’已!汝惟小子,乃服惟弘王,应保殷民,亦惟助王宅天命,作新民。”①

成王平定管叔、蔡叔之后,把原商国的土地和百姓封给康叔管理,拟了《康诰》《酒诰》《梓材》,周公在东国洛汭举行新建都城的奠基仪式,四方人民都有幸参加了这个盛会,由近致远,各个阶层的人都荣幸地表达了愿意服从周管理的意愿,周公一一答谢,公布了成王的命令,希望能彰显仁德、慎用刑罚;不欺侮孤老、寡母,在百姓面前平易、恭敬、谦虚,治理得都井井有条。周公封康叔于殷地,康叔上任前周公要求康叔爱民、保民、惠民,强调明德尚德,施行德政,以使臣民人心归顺,谆谆告诫康叔学习先王圣哲德治经验,谨慎严明施用刑罚,以归顺民心。这些记载都透露出了周朝政治的“保民”主题和仁君治民之道。

春秋时期,社会动荡,“弑君三十六,亡国五十二,诸侯奔走不得保其社稷者不可胜数。”②有思想的“知识分子”——士人认识到了“社稷无常奉,君臣无常位,自古以然。”③对民心更加重视。“政之所兴,在顺民心;政之所废,在逆民心。”④孔子同样重视人心、民意。“民无信不立”⑤,治国者“所重,民食、丧、祭。宽则得众,信则民任焉,敏则有功,公则说。”⑥因此,上层统治者要“因民之所利而利之”⑦,做到“务民之义”⑧,“使民以时”⑨,主张重民爱民。

孟子主张施行“仁政”,认为民是立国之本。他说:

---

① 《尚书·康诰》,阮元校刻:《十三经注疏》,中华书局1980年版,第202—203页。
② 司马迁:《史记·太史公自序》,中华书局1959年版,第3297页。
③ 《左传·昭公三十二年》,阮元校刻:《十三经注疏》,中华书局1980年版,第2128页。
④ 《管子·牧民》,《诸子集成》本,中华书局1954年版,第2页。
⑤ 《论语·颜渊》,《诸子集成》本,中华书局1954年版,第266页。
⑥ 《论语·尧曰》,《诸子集成》本,中华书局1954年版,第416页。
⑦ 《论语·尧曰》,《诸子集成》本,中华书局1954年版,第417页。
⑧ 《论语·雍也》,《诸子集成》本,中华书局1954年版,第126页。
⑨ 《论语·学而》,《诸子集成》本,中华书局1954年版,第9页。

> 桀纣之失天下也，失其民也，失其民者，失其心也；得天下有道：得其民，斯得天下矣；得其民有道：得其心，斯得民矣；得其心有道：所欲与之聚之，所恶勿施尔也。①

桀纣之所以失去天下，是因为失去了民心。只有“得民”，才能“得天下”。“得民”的途径和方法应该是“生民”。孟子主张给民：“五亩之宅，树之以桑，五十者可以衣帛矣。鸡豚狗彘之畜，无失其时，七十者可以食肉矣；百亩之田，勿夺其时，数口之家可以无饥矣；谨庠序之教，申之以孝悌之义，颁白者不负戴于道路矣。七十者衣帛食肉，黎民不饥不寒，然而不王者，未之有也。”孟子主张国家治理者要安定老百姓生活，让百姓适时耕种，以自给自足；要实施教育教化，孝敬老人，就能治理好国家。孟子认为要使民有“恒产”“恒心”，“仰足以事父母，俯足以畜妻子，乐岁终身饱，凶年免于死亡”②，才能国家安宁，百姓富足，社会稳定。

荀子提出以“王道”为核心的民本思想。他强调民的重要性：“天之生民，非为君也。天之立君，以为民也。故古者列地建国，非以贵诸侯而已；列官职，差爵禄，非以尊大夫而已。”③上天化育万民，并不是为了让君主去统治；上天立君主却是为了让其为民做事。同样，设诸侯封地并不是让诸侯高人一等，设立官职封爵禄并不是让大夫们高于百姓。“君人者爱民而安，好士而荣，两者无一焉而亡。”④荀子认为君主要爱民、利民。他引用孔子的话，说明君与民的关系如同舟与水，“君者舟也，庶人者水也。水则载舟，水则覆舟，君以此思危，则危将焉而不至矣！”⑤君主要安稳，则要实行王道，“君人者欲安则莫若平政爱民矣，欲荣则莫若隆礼敬士矣，欲立功名则莫若尚贤使能矣，是君人者之大节也。三节者当，则其余莫不当矣；三节者不当，则其余虽曲当，犹将无益也。”⑥平政爱民则安，隆礼敬士则荣，尚贤使能则

---

① 《孟子·离娄上》，《诸子集成》本，中华书局1954年版，第295页。

② 《孟子·梁惠王上》，《诸子集成》本，中华书局1954年版，第57页。

③ 《荀子·大略》，《诸子集成》本，中华书局1954年版，第332页。

④ 《荀子·君道》，《诸子集成》本，中华书局1954年版，第155页。

⑤ 《荀子·哀公》，《诸子集成》本，中华书局1954年版，第357页。

⑥ 《荀子·王制》，《诸子集成》本，中华书局1954年版，第97页。

功名立，是施行王道的关键，他把爱民作为王道的首要条件，可见对民的重视。

司马迁受先秦士人民本思想的影响，在《史记》中对民本思想，既有所表现，又有超越和突破。

司马迁在《史记》中，首先记述了民本思想的形成历史。他记述上古黄帝之时，“诸侯相侵代，暴虐百姓”，黄帝乃“修德振兵，治五气，艺五种，抚万民，度四方。”①轩辕修养德行，注重军事，顺应自然现象，教民种植五谷，规划土地，顺应民心。颛顼“养材以任地，载时以象天，依鬼神以制义，治气以教化。”②颛顼教民养殖各种庄稼、牲畜以充分利用地力，推算四时节令以顺应自然，依顺祭祀以制定礼义，理顺四时五行以教化万民，洁净身心以祭祀鬼神，天下得以治理。帝喾“顺天之义，知民之急。仁而威，惠而信，修身而天下服。取地之材而节用之，抚教万民而利诲之。”③帝喾顺应天时，知民治利，施行仁义，注重修德，取材节用，教化百姓，天下诚服。帝尧“其仁如天”，“富而不骄，贵而不舒”，“亲九族”，“九族既睦，便章百姓。百姓昭明，合和万国。”“命羲、和，敬顺昊天，数法日月星辰，敬授民时。”④帝舜“举八恺，使主后土，以揆百事，莫不时序。”⑤在这里，司马迁记述黄帝、颛顼、帝喾、尧、舜等顺民心，举民事的事迹，从中可以看出早期的重民思想。在夏、商、周之时，司马迁记述统治者在治国安邦的实践中的作为。《史记·夏本纪》记载夏禹：

> 乃劳身焦思，居外十三年，过家门不敢入。薄衣食，致孝于鬼神。卑宫室，致费于沟淢。陆行乘车，水行乘船，泥行乘橇，山行乘檋。左准绳，右规矩，载四时，以开九州，通九道，陂九泽，度九山。令益予众庶稻，可种卑湿。命后稷予众庶难得之食。食少，调有余相结，以均诸侯。⑥

① 司马迁:《史记·五帝本纪》，中华书局1959年版，第3页。
② 司马迁:《史记·五帝本纪》，中华书局1959年版，第11页。
③ 司马迁:《史记·五帝本纪》，中华书局1959年版，第13页。
④ 司马迁:《史记·五帝本纪》，中华书局1959年版，第15—16页。
⑤ 司马迁:《史记·五帝本纪》，中华书局1959年版，第35页。
⑥ 司马迁:《史记·夏本纪》，中华书局1959年版，第51页。

禹受命在外过家门而不入，他节衣缩食，祭祀鬼神。节用财物，把资财用于治理河川；克服困难，出行乘车、乘船、乘木橇，测量区域，测定四方，开发土地，疏导河流，修治湖泊，教民稼穑，治理土地，赈济百姓。司马迁记述了夏禹奉舜之命，劳身苦思，吃穿简朴，辛勤劳作，教民种植，励精图治的治理实践。《史记·殷本纪》写商汤说“人视水见形，视民知治不”，“古禹、皋陶久劳于外，其有功乎民，民乃有安。东为江，北为济，西为河，南为淮，四渎已修，万民乃有居。后稷降播，农植百谷。三公咸有功于民，故后有立，昔蚩尤与其大夫作乱百姓，帝乃弗予，有状。”商汤赞扬禹、皋陶奔劳于外，治理江河，播种五谷，为民建立了功业，民众才得以安居乐业。《史记·周本纪》以周族先祖古公亶父之语，强调“有民立君，将以利之。”又引祭公谋父谏穆王征犬戎之语：“先王之于民也，茂正其德而厚其性，阜其财求而利器用，明其利害之乡，以文修之，使之务利而辟害，怀德而畏威，故能保世以滋大。”先王勤勉尽力，明利害，修文德，怀德利民，使天下兴旺发达。这样的记述进一步说明治国兴邦者对民更加重视，是早期的民本思想。

司马迁对这些民本思想，有着深刻的继承。如前文所述，儒家主张仁政，反对暴政，要求统治者施仁政于民，行仁爱于人。《史记》引述了孔子的话，阐述仁政爱民思想。《孝文本纪》说：

> 太史公曰：孔子言“必世然后仁。善人之治国百年，亦可以胜残去杀”。诚哉是言！汉兴，至孝文四十有余载，德至盛也。廪廪乡改正服封禅矣，谦让未成于今。呜呼，岂不仁哉！①

以“仁”治理国家，就能够“胜残去杀”，孝文帝以仁义为盛德，值得肯定。《史记·酷吏列传》中引用孔子的话说：“导之以政，齐之以刑，民免而无耻；导之以德，齐之以礼，有耻且格。”提倡为政要政、刑兼用，德、礼齐施。道家反对扰民，主张顺乎民意，倡导无为而治。司马迁在《史记》中也阐发了老子的言论，他在《酷吏列传》中引用老子的话说：“上德不德，是以有德；下德不失德，是以无德。法令滋章，盗贼多有。”在老子看来，不刻意修德才是

---

① 司马迁：《史记·孝文本纪》，中华书局1959年版，第437—438页。

“上德”，刻意为德则是“下德”。《货殖列传》又引老子的话：“至治之极，邻国相望，鸡狗之声相闻，民各甘其食，美其服，安其俗，乐其业，至老死不相往来。”“无为而治”才能使民安居乐业。司马迁继承了先秦士人民本思想，并通过记述三千年的社会历史予以表现。

司马迁通过历史人物的言语来表达他“以民为本”或“以天下为本”的思想态度。在《周本纪》中，记古公亶父的主张和态度：“有民立君，将以利之。今戎狄所谓攻战，以吾地与民。民之在我，与其在彼，何异。民欲以我故战，杀人父子而君之，予不忍为。”他要避开战争，不愿意让老百姓成为战争的牺牲品。在《郦生陆贾列传》中记述：“臣闻知天之天者，王事可成；不知天之天者，王事不可成。王者以民为天，而民人以食为天。”说明治理天下的国君要以人民为依靠。在《鲁周公世家》中，引用周公的话说：“政不简不易，民不有进；平易近民，民必归之。”主张为政要平和简易，不可繁苛使人民手足无措。在《赵世家》中，记载赵武灵王派王继向公子成转达的话：“制国有常，利民为本；从政有经，令行为上。”说明礼法制度都是为百姓谋利而设。在《平津侯主父列传》中，用太皇太后下诏之言：“治国之道，富民为始；富民之要，在于节俭。”这些引用，体现了“以民为本”的思想。

在《史记》中，司马迁还通过历史事件强调“以民为本”的重要性。《高祖本纪》记载刘邦入关后安民的举措：

> 汉元年十月，沛公兵遂先诸侯至霸上。秦王子婴素车白马，系颈以组，封皇帝玺符节，降轵道旁。诸将或言诛秦王。沛公曰：“始怀王遣我，固以能宽容；且人已服降，又杀之，不祥。”乃以秦王属吏，遂西入咸阳。欲止宫休舍，樊哙、张良谏，乃封秦重宝财物府库，还军霸上。召诸县父老豪桀曰：“父老苦秦苛法久矣，诽谤者族，偶语者弃市。吾与诸侯约，先入关者王之，吾当王关中。与父老约法三章耳：杀人者死，伤人及盗抵罪。余悉除去秦法。诸吏人皆案堵如故。凡吾所以来，为父老除害，非有所侵暴，无恐！且吾所以还军霸上，待诸侯至而定约束耳。”乃使人与秦吏行县乡邑，告谕之。秦人大喜，争持牛羊酒食献飨军士。沛公又让不受，曰：“仓粟多，非乏，不欲费人。”人又益喜，唯恐沛公不

为秦王。①

刘邦不杀秦王，封府库，还军霸上，约法三章，为民除害，巡告乡里，这些收揽民心的措施为刘邦进一步发展、最终打败项羽奠定了基础，这也与项羽凶残暴虐形成对比。项羽“夜击坑秦卒二十余万人新安城南”，入关以后，“引兵西屠咸阳，杀秦降王子婴，烧秦宫室，火三月不灭，收其货宝妇女而东。”②这些所作所为使项羽失去了民心，最终众叛亲离，走向败亡。司马迁评论说：

> 吾闻之周生曰“舜目盖重瞳子”，又闻项羽亦重瞳子。羽岂其苗裔邪？何兴之暴也！夫秦失其政，陈涉首难，豪杰蜂起，相与并争，不可胜数。然羽非有尺寸，乘势起陇亩之中，三年，遂将五诸侯灭秦，分裂天下，而封王侯，政由羽出，号为“霸王”，位虽不终，近古以来未尝有也。及羽背关怀楚，放逐义帝而自立，怨王侯叛己，难矣。自矜功伐，奋其私智而不师古，谓霸王之业，欲以力征经营天下，五年卒亡其国，身死东城，尚不觉寤而不自责，过矣。乃引“天亡我，非用兵之罪也”，岂不谬哉！③

司马迁肯定了项羽起兵反秦、推翻秦王朝的历史功绩，赞誉项羽的胆略与才智，深刻分析项羽失败的原因，也批评项羽的残酷暴虐与刚愎自用。在司马迁看来，民的力量或者说民心的力量在得天下的进程中发挥着重要的作用，说明得民心者得天下，失民心者失天下。

司马迁还充分肯定以民为本治理国家的政策措施。他赞扬夏禹“其仁可亲，其言可信”，赞赏商汤笃仁修德，肯定周文王“敬老”“慈少”，称道成康之治“天下安宁，刑错四十余载不用”，褒扬文景之治“海内殷富，兴于礼义”。司马迁尤其赞赏汉文帝、景帝的无为而治，对文帝躬修节俭充分肯定。他称道武帝之时的盛世景象：

> 至今上即位数岁，汉兴七十余年之间，国家无事，非遇水旱之灾，民则人给家足，都鄙廪庾皆满，而府库余货财。京师之钱累巨万，贯朽而

---

① 司马迁：《史记·高祖本纪》，中华书局1959年版，第362页。

② 司马迁：《史记·项羽本纪》，中华书局1959年版，第315页。

③ 司马迁：《史记·项羽本纪》，中华书局1959年版，第338—339页。

不可校。太仓之粟陈陈相因，充溢露积于外，至腐败不可食。众庶街巷有马，阡陌之间成群，而乘字牝者傧而不得聚会。守闾阎者食粱肉，为吏者长子孙，居官者以为姓号。故人人自爱而重犯法，先行义而后绌耻辱焉。①

汉兴七十余年国家安定，百姓人给家足，府库财货充足，京城积蓄有余，国家粮仓充余，马匹饲养兴旺，人们的生活水平提高，触犯刑法的减少了，都以行仁义为荣。这种国家繁荣景象是汉初与民休息、无为而治的结果。

要之，司马迁《史记》在继承先秦民本思想的基础上，强调“以民为本”对于国家治乱兴衰的历史作用，更加注重其对于治国兴邦的重要性。②

第三节 先秦士人法治思想与司马迁

先秦诸子中，与儒家、道家先后兴起的法家，是在东周社会动荡、礼崩乐坏，新兴封建势力冲破“礼治”思想束缚的情况下诞生的，他们主张“以法治国”，这对司马迁也产生了极大的影响。

春秋时期的管仲、邓析等人是早期法家思想的代表人物。管仲认为，“君臣上下贵贱皆从法，此谓为大治。”子产在郑国铸《刑书》，邓析又在此基础上作《竹书》，为治罪定下了法律标准。可以说，这是先秦法家思想的早期表现。战国时期是法家法治思想形成的重要阶段。这一时期，以李悝、吴起、商鞅、韩非为代表，提出了一系列“法治”主张。刘向《说苑·政理》载，李悝造《法经》6篇，提出“为国之道，食有劳而禄有功，使有能而赏必行，罚必当。”吴起也主张“明法申令”，《战国策·秦策三》说：“使私不害公，谗不蔽忠，言不取苟合，行不取苟容，行义不图毁誉，必有伯主强国，不辞祸凶；大夫种事越王，主离困辱，悉忠而不解，主虽亡绝，尽能而不离，多功而不矜，贵富不骄怠。”实行法治，使公私分明，互不相害，忠信行义，各行其是，“功不

① 司马迁：《史记·平准书》，中华书局1959年版，第1420页。

② 庞天佑：《论司马迁的民本思想》，《湛江师范学院学报》（哲学社会科学版）2008年第1期。

矜”,“富不骄”。《史记·商君列传》载,商鞅认为,从“好利恶害”这一人的本性出发,行使赏罚是治理国家的有效办法。还说:“法之不行,自上犯之。”《商君书·赏刑》提出:“刑无等级,自卿相将军以至大夫庶人,有不从王令、犯国禁,乱上制者,罪死不赦。”主张法律面前,人人平等。在战国后期,韩非提出了一整套“法”“术”“势”相结合的完整体系。《韩非子·有度》云:“法不阿贵,绳不绕曲,法之所加,智者弗能辞,勇者弗敢争,刑过不避大臣,赏善不遗匹夫。”《管子·明法解》说:“国有常法,虽危不亡。”这正体现了法家的法律公正思想。《管子·明法解》认为:“治国使众莫如法,禁淫止暴莫如刑,故贫者非不欲夺富者财也,然而不敢者,法不使也;强者非不能暴弱也,然而不敢者,畏法诛也。”强调法、刑的作用在于“治国使众”,“禁淫止暴”,贫不夺富,强不暴弱。

法家还主张个人在法律面前一律平等。《管子·任法》曰:“君臣上下贵贱皆从于法。”法家还主张法的统一性,要求“法布于众”。要“以法治国”就要把法令公之于民众,让大家知道法律对于人的行为要求。因此,必须将法令“布之于百姓”,改变以往“法不可知,威不可测”的局面。

法家主张实施重刑峻法的同时要“重教慎诛”。他们从人性恶的立场出发,强调构建法律施行刑罚的重要性。商鞅《商君书·算地》认为,“民之生,饥而求食,劳而求佚,苦则索乐,辱则求荣,此民之情也。”要认识到“好恶者,赏罚之本也”“人好爵禄而恶刑罚”的道理。《商君书·错法》也指出,因为“法令者,民之命也,为治之本也,所以备民也,为治而去法令,犹欲无饥而去食也,欲无寒而去衣也,欲东而西也。”法令是治国的根本,如果舍弃法令,要治理好国家是不可能的,足见其对法治的重视。对此,《韩非子》说:

> 今不知治者,皆曰:重刑伤民,轻刑可以止奸,何必于重哉?此不察于治者也。夫以重止者,未必以轻止也;以轻止者必以重止矣。是以上设重刑者而奸尽止,奸尽止,则此奚伤于民也?①

韩非子认为,社会治理中,用重刑能制止的,用轻刑未必能制止;用轻刑能制

① 《韩非子·六反》,《诸子集成》本,中华书局1954年版,第322页。

止的,用重刑一定能制止。君主在设置重刑的条件下,奸邪就能得到制止;奸邪都能得到制止的话,是不会伤害民众的。主张重刑而治,批驳“重刑伤民”的观点。法家还主张“善法”。《慎子·逸文》云:“法非从天下,非从地出,发于人间,合乎人心而已。”法产生于人们的社会治理实践活动,是顺应人心而产生的。

要之,法家主张以“法”治理社会,且主张重刑,以“刑期于无刑”,要立法为善,不能滥杀无辜。

司马迁考察了黄帝以来至汉武帝时代,特别是秦汉时期刑罚对国家盛衰兴亡影响的历史,总结了施行刑、法的经验教训,形成了比较完整、有一定进步性的刑、法思想。他肯定孔子“为国以礼,德主刑辅”的法律思想,受到“国君得善人而赏之,得暴人而罚之,善人赏而暴人罪,则国必治矣”(《墨子·尚同》)思想影响。有学者认为,司马迁的法治思想是由他的哲学思想决定的。他的哲学思想既受儒、道、法的影响,又完全不同于其中任何一家。因此,他吸收了各家思想形成自己的“一家之言”,其法制思想,既有儒家、道家的东西,也有法家的东西。[①] 这些影响使司马迁的法治法律思想在继承前人的基础上又有着独特的发展。

首先,司马迁在《史记》中强调德治与法治相结合。他对汉兴到武帝即位的七十多年间的“约禁省”“国家无事”的局面倍加赞赏。认为汉兴以后,吸取暴秦二世而亡的教训,顺应人民休养生息的要求,废除一些严刑苛法,出现了国家安定、经济繁荣的局面。汉兴以后的历史记述,充分体现了德治与法治的结合。司马迁重视德治与法治的结合。从汉景帝到武帝即位,国家的形势较汉初有了较大变化,社会矛盾激化,“兼并豪党之徒,以武断于乡曲”,“诸侯或骄奢,忕邪臣计谋为淫乱,大者叛逆,小者不轨于法,以危其命,殒身亡国。”[②]在这种情况下,汉武帝任用了一批酷吏。司马迁在《酷吏

① 详见孙文锢:《从司马迁笔下的执法者看他的法制思想》,《西南民族学院学报》1990年第5期。

② 司马迁:《史记·平准书》《史记·汉兴以来诸侯王年表》,中华书局1959年版,第1420、802页。

列传》中如实记载了这一事实，客观地反映了任用酷吏对于治理国家、安定社会的作用。《酷吏列传》“太史公曰”：

自郅都、杜周十人者，此皆以酷烈为声。然郅都伉直，引是非，争天下大体。张汤以知阴阳，人主与俱上下，时数辩当否，国家赖其便。赵禹时据法守正。杜周从谀，以少言为重。自张汤死后，网密，多诋严，官事浸以秏废。九卿碌碌奉其官，救过不赡，何暇论绳墨之外乎！然此十人中，其廉者足以为仪表，其污者足以为戒，方略教导，禁奸止邪，一切亦皆彬彬质有其文武焉。虽惨酷，斯称其位矣。①

司马迁在赞语中概括评价诸位酷吏，其共性是因酷烈而出名，但各位酷吏又有不同的个性。有的为人刚直，明是非、识大体；有的据法少正；有的窥测人主心意，操纵国家政权；有廉者“足以为仪表”；有污者“足以为戒”。但无论怎样，大体还算称位。

然而，司马迁也是反对过分的严刑酷法。秦王朝繁刑严法，统一六国之后，在“天下之心未定，痍伤者未瘳”的情况下，未能“振百姓之急，养老存孤，务修众庶之和”，行严酷之法，“以暴虐为天下始”。二世即位，变本加厉，致使“天下愁怨，溃而叛之”。对汉武帝一味施行酷法而不注重德治也给予了批评。对于任用酷吏，司马迁借用先贤的话：

孔子曰：“道之以政，齐之以刑，民免而无耻。道之以德，齐之以礼，有耻且格。”老氏称：“上德不德，是以有德；下德不失德，是以无德。法令滋章，盗贼多有。”②

用政令制度来治理国家，用刑罚来规范管制百姓，百姓可以免除刑祸，但内心并不感到羞耻。用道德来教导百姓，用礼制来规范百姓，百姓不但内心感到羞耻，而且会自觉纠正错误，主张“德治”，反对刑罚。又说：

法令者治之具，而非制治清浊之源也。昔天下之网尝密矣，然奸伪萌起，其极也，上下相遁，至于不振。当是之时，吏治若救火扬沸，非武健严酷，恶能胜其任而愉快乎！言道德者，溺其职矣。故曰“听讼，吾

① 司马迁：《史记·酷吏列传》，中华书局 1959 年版，第 3154 页。

② 司马迁：《史记·酷吏列传》，中华书局 1959 年版，第 3131 页。

犹人也，必也使无讼乎”。“下士闻道大笑之”。非虚言也。汉兴，破觚而为圜，斫雕而为朴，网漏于吞舟之鱼，而吏治烝烝，不至于奸，黎民艾安。由是观之，在彼不在此。①

法令刑罚只是治理国家的工具，并不是治理国家好坏的根源。秦朝法网严密，致使奸诈欺伪滋生，国家治理混乱。汉朝建立之初，废除法律繁杂之文，修改严厉的刑法，法网宽而官吏政绩显著。治理国家的关键在于道德，而不是严酷的刑法，这就直接否定了酷法治理。

同时，司马迁对严刑酷法给百姓、给社会带来的危害是深恶痛绝的。他将酷吏与循吏相对比，《史记·循吏列传》感叹道：“奉职循理，亦可以为治，何必威严哉？”《酷吏列传》写张汤“与赵禹共定诸律令，务在深文，拘守职之吏。”他所制定的法律，以武帝意愿行事，武帝“罢黜百家，独尊儒术”，他便附会儒家经典而断狱。《酷吏列传》载：

是时上方乡文学，汤决大狱，欲傅古义，乃请博士弟子治《尚书》、《春秋》补廷尉史，亭疑法。奏献疑事：必预先为上分别其原……于是往往释汤所言。②

张汤将法律视为汉武帝个人意志，一切以是否忠于汉武帝为准，将镇压、防范对汉武帝的反叛行为作为其执法的主要任务，结果就出现了大量冤案。据《汉书·刑法志》载：

及至孝武即位，外事四夷之功，内盛耳目之好，征发烦数，百姓贫耗，穷民犯法，酷吏击断，奸轨不胜。于是招进张汤、赵禹之属，条定法令，作见知故纵、监临部主之法，缓深故之罪，急纵出之诛。其后奸猾巧法，转相比况，禁罔浸密。律、令凡三百五十九章，大辟四百九条，千八百八十二事，死罪决事比万三千四百七十二事。文书盈于几阁，典者不能遍睹。是以郡国承用者駮，或罪同而论异。奸吏因缘为市，所欲活则傅生议，所欲陷则予死比，议者咸冤伤之。③

① 司马迁：《史记·酷吏列传》，中华书局1959年版，第3131页。

② 司马迁：《史记·酷吏列传》，中华书局1959年版，第3139页。

③ 班固：《汉书·刑法志》，中华书局1962年版，第1101页。

武帝时期，酷吏与苛法并行，施行连坐之法，法令繁杂，奸诈狡猾者玩弄法令而舞弊，以案例辗转比附，出现罪同而判不同的情况。《平准书》记载，汉武帝和张汤“既造白鹿皮币”，问大农(令)颜异的意见，颜异说：“今王侯朝贺以苍璧，直数千，而其皮荐反四十万，本末不相称。”武帝听到了不同的意见，于是“不说”，后有了“腹诽之法”：

> 及有人告异以它议，事下张汤治异。异与客语，客语初令下有不便者，异不应，微反唇。汤奏当异九卿见令不便，不入言而腹诽，论死。自是之后，有腹诽之法[比]，而公卿大夫多谄谀取容矣。①

这里的“腹诽之法”，为武帝排除异己提供了依据。皇帝任意加罪臣僚，官吏任意处罚百姓。百官见风使舵，迎合上意；百姓精神恐怖，随时以防旦夕之祸。张汤的爪牙王温舒，是个杀人如麻的刽子手。《史记·酷吏列传》载：“(王温舒)迁为御史，督盗贼，杀伤甚多”，他任广平都尉时，“择郡中豪敢任吏十余人，以为爪牙，皆把其阴重罪，而纵使督盗贼，快其意所欲得。此人虽有百罪，弗法；即有避，因其事夷之，亦灭宗。”他任河内太守时，也用同样的办法，“捕郡中豪猾，郡中豪猾相连坐千余家。上书请，大者至族，小者乃死，家尽没入偿臧。奏行不过二三日，得可事。论报，至流血十余里。”由于汉法春天不得杀人，他“顿足叹曰：‘嗟乎，令冬月益展一月，足吾事矣。’”司马迁评道：“其好杀伐行威不爱人如此。天子闻之，以为能，迁为中尉。”抨击这些酷吏的所作所为，正是对汉武帝专横、残暴的揭露和批判，表现了司马迁对酷法峻刑的反对。后代学者对此多有评论。清代李晚芳《读史管见》卷三《酷吏列传》说：“酷吏用，则利臣藉以为威，而益其焰，两者交相济恶。利臣剥民财，酷吏剥民肤，财尽则死，肤残亦死，其势不为盗贼，无以自全。”任用酷吏使得官吏借以为威，“交相济恶”。谋利之官吏搜刮民财，酷吏伤害百姓，使得盗贼滋生。牛运震《史记评注》说：“《酷吏传》伤武帝为治，武帝之世，烦文苛法，以严酷为治，怨愁惨伤，民几不聊其生。太史公目睹其事，恻然伤之，不忍斥言君上，特借酷吏发之。一篇之中，感慨悲愤。汉

① 司马迁：《史记·平准书》，中华书局1959年版，第1433—1434页。

廷用人之非与酷吏得报之惨，具见于此。此太史公悲世之书，所以致惓惓垂戒之意，不独为十人立传也。”

司马迁《酷吏列传》记汉武之世的繁刑苛法以及酷吏的残暴执法，借酷吏以“斥言君上”，不只是为酷吏作传，实乃借酷吏之惨，作垂戒之意。张云在《简松堂文集》卷八《读酷吏列传》中说：“酷吏之所以为酷者，乃恃朝廷之法，使天子持其平，或知其酷而不任用，虽郅都百辈，又乌从逞其志而肆其毒哉！故行其酷者酷吏也，而成其酷者天子也。太史公深慨焉，故于诸人之传，一则曰‘上以为能’，再则曰‘上以为能’。上既能之，则深文曲法何所不至。”酷吏恃朝廷法律和皇帝的支持而成为酷吏，司马迁用“上以为能”来委婉表达对汉武帝批评之意。李景星《史记评议》说：“《酷吏传》共叙十人，……或前或后，或分或合，或单说，或互见，极行文之乐事，开无限之法门。哪能不令人佩服。赞语与传，意义各别。传言酷吏之短，赞取酷吏之长，褒贬互见，最为公允。”这正是对司马迁“廉者足以为仪表，其行者足以为戒，虽惨酷，斯称其位矣。”说司马迁在《酷吏列传》中记酷吏之短，在赞语中肯定酷吏的作用，褒贬皆有，甚为公允。

总而言之，司马迁强调法治，但不主张一味地施行严刑峻法，主张德治与法治相结合。

其次，司马迁继承儒家“德主刑辅”的思想，主张尚德宽刑。他说：“法令所以导民也，刑法所以禁奸也。”导民，就是引导、教导百姓。这实际上是强调教化，崇尚德治。他赞赏汉初“尚德宽刑”，对汉武帝时期的严刑峻法十分不满，认为武帝时代的酷吏，都是以杀伐为手段、执行严刑酷法的“虎冠之吏”，贪赃枉法之徒，让他们执法，只能带来严重的消极后果。司马迁在《史记》中肯定法家法治的历史作用。《商君列传》里，详细记载了商鞅变法的具体内容和变法后的效果：

> 行之十年，秦民大说，道不拾遗，山无盗贼，家给人足。民勇于公战，怯于私斗，乡邑大治。①

① 司马迁：《史记·商君列传》，中华书局1959年版，第2231页。

> 居五年，秦人富强，天子致胙于孝公，诸侯毕贺。①

对商鞅的变法取得的成就给予充分肯定，正是其变法才“强霸孝公”，促成了秦的强大。

总之，司马迁对于法家思想，肯定法治的积极作用，赞赏变法的效果。同时，对酷吏政治的消极方面也给予了批评。

① 司马迁：《史记·商君列传》，中华书局1959年版，第2322页。

第五章　先秦士人历史意识与司马迁

从上古到夏商，中国文化弥漫着浓重的宗教迷信观念，人们的生产劳动、社会活动等都是仰求于神以定然否，而人处于被动的地位，就连国家治理者都没有对事务进行独立判断的自觉意识和能力。而最早的脑力劳动者基本上担任或兼任占卜、祭祀一类的神职，即巫祝。夏商时期，巫史不分，随着社会的发展，国家机器愈来愈完善。到了殷商晚期，史官就从巫祝序列中分离了出来并成为专门的职官，也就有了史官文化，这些史官的职能就由掌握知识的阶层——“士”来承担，于是他们就有了浓厚的历史意识。司马迁“世典周史”的家学渊源和官任“太史令”的经历，深受先秦士人历史意识的影响。

第一节　先秦史官文化与司马迁的历史主体意识

上古时期，巫史不分，都是神职人员。最初，史的事职与巫祝大体相当，主要集中在祭祀活动方面。《左传·成公十三年》云：“国之大事，在祀与戎。”军事和祭祀是国家的大事，而“祀”则是指通过祭祀（包括占卜）来问神，祈求神的保佑。《周礼·春官·簭人》云：“凡国之大事，先簭而后卜。”所谓“簭”，就是用蓍草占卜。卜人、筮人均为占卜之人，与史同属巫祝系列。《礼记·礼运》云：“先王患礼之不达于下也，故祭帝于郊，所以定天位也。祀社于国，所以列地利也。祖庙，所以本仁也。山川，所以傧鬼神也。五祀，所以本事也。故宗祝在庙，三公在朝，三老在学。王前巫后史，卜筮瞽侑皆在左右，王中，心无为也，以守至正。”先王制礼之后，为了能够下达于民，祭祀天以昭示天的地位是至高无上的；祭地以昭示地为人们生存提供便利；祭祖于庙以昭示族人均应团结互助；祭祀山川以昭示要礼敬冥冥之中的鬼神；举行五祀之祭以昭示各种制度来源。因此，宗祝相助，三公辅佐，三老提建议，巫祭神，史记录言行，还有其他官员各负其责，天子才能安心治理天下。在这里，已经有了巫、史职能的划分，“巫”负责祭神，“史”负责记言。孔颖达《疏》云：“宗祝在庙者，前明因事鬼神使礼达于下，次明因委于人，使礼达于下也。……在宗庙则委于宗祝，示不自专以达于下也。三公在朝者，职事则委任三公也。三老在学，乞言则受之三老。王前巫者，若王吊临则前委于巫也而后史者，动则左史书之，言则右史书之，不敢为非也，既言前巫故云后史也，卜筮瞽侑皆在左右者，卜筮主决疑，瞽是乐人，主和也；侑是四辅，典于规谏者也，示不自专，故并置左右也。王中心无为也，以守至正者。”①这是说宗、祝、卜、巫、史等原皆为神职人员，他们以卜、筮决疑，故卜、筮也指负责决疑者。当时，史与巫祝同为神职人员，“史”记录天子的言行，“史”又分为“左史”“右史”，“左史”记录天子的作为事迹，“右史”记录天子的言语。然天子身旁的“前巫后史”都是祭祀的神职人员。正如学者所论：

> 最早的文化知识可能是原始宗教知识，而史官是中国上古时代最早的文化人，是职掌原始宗教的职事官员。中国史官从它诞生的开始阶段就履行天文术数和祭祀之类的天官职责，并从天官职能中派生出记言记事的职能，即使是在记载职能产生之后，史官的职责仍以天文术数等宗教事务为主，这种情况直到司马迁时代尚未改变，以至于有人说太史不是史官而是天官。②

这说明史官职能是“以天文术数等宗教事务为主”。

---

① 孔颖达：《礼记·礼运疏》，阮元校刻：《十三经注疏》，中华书局 1980 年版，第 1425—1426 页。

② 陈桐生：《中国史官文化与〈史记〉》，汕头大学出版社 1993 年版，第 4 页。

这种情况一直到史官从巫祝序列中分离出来以后才有所改变。其所以分离，与国家机器的完善有密切的联系。古时候，宗、祝、卜、巫、史的主要职能是祭祀，而且每每相兼互通。随着社会分工的进一步细化，"史"由职掌祭礼到职掌礼仪，进而成为文化典籍的掌握者，新的职事开始承担原属巫祝的部分职责，历史遂斩断了史官与巫祝的联系。进入周代以后，史官文化得到了充分发展并取得了一定成就。可以说，周代是史官文化得到充分发展和取得成就的时期。

此时，周公制礼作乐，其目的在于建立以礼为核心的等级制度。孔子把恢复周礼的思想贯穿于《春秋》，从而为崇圣——"法先王"铺平了道路。孔子的崇圣思想见于《论语》，他说："巍巍乎，舜、禹之有天下也，而不与焉！"又说："大哉尧之为君也！巍巍乎！唯天为大，唯尧则之。荡荡乎，民无能名焉。巍巍乎其有成功也，焕乎其有文章。"[①]孔子以无比的胆识，将尧舜从宗教神化中剥离出来，使之与古史联系在一起。入周以后，在尊礼的旗帜下，周人将周文王视为与夏禹、商汤比肩的圣王，借以宣扬承天受命的真理性；同时通过向上追溯文化传统，将自身的历史与传说中的唐尧、虞舜联系在一起。这些作为孔子崇圣的思想基础，不但成了他撰修鲁史《春秋》的逻辑起点，而且还成为他研究先王兴废的思想载体。在孔子的努力下，他的这一思想很快就得到了士阶层的认同，乃至到了战国时期，以《春秋》为"经"，先后出现了以《公羊传》、《穀梁传》和《左传》为代表的"春秋三传"，成了对"经"解释的典籍。孔子将其政治思想寓于《春秋》之中，其意义不仅仅是把史学从史官的手中解放出来，以个人的力量建立新史学。还在于通过崇圣，给当时的史官文化注入新的活力。其撰写《春秋》的意义，"与其说是开创了私家修史的先河，倒不如说孔子给史官之学提出了新的文化要求。这一新的文化要求就是将史官文化改造为'王道'之学，以王道来承担政治理想上的诉求。"[②]到了春秋，士阶层加入修史行列，使原有的史官文化秩序发生了很大的变化。自"天子失官，学在四夷"以后，"学在官府"的局面逐渐被

① 《论语·泰伯》，《诸子集成》本，中华书局 1954 年版，第 165—166 页。

② 张强：《司马迁学术思想探源》，人民出版社 2004 年版，第 94 页。

打破。私学兴起的积极成果，一方面使文化教育的普及刺激了士阶层的生长和壮大，另一方面，士阶层直接参与到修史的序列中，以入世进取的精神改变了已有的史官文化结构。

到了战国时期，各种帝王之道的先后出现，使得士阶层的杰出代表——诸子——不像孔子那样大谈唐尧、虞舜之事，需要寻找新的圣人来为其理想政治张目，以表明他们不同于孔子。他们对古史（神话传说时代）关注的目的在于"观往者得失之变，借古以论今"。

士阶层强烈的古史意识迎来了史官文化的新时代。对神话传说人物的肯定或否定，使士阶层以新的历史文化观念对其进行整理。可以说，士阶层的兴起，为创造新型的史官文化起到了积极的作用。然而，由于他们所关心的是现实问题，故以孔子《春秋》为代表的纯史学意义上的史著及其后来的《左传》《国语》《战国策》等，一时还没有力量以神话传说为主要关注对象对古史进行全面系统梳理，在这样的背景下，便出现了"百家言黄帝，其文不雅驯""言人人殊"的局面。这固然是由时代造成的，但更重要的还在于，全面系统地梳理中国历史文化的气候还没有形成，其工作只有等到后世。

史官从巫祝序列中分离出来是从记事和记言开始的。《礼记·王制》云："大史典礼，执简记，奉讳恶。"《礼记·玉藻》云："动则左史书之，言则右史书之。"其记事、记言的对象是君主。因分工趋于细密，史官开始有大（太）史、小史、内史、外史、女史、御史等多种称谓。

到了殷商晚期，史官成为专门的职官。事职范围的扩大，不但改变了作为神职人员的历史命运，还起到了开创政治新局面的作用。王国维说：

> 古之官名多由史出。殷周间王室执政之官，经传作"卿士"，而毛公鼎小子师敦番生敦作"卿事"。殷墟卜辞作"卿史"。是卿士本名"史"也。又，天子诸侯之执政通称"御事"，而殷墟卜辞则称"御史"。是御事亦名"史"也。①

他还进一步指出："史为掌书之官，自古为要职，殷商以前，其官之尊卑虽不

① 王国维：《王国维手定观堂集林·释史》，浙江教育出版社2014年版，第139页。

可知，然大小官名及事职之名，多由史出，则史之位尊地要可知矣。”①王国维的观点可从《周礼》中得以印证，《周礼·春官·大史》云：“大史，掌建邦之六典，以逆邦国之治；掌法，以逆官府之治，掌则，以逆都鄙之治。”由此可见，入周以后，史官得到了前所未有的重视。因为，在此之前，以巫祝为代表的神职人员拥有很大的政治权力，在一定程度上起到限制或左右王权的作用。在史官成为专门的职事阶层以后，通过记事、记言来关注君王的举动，从而改变了宗教神学背景下的政治结构。史官与巫祝的天然联系表明，国家事职的设置，一方面是因神职而来，另一方面因史官而设置新的官职，其政治制度的完善又是在削弱神权的过程中进行的。②

史官的出现不但改变了神权至上的政治结构，而且还开创了以君主为中心的政治新局面。殷商以后，君主在树立个人绝对权威时，虽然表现出倚重于神权向世人宣示君主不可动摇的权威性，史官从巫祝序列中提升出来以后，将关注的重心由事神转移到君主方面，以世俗化的内容冲淡神对世俗世界的支配。因此，殷商以降，史官行记事、记言之职，其关注对象是君主，那么，史官文化的主要内容在王官文化方面。本来，王官之学与史官文化就有着深刻的内在联系。早在周代，以《诗》《书》为代表的五经就已经成为王官之学，一直是史官修史的最高范本。到了战国后期，在儒生的积极推动下，孔子的《春秋》遂列入王官之学。王官之学本身就是史官之学，在史官之学自身发展的历史中，史官参与了五经的创造。如《尚书》《礼》《乐》出自史官之手，《周易》中也有部分文字出自史官。《诗》一直是史官的必修功课。因此章学诚在《文史通义》卷一《易教上》中说“六经皆史”。而王官文化的最大特点是以君主为文化表达的中心，一切的人文活动均围绕着君主进行。③ 因此，入周以后，史官获得了前所未有的政治地位。《国语·周语》说：

天子听政，使公卿至于列士献诗，瞽献曲，史献书，师箴，瞍赋，矇

---

① 王国维：《王国维手定观堂集林·释史》，浙江教育出版社2014年版，第139页。

② 参见张强：《司马迁学术思想探源》，人民出版社2004年版，第75—80页。

③ 参见张强：《司马迁学术思想探源》，人民出版社2004年版，第75—80页。

> 诵，百工谏，庶人传语，近臣尽规，亲戚补察，瞽史教诲，耆艾修之，而后王斟酌焉。①

那时候，天子处理政事，先是听取各方面进谏之言，最后才斟酌决策，而史官献书就是天子决策的重要参考之一。正如王国维《释史》所论："史为掌书之官，自古为要职。殷商以前，其官之尊卑虽不可知，然大小官名及事职之名，多由史出，则史之位尊地要可知矣。"②说明史官对于国家统治的重要性。

从某种意义上说，史官从巫祝中分离出来的过程，也就是先秦时期对人、神关系认识变化的过程，即对人的历史主体地位更加重视的过程。

司马迁继承了先秦史官文化精神，把历史记述的视角从以往巫祝对鬼神的关注、先秦史官对王的绝对权威的记载转移到对人的关注，尤其是对普通人的关注。司马迁综合从远古到先秦的历史认识的发展成果，结合对现实的深入观察和思考，把对神、人作用于历史的认识提高一步，从而在对史学的创建中，确立起人在社会历史中的主体地位，表现出了主体史学精神。

关于"天""人"在历史发展中的作用以及天人关系的认识，是古代历史观念中最重要的问题。由于人在历史中的作用是客观存在的，因此，即使在"天命"观念占据主导地位的年代，人在历史发展中的作用也还是得到一定程度的反映。随着历史的进步、文明的发展，经过漫长的重天命到重人事的认识过程，史学家、思想家、政治家们逐步开始自觉地阐说人在历史中的重要作用。到了司马迁，开创了以写人为中心的纪传体。在《史记》中，司马迁认识到了人在发展中的主体地位，突出了人在历史发展中的重要作用。这主要表现在以下几个方面。

一是《史记》的五种体例，都是以写人为主。《史记》所写篇章，分为本纪、表、书、世家、列传五大类，总称为"五体结构"，开创了我国"因人叙事"的纪传体纂史方法。《史记》全书130篇，其中人物传记112篇，有名有姓的人物数以百计，司马迁以如椽之笔，对如此众多的历史人物进行多方位、

---

① 徐元诰：《国语集解·国语上》，中华书局2002年版，第11—12页。

② 王国维：《观堂集林·释史》，上海古籍书店1983年版，第134页。

多层次的叙述、描写。清人赵翼说：

> 司马迁参酌古今，发凡起例，创为全史：本纪以叙帝王，世家以记侯国，十表以序时事，八书以详制度，列传以志人物。然后一代君臣政事，贤否得失，总汇于一编之中。自此例一定，历代作史者，遂不能出其范围，信史家之极则也。①

既道出了《史记》本纪、世家、表、书、列传五体的功能，及其先分后总的作用，也道出了这种体例对后世"作史者"的极大影响。

《史记》五种体例，基本上都是写人的。十二本纪是写人的，三十世家是写人的，七十列传更是写人的。可以说一部《史记》百分之九十以上的篇幅是写人的。这不仅是一种写史角度、编史体例的改变，更是司马迁对于构成历史主体的人以及人的价值观念的一种科学认识。《史记》以前的主要史著，如《春秋》《国语》《尚书》《左传》《战国策》等，都是历史典籍，但却不是以写人为主，没有突出人的历史地位。这些史著大多是以事件为主，历史人物未能成为述史中心。司马迁继承父志，"论载"历史人物。《史记·太史公自序》载其父亲司马谈临死时叮嘱他："今汉兴，海内一统，明主贤君忠臣死义之士，余为太史而弗论载，废天下之史文，余甚惧焉！汝其念哉！"司马迁没有忘记父亲遗训，没有辱没史官这一使命。明主、贤君、忠臣、死义之士，很自然地要出现在他的笔下。这就说明，司马迁不再认为社会历史是由"天"的意志或"神"的力量决定。他以现实的变化为基础，以一种哲理的思考，利用人自身在时代大潮中显示的巨大力量，将已有的神人关系的认识加以充实提高，从历史演进的角度，认识到人在历史发展中的主体地位。

另外，《史记》实际上是记录五类"人"的层次结构。司马迁看到了人的有层次结构的群体活动在历史发展中的作用。《史记》的本纪、表、书、世家、列传五种体裁，综合来看，其实是一种社会历史结构的反映。这些类别中形形色色的人物构成了全社会的整体结构。《史记》将整个社会划分为五个层次。第一个层次是帝王。他们处在社会的中心地位，这是"本纪"所

① 赵翼：《廿二史札记》，见杨燕起、陈可青、赖长扬汇辑：《史记集评》，华文出版社 2005 年版，第 94 页。

记述的人物。第二个层次是诸侯王、贤圣、领袖人物与国家重臣。这是“世家”所包括的人物，他们起着“拱辰共毂”的作用。第三个层次是谋臣将相。他们中有的人在中央朝廷，有的人在诸侯王国，他们为第一、二层次中的帝王与国君出谋划策者、政令执行人，在政治、军事活动中发挥着重要作用。第四个层次属于士大夫一层。他们处于社会的中下层，依附于以上三个层次，其社会活动的多样性，丰富了社会历史的内容。因为他们比较靠近社会的最底层，所以有时能反映出一些民众的痛苦呼声与愿望要求。第五个层次是社会的直接生产者，如《货殖列传》所说的农、虞、工、商。

司马迁认为社会的形成，历史的发展，五个层次的人都在起作用。《史记·太史公自序》说：“罔罗天下放失旧闻，王迹所兴，原始察终，见盛观衰，论考之行事，略推三代，录秦汉，上记轩辕，下至于兹，著十二本纪，既科条之矣。并时异世，年差不明，作十表。礼乐损益，律历改易，兵权、山川、鬼神、天人之际，承敝通变，作八书。二十八宿环北辰，三十辐共一毂，运行无穷，辅拂股肱之臣配焉，忠信行道，以奉主上，作三十世家。扶义俶傥，不令己失时，立功名于天下，作七十列传。凡百三十篇，五十二万六千五百字，为《太史公书》。序略，以拾遗补艺，成一家之言，厥协《六经》异传，整齐百家杂语，藏之名山，副在京师，俟后世圣人君子。”五个层次形成整个社会的结构，这反映了封建时代基本的社会状况。由此，司马迁看到的是在长期历史演进中人的整体活动，而不仅仅是某些个人。从这个意义上说，司马迁关于对全社会整体结构的认识，在一定的程度上突破了以往帝王将相历史观。这正是《史记》认识到人在历史发展中的主体地位的重要表现。

二是司马迁重视并歌颂下层人民的力量，在《史记》中塑造各类栩栩如生的人物形象。这是司马迁进步的人本主义历史观的具体表现。在《史记》中，司马迁给下层人物如刺客、游侠、卜医、日者立传，肯定他们在历史上的作用，歌颂他们的优秀品质。他还把被统治者诬为“流寇”“盗贼”的农民起义的领袖陈涉列入“世家”一类，这实属“破格”之举。他在《陈涉世家》中，完整地记述了陈涉首难反秦全过程，表现了陈涉大无畏英雄气概和农民起义军势不可当的强大威力。他说：

> 桀、纣失其道而汤、武作，周失其道而《春秋》作，秦失其政，而陈涉发迹，诸侯作难，风起云烝，卒亡秦族。天下之端，自涉发难。①

在这里，他将陈涉与汤、武、孔子并列，高度评价并热情歌颂了陈涉在灭秦过程中的历史作用，留下了历史上第一篇有关农民起义完整的历史文献。

《史记》认识到人在历史发展中主体地位的又一表现，是司马迁在记述与评论中塑造出了各个不同历史时期、各种复杂社会环境中不同人的形象。也就是说，他能认识到作为社会历史主体的人，是众多的有血有肉的活生生的个体生命。而这些人，又具有独立的品格、信念、道德心理。因此，完整形象的塑造，同样是《史记》认识到人在历史发展中的主体地位的又一个标志。在《史记》这座人物画廊里，我们不仅可以看到历史上那些有作为的王侯将相的英姿，还可以看到妙计藏身的士人食客、百家争鸣的先秦诸子、"为知己者死"的刺客、"已诺必诚"的游侠、富比王侯的商人大贾，以及医卜、俳优等各种人物的风采，给人以美的享受和思想上的启迪。司马迁创造性地把文、史熔铸于一炉，为我们写下了一部人物形象的历史。从这个意义上说，司马迁所创造的纪传体史传文学，是他认识到人在历史发展中的主体地位的结果。

第二节　先秦史鉴教育传统与司马迁《史记》的史学社会功用论

在人类社会的历史上，随着生产力的发展，社会活动的增加，语言功能的进化，人的思维活动逐渐丰富，思维能力不断提高，人的思维活动有一个由感性思维到理性思维的发展过程。同样，人们的史学思维和史学意识同样也经历了由感性到理性的发展过程。中国上古到夏商之际，宗教迷信观念充斥着人们的头脑，社会各种各样的活动不但取决于天的意志，而且还要得到神的

① 司马迁：《史记·太史公自序》，中华书局1959年版，第3310—3311页。

保佑。神、天迷信禁锢着人们的思想，到了殷周迭代，人们才开始了对历史的理性思考。先秦史官文化的“史鉴”教育传统就是历史理性思维的结果。

周族原为臣属于殷商的小邦，逐步强大并最终取代殷商的统治地位，这在当时是一个巨大的历史变革和社会震荡。在这一变革发生之前的殷商末年，商朝的一些政治人物已经预感到了危机，向商纣王提出警告，而纣王对“天命”抱有极其僵化的迷信，认为自己已受命于上天，不以为意，结果周灭了殷商，这样的历史事实颠覆了当时人们尤其是统治者对天命的依赖的观念。即使在周朝建立以后，仍然面临着殷民的反抗，这一切引发了周初主要统治人物的忧思：殷商为何败亡？周政权如何巩固？如何避免重蹈殷商的覆辙？于是开始有了早期的“史鉴”意识的萌芽，开始注意从历史中吸取成败的教训，这也是最初的历史理性思维。当时就曾出现“宜鉴于殷，骏命不易”（《诗经·大雅·文王之什》）的观念，意思是说以殷商的覆灭为鉴戒，则知“天命”之难保，告诉人们从历史思考中重新认识天命。这种思考得到反复强调与深化，《诗经·大雅·荡》说：“殷鉴不远，在夏后之世”。这里所说的“殷鉴”，是指殷朝应以夏为鉴。从这里自然引申出周以夏、殷为鉴的认识。《尚书·召诰》言：“我不可不监于有夏，亦不可不监于有殷”，把夏商兴亡的历史引为借鉴。“殷鉴”是周初统治者提出的概念，就是要把前朝的历史经验和教训作为治国的借鉴，这种认识也是一种对历史功用的最初理解。

殷商时代可能会保存少部分官方文书，但不会有系统的历史记述。西周初年具备了“殷鉴”的历史认识，那是从亲身经历与口耳相传的史实中直接汲取借鉴，尚无阅读历史载籍的例证。周初提出的“殷鉴”还只是一种历史意识，还不是自觉记述历史的意识。然而，这种“殷鉴”历史意识已经能够让统治者自觉地保存更多的官方文书以整编殷商时代的历史文献。从那时候起，到特意记述历史载籍，则又经历了相当长的时间。白寿彝先生指出：“《墨子·明鬼》篇引证了《周春秋》记载的周宣王时期史事，又参照其他先秦典籍，因而判断编年体国史的出现在周宣王或其前不久的时期。”①因

① 白寿彝：《中国史学史》第一册，上海人民出版社1986年版，第210页。

此,官方记史制度的形成亦当在这个时期。

官方记史制度在春秋时期迅速发展,周王朝与诸侯国皆以编年体形式记载史事,形成了各国官方记录的史册,这些史册多以"春秋"为名,也有如晋之"乘"、楚之"梼杌"等名称。随着对官方记史的重视,关于历史和史学作用的观念大为丰富。《国语·周语下》载,周灵王时,太子晋畅谈往古胜败兴衰,提出:"若启先王之遗训,省其典图刑法,而观其废兴者,皆可知也。其兴者,必有夏、吕之功焉;其废者,必有共、鲧之败。"明确表达了应当从历史文献记载中寻找兴亡成败经验教训的观念,不仅是讲历史的鉴借作用,而且突出了史学记载的功用。《国语·鲁语上》载,鲁庄公时,夏父展因事谏称:"君作而顺则故之,逆则以书其逆也。臣从有司,惧逆之书于后也,故不敢不告。"这里,夏父展以历史记载流传后世来进谏,已试图利用历史记载对君主的行为予以制约。《晋语七》又载,晋悼公时叔向"习于春秋",被认为"日在君侧,以其善行,以其恶戒。"表达了当时对史学作用的认识。《楚语下》载,楚昭王时,其史官倚相被视为国宝,因为他"能道训典,以叙百物,以朝夕献善败于寡君,使寡君无忘先王之业。"这已经是史官直接利用历史记载劝诱与辅助君主的事例。西汉初年,贾谊更加明确地阐明了历史对于国家治理的鉴戒作用。《史记·秦始皇本纪》说:"野谚曰:'前事不忘,后事之师也。'是以君子为国,观之上古,验之当世,参之人事,察盛衰之理,审权势之宜,去就有序,变化固时,故旷日长久而社稷安矣。"因此,早期的史册、史官和记史制度,其作用就是为君主提供鉴戒、行为制约和思想诱导。

到了春秋时期,孔子作《春秋》同样也有着"史鉴"作用。《左传·成公十四年》云:"君子曰:'《春秋》之称微而显,志而晦,婉而成章,尽而不汙,惩恶而劝善。非圣人谁能修之?'"《春秋》言微而义显,实录而不歪曲历史事实,有惩恶扬善的作用。《左传·昭公三十一年》云:"《春秋》之称微而显,婉而辨,上之人能使昭明,善人劝焉,淫人惧焉,是以君子贵之。"《春秋》的"微言大义"能得以昭明,善人会得到劝勉,使恶人有所畏惧。孟子也将《春秋》说成是其有为之作。他说:

世衰道微,邪说暴行有作,臣弑其君者有之,子弑其父者有之。孔子惧，作《春秋》。《春秋》，天子之事也。是故孔子曰：知我者其惟《春秋》乎！罪我者其惟《春秋》乎！①

昔者禹抑洪水而天下平，周公兼夷狄，驱猛兽，而百姓宁，孔子成《春秋》而乱臣贼子惧。②

孔子看到世道衰微，各种荒谬的学说横行，暴虐时有发生，“臣弑其君”“子弑其父”的越礼行径不断，于是作《春秋》以警戒天子、诸侯、乱臣贼子。这些都道出了《春秋》的实际效果。不唯如此，史籍还有着教育和教化作用。《国语·楚语上》载，楚庄王时申叔时论教育太子的方法：“教之《春秋》，而为之耸善而抑恶焉，以戒劝其心；教之《世》，而为之昭明德而废幽昏焉，以休惧其动；教之《诗》，而为之导广显德，以耀明其志；教之《礼》，使知上下之则；教之《乐》，以疏其秽而镇其浮；教之《令》，使访物官；教之《语》，使明其德，而知先王之务用明德于民也；教之《古志》，使知废兴而戒惧焉；教之《训典》，使知族类，行比义焉。”在申叔时看来，教太子《春秋》，就能耸善抑恶，戒劝其心；教《世》的作用在于昭明德；教《诗》则能导广显德，耀明其志；教《礼》则能知上下；教《乐》则能疏秽镇浮；教《令》则能“使访物官”；教《语》则能明其德；教《古志》则能知兴废；教《训典》则能“知族类”“行比义”，说明不同的教育内容有不同的教化作用。在这里，《春秋》系编年记事之史，《世》是世系之书，《令》乃先王之官法，《语》是以往论国之善语，《古志》乃是记前世成败而总结出议论、格言之书，《训典》系五帝之书，这些都是史籍。这段话，说明以“史”实施教育、教化、汲取鉴戒，从史学中学习治国政策的作用。

司马迁也充分认识到了以《春秋》为代表的史学著作的价值和意义。《太史公自序》记录他与上大夫壶遂的对话，说明了自己对《春秋》的认识。孔子作《春秋》是要把是非褒贬表现在具体的历史事件中，《春秋》的功用在于“上明三王之道，下辨人事之纪，别嫌疑，明是非，定犹豫，善善恶恶，贤贤贱不肖，存亡国，继绝世，补敝起废，王道之大者也。”《春秋》能够阐明三王

① 《孟子·滕文公下》，《诸子集成》本，中华书局 1954 年版，第 266—267 页。

② 《孟子·滕文公下》，《诸子集成》本，中华书局 1954 年版，第 271 页。

的治国之道，能够分辨人与人之间的伦理纲常，解释疑惑难明的事理，判明正确和错误，扬善贬恶，褒贤贱不肖，属于“王道”之事。司马迁认为，《诗》《书》《礼》《易》《春秋》都有着不同的作用，而“《春秋》辨是非，故长于治人。”“《春秋》以道义。拨乱世反之正，莫近于《春秋》。”《春秋》能明辨是非，其所长在于治理。《春秋》能阐明仁义，拨乱反正。司马迁进一步阐明《春秋》“言简义丰”，揭示了发生“亡国”“弑君”现象的根本原因在于“失其本”。因此，各个阶层的人都应该知悉《春秋》：“故有国者不可以不知《春秋》，前有谗而弗见，后有贼而不知。为人臣者不可以不知《春秋》，守经事而不知其宜，遭变事而不知其权。为人君父而不通于《春秋》之义者，必蒙首恶之名。为人臣子而不通于《春秋》之义者，必陷篡弑之诛，死罪之名。”“有国者”“人臣者”“君父”“臣子”若不通于《春秋》，就会有不同的不利后果。所以说“《春秋》者，礼义之大宗也。夫礼禁未然之前，法施已然之后；法之所为用者易见，而礼之所为禁者难知。”说明《春秋》是礼仪的根本。而司马迁自己作《史记》，目的也很明确：“汉兴以来，至明天子，获符瑞，封禅，改正朔，易服色，受命于穆清，泽流罔极，海外殊俗，重译款塞，请来献见者，不可胜道。臣下百官力诵圣德，犹不能宣尽其意。且士贤能而不用，有国者之耻；主上明圣而德不布闻，有司之过也。且余尝掌其官，废明圣盛德不载，灭功臣世家贤大夫之业不述，堕先人所言，罪莫大焉。”①

司马迁引用孔子、董仲舒对于《春秋》评价的话，并且接受他们的观点，认为《春秋》的价值作用在于能阐明“三王之道”，具体分辨人事纲常，辨别嫌疑是非，褒善止恶，推崇贤能，鄙薄“不肖”。作为王道的重要方面，春秋保存已亡国家的历史，延续断绝的世系，补救弊政，振兴衰废。《春秋》是王道之大者。司马迁告诉壶遂，汉朝不同于孔子所处的时代，自己作《史记》目的在于载明圣王盛德，述“功臣世家贤大夫之业”，宣先人之言。

司马迁分别阐明《诗》《书》《礼》《乐》《易》《春秋》的作用价值，着重突出《春秋》对于有国者、为人臣者、为人君者、为人父者的价值意义和重要

① 司马迁：《史记·太史公自序》，中华书局1959年版，第3299页。

性,认为《春秋》是“礼义之大宗”。司马迁赞赏董仲舒的观点,因为董仲舒认为《春秋》是为“达王事”而作,这“为司马迁承担‘原始察终,见盛观衰’的文化使命起到了先导作用。”[①]因此,司马迁遵照父命,继孔子《春秋》而作太史公书。他说:

> 先人有言:“自周公卒五百岁而有孔子。孔子卒后至于今五百岁,有能绍明世,正《易传》,继《春秋》,本《诗》《书》《礼》《乐》之际?”意在斯乎!意在斯乎!小子何敢让焉。[②]

在这里,司马迁已经认识到了史书巨大的社会作用,特别是孔子《春秋》广泛的社会功能。他直接继承了这种史鉴的优良传统,表现出了“志古自镜”的指导思想和“原始察终,见盛观衰”的著史方法。他在《史记·高祖功臣侯者年表序》中说:“居今之世,志古之道,所以自镜也,未必尽同。”

在《太史公自序》和《报任安书》中,司马迁分别表述了历史功用论的观点。《太史公自序》说:

> 网罗天下放失旧闻,王迹所兴,原始察终,见盛观衰,论考之行事,略推三代,录秦汉,上记轩辕,下至于兹,著十二本纪,既科条之矣。并时异世,年差不明,作十表。礼乐损益,律历改易,兵权山川鬼神,天人之际,承敝通变,作八书。二十八宿环北辰,三十辐共一毂,运行无穷,辅弼股肱之臣配焉,忠信行道,以奉主上,作三十世家。扶义俶傥,不令已失时,立功名于天下,作七十列传。凡百三十篇,五十二万六千五百字,为《太史公书》。序略,以拾遗补艺,成一家之言,厥协《六经》异传,整齐百家杂语,藏之名山,副在京师,俟后世圣人君子。[③]

司马迁表明作《史记》的目的在于整理历史文献资料,探求历史发展的起源和结果,既要看到历史的兴盛,也要发现历史衰败的原因。十二本纪、十表、八书、三十世家、七十列传有着不同的目的和意义。司马迁惨遭“腐刑”之

---

① 张强:《司马迁与〈春秋〉学之关系》,《南京大学学报》(哲学·人文科学·社会科学版)2005年第4期。

② 司马迁:《史记·太史公自序》,中华书局1959年版,第3296页。

③ 司马迁:《史记·太史公自序》,中华书局1959年版,第3319—3320页。

后，心怀感伤，在给朋友任安的信中说：

仆窃不逊，近自讬于无能之辞，网罗天下放失旧闻，略考之行事，稽其成败兴坏之理，凡百三十篇。亦欲以究天人之际，通古今之变，成一家之言。①

司马迁说明著史方法，总括起来有以下几层意思。一是“网罗天下放失旧闻，王迹所兴，原始察终，见盛观衰”，即总结古今一切人间社会史事，考治乱之源。二是“究天人之际”，“承敝通变”，即探讨天道与人事的关系，展现历史的变化和发展。三是“拾遗补艺”，“厥协六经异传，整齐百家杂语”，继《春秋》之后“成一家之言”。

“原始察终，见盛观衰”“承敝通变”乃是司马迁用以考察人类社会历史发展的方法。“原始察终”，就是追原其始，察究其终。一个历史事件，从哪里开始，到哪里结束，把握历史大势，就要把握历史的全过程来看它的原因、经过、发展和结果。“见盛观衰”，是把握与观察历史的方法。这一方法的理论基础就是承认历史是在不断地变化、发展。所以司马迁写历史，最高原则与目的就是“通古今之变”，这是他朴素唯物历史观的核心。他认为宇宙间一切事物都在“变”，只有用“变”的观点才能探究事物的规律，《太史公自序》认为“无成执，无常形，故能究万物之情”。没有一成不变的态势，没有永恒存在的事物，所以才能洞悉万物的真实情况。从“变”的理论观点出发，司马迁用发展变化的眼光看待人类社会的历史，他名之曰“变”，曰“渐”，曰“终始”。《太史公自序》说“天人之际，承敝通变”，“略协古今之变”；“臣弑君，子弑父，非一旦一夕之故也，其渐久矣”。又在《平准书》中说：“是以物盛则衰，时极而转，一质一文，终始之变也”。“变”，指社会不断地进化和发展。“渐”与“终始”是对不同状态“变”的描写。“渐”是指变的进行过程。司马迁用“原始察终”“见盛观衰”这一方法，在《史记》中具体地写出了历史的时势之变、兴亡之变、成败之变、人生的穷达之变。从著史效果来说，就是“原始察终，见盛观衰”“承敝通变”。

① 司马迁：《报任少卿书》，见班固：《汉书·司马迁传》，中华书局1962年版，第2735页。

“厥协六经异传，整齐百家杂语”，是《史记》对待以往史籍和众说并从中得出结论的方法。一部《史记》引载六经异传及百家杂语，并不是资料的纂辑，而是要纳入“一家之言”中，表达出历史的意蕴，以及作者寓含的思想。写历史要记事实录，广博地占有资料，应当做到无一事无出处，无一字无来历。但历史又是复杂的，写古代史，资料贫乏，司马迁不得不点滴搜求，零散积累。司马迁在《五帝本纪》中写了黄帝、颛顼、帝喾、唐尧、虞舜五帝，全篇只有三千多字，据考证，其资料来自十余种书，有《尚书》《五帝德》《帝系姓》《国语》《左传》《世本》《庄子》《孟子》《韩非子》《战国策》《吕氏春秋》《礼记》《淮南子》等。材料不仅零散，而且风格不一，各种资料又有很大的时间跨度，语言表达不同，甚或事实抵牾。针对这些情况，或“述”或“作”，司马迁“厥协”之，“整齐”之，这其中就隐含了司马迁对历史发展规律的探寻。从著史的最终效果来看，《史记》具有“厥协六经异传，整齐百家杂语”的社会功用。

总之，司马迁在先秦士人“著史明鉴”历史意识的基础上，形成了具有独见的历史功用论。他认为著史的目的在于“原始察终，见盛观衰”，其功用在于探究社会历史的发展规律。

第三节　先秦士人理性精神与司马迁《史记》的创作宗旨

人类诞生之后，随着生产力的发展，社会活动和语言的发展，人的思维活动在逐渐丰富，思维能力也在逐步提高。与之相辅相成的是，人的理性思维能力日益增强。关于“理性”，现代学理意义上是指建立在功利基础上的一种价值取向，它以感性为基础和手段，但它在本质意义上又超越感性，从而显示出以秩序和意义的方式把握世界。从认识论上讲，它是指人们认识事物本质和内在的必然性、统一性的抽象思维方式和思维能力。从人性的意义上看，它是指人的抽象能力所支配的人的理智自觉性能力和存在属性。

所谓“理性精神”，是指自觉地运用理性，在理性的指导下分析、把握事物的本质，探索事物的运动变化规律的一种“求真”精神。①

然而，“一定时期理性的产生和发展总是和当时的社会历史文化环境相关，它依赖于人类按照其既有的必然性进行活动和‘实践’，在表现形式上呈现出一种由低级到高级的发展状态，即由神性到人性，由非理性到理性。”②先秦时期理性精神的发展也不外按此规律进行。原始氏族社会至殷商的文化形态是典型的巫术宗教文化，巫术宗教意识作为前哲学时代的世界观主宰着意识形态的各个领域。原始初民在生产劳动和生活中，接触到了世界的万事万物，得到了丰富的感性认识，由于思维能力和认识水平所限，人们不能以系统性逻辑思维认识社会、历史及其本质，就有了神灵迷信的观念。“原始人类因梦境的启示产生了最初的灵魂观念，继而推之于‘万物有灵’，神灵的观念亦随之诞生。”③随着意识形态的演进，自然崇拜、图腾崇拜、祖先崇拜等各种意识渐趋复杂化，活动着各种神灵的巫术宗教思想统治着人类世界。《礼记·表记》云：“殷人尊神，率民以事神。先鬼而后礼，先罚而后赏，尊而不亲。”到了西周时期，早期的巫术宗教文化逐渐演化为礼乐文化。这一时期，在保留“帝”的地位的同时，提出“天”的观念。④“天”的观念的提出，源于先周农业氏族社会，因为，农业社会“天”比“帝”更切近于人的利益。然而，随着“天”的观念的牢固，周人又有“以德配天”“敬天保民”的思想观念。⑤ 这些“重德”的思想观念，乃源于人们对氏族人际关系、原始道德进行的理性思考，是调整社会关系的准则和治国原则。而到了周公的“制礼作乐”，则完成了由原始巫术宗教文化向西周礼

① 王长华、杨克飞、易卫华：《从〈诗经〉看先秦理性精神的发展和演变》，《河北师范大学学报》（哲学社会科学版）2002年第6期。

② 参见王长华、杨克飞、易卫华：《从〈诗经〉看先秦理性精神的发展和演变》，《河北师范大学学报》（哲学社会科学版）2002年第6期。

③ 赵东栓：《先秦文化的转型与理性精神的崛起》，《克山师专学报》2000年第4期。

④ 《诗经·大雅·文王》说：“上帝既命，侯于周服。”《诗经·大雅·大明》说：“上帝临女，无贰尔心。”在这里，“天”与“帝”虽交合一气，然已出现重“天”的迹象。《文王》说：“文王在上，于昭于天。周虽旧邦，其命维新。”在这里，“天”与“天命”支撑着王权神圣的地位。

⑤ 《尚书·康诰》说：“惟乃丕显考文王，克明德慎罚；不敢侮鳏寡，庸庸，祗祗，威威，显民，用肇造我区夏，越我一、二邦以修我西土。”《尚书·召诰》说：“王敬作所，不可不敬德。”

文化的转型。[①] 正如李泽厚所说："我以为，周公'制礼作乐'，完成了外在巫术仪典理性化的最终过程，孔子释'礼'归'仁'，则完成了内在巫术情感理性化的最终过程。"[②]因此，"礼乐文化首先培养贵族阶层的理性精神，一些善于思考富于创造的哲人智者们开始对宇宙自然和社会人事进行思索。"[③]关于宇宙自然的理性思考的初期成果，当是周代的"原初哲学"，即阴阳学说和五行学说，这在先秦周代典籍中已有表述，初见端倪。这是从巫术文化中蜕变而来的具有哲学性质的"世界观"。《尚书·洪范》云："水曰润下，火曰炎上，木曰曲直，金曰从革，土爰稼穑。"水、火、木、金、土五行，各有特性。《尚书·周官》云："兹惟三公，论道经邦，燮理阴阳。"太师、太傅、太保三公研究治国之道，以经营治理国家，调和处理政务。《国语·周语上》伯阳父论地震："阳伏而不能出，阴迫而不能烝，于是有地震。"这样的观念，在《越语》《郑语》《鲁语》《左传》中也多有记述。正如葛兆光所说，"阴阳五行在古代中国是从天文、历算、礼仪、占卜、历史、神话等等知识中被人们逐渐体验到的一种宇宙观，数术方技以此为基础的土壤，儒道思想何尝不用它为自己的背景？庄子说'道术为天下裂'，思想者各持一端，不过'本是同根生'的渊源则使他们在知识背景上不会相去太远，所以，不必说'周到西汉初期阴阳家思想盛行'，从而影响儒家如《洪范五行传》，也不必说楚帛书中之语句，证明道家对阴阳家有影响，有可能阴阳五行四时八方的思想在当时本来就是'资源共享'的。"[④]可见，阴阳五行说是作为人们对于人与自然关系理性思考的结果。

关于"人"社会关系理性化的思考，是道德礼制的出现。王国维《殷周制度论》说："周之制度典礼，实为道德而设，而制度典礼之专及大夫士以上者，亦皆为民而设也。周之制度典礼，乃道德之器械。"正如前文所述，"殷

---

① 《礼记·表记》云："周人尊礼尚施，事鬼敬神而远之，近人而忠焉。"这即是说，在西周时期，对人的尊重已经增强，对神的敬畏在减弱。

② 李泽厚：《世纪新梦》，安徽文艺出版社 1998 年版，第 206 页。

③ 赵东栓：《先秦文化的转型与理性精神的崛起》，《克山师专学报》2000 年第 4 期。

④ 葛兆光：《古代中国还有多少奥秘？——读李学勤〈简帛佚籍与学术史〉》，《读书》1995 年第 11 期。

鉴”的意识和思维促使以“德”为核心的礼乐文化的生成。《尚书·多方》曰:“惟我周王。灵承于旅,克堪用德。”周王能顺应民众,善用德教。《尚书·君奭》曰:“其汝克敬德,明我后民。”周公旦对召公奭谈到殷商灭亡的教训时认为天命无常,唯德是辅。《诗经·周颂·清庙》曰:“济济多士,秉文之德。”《诗经·周颂·维天之命》曰:“文王之德之纯。”肯定歌颂周人对文王之德的继承。《诗经·周颂·时迈》曰:“我求懿德,肆于时夏,允王保之。”赞扬武王能守于天命,保持祖德。这已经说明人类关于天人世界思考的结果,是从宗教巫术文化中脱胎而出的礼乐文化而重视“德治”,遂构成了最初的道德哲学。

然而,真正标志着理性觉醒的是哲学时代的到来,哲学作为民族文化精神的理性内核,决定着民族文化的心理结构和文化形态。春秋末至战国时期就是站在旧的理性基石上的“裂变”和“突破”,从而焕发新的理性精神,对旧文化的基因进行整合扬弃。而这一切又以先秦诸子的崛起为标志。诸子的崛起又是在王官之学下移之后,贵族文化权利转移到士阶层的历史变迁的背景下展开的。士阶层作为当时主流文化精神的承当者,以其所能掌握的理性方式认识和解释世界。“尤其是儒家和道家,他们分别以实用理性和思辨理性的方式,建构了丰富、深邃、完备的哲学思想体系,并以儒道互补形成了中国封建传统文化精神的主流”,①成为理性精神的代表。

综观先秦诸子思想,道家以其“道”的哲学形成了形而上的宇宙绝对真理的逻辑起点,并将其抽象为宇宙自然和社会人生的一切规律。儒家则继承西周礼乐文化传统和道德精神,形成了“天人合一”(宇宙自然与社会人事相合一)的哲学体系。在此基础上,他们还对人生哲学和社会政治进行思考和理性建构。孔子的理性精神是建构人伦秩序而达到社会秩序;道家则是在政治上主张无为而治,在人生哲学上则突出主体内在心灵的觉醒和精神的超越。这一切,都是诸子在继承商周以来对自然、人类、社会

---

① 赵东栓:《先秦文化的转型与理性精神的崛起》,《克山师专学报》2000年第4期。

理性思考成果的基础上，对宇宙、人生、社会更深层次的创造性思考的结果。

司马迁作为先秦文化的继承者，其思想精神都深深地根植于先秦士人文化土壤之中，继承了先秦士人的理性精神，表现出了探讨天道与人事的关系，展现历史的变化和发展，总结一切人间社会史事，考治乱之源的决心和勇气。

司马迁在《史记·太史公自序》中深情记述父亲临终前的嘱托：

> 幽厉之后，王道缺，礼乐废，孔子修旧起废，论《诗》《书》，作《春秋》，则学者至今则之。自获麟以来四百余岁，而诸侯相兼，史记放绝。今汉兴，海内一统，明主贤君忠臣死义之士，余为太史而弗论载，废天下之史文，余甚惧焉，汝甚念哉！①

父亲司马谈希望司马迁继承孔子论《诗》《书》、作《春秋》的传统，作史书以载论"明主贤君忠臣死义之士""兴天下之史文"，表明《史记》创作是对先秦以来学说的继承和整理，并吸收理性精神成果，形成"究天人之际，通古今之变，成一家之言"的创作宗旨。为此，司马迁义无反顾地说道：

> 先人有言："自周公卒五百岁而有孔子。孔子卒后至于今五百岁，有能绍明世，正《易传》，继《春秋》，本《诗》《书》《礼》《乐》之际？"意在斯乎！意在斯乎！小子何敢让焉。②

表明自己继孔子之后而著述的决心，通过记述历史来成就新的文化事业。已明显地表露出了对先秦以来学说的继承和整理，其中也包含着对先秦社会理性思考成果的吸收，表现出一种强烈的理性精神。这里的"究天人之际，通古今之变，成一家这言"即这种理性精神在《史记》创作中的体现，也被学界称为《史记》的创作宗旨。

"究天人之际"就是寻找天道与人道的会合点，使之相通。如前文所述，沟通天地、神人之间的关系，使之相会通，是巫所担负的使命，后来逐渐由"史"来实现。"'史'由于能够交通人神，既把握天命，又熟悉人事，因而

① 司马迁：《史记·太史公自序》，中华书局1959年版，第3295页。

② 司马迁：《史记·太史公自序》，中华书局1959年版，第3296页。

在当时的文化意识中，是能够真正地理解历史，准确地记录历史的。”①先哲们对于天人的关系也进行了深入的思考，探究其中的关联和奥秘，司马迁关注“天人”关系，《史记·天官书》说：“夫天运，三十岁一小变，百年中变，五百载大变；三大变一纪，三纪而大备：此其大数也。为国者必贵三五。上下各千岁，然后天人之际续备。”“为国”者要关注“天运”之变，以期“天人之际续备”，表现出对“天人”思考更为强烈的理性色彩。

首先，司马迁继承了西周和春秋时期出现的理性主义思想传统，排斥否定天命对人事的影响。《天官书》称如星相家尹皋、唐昧、甘公、石申等的著述凌乱庞杂，琐碎难信：“太史公推古天变，未有可考于今者。”《太史公自序》中直接对“天人感应”进行否定，认为“星气之书，多杂禨祥，不经。”《封禅书》对秦始皇、汉武帝的迷信活动进行了讽刺和揭露。《项羽本纪》中明确批评项羽将自己的失败归于“天亡我”：

吾闻之周生曰：“舜目盖重瞳子。”又闻项羽亦重瞳子。羽岂其苗裔邪？何兴之暴也？夫秦失其政，陈涉首难，豪杰蜂起，相与并争，不可胜数。然羽非有尺寸，乘势起陇亩之中，三年，遂将五诸侯灭秦，分裂天下，而封王侯，政由羽出，号为霸王，位虽不终，近古以来，未尝有也。及羽背关怀楚，放逐义帝而自立，怨王侯叛己，难矣。自矜功伐，奋其私智，而不师古，谓霸王之业，欲以力征经营天下，五年，卒亡其国，身死东城，尚不觉寤，而不自责，过矣。乃引“天亡我，非用兵之罪也”，岂不谬哉！②

司马迁从两个方面指出项羽失败的原因：一是杀义帝而自立，结果众叛亲离；二是奋其私智而不效法古代君王的德治。批评项羽把自己的失败归结为“天命”。在《伯夷列传》中，司马迁评论道：

或曰：“天道无亲，常与善人。”若伯夷、叔齐，可谓善人者非邪？积仁絜行如此而饿死！且七十子之徒，仲尼独荐颜渊为好学。然回也屡空，糟糠不厌，而卒蚤夭。天之报施善人，其何如哉？盗蹠日杀不辜，肝

① 王子今：《史记的文化发掘——中国早期史学的人类学探索》，湖北人民出版社1997年版，第34页。

② 司马迁：《史记·项羽本纪》，中华书局1959年版，第338—339页。

> 人之肉，暴戾恣睢，聚党数千人横行天下，竟以寿终。是遵何德哉？此其尤大彰明较著者也。若至近世，操行不轨，专犯忌讳，而终身逸乐，富厚累世不绝。或择地而蹈之，时然后出言，行不由径，非公正不发愤，而遇祸灾者，不可胜数也。余甚惑焉，傥所谓天道，是邪非邪？①

将传统的天命论的片面、虚幻与现实的全面、真实相对比，至善之伯夷、叔齐、颜回和残杀无辜的盗跖却享天年两相对比，“天道无亲，常与善人”的常理自然就会被打破，发出了“余甚惑焉，傥所谓天道，是邪非邪”的呼喊，这里对天命的怀疑，是“究天人之际”的体现。

其次，重新确立天人关系，突出了人的历史主体地位。司马迁在《礼书》中说：“观三代损益，乃知缘人情而制礼，依人性而作仪。”②为人制礼作仪是三代损益的关键。对人主体地位的确立，是与对鬼神的否定相辅相成的。《史记》多次肯定孔子鬼神不可知论，《天官书》云：

> 是以孔子论六经，纪异而说不书，至天道命，不传；传其人，不待告；告非其人，虽言不著。③

司马贞《史记正义》说：“著，明也。言天道性命，告非其人，虽为言说，不得著明微妙，晓其义也。”在司马迁看来，孔子所说经书中天道性命乃大旨微妙，故而不传。即使传，也不具体说明，所以说孔子是罕言天道性命的。对此，《孔子世家》载子贡语：“夫子之文章，可得闻也。夫子言天道与性命，弗可得闻也已。”子贡说也没有听说过孔子谈论天道与性命的言论。《外戚世家》云：“孔子罕称命，盖难言之也，非通幽明之度，恶能识乎性命哉。”之所以肯定孔子罕言鬼神，是因为在司马迁看来，天道性命是一个神秘而又深微的问题，要得知其中真义，就要进一步去“究天道”。司马迁“力图将‘人道’置于世界观和历史观的矛盾运动中来探讨人在历史中的主体地位。”④司马迁看待历史兴衰存亡，对天道有所批判和怀疑，其主要倾向还是归于人事。

---

① 司马迁：《史记·伯夷列传》，中华书局 1959 年版，第 2124—2125 页。

② 司马迁：《史记·礼书》，中华书局 1959 年版，第 1157 页。

③ 司马迁：《史记·天官书》，中华书局 1959 年版，第 1343 页。

④ 王成军：《司马迁史学思想新探》，《人文杂志》1996 年第 2 期。

在某种程度上,司马迁对天人之际的探讨,其实就是对历史中人事盛衰原因的察究。

“通古今之变”是司马迁《史记》的又一创作宗旨。这是在前人历史理性基础上对历史事实的思索和考察,从而把握历史发展变化的规律。第一,司马迁考察了兴亡之变的历史因果关系。《史记》中详细记载了夏、商、周和秦汉兴亡的史实并揭示了兴亡的原因。《外戚世家》云:“夏之兴也以涂山,而桀之放也以末喜;殷之兴也以有娀,纣之杀也嬖妲己;周之兴也以姜原及大任,而幽王之禽也淫于褒姒。”这是从后妃是否有德影响国家兴亡的角度来论述夏、商、周政权更替的原因。对于秦亡,《太史公自序》说:“秦失其政,而陈涉发迹,诸侯作难,风起云蒸,卒亡秦族。”司马迁还在《秦始皇本纪》中引用贾谊《过秦论》来阐明秦亡原因:“仁义不施,攻守之势异也”;“危民易与为非”,说明秦亡是暴虐专政、“危民”揭竿和皇帝拒谏的结果。司马迁还探讨历史社会兴盛发达的原因。《货殖列传》说明了汉兴经济发展的原因:

> 由此观之,贤人深谋于廊庙,论议朝廷,守信死节隐居岩穴之士设为名高者安归乎?归于富厚也。是以廉吏久,久更富,廉贾归富。富者,人之情性,所不学而俱欲者也。故壮士在军,攻城先登,陷阵却敌,斩将搴旗,前蒙矢石,不避汤火之难者,为重赏使也。其在闾巷少年,攻剽椎埋,劫人作奸,掘冢铸币,任侠并兼,借交报仇,篡逐幽隐,不避法禁,走死地如骛者,其实皆为财用耳。今夫赵女郑姬,设形容,揳鸣琴,揄长袂,蹑利屣,目挑心招,出不远千里,不择老少者,奔富厚也。游闲公子,饰冠剑,连车骑,亦为富贵容也。弋射渔猎,犯晨夜,冒霜雪,驰阬谷,不避猛兽之害,为得味也。博戏驰逐,斗鸡走狗,作色相矜,必争胜者,重失负也。医方诸食技术之人,焦神极能,为重糈也。吏士舞文弄法,刻章伪书,不避刀锯之诛者,没于赂遗也。农工商贾畜长,固求富益货也。此有知尽能索耳,终不余力而让财矣。①

① 司马迁:《史记·货殖列传》,中华书局1959年版,第3271页。

司马迁认为，追求富裕是人的本性，乃理之固然。为朝廷出谋划策的贤能之人是为了长久做官而增加财富；忠于信仰、坚守原则、隐居在岩穴之中、具有很高名望的士人，也是为增加财富；商人买卖公道，营业发达，就能多赚钱而致富。可见，“求富”是人的本性，人们都会去追求。壮士打仗时攻城先登，遇敌时冲锋陷阵、斩将夺旗，冒着箭射石击，不避赴汤蹈火、艰难险阻，是因为重赏的驱使。那些乡里少年，杀人埋尸，拦路抢劫，盗掘坟墓，私铸钱币，伪托侠义，侵吞霸占，借助同伙，图报私仇，暗中追逐掠夺，不避法律禁令，也是为了钱财。赵国、郑国女子弹琴舞袖，出外不远千里，也是为财利而奔忙。游手好闲的贵族公子，宝剑装饰讲究，外出时车辆马匹成排结队，也是为摆出富贵的架子。猎人渔夫，起早贪黑，顶风冒雪，奔跑在深山大谷，不避猛兽伤害，为的是获得各种野味。赌徒、医者、方士都是为了得到更多的报酬。官府吏士，舞文弄墨，陷没在他人的贿赂之中，也是为求财。那么，农、工、商、贾储蓄增殖，原本就是为了谋求增添个人的财富。只要努力从事生产，多所收获，即可富比王侯而取义。如果贫而不能自救，就谈不上什么仁义，那才真是可羞的，从事商业贸易是贫穷人士的致富之路。

第二，司马迁探究了成败之变的规律。司马迁在分析原因的基础上探究历史成败之变的规律，即“稽其成败兴坏之理”。在《史记》中，记载了由胜而败、反败而胜的历史史实。《燕世家》《乐毅列传》记载了燕国败亡的过程。乐毅是燕国名将，攻打齐国所向披靡，节节胜利，只要再拿下即墨和莒这两座城池，就可以一举灭掉齐国了，可燕惠王因“与乐毅有隙”，“疑毅，使骑动劫代将”，结果被齐国的田单用火牛阵打得大败，燕国从此一蹶不振，以至于亡，而齐国反败为胜。《廉颇蔺相如列传》载，赵孝成王七年，秦、赵两军在长平对垒。老将廉颇以“固壁不战”的战略沉着应对，一时胜负难分。后来赵王中了秦人的反间计，用只会纸上谈兵的赵括代替廉颇，结果被秦将白起打得一败涂地，四十万赵兵在长平惨遭活埋，赵国元气大伤。在这里，司马迁不仅注意到了成败易变的过程，而且深刻地揭示出了造成这种变化的重要原因，即用人得当与否。《高祖本纪》中用汉高祖刘邦的话总结说：“夫运筹帷幄之中，决胜千里之外，吾不如子房；镇国家抚百姓给饷馈，不绝粮道，吾不如萧何；连百万之众，战必胜，攻必取，吾不如韩信。”道出了用人的重要性。因此，他在《楚元王世家》中深有感触地说：

> 国之将兴，必有祯祥，君子用而小人退；国之将亡，贤人隐，乱臣贵。……贤人乎，贤人乎！非质有其内，恶能用之哉！甚矣，“安危在出令，存亡在所任”，诚哉是言也！①

这里真正说出了用人正确与否对于国家兴衰存亡的重要性这一规律。

第三，司马迁在《史记》中通过五体体例来表现古今之变。司马迁以五体体例来表现“古今之变”，其中十二本纪是以帝王为记述对象展现从传说时期到汉武帝时期历史的发展变化；三十世家记述从吴太伯开始诸侯国的历史变化；七十列传以社会各个阶层的人物传记来展现自古至汉的具体变化；十表“以牒谱的形式，排列史实或人物、世次和年代，反映一个历史阶段的总体发展变化的趋势”；②八书是以专论的形式反映历史上典章制度的变化，就“变”这一点来说，十表体现得最为充分。白寿彝在《史记新论》中说：“在‘通古今之变’的问题上，十表是最大限度地集中体现这一要求的。司马迁每写一个表，就是要写这个历史时期的特点，写它在‘古今变化’的长河中变了些什么。把这十表总起来看，确实要写周晚年以来悠久的历史时期内所经历的巨大变化——由封侯建国走到郡县制度，由地方分权走到皇权专制。”③这是从政治制度的这一本质属性上谈历史之变。

“成一家之言”是司马迁《史记》的又一个创作宗旨，对此学者多有论述。梁启超认为，司马迁是借史的形式发表自己的一家之言，其著述《史记》的根本目的“乃在发表司马氏‘一家之言’，与荀卿著《荀子》、董生著《春秋繁露》，性质正同。不过其‘一家之言’乃是借史的形式发表耳。”④意思是说司马迁的“一家之言”的实质是“一子之言”。对此，范文澜、程金造

---

① 司马迁：《史记·楚元王世家》，中华书局1959年版，第1990页。

② 高立迎：《通古今之变是司马迁修史的主旨——读〈史记〉十表札记》，《太原师专学报》1992年第3期。

③ 白寿彝：《史记新论》，求实出版社1981年版，第56页。

④ 梁启超：《要籍解题及其读法·史记》，《饮冰室合集·专集》之七十二，中华书局1989年版，第18页。

等学者也有类似的观点。[①] 有学者则认为，司马氏“一家之言”，是要自成“史家”。白寿彝说：“司马迁自称‘成一家之言’，是在史学领域里第一次提出这个‘家’字，这是一个开创新局面的史学家自觉表现。”[②]张大可、俞樟华认为，“从学术上说，司马迁自成一家就是一个历史家。”[③]施丁、杨燕起等学者又进一步阐释司马迁在史学思想上的自成一家。[④] 还有研究者认为，司马迁是实录历史事实成一家之言，[⑤]写当代史成一家之言，[⑥]在历史编纂上自成一家。[⑦] 我们说，无论是成一“子家”，还是成一“史家”；不管是借历史记述形式（著史体例、史料选择）“成一家之言”，还是总结历史“成一家之言”，司马迁都是继承先秦历史理性发展成果，运用自觉的历史意识，从三千年的历史演化中寻绎出人类社会发展的规律。正如白寿彝在《〈史记〉新论》中所说的：司马迁“成一家之言”既要继承先秦时期百家争鸣的风气、传统，又要在史学领域有所创造，敢于拿出自己的主张。这是司马迁在史学上的创新精神和自觉精神。[⑧]

司马迁著《史记》而“成一家之言”，是继前人撰史事业，成就史学巨著。《隋书·经籍志》云：“谈乃据《左氏》、《国语》、《世本》、《战国策》、《楚汉春秋》，接其后事，成一家之言。谈卒，其子迁又为太史令，嗣成其志。上自黄帝，讫于炎汉，合十二本纪、十表、八书、三十世家、七十列传，谓之《史记》。”这里指出了《史记》继承与创造的表现，正如白寿彝在《中国史学史》中所说的：“《史记》有一百三十卷，五十二万多字，上起传说中的黄帝，下至汉武帝的天汉年间，是一部通史，也是一部取各种史体之长的综合体史书。特别应

---

① 范文澜：《文心雕龙注·史传》，人民文学出版社 1958 年版，第 304 页。

② 白寿彝：《中国史学史》第一册，上海人民出版社 1986 年版，第 181 页。

③ 张大可、俞樟华等：《司马迁一家言》，陕西人民教育社 1995 年版，第 18 页。

④ 详见施丁：《论司马迁的“成一家之言”》，《中国史研究》1996 年第 1 期；杨燕起：《司马迁的〈史记〉与中国史学的自觉》，《史学史研究》1995 年第 1 期。

⑤ 详见吴忠匡：《司马迁“成一家之言”说》，《人文杂志》1984 年第 4 期；刘家和：《对于中国古典史学形成过程的思考》，《史学理论》1987 年第 2 期。

⑥ 详见易平：《论司马迁写当代史成一家之言》，《史学理论研究》1997 年第 2 期。

⑦ 参见郑振邦、郑红娟：《也谈司马迁的“成一家之言”》，《渭南师范专科学校学报》1997 年第 2 期。

⑧ 白寿彝：《史记新论》，求实出版社 1981 年版，第 51—71 页。

当指出来的,这是史学领域里有意识地要'成一家之言',而在史学实践上也做到了'成一家之言'的第一部史书,在历史观点、史料搜集、文字表述上都有显著的成就。这是中国史学已成长起来的显著标志。"①这样的评价指出了司马迁"成一家之言"在史学思想上的创新性和贡献。

对于司马迁"成一家之言"的创作宗旨,我们还应该有更加深刻的认识。首先,司马迁《史记》体大思精,蕴含着丰富的思想内容,是司马迁独到的见解之言。《史记》记述黄帝至汉初三千年的历史,集文、史、哲、经于其中,"立足于现实积极主动地适应社会需要,并从哲学高度,用当时所能有和时人所能接受的最高认识水平,审视古今历史,从社会的各个方面深入考察其变化的原因,并由此撰写出别开生面的历史著作,从而既开通史先河,创纪传体例,又开创了紧密结合现实研究和撰述历史的先例,而且还以其关于国家和社会的卓越认识开创了包括阶级阶层、著名人物、政治、经济、军事、文化、民族与民族关系、国家及国家关系无所不载,天文、地理、工程、历算、水利、伎巧,文章无所不写,尽可能完整反映社会风貌的历史撰述法。"②可见,司马迁"一家之言"内容丰富。其次,司马迁融百家为一家,通过《史记》发表自己对社会历史发展变化的独到见解。司马迁"原始察终,见盛观衰","稽其兴坏成败之理",从历史史实中探究"治道"与"乱源"。从各篇的序、赞中可以看到,司马迁所认为的兴坏成败之理,如人心向背是兴坏成败的重要影响,贤相良将是治平天下、治理社会的关键,因循为用、顺民之俗是社会经济发展之策,惩恶劝善、为后王立法是历史的重要启示。再次,五体通史是司马迁用来发表一家之言的形式。《史记》是一部在编写体例上创新的历史书。尽管文体形式在先秦时期都不同程度地出现过,然创五体于一史实属伟大的创造,成为后世效法的典范。更为重要的是,司马迁用创新的体例表达"一家言"。如列项羽于本纪,列孔子、陈涉于世家,别有用意。《史记》用一定篇幅记载不同历史时期社会中下层人物,全景式、全方位、多层面地再现了社会历史的总体风貌,突破了以往史家"贬天子,退诸

① 白寿彝:《中国史学史》第一册,上海人民出版社 1986 年版,第 50 页。

② 柳维本、赵忠文:《对司马迁"成一家之言"的认识》,《光明日报》1991 年 7 月 31 日。

侯，讨大夫”的狭隘著史目的。所以说，司马迁“有着自己明确的目的和鲜明的倾向，他决不以维护封建主义至高无上的君权，决不以官书档案所罗列的某种理性原则和逻辑范畴，也决不以任何一家的政治偏见作为他的创作思想。他的‘成一家之言’这一宗旨的主要内涵就是始终尊重历史事实和生活现实，深入探究事物的本质特征。”①

总之，司马迁受先秦士人理性精神的影响，在《史记》中表现出“究天人之际，通古今之变，成一家之言”的创作宗旨。

① 吴忠匡：《司马迁“成一家之言”说》，《人文杂志》1984年第4期。

第六章　先秦士人史传传统与司马迁《史记》创作

“史”从巫中分离出来以后，史官们便纷纷记录历史。由周初自觉地保存更多的官方文书，到整编殷商时代的历史文献；从注意保存档案、文书，到特意记述历史载籍，再到官方记史制度的形成，①经历了漫长的时期。而此后的春秋时期，官方记史制度迅速发展，形成了可贵的史传传统。这些传统，在司马迁《史记》创作中都得到了体现。

第一节　先秦史官书法传统与司马迁《史记》之“太史公笔法”

春秋时期，周王朝与诸侯国皆以编年体形式记载史事，形成了各国官方记录的史书。史官早在东周时期就已设置，《周礼·春官·宗伯》记载西周即有大史、小史、内史、外史、御史，除记录历史的职能之外，又各有其他职能。《汉书·艺文志》说，古时“左史记言，右史记事，事为《春秋》，言为《尚书》，帝王靡不同之。”《左传·僖公七年》记齐管仲说：“夫诸侯之会，其德、刑、礼、义，无国不记……作而不记，非圣德也。”随着历史记述的发展，史家也有了记史的法则，又称为“书法”。《左传·庄公二十三年》载，曹刿向鲁

① 编年史国史的出现，在周宣王或其前不久的时期。

国君主进谏时曾说:“君举必书,书而不法,后嗣何观?”表明要遵循“君举必书”的原则,要讲究一定的书法原则。《左传·宣公二年》记载晋史官董狐于史册书“赵盾弑其君”的事迹,成了古代史官秉笔直书的典范。孔子赞道:“董狐,古之良史也,书法不隐。”这里,又提出了“良史”的标准和“书法不隐”的原则。到了孔子,又有了“春秋笔法”。

《春秋》是孔子根据鲁国史料编纂的一部编年史,简要记载了从鲁隐公到鲁哀公时期共 242 年间的历史大事。《春秋》叙事的外在形式表现为对事件的直接呈现,其中既没有因果过程,也没有评判,但依传统的看法,《春秋》是一部忧患之书,含有“微言大义”,可以“为天下仪表,贬天子,退诸侯,讨大夫,以达王事而已矣”(《史记·太史公自序》)。而《春秋》之所以能不动声色地表达出至深至隐的“大义”,就在于它所持有的“笔法”。这种“春秋笔法”,《左传·成公十四年》总结为:“微而显,志而晦,婉而成章,尽而不污,惩恶而劝善”,概括出了基本大旨。曹顺庆认为,“春秋笔法”“其实就是一种独特的解读与表述方式。”[①]通常理解的“春秋笔法”大致有三层意思,一是“常事不书”,属于选材类;二是“讳书”,它特指一件不得不载录的事实被部分或全部隐藏;三是表述中的一些特殊的句法和用词方法。“常事不书”一词出于《公羊传》,被认为是“春秋笔法”中一个最为重要的体例。《公羊传》有三处指出《春秋》这一书例,都是关于祭祀礼仪的记载。可见“常事不书”是一般史官的载录原则,而一旦被载录,就不能不引起“此何以书”的疑问。所载之事或者违背了时令顺序,或者无视神的警戒,从中可以推断主事者对天人秩序已经懈怠了,史官借以表示自己对这种懈怠的不满。

所谓“讳书”(或谓“隐”),绝大部分是因为史官为了表达对事实的褒贬态度,而故意隐而不书的。还有相当一部分隐而不书的,被后世儒者看作是避讳。《春秋集传纂例》引赵匡的话说:“凡君子过恶,以讳为示讥,见其

---

① 曹顺庆:《“春秋笔法”与“微言大义”——儒家经典的解读模式与言说方式》,《北京大学学报》(哲学社会科学版)1997 年第 2 期。

避讳,亦足以知其不当为也。为尊者讳,不书王师战,不言天王奔及出……"① 按照《公羊传》的理解,《春秋》所谓"诸所避讳"的基本原则包含两个方面:一是"于外大恶书,小恶不书";二是"于内大恶讳,小恶书"。"春秋笔法"除了"常事不书"和"隐而不书"外,还表现为某些特殊的表达规则和用词规则。无论"常事不书"还是"讳书",以及特殊的用词规则,都不同程度地体现了《春秋》笔法的表述方式。

在我国史学史上,自从有了文字记录,褒贬人物便成为史书重要内容之一,史官也因此而获得了"褒贬"权力。梁玉绳在《〈汉书人表考〉序》中说:"褒贬进退,史官之职。"《太史公自序》指出,孔子以扬善惩恶的方式,"别嫌疑,明是非,定犹豫,善善恶恶,贤贤贱不肖","采善贬恶,推三代之德,褒周室,非独刺讥而已也。"这一点,"春秋笔法"已有了明确的表现。无论是"常事不书""讳书",还是特殊的表达规则或用词规则,均含有"褒贬"之意。《史记·孔子世家》引用孔子的话说:

> 子曰:"弗乎弗乎,君子疾没世而名不称焉。吾道不行矣,吾何以自见于后世哉?"乃因史记作《春秋》,上至隐公,下讫哀公十四年,十二公。据鲁、亲周、故殷,运之三代。约其文辞而指博。故吴楚之君自称王,而《春秋》贬之曰"子";践土之会实召周天子,而《春秋》讳之曰"天子狩于河阳":推此类以绳当世。贬损之义,后有王者举而开之。《春秋》之义行,则天下乱臣贼子惧焉。②

这足以说明《春秋》在记录史实之中,包含着巨大的或褒或贬的意蕴。《春秋》中,礼仪活动的"常事不书"、普通社会现象的"常事不书",都是为了记述"非常之事",因为《春秋》之中,"弑君三十六,亡国五十二,诸侯奔走不得保其社稷者不可胜数。"(《史记·太史公自序》)非常事件已成为一个突出的社会现象。此类非常之事,受到了史官的重视,构成了"所见异辞、所闻异辞、所传闻异辞"的记事原则。这些"异辞"之中,正好包含了史官对历史

---

① 陆淳:《春秋集传纂例》卷九,《古经解汇涵》第18册,嘉兴钱氏经苑本。

② 司马迁:《史记·孔子世家》,中华书局1959年版,第1943页。

人物的褒贬。“讳书”亦是如此。其隐而不书并不是一味遮掩，也是一种臧否方式，史官无权直接表达自己的评判，也只能通过各种超乎寻常的表达方式来显示自己的意见。

同样应该指出的是，后人从不同角度对《春秋》的用词规则和表述规则进行了总结、阐发。《左传》以“凡”字引出对《春秋》这些语言规则的解释，被后人称为凡例。杜预统计共有50“凡”。晚唐儒学家陆淳撰《春秋集传纂例》，以事类分“春秋笔法”为34例。再看用词规则。赵匡、陆淳《春秋集传纂例》“杀例”第二十六引啖助的话曰：“凡鲁君见弑皆书薨，不可斥言也。他国公子篡大夫弑必书名，志罪也。称国以弑，自大臣也，不书大夫，君无道也。称人以弑，同贱人也，亦恶其君也。称盗以弑，非君之恶也。……据此，君有道则大臣称名，卑者称道；君无道则大臣称国，卑者称人。”同为杀君行为，改“弑”为“薨”，属于隐讳其词。这就是所谓的“一字褒贬”的用词规则。这“一字之褒贬”，却重于万言，能够“以绳当世”，使“天下乱臣贼子惧”。所有这一切，都有着强烈的伦理化倾向，是以述史的方式，来彰善瘅恶，“笔削褒贬”，以维护君君、臣臣、父父、子子的伦理规范。如前文所述，司马迁著《史记》是要继《春秋》而成一代大典，因此，对孔子作《春秋》给予了充分的肯定和高度的评价。同样对于作为伦理规范和义法的“春秋笔法”，司马迁在《太史公自序》《孔子世家》《儒林列传》等篇章中都予以阐发。在《十二诸侯年表序》中，对此叙述最为明确：

> 是以孔子明王道，干七十余君，莫能用，故西观周室，论史记旧闻，兴于鲁而次《春秋》，上记隐，下至哀之获麟，约其辞文，去其烦重，以制义法。王道备，人事浃。七十子之徒口受其传指，为有所刺讥褒讳挹损之文辞不可以书见也。①

孔子为了彰显王道，游说于七十多个诸侯国国君，都没有采纳其主张。孔子西行于周，讨论史籍记载和以前的旧闻，之后回到鲁国编撰《春秋》。删繁就简，确定修史的“义法”，以齐备王道，周全人事。孔子的弟子口传领会

① 司马迁：《史记·十二诸侯年表序》，中华书局1959年版，第509页。

《春秋》要义，因为《春秋》中的讥讽与谴责、抑扬与褒奖等忌讳之辞不便于书写出来。清代桐城派创始人方苞在《又书货殖列传后》中指出："春秋之制义法，自太史公发之，而后深于文者亦具焉。"①与《春秋》一样，《史记》也是以"褒贬"的方式来关注历史与现实的。班固称其"不虚美""不隐恶"，其中便有褒贬的含义。因此，司马迁对《春秋》之"义法"肯定的同时，在《史记》中体现出了实录的精神，即"太史公笔法"。

"太史公笔法"继承了先秦士人（史官）的"直书"传统。班固在《汉书·司马迁传》中评论《史记》时说：

> 自刘向、扬雄博极群书，皆称迁有良史之材，服其善序事理，辨而不华，质而不俚，其文直，其事核，不虚美，不隐恶，故谓之实录。②

"实录"是班固对司马迁"太史公笔法"的颂扬与阐发。因此，"太史公笔法"可以从两方面去理解。一是文直事核，即作史有据，忠于史实，如实地记述史事，客观地表述历史事实。如司马迁为陈涉作世家，是真实历史的客观反映。梁启超在《要籍解读及其读法》中也说，《史记》是"以无数个传记之集合体成一史"的。其中本纪、世家、列传无不涉及对人物的"褒贬"。《史记》"不虚美、不隐恶"，敢于秉笔直书，无所畏惧，客观、公正地写出了他所生活的当时社会历史的真实面貌，包括毫不留情地批判汉代帝王的统治，这里的褒贬意蕴更为深厚。历代史家对司马迁撰《陈涉世家》持有非议，但陈涉在秦汉之际风云变幻的历史过程中有首难之功，这是历史事实。倘若没有陈涉的"首事"，秦汉之际的历史或许就要重新改写。所以，司马迁为陈涉作世家，是客观、如实地反映了历史。

在秦亡汉兴的情况下，西汉初年的许多政治家、思想家指斥秦的暴政，在一片反对声中，司马迁"察其终始"，充分肯定秦的"世异变"之功绩。他说：

> 秦取天下多暴，然世异变，成功大。传曰"法后王"，何也？以其近

① 彭林、严佐之主编：《方苞全集》第八册《方望溪文集全编（上）》，复旦大学出版社 2018 年版，第 97 页。

② 班固：《汉书·司马迁传》，中华书局 1962 年版，第 2738 页。

已而俗变相类，议卑而易行也。学者牵于所闻，见秦在帝位日浅，不察其终始，因举而笑之，不敢道，此与以耳食无异。悲夫！①

司马迁不仅如实地反映历史，对秦统一天下的功绩作出了公允的评价，而且还对那些不能正视历史的人们进行了辛辣的讽刺，说他们是在用耳朵吃饭。二是“不虚美”“不隐恶”。即不任意夸大或美化好的事物，不回避、隐瞒丑陋的现象，也就是善恶必书。司马迁在《平准书》《封禅书》诸篇中，一方面如实记述了汉武帝年间“人给家足，都鄙廪庾皆满”，“守闾阎者食粱肉，为吏者长子孙，居官者以为姓号”等一派繁荣、升平、昌盛的景象；另一方面又揭露汉武帝穷兵黩武、好大喜功、迷信鬼神、轻国民力、厚敛于民，从而导致“县官大空”“黎民重困”的局面。司马迁在《项羽本纪》中以极大的热情颂扬了项羽的不朽功绩，讴歌了项羽的英雄本色，但对项羽的骄傲自大、刚愎自用，想依靠武力征服天下的弱点进行了深刻的批判。在《酷吏列传》中，司马迁对酷吏的横行霸道、冤杀无辜进行了无情的揭露和鞭挞。而对于个别酷吏的某些好的品德，也给予了肯定。他在《酷吏列传》的“太史公曰”中说，郅都“争天下大体”，张汤“国家赖其便”，赵禹“据法守正”，认为“其廉者足以为仪表。”司马迁不因为酷吏令人憎恶而否认他们身上的长处，做到了善恶必书。

“太史公笔法”中“实录”的创作精神和创作方法，是对“秉笔直书”传统的发展。这种笔法具体体现在以下几方面：一是“网罗天下放失旧闻”。司马迁以不同的方式，通过不同的途径，尽可能收集有关史料。作为一部通史，需要有丰富的材料，而作为一部实录，则更需要在丰富的材料中进行分析、比较、鉴别，以便收集到确实可信的材料。二是“总之不离古文者近是”和“择其言尤雅者”的选材原则。“不离古文”是指文献资料应与实地调查材料结合起来进行考查，相互印证。“择其言尤雅者”就是选择最为可靠的历史资料。《五帝本纪》的取材叙事便体现了这一原则。秦以来，关于黄帝的记载很多，其中不乏神化、附会之说，以致出现“其文不雅驯”的情况。司

① 司马迁：《史记·六国年表》，中华书局1959年版，第686页。

马迁经过调查、核实，采用了较真实可靠的《五帝德》《帝系姓》中的有关记载作为撰述《五帝本纪》的材料。在他看来，选择史料必须删去“不雅驯”之语，坚持“择其言尤雅者”，方能真实可信。三是“疑则传疑”“疑者阙之”。司马迁在《三代世表》和《高祖功臣侯者年表》序中提出了这一整理文献的原则。《三代世表》序云：

> 太史公曰：五帝、三代之记，尚矣。自殷以前诸侯不可得而谱，周以来乃颇可著。孔子因史文次《春秋》，纪元年，正时日月，盖其详哉。至于序《尚书》则略，无年月；或颇有，然多阙，不可录。故疑则传疑，盖其慎也。
>
> 余读谍记，黄帝以来皆有年数。稽其历谱谍终始五德之传，古文咸不同，乖异。夫子之弗论次其年月，岂虚哉！于是以《五帝系谍》、《尚书》集世纪黄帝以来讫共和为《世表》。①

司马迁认为，五帝、三代以前太久远难以考证，孔子依据有限的史籍和文献编著《春秋》，《尚书》《谍记》《历谱谍》《终始五德之传》等记录或不全面，或有缺漏，参考《五帝系谍》《尚书》编列的世系，记载黄帝以来撰成《三代世表》。说明《三代世表》所谱列的世系，周代以来较为可靠，周代以前为传说之史，疑则传疑。《史记》资料来源广泛。《高祖功臣侯者年表》序云：

> 居今之世，志古之道，所以自镜也，未必尽同。帝王者各殊礼而异务，要以成功为统纪，岂可绲乎？观所以得尊宠及所以废辱，亦当世得失之林也，何必旧闻？于是谨其终始，表其文，颇有所不尽本末；著其明，疑者阙之。后有君子，欲推而列之，得以览焉。②

在司马迁看来，记录历史的目的在于“志古自镜”，历代帝王的治理有着不同的方法，功臣侯门之尊荣恩宠、废黜羞辱的原因也是值得借鉴的。说明作史目的是总结经验教训，以“志古自镜”，最重要的是总结当代史。由于历史上常常有许多问题众说不一，何者为真，何者为假，难以辨清，司马迁分别照录，采取“疑则传疑”的原则。另外，对于缺材料根据的记载，他也决不主

---

① 司马迁：《史记 · 三代世表》，中华书局 1959 年版，第 487—488 页。

② 司马迁：《史记 · 高祖功臣侯者年表》，中华书局 1959 年版，第 878 页。

观臆测，而是采用“疑者阙之”的处理方法。如《货殖列传》序说：“夫神农以前，吾不知已。”司马迁正是以这些严谨的方法和谨慎的态度，撰成了《史记》这部千古不朽的“实录”。

可以说，司马迁《史记》中的“实录”，倾注着著史者主观努力和理性精神，对历史事实作出了一定分析判断。

第二节　先秦著史体制与《史记》五体结构

所谓著史体制，是“记录历史史实，表述历史思想时在结构、体系、方法、形式等方面的特点，是作者在该著作中展现历史内容、表述历史思想的载体”。[①] 先秦的历史著作，是史学发展和兴盛的结果，当时史官或知识阶层在著书立说时创立了相应的体制。“在一般人的心目中，纪传体是与《史记》紧紧联系在一起的，但在司马迁开创这种史体之前，先秦史著中已有这种史体的萌芽。”[②]先秦时期史书的体制有以《尚书》为代表的历史资料汇编，有以《春秋》为代表的编年体，以《国语》《战国策》为代表的国别体。司马迁欲“究天人之际，通古今之变，成一家之言”，站在历史的制高点上，按照“我欲载之空言，不如见之于行事之深切著明也”的著史追求，创造性地运用本纪、表、书、世家、列传五种体例，创立了一种崭新的历史编纂体例——纪传体，[③]撰写了一部自上古至汉代当世的通史。“本纪”叙述帝王的政迹；“表”是各个历史时期的简单大事记，是全书叙事的联络和补充；“书”分别叙述天文、历法、水利、经济、文化、艺术等方面的发展和现状，与后世的专门科学史相近；“世家”主要叙述贵族侯王的历史；“列传”主要是

---

① 任刚：《史记的体制及宗旨》，见张新科主编：《史记概论》，陕西师范大学出版社 2009 年版，第 14 页。

② 傅修延：《先秦叙事研究——关于中国叙事传统的形成》，东方出版社 1999 年版，第 223 页。

③ 其实，“纪传”这个词还不足以概括《史记》的体例，只是由于“纪”和“传”在《史记》中占比例最重并对后来史书影响最大，故勉强可为之。参见白寿彝：《司马迁与班固》，《北京师范大学学报》1963 年第 4 期。

各种不同类型、不同阶层人物的传记。《史记》就是通过这样五种不同的体例及其相互补充而构成完整的体系。其实,“五体在汉代以前就曾出现,司马迁是在创造性地继承了五体的基础上创立了新的史书体例。前代史学的编纂体例为他的体例创新提供了肥沃的土壤。”①刘知幾《史通》说:

夫纪传之兴,肇于《史》、《汉》。盖纪者,编年也;传者,列事也。编年者,历帝王之岁月,犹《春秋》之经,列事者,录人臣之行状,犹《春秋》之传。《春秋》则传以解经,《史》《汉》则传以释纪。②

说明“纪”与“列传”的关系。“世家”一体从先秦世卿世禄之家演化而来,先秦典籍中有“世卿”“世禄”“世臣”“世家”之称,均指卿大夫之爵职秩禄世代相传。“世本”是古代的牒谱,又称作“世”“世系”“世牒”“牒记”等。“世”是指世系,“本”则表示起源。《世本》的内容可分为如下几类:“帝系篇”记帝王系统;“世系篇”记诸侯和卿大夫世系;“氏姓篇”记当时所有姓氏;“居篇”记建都情况,如舜居妫汭、禹都阳城等;“作篇”记一些事物发明的历史,如容成造历,仓颉作书等;“谥法篇”记谥号的释义。刘知幾《史通·世家》说:“案:世家之为义也,岂不以开国承家,世代相续?”③又有:“司马迁之记诸国也,其编次之体,与本纪不殊。盖欲抑彼诸侯,异乎天子,故假以他称,名为世家。”④“世家”记诸侯列国史,载传代家史,有别于天子等第。

关于本纪,“本纪”或“纪”为全书的“纲”,历代学者解释颇多。清代赵翼《廿二史札记·各史例目异同》说:“古有《禹本纪》、《尚书世纪》等书,迁用其体,以叙述帝王。”张守节《史记正义·五帝本纪》引裴松之《史目》云:“天子称本纪。”张守节对此解释说:“本者,系其本系,故曰本;纪者,理也,统理众事,系之年月,名之曰纪。”司马贞《史记索隐·五帝本纪》云:“纪者,记也。本其事而记之,故曰本纪。又纪,理也,丝缕有纪。而帝王书称纪者,

① 毛曦:《论司马迁史学的继承性》,载《唐都学刊》1994年第6期。
② 刘知幾:《史通·二体》,见浦起龙通释,吕思勉评,上海古籍出版社2008年版,第35页。
③ 刘知幾:《史通·世家》,见浦起龙通释,吕思勉评,上海古籍出版社2008年版,第32页。
④ 刘知幾:《史通·世家》,见浦起龙通释,吕思勉评,上海古籍出版社2008年版,第32页。

言为后代纲纪也。"《汉书·高帝纪》颜师古注曰："纪，理也，统理众事而系之于年月者也。"刘知幾《史通·本纪》解释道："盖纪者，纲纪庶品，网络万物，论篇目之大者，其莫过于此乎！""盖纪之为体者，犹《春秋》之经系日月以成岁时，书君上以显国统。"①可见"本纪"与孔子《春秋》及各国《春秋》的编年体体例有着一定的联系。"春秋"原是孔子以前史书的通名，周王朝诸侯国都有。《墨子·明鬼下》有某事"著在周之《春秋》"，某事"著在燕之《春秋》"，某事"著在宋之《春秋》"，某事"著在齐之《春秋》"等记录。《隋书·李德林传》引墨子之言称："吾见百国《春秋》。"《墨子·明鬼》所引周、燕、宋、齐诸国之"春秋"，很可能就是墨子所见"百国春秋"的一部分。"春秋"本是季节名，表示时间，代表一年。所以作为史书的"春秋"，均按编年体叙事。这些《春秋》作为历史记录已初具编年的性质。孔子之《春秋》"比事"编年，编年体正式形成。《春秋》是我国现存的第一部编年体断代史书，它以年为经，以事为纬，记载了上起鲁隐公元年，下讫鲁哀公十四年共242年的史实，乃孔子晚年之作，开创了编年体。《史通·六家》称《春秋》按鲁国国君"十二公"——隐、桓、庄、闵、僖、文、宣、成、襄、昭、定、哀顺序分年记事，"以事系日，以日系月""以月系时，以时系年。"（杜预《春秋左传序》）严格而系统地展现出史实发展的时间关系。司马迁的"本纪"正是继承了孔子以来的编年体体例。梁启超云："其本纪以事系年，取则于《春秋》。"②范文澜说："本纪仿《春秋经》十二公，按年月标举大事，为全书总纲。"③可见，《史记》效法《春秋》作十二本纪。

关于"表"，司马迁在《史记·太史公自序》中说：

> 维三代尚矣，年纪不可考，盖取之谱牒旧闻，本于兹，于是略推，作《三代世表》第一。④

《史记·三代世表》序中提到过"历谱谍""五帝系谍""尚书"等，司马迁说：

---

① 刘知幾：《史通·本纪》，见浦起龙通释，吕思勉评，上海古籍出版社2008年版，第29页。

② 梁启超：《中国历史研究法》，上海古籍出版社1987年版，第15页。

③ 范文澜：《中国通史简编》，人民出版社1964年版，第123页。

④ 司马迁：《史记·太史公自序》，中华书局1959年版，第3303页。

“余读《谍记》，黄帝以来皆有年数。稽其《历谱谍》、《终始五德之传》，古文咸不同，乖异。夫子之弗论次其年月，岂虚哉！于是以《五帝系谍》、《尚书》集世纪黄帝以来讫共和为《世表》。”司马贞《史记索隐·三代世表》说：“案：《礼》有《表记》，而郑玄云：‘表，明也。’谓事微而不著，须表明也，故言表也。”认为“表”有“表明”之意。《史记·太史公自序》云：“幽厉之后，周室衰微，诸侯专政，《春秋》有所不纪；而《谱牒》经略，五霸更盛衰，欲睹周世相先后之意，作《十二诸侯年表》第二。”幽王、厉王之后，《春秋》对有些历史未作记载，而《谱牒》只记概要，司马迁作《十二诸侯年表》的目的是考察周朝各诸侯国的先后关系。顾炎武在《日知录》卷26“作史不立表志”条引朱鹤龄语曰：

> 盖表所由立，仿于周之《谱牒》①，与纪、传相为出入，凡列侯将相，三公九卿，其功名表著者，既系之以传，此外大臣无积劳亦无显过，传之不可胜书，而姓名爵里，存没盛衰之迹要不容以遽泯，则于表乎载之；又其功罪事实传中有未悉备者，亦于表乎载之。年经月纬，一览了如。作史体裁，莫大于是。②

这说明《史记》“表”的来源是“仿于周之《谱谍》”，是司马迁受之启发而创造的一种记录历史年代的方式，《梁书·刘杳传》引桓谭《新论》云：“太史三世表，旁行邪上，并仿周谱。”这表明周代已有谱谍存在，司马迁效法谱谍而作十表。《史记》中的表有世表、年表、月表三种，“与纪、传相出入”，补充本纪、世家、列传之不足，概括全书内容使之成为一个整体。

---

① 《广雅》说：“谱，牒也。”《玉篇》说：“牒”为“谱也”。谱与牒是同义词。东汉学者郑玄曰：“谱之于家，若网在纲，纲张则万目具，谱定则万枝在。”明代学者方孝孺说：“谱者，普也，普载祖宗远近、姓名、讳字、年号；谱者，布也，敷布远近，百世之纲纪，万代之宗派源流。”清代著名档案学家章学诚认为：“家乘谱牒，一家之史也。”洪秀全家族的《洪氏宗谱·序》曰：“谱也者，所以通世之先后而谱编具载者也。”今人杨冬荃先生在《中国家谱起源研究》中认为：“家谱就是将同一血缘集团的世系人物一一列举出来，也可以说，只要将某一同一始祖的后裔一一布列出来，也就构成了一个简单的家谱。”可见，谱牒就是记载某一宗族主要成员世系及其事迹的档案，它以一定的形式记载了该宗族历史，其形式和内容集中了档案学、历史学和文化人类学等学科的旨要。人类进入父系社会后，逐步形成同宗共祖的血亲集团，最近的血缘关系为父子、母子，最远的血缘关系为民族，不同的血缘关系形成规模不同的血亲集团，逐渐形成宗族，谱牒自此诞生。

② 顾炎武：《日知录》，上海古籍出版社2006年版，第1446页。

《史记》十表用表格的形式排列某一时期重大的历史事件或人物，赵翼《廿二史札记·史记编次》云："《史记》作十《表》，仿于周之《牒谱》，与纪传相为出入，凡列侯、将、相、三公、九卿功名表著者既为立传，此外大臣无功无过者，传之不胜传，而又不容尽没，则予表载之，作史体裁，莫大于是。"在赵翼看来，司马迁作"十表"，表隐微之事，扩大"纪""传"的记事范围，与"纪""传"互为经纬，成为联系"纪""传"的桥梁。其实，"司马迁作十表，用以反映历史发展的线索和阶段性，建立了古代的年代学理论，最有章法义例。"①

关于"书"，是指对于重大事件用"书写"的形式来记载。我国现存最早记录夏、商、周各种公文档案的书是《尚书》。唐刘知幾《史通·六家》辨析古史之体，首列"《尚书》家"，并说："盖《书》之所主，本于号令，所以宣王道之正义，发话言于臣下"，②即谓《尚书》以记言为主。所载皆典、谟、训、诰、誓、命之文。范文澜指出："史迁创制八书，朝章国典，于焉备录，八书之名，本于《尚书》。八书之作，则取《尚书》之《尧典》、《禹贡》。"③可以说，《史记》"书"体古已有之。司马迁受《尚书》的影响，作八书以记古代文化的伟大成就。正如他在《太史公自序》中所说的：

> 礼乐损益，律历改易，兵权山川鬼神，天人之际，承敝通变，作八书。④

司马贞《史记索隐·礼书》说："书者，五经六籍总名也。此八书，记国家大体。"因此，司马迁按照《尚书》的体制，创造了《史记》八书，以"记国家大体。"张守节《史记正义》云："五经六籍，咸谓之书。"王利器在《〈太史公书〉体裁探源》一文中说："《五经》、《六籍》，太半为记典章之书，太史公八书不独其大名本于六艺，即其取用之所资。"⑤司马迁把分门别类记载典章

---

① 安平秋等：《史记通论》，华文出版社2005年版，第84页。

② 刘知幾：《史通·六家》，见浦起龙通释，吕思勉评，上海古籍出版社2008年版，第4页。

③ 范文澜：《正史考略·史记》，1931年北平文学社印行，河北教育出版社1989年周谷城主编《民国丛书》第一编影印本校订重印。

④ 司马迁：《史记·太史公自序》，中华书局1959年版，第3319页。

⑤ 王利器：《〈太史公书〉体裁探源》，见《史记注译》（一），三秦出版社1988年版，第16页。

制度和文化发展的“内容”用“书”之名。

关于“世家”，用编年纪事的形式，记载诸侯以及在历史上有突出成就的人物。刘知幾《史通·世家》云：

> 司马迁之记诸国也，其编次之体与本纪不殊，盖欲抑彼诸侯，异乎天子，故假以他称，名为“世家”。①

“世家”记诸侯列国史，载传代家世。《史记》世家体例不仅是对编年体的继承和发展，而且可以说是直接继承了“世家”之体。刘咸炘在《史学述林·史体论》中说：“司马书云‘余读《世家》言’，则‘世家’之名自古有之。”司马迁在《史记·卫康叔世家》中有“余读《世家》言”的话，可证明司马迁对前代“世家”之体的继承。② 司马贞《史记索隐·吴太伯世家》曰：“系家者，记诸侯本系也，其言非官之也，得以代为家也。”这说明世家就是将世代相传的家族之史叙述出来，以见其忠孝得失。王利器认为，司马迁《史记》“世家”本于古之《世本》。他说：“《左传·桓公三年》：‘曲沃武公伐翼，次于陉庭，韩万御戎，梁弘为右。’杜注：‘武公，曲沃庄伯子也。韩万，庄伯弟也。’《正义》：‘武公庄伯子，韩万庄伯弟，《世本·世家》文也。’……然则世家之名，亦出于左氏《世本》，不由太史公创之……《史记》之《本纪》、《世家》实则取于《世本》也。”③王氏引经据典，一是说《史记》之前，已有“世家”之体，二是说《史记》之《本纪》《世家》是从《左传》《世本》来的。

关于“列传”，司马贞《史记索隐·伯夷列传》云：“列传者，谓序列人臣事迹，令可传于后世，故云列传。”列为陈列之意，列传即众多人物的传记。传，原为注经的名称，如注解《春秋》的《左传》。有学者论道：“《世本》的出现，为《史记》等系列纪传体文献的问世立下了汗马功劳。只消将《世本》同后世的纪传体文献稍加对比，就会发现：后来的纪传体中的本纪、世家、列传

① 刘知幾：《史通·世家》，见浦起龙通释，吕思勉评，上海古籍出版社 2008 年版，第 32 页。

② ［日］泷川资言、卢南乔认为，世家之体为司马迁创立，“世家言”为“史公自称其书。”参见［日］泷川资言《史记会注考证》“史记体例制”条；卢南乔《论司马迁及其历史编纂学》，《文史哲》1955 年第 11 期。

③ 王利器：《〈太史公书〉体裁探源》，见《史记注译》（一），三秦出版社 1988 年版，第 15 页。

以及书志等体例不仅大体上可以在《世本》中找到，而且各种体例的义项也大抵接近，或一仍其旧……由此可见，《史记》等文献的框架建设从《世本》中得益不少。”①因此，司马迁列传的体例是对《春秋》之传及其他古传的继承和发展。刘知幾说：“列事者，录人臣之行状，犹《春秋》之传。《春秋》则传以解经，《史》、《汉》则传以释纪。”②是说“列传”是对“本纪”的注解。赵翼云：“古书凡纪事立论及解经者，皆谓之传，非专记一个事迹也。其专记一人为一传者，则自迁始。”③

王利器曾论：“《索隐》引《世(系)本》云：‘桓子生文侯斯其。’其《传》云：‘孺子痛，是魏驹之子。’与此系代亦不同也，是《世本》有传，从可知也。而《伯夷列传》第一，太史公曰：‘余悲伯夷之意，睹轶诗’可异焉。其传曰：‘伯夷、叔齐云云。’《索隐》按：‘其传，盖《韩诗外传》及《吕氏春秋》也。’然则列传之科，史迁亦有所承袭，取精用弘，后出转精。”④因此，“列传”也是对先秦“传”的继承基础上的升华。司马迁在《史记·太史公自序》中说：“扶义俶傥，不令己失时，立功名于天下，作七十列传。”他还引用父亲司马谈的话：“今汉兴，海内一统，明主贤君忠臣死义之士，余为太史而弗论载，废天下之史文，余甚惧焉，汝甚念哉！”因此，他作列传是对“明主贤君忠臣死义之士”的传扬。可以说，“司马迁的创造不宗一书，不祖一体，而是参酌各种典籍体例的长短，匠心独具地汇入一编，创出新体例。”⑤司马迁《史记》五体体例是在先秦史学传统基础上的创造和发展。正如学者所论：《史记》“‘五体’实有创有革，而创制复多于因革。……是司马迁对先秦史学本身的发展，大力地总结下来，而在史学建设上所作贡献的一个方面。”⑥

---

① 王锦贵：《中国纪传体文献研究》，北京大学出版社1996年版，第14页。

② 刘知幾：《史通·列传》，见浦起龙通释，吕思勉评，上海古籍出版社2008年版，第35页。

③ 赵翼著，王树民校证：《廿二史札记校证》，中华书局1984年版，第5页。

④ 王利器：《〈太史公书〉体裁探源》，见《史记注译》，三秦出版社1988年版，第15—16页。

⑤ 张大可：《司马迁评传》，华文出版社2005年版，第135页。

⑥ 卢南乔：《论司马迁及其史学编纂学》，《文史哲》1955年11月号。

第三节　先秦士人的史论传统与司马迁《史记》的"太史公曰"

史论是与史实、史料、史籍等相关联的历史记述要素，是指史家对于自己或他人记述的历史所发表的评论，①是对历史史实进行议论、评论的主要方式。在古代，有一种文体通称为"论"。《韵术》中说："论者，议也。"曹丕《典论·论文》云："夫文，本同而末异。盖奏议宜雅，书论宜理，铭诔尚实，诗赋欲丽。"这是说明"书论"这种文体重在讲明道理。西晋时陆机《文赋》主张"论"体的风格是"论精微而朗畅"，强调"论"这一文体要意义精深而行文流畅。刘勰在《文心雕龙》中对"论"体有着详尽的解释和系统梳理：

> 圣哲彝训曰经，述经叙理曰论。论者，伦也；伦理无爽，则圣意不坠。昔仲尼微言，门人追记，故抑其经目，称为《论语》。盖群论立名，始于兹矣。自《论语》以前，经无"论"字。《六韬》二论，后人追题乎！②

"论"这种文体最初是"述经论理"的，就是解释经典，说明道理，其要在于用严密的逻辑来判辨是非，"述圣通经"，为"论家之正体"。如孔子精微之言被门人追记下来而称为"论语"，乃是"论"这种文体的源头。刘勰说：

> 详观论体，条流多品：陈政，则与议说合契；释经，则与传注参体；辨史，则与赞评齐行；铨文，则与叙引共纪。故议者宜言，说者说语，传者转师，注者主解，赞者明意，评者平理，序者次事，引者胤辞：八名区分，一揆宗论。论也者，弥纶群言，而研精一理者也。③

"论"这种文体的分支多种多样，其中辩论历史的，就同赞语一致。有陈述政事之"论"，解释经典之"论"，辩论历史之"论"，评论作品之"论"。遂有议、说、传、注、赞、评、序、引等都属于"论"的范畴，其主要宗旨是综合各家

① 参见瞿林东：《中国古代史学批评纵横》，中华书局 1994 年版，第 102 页。

② 刘勰：《文心雕龙·论说》，上海古籍出版社 2008 年版，第 36 页。

③ 刘勰：《文心雕龙·论说》，上海古籍出版社 2008 年版，第 36 页。

之说，探讨某一道理。刘勰在这里说明了“论”的功用，“论”的要求，“论”的分类（政论、史论），阐明了“论”体的宗旨。到了萧统编选《昭明文选》时，收入了《汉书》《后汉书》《宋书》里的论、赞、序等“史论”9篇。刘知幾在《史通》中论道：

> 《春秋左氏传》每有发论，假“君子”以称之。二《传》云“公羊子”“穀梁子”，《史记》云“太史公”。既而班固曰“赞”，荀悦曰“论”，《东观》曰“序”，谢承曰“诠”，王隐曰“议”，何法盛曰“述”，扬雄曰“撰”，刘昞曰“奏”，袁宏、裴子野曰子显姓名，皇甫谧、葛洪列其所号。史官撰录，通称史臣。其名万殊，其义一揆：必取便于当时者，则总归论赞焉。①

《左传》乃为经作传之书，其议论以“君子曰”的形式出现，《公羊传》则以“公羊子曰”，《穀梁传》以“穀梁子曰”，《史记》则以“太史公曰”发议论。由此可见，史论传统由先秦而来。

司马迁作为一个善于师法前人并勇于创新的史学家和文学家，其“太史公曰”的论赞形式也体现着他的继承与独创精神。刘知幾《史通》云：“夫论者所以辩疑惑，释凝滞。若愚智共了，固无俟商榷。丘明‘君子曰’者，其义实在于斯。司马迁始限以篇终，各书一论。必理有非要，则强生其文，史论之烦，实萌于此。夫拟《春秋》成史，持论尤宜阔略。其有本无疑事，辄设论以裁之，此皆私徇笔端，苟文采，嘉辞美句，寄诸简册，岂知史书之大体，载削之指归者哉？”②说明司马迁之“太史公曰”篇末发论，具有“理有非要，强生其文”之弊。吕思勉在评《史通》时说：“史公之作《史记》，盖皆裒辑旧文。其系以‘太史公曰’者，则谈、迁所自著，此四字固多用在篇末，亦有在篇首或中幅者。自著之文，随宜置之，非必如刘氏所云‘限以篇终，各书一论’也。其所著，或补前人记事所不及，或则发明一理：皆有所为而为之，非空言，自无所谓‘强生其文’、‘淡薄无味’者矣，刘氏之论非也。然其所称‘事无重出’、‘文省可知’两端，自足为作论赞者之模楷；盖‘理有非要，而强

---

① 刘知幾：《史通·论赞》，见浦起龙通释，吕思勉评，上海古籍出版社2008年版，第59页。

② 刘知幾：《史通·论赞》，见浦起龙通释，吕思勉评，上海古籍出版社2008年版，第59页。

生其文'，则必不免有此二弊，马、班当日，既无意于为文，则此二弊者，自不待戒而自绝耳。"①吕氏所论很中肯。

《史记》之本纪、表、书、世家、列传五体有"太史公曰"，这是司马迁创造的史论形式。刘知幾《史通·序例》论列"太史公曰"为"序"为"赞"后，相沿而成习惯，统称为"史记序赞"或"史记论赞"。② 我们说"太史公曰"乃是依先秦典籍中的"君子曰"而作，是对先秦士人历史著作中史论形式的继承和发展。

在《左传》《国语》《战国策》等先秦典籍中，有"君子曰"的论断。"君子曰"在《左传》中有两种变式，即"君子谓""君子以为"。据统计，《左传》中称"君子曰""君子谓"凡 65 见，"孔子曰""仲尼曰"凡 22 见，③"君子以为"有 3 处。④ 不论哪种，都是借"君子"以发议论。傅修延认为，"君子"的意见"一般出现在记述了较为重要的言行之后，它们或为一针见血的品评，或为一锤定音的论断，在文本中显得非常醒目。"⑤至于"君子"的确切所指，一是指孔子。司马贞《史记索隐·吴太伯世家》说："君子者，左丘明所为史评，仲尼之词，指仲尼为君子也。"一是指当时贤人，如《左传·襄公三年》说："君子谓子重于是役也，所获不如所亡。"杜预注"君子"为"当时君子"。而在《左传》中，更多的是作史者直接议论而以"君子曰"标目，实际是作史者以"君子"自称。⑥ "'君子曰'一方面表现了《左传》中叙事意识的觉醒，另一方面也反映出叙事主体仍然受到束缚。"⑦所以说，"孔子曰""仲尼曰"不一定都出于孔子的表态，不能排除左氏有借圣人之口舌传自家之心声的

---

① 刘知幾：《史通·论赞》，见浦起龙通释，吕思勉评，上海古籍出版社 2008 年版，第 59 页。

② 刘知幾《史通·序例》云："孔安国有云：《序》者，所以叙作者之意也。窃以《书》列典谟，《诗》含比兴，若不先叙其意，难以曲得其情。故每篇有序，敷畅厥义。降逮《史》、《汉》，以记事为宗，至于表志杂传，亦时复立序。文兼史体，状若子书，然可与诰誓相参，风雅齐列矣。"刘知幾：《史通·论赞》，见浦起龙通释，吕思勉评，上海古籍出版社 2008 年版，第 63 页。

③ 孙绿怡：《〈左传〉与中国古典小说》，北京大学出版社 1992 年版，第 134 页。

④ 赵彩花：博士论文《前四史论赞文体艺术及其文化内涵》，复旦大学 2004 年。

⑤ 傅修延：《先秦叙事研究——关于中国叙事传统的形成》，东方出版社 1999 年版，第 217 页。

⑥ 杨明照：《学不已斋杂著·〈春秋〉〈左传〉"君子曰"征辞》，上海古籍出版社 1985 年版，第 1—2 页。

⑦ 傅修延：《先秦叙事研究——关于中国叙事传统的形成》，东方出版社 1999 年版，第 221 页。

可能。至于“书中出现得更多的‘君子曰’与‘君子谓’，其所指更为浮泛，从表面上看大约为包括孔子在内的睿智哲人的意见。……‘君子曰’可以理解为一种‘姑隐其名’的引述，所有这些引述的功能大致相同，都是帮助读者认识事件的意义”①。“君子曰”即使借用往哲或时贤的言语，其中仍然包含着作史者的判断，作史者仅仅是引用它以说明自己的看法罢了。从功能意义上说，“‘君子曰’不但上承引据传统，而且下开论赞风气，后世无论历史还是小说叙事都留下它烙下的印痕。烙印有显有隐，印痕显者为《史记》的‘太史公曰’……由于主体意识的提高，这些叙述者的声音比起《左传》的‘君子曰’来要强大和自信一些。”②总的来说，司马迁《史记》的“太史公曰”是对“君子曰”的超越，更是史家主体意识的进一步觉醒。

《左传》“君子曰”随事出现，非常灵活，而司马迁《史记》“太史公曰”或在文前，或在篇尾，篇中出现较少，多就所写人物一生行事或其一生中的某一重要事件发论，或就某一事件发出感叹，或对某一篇的宗旨作以说明（表、书中最多见），总结概括性更强，与屈原《离骚》《九章》《九歌》结尾的“乱曰”性质接近。因而，其远承史官议论历史和现实以进谏君主的传统，借鉴《左传》“君子曰”借君子以发议论的形式，来发表自己的看法和观点。这样一来，身处解经时代，好学深思而又富于天才创造力的司马迁镕铸前人，断以己意，以“太史公曰”的形式，熔历史、现实于一炉，创为“一家之言”的议论。此后史家沿承其制，“论赞”便自成一体。

仔细分析，还可以看出“太史公曰”对“君子曰”的师承。在《史记》中，有直接以“君子曰”的形式进行评论。《秦本纪》，记秦缪公三十九年事时，直接用“君子曰”进行评论：

> 君子曰：“秦缪公广地益国，东服强晋，西霸戎夷，然不为诸侯盟主，亦宜哉。死而弃民，收其良臣而从死。且先王崩，尚犹遗德垂法，况夺之善人良臣百姓所哀者乎？是以知秦不能复东征也。”③

① 傅修延：《先秦叙事研究——关于中国叙事传统的形成》，东方出版社 1999 年版，第 217 页。

② 傅修延：《先秦叙事研究——关于中国叙事传统的形成》，东方出版社 1999 年版，第 219 页。

③ 司马迁：《史记·秦本纪》，中华书局 1959 年版，第 194—195 页。

用“君子曰”评价秦缪公开疆拓土，征服晋国，称霸戎夷，却没有成为诸侯盟主。他死后让他的良臣殉葬，没有留下美德和法度。《鲁周公世家》用“君子曰”评史曰：

昭公年十九，犹有童心。穆叔不欲立，曰：“太子死，有母弟可立，不即立长。年钧择贤，义钧则卜之。今裯非适嗣，且又居丧意不在戚而有喜色，若果立，必为季氏忧。”季武子弗听，卒立之。比及葬，三易衰。君子曰：“是不终也。”①

用“君子曰”对裯立为国君进行评价，认为他“不得善终”。《晋世家》曰：

昭侯元年，封文侯弟成师于曲沃。曲沃邑大于翼。翼，晋君都邑也。成师封曲沃，号为桓叔。靖侯庶孙栾宾相桓叔。桓叔是时年五十八矣，好德，晋国之众皆附焉。君子曰：“晋之乱其在曲沃矣。末大于本而得民心，不乱何待！”

七年，晋大臣潘父弑其君昭侯而迎曲沃桓叔。桓叔欲入晋，晋人发兵攻桓叔。桓叔败，还归曲沃。晋人共立昭侯子平为君，是为孝侯。诛潘父。

孝侯八年，曲沃桓叔卒，子鱓代桓叔，是为曲沃庄伯。孝侯十五年，曲沃庄伯弑其君晋孝侯于翼。晋人攻曲沃庄伯，庄伯复入曲沃。晋人复立孝侯子郄为君，是为鄂侯。②

文侯的弟弟成师被封于曲沃，可曲沃的城邑规模大于国都，成师封在曲沃号为桓叔，桓叔好施恩于人，晋国的百姓都愿意归顺于他。对此，借“君子曰”对桓叔治理晋国进行预言：“晋之乱其在曲沃矣。末大于本而得民心，不乱何待！”意思是说，晋国的祸乱也许就发生在曲沃了。因为末大于本，且又深得广大百姓的衷心拥护，这样会发生祸乱的。后来的历史事实证实了“君子”的预言，晋国受到封在曲沃各代封侯的影响，为晋国的灭亡埋下了隐患。

在《宋微子世家》中，也有用“君子曰”评论历史者：

---

① 司马迁：《史记·鲁周公世家》，中华书局1959年版，第1539页。

② 司马迁：《史记·晋世家》，中华书局1959年版，第1638页。

宣公有太子与夷。十九年，宣公病，让其弟和，曰："父死子继，兄死弟及，天下通义也。我其立和。"和亦三让而受之。宣公卒，弟和立，是为穆公。

穆公九年，病，召大司马孔父谓曰："先君宣公舍太子与夷而立我，我不敢忘。我死，必立与夷也。"孔父曰："群臣皆愿立公子冯。"穆公曰："毋立冯，吾不可以负宣公。"于是穆公使冯出居于郑。八月庚辰，穆公卒，兄宣公子与夷立，是为殇公。君子闻之，曰："宋宣公可谓知人矣，立其弟以成义，然卒其子复享之。"①

宋宣公病重，没有把君位传给太子与夷，而传给了他的弟弟和，是为穆公。穆公病重的时候，要立与夷为国君。而大臣们全都想立公子冯，穆公为了不辜负宣公，先让公子冯前往郑国居住。穆公去世的时候，宣公的儿子与夷继位，便是殇公。借"君子"之语："宋宣公可谓知人矣，立其弟以成义，然卒其子复享之。"意思是说宋宣公知人善任，将君位传给了弟弟不仅成全了道义，最终还是他的儿子得到了君位，对历史事件进行评价。

"太史公曰"借鉴《左传》"君子曰"中引用当时名人言论和引用《诗经》《尚书》等词句以论说道理。《史记》"太史公曰"也大量引用《诗经》《论语》《老子》《韩非子》等书中的语言。如《酷吏列传》说：

孔子曰："道之以政，齐之以刑，民免而无耻。道之以德，齐之以礼，有耻且格。"老氏称："上德不德，是以有德；下德不失德，是以无德。法令滋章，盗贼多有。"……故曰："听讼，吾犹人也，必也使无讼乎"。"下士闻道大笑之"。②

这个序，司马迁引用孔子"道之以政，齐之以刑，民免而无耻。导之以德，齐之以礼，有耻且格。"用政令来倡导，用刑律来规范，民众侥幸逃过法律的制裁，而无羞耻之心；如果用德来引导，用礼来规范，民众有羞耻心而且认可遵守。说明社会治理应当注重道德教化、礼义规范的作用。引用老子的话："上德不德，是以有德；下德不失德，是以无德。法令滋章，盗贼多有。"意思

① 司马迁：《史记·宋微子世家》，中华书局1959年版，第1622—1623页。

② 司马迁：《史记·酷吏列传》，中华书局1959年版，第3131页。

是说上德的人不自恃有德,所以实际是有德;下德的人刻意求德,所以没有达到真正有德的境界。法令尽管繁杂,盗贼仍然很多。说明道义的重要作用。司马迁充分肯定了孔子、老子的观点,并进一步发展了自己反对严刑峻法的主张。以揭露、批判现实社会的腐朽黑暗。再如《游侠列传》"太史公曰":

太史公曰:昔者虞舜窘于井廪,伊尹负于鼎俎,傅说匿于傅险,吕尚困于棘津,夷吾桎梏,百里饭牛,仲尼畏匡,菜色陈、蔡。此皆学士所谓有道仁人也,犹然遭此灾,况以中材而涉乱世之末流乎?其遇害何可胜道哉!

鄙人有言曰:"何知仁义,已飨其利者为有德。"故伯夷丑周,饿死首阳山,而文武不以其故贬王;跖、蹻暴戾,其徒诵义无穷。由此观之,"窃钩者诛,窃国者侯,侯之门仁义存",非虚言也。①

司马迁认为,艰难困苦是人们经常遇到的,虞舜、伊尹、傅说、吕尚、管仲、百里奚、孔子等"有道仁人"也同样遭受灾难,更何况普通人,遇到灾难就更不用说了。这里所引的"鄙人"之言:"何知仁义,已飨其利者为有德。"一般人只知道能给自己带来利益的就是有德。这一引语见于《庄子·胠箧》,司马迁引来为己所用,以达到史论的目的。

然而,作为天才的司马迁,在《史记》中所表现出的独创精神是十分明显和突出的。即使对先秦史论尤其是"君子曰"的继承上,也表现出独到的创新。

首先,由借"君子"言发展成为史学家的评论。先秦典籍《国语》《战国策》及诸子著作有"君子曰",表示当时有德者言。或是作史者的话语,或是他人的言论,即使包含编者的思想,但标于"君子"二字,实成为假托之词。如《左传》有 134 条评论,②直接引仲虺、周任、史佚、孔子等人话语的有 50 条,有"君子曰""君子谓""君子以为"之称的有 84 条。还有"孔子曰""仲尼曰"等。宋人李石《左氏君子例》说:"《左氏传》有所谓君子曰者,又有称

① 司马迁:《史记·游侠列传》,中华书局 1959 年版,第 3181 页。

② 安平秋:《史记研究集成·史记通论·〈史记〉》体制》,华文出版社 2005 年版,第 108 页。

仲尼、孔子曰者，皆示后学以褒贬大法，圣人作经之义。”宋人林尧叟《春秋经左氏传句解》也说：“《左传》称‘君子曰’，多是取当时君子所言，或断以己意。”如文公二年《传》跻僖公之“君子以为失礼”云云，襄公三年《传》之“君子谓祁溪于是能举善矣”，二十一年《传》作晋叔向之言曰“祁大夫外举不弃仇，内举不失亲”等等，都是借用他人言论或名义直接就事论事。但《史记》的“太史公曰”则不同，“太史公”即司马迁，是以职代人，表明自己的观点，综观“太史公曰”，处处有司马迁自己在。或是笔墨酣畅的抒情，或是淋漓尽致的暴露和讽刺，每每可见其愤世嫉俗之怨；或是对高义奇节之士的向往和对失败者的同情，时时流泻太史公的真实情感和评价。所以说，“太史公曰”有着浓厚的历史评价意味，表现了司马迁卓越的史识。如《项羽本纪》“太史公曰”：

> 吾闻之周生曰：“舜目盖重瞳子。”又闻项羽亦重瞳子。羽岂其苗裔邪？何兴之暴也？夫秦失其政，陈涉首难，豪杰蜂起，相与并争，不可胜数。然羽非有尺寸，乘势起陇亩之中，三年，遂将五诸侯灭秦，分裂天下，而封王侯，政由羽出，号为霸王，位虽不终，近古以来，未尝有也。及羽背关怀楚，放逐义帝而自立，怨王侯叛己，难矣。自矜功伐，奋其私智，而不师古，谓霸王之业，欲以力征经营天下，五年，卒亡其国，身死东城，尚不觉寤，而不自责，过矣。乃引“天亡我，非用兵之罪也”，岂不谬哉！①

在叙述项羽力拔山、气盖世的功绩的同时，通过秦汉之际风起云涌的历史风云，表彰项羽的灭秦之功，更重要的是，分析了项羽失败的原因：一是分裂天下，引起争斗；二是背关怀楚，失以地利；三是放逐义帝，引起诸侯叛乱；四是自矜功伐，不行仁政；五是恃以武力，失去民心。司马迁分析深刻，褒扬、贬损、批评与肯定，态度明确。

其次，由偶尔为之的“君子曰”，发展成为“太史公曰”系统的史论。先秦典籍，无论是《左传》还是《国语》，运用“君子曰”都是偶尔为之，不是有

① 司马迁：《史记·项羽本纪》，中华书局1959年版，第315页。

意识、有目的的。《隋书·魏澹传》载魏澹云:“案丘明亚圣之才,发扬圣旨,言‘君子曰’者,无非甚泰,其间寻常,直书而已。今所撰史,窃有慕焉,可为劝戒者,论其得失,其无损益者,所不论也。”而司马迁《史记》的“太史公曰”已成了较为系统的史论形式。这主要表现在,一是《史记》130篇几乎篇篇有论,[①]而且既整齐又灵活。“太史公曰”体例完备,篇前序论,篇后赞论,夹叙夹议三种形式。大段的恢宏议论置于篇首为序论,集中于十表,八书及类传,计23篇。十表、八书及类传,都是贯通古今的,序论即作贯通性概括,最具理论色彩。本纪、世家、列传篇末置赞论,计106篇。本纪、世家、列传皆序列人物,故赞论重点在于褒贬人物,具有强烈的感情色彩。论传揭示义例,有《伯夷列传》《日者列传》《龟策列传》《太史公自序》《天官书》赞,共5篇。序、赞、论三种形式整齐而集中,显示匠心布局。然而,“太史公曰”的三种形式并不刻板,在整齐之中有通变。如十表中《将相表》有倒书无序,无序之表以衬倒书。八书中,《礼书》《乐书》《律书》《历书》有序无赞;《河渠书》《平准书》有赞无序;类传中,《刺客列传》无序有赞,《儒林列传》《货殖列传》无赞有序;《循吏列传》《酷吏列传》《游侠列传》《佞幸列传》《滑稽列传》有序有赞;《日者列传》《龟策列传》序事以论。用富于变通的形式,来表现丰富多彩而又变化万端的历史,正是司马迁富有创造活力的表现。《史记》“太史公曰”的系统性还表现在广博的表现内容和丰富的功用上。“太史公曰”内容广博,涉及政治、经济、军事、思想、文化、天文、地理、历史、伦理、世俗、形势、人事,等等。其论或考证古史,或叙游历所得,或揭示取材义例,或明述作之旨,或褒贬人物,或纵论史事,或隐微讥刺,或抒愤寄托。从功用上看,或托赞褒贬,劝惩系焉;或补传之不足,极人情所难言;或明述作之本旨,见去取之从来。[②] 可见“太史公曰”史论的系统性。

---

① 整部《史记》也有没有“太史公曰”的篇目。现在通行的中华书局三家注本中,《汉兴以来将相名臣年表》和《陈涉世家》。但《陈涉世家》篇末有“褚先生曰”,据梁玉绳《〈史记〉志疑》、泷川资言《〈史记〉会注考证》的观点,“褚先生曰”当为“太史公曰”之误。现代学者有人研究认为,“太史公曰”也有经后人窜改补写的。参见余嘉锡:《太史公书亡篇考》,见《余嘉锡论学杂著》(上),中华书局1963年版;朱东润《史记考索》,华东师范大学出版社1996年版。

② 参见张桂萍:《〈史记〉与中国史学传统》,重庆出版社2004年版,第172—181页。

最后，“太史公曰”在艺术性方面超越了“君子曰”。“君子曰”数量不多，文字简洁，但在表现手法上终究不能呈现出鲜明的特色。“太史公曰”文字也不繁烦，少则十几字（如《建元以来王子侯者年表》），多则六七百字（如《游侠列传》序），一般在一二百字左右，但其艺术性却极高。如《五帝本纪》《孔子世家》中的“太史公曰”，以及表序等都是百读不厌的美文。刘天惠在《学海堂集》卷七《文笔考》中说：“司马迁长于叙事，而传赞但称其史才，皆不得混能文之誉焉。”牛震运评《五帝本纪·赞》说：

> 以疏宕萧瑟之笔，兼高古质邃之体。疏宕萧瑟，自是太史公本色，高古质邃，则《五帝本纪·赞》独胜太史公出格文字也。《五帝本纪·赞》，妙在意多而文简，尤妙在意属而文断，用笔灵活处，往往意到而笔不到，词了而意不了，叙中夹断，承中带转，正有吞吐离合，若断若续之妙。①

这是说“太史公曰”章法多变而文采高妙。除此之外，“太史公曰”的艺术性还表现在浓郁的抒情性带给读者的共鸣，以及褒贬微旨所给予读者的思索。关于这两点，前文已有提及，此不赘述。

---

① 牛震运：《史记评注·五帝本纪》，见杨燕起、陈可青、赖长扬汇辑：《史记集评》，华文出版社 2005 年版，第 274 页。

第七章　先秦士人道义传统及其批判精神

——先秦士人的道义传统与司马迁《史记》的批判精神(一)

汉代以前,士人饱经了民族的忧患和历史的变迁,在漫长的历史发展中,形成了自己优良的道义传统。首先,是“以天下为己任”的高度社会责任感和历史使命感。它集中表现为积极入世精神,也体现为士人理想中的拯救意识。其次,“士志于道”的价值取向,即“士”阶层立志于对“道”的追求、践履、维护和弘扬,它集中体现了中国知识分子——“士人”的理想、信念和终极价值取向。再次,修身践履的道德自律意识以及实现“齐家、治国、平天下”的宏伟抱负。最后,忧国忧民的忧患意识。当国家处于太平盛世时,当人们陶醉于歌舞升平时,他们能够看到潜伏着的危机和面临的困难,能见人之所未见,发人之所未发;当国家处于乱世或暗世,他们忧愤、痛苦,哀其不幸、怒其不争,奔走呼号,甚至不惜以自己的鲜血和生命来换得人们的觉悟。

“士人”上述道义传统,最为本质的是“谋道”。孔子提出“士志于道”,为新兴的“士人”阶层赋予了价值规范和人生信念。“道”的本义就是规律、规范。“天道”即自然的法则,“人道”即人类社会的法则。孔子将“道”具体化为儒家“士人”社会人生价值观的代名词,这就有了比求禄更重要的“谋道”价值追求。道的另一层含义是社会的规范,即社会价值秩序。《论语·季氏》曰:“天下有道,则礼乐征伐自天子出;天下无道,则礼乐征伐自诸侯出。自诸侯出，盖十世希不失矣；自大夫出，五世希不失矣；陪臣执国命，三世希不失矣。天下有道，则政不在大夫；天下有道，则庶人不议。”孔子认为天子应当有绝对的权力，礼乐征伐应当自天子出；如果礼乐征伐自诸侯出、自大夫出的话，则是“天下无道”，政权就会被颠覆，国家就会分裂，社会就会陷入混乱，人民就会处于水深火热之中。“天下有道，则庶人不议”，国家政治清明，老百姓没有什么政事可以批评政府。孔子所说“庶人不议”，庶人中即有“士”在。而“议”则是批评的意思。《孟子·滕文公下》曰：“圣王不作，诸侯放恣，处士横议，杨朱、墨翟之言盈天下。天下之言不归杨，则归墨。”孟子的“横议”也是“批评”的意思。正是“守道”的传统和“谋道”的自觉，才使得“士人”阶层为使君主的统治符合社会价值秩序，才对统治者进行规范，对那些不符合社会规范的统治进行批判。因此，为了“弘道”，“批判”几乎成了“士人”的生存方式。

司马迁《史记》继承了先秦“士人”的道义传统。他将人生的意义置于“道”这一终生追求的目标之上，被德怀义，仁厚忠恕，将个体的荣辱穷达与社会的兴衰治乱联系在一起。《汉书·司马迁传》载，司马迁的“人固有一死，或重于泰山，或轻于鸿毛”的生死观，就是这一精神的体现。其次，著史令“道”以见于世。他以孔子为楷模，“修旧起废”，“究天人之际，通古今之变，成一家之言”。因此，在《史记》中，上自远古，下迄“当世”，不论天子、诸侯、大夫，乃至凡夫俗子，莫不辨是非，著得失，他将批判的笔触，伸入社会历史的各个方面，表现出强烈的批判意识和抗争精神。

第一节　以道为尊：士人阶层的价值追求

在西周社会，“士”作为封建等级制中的一个阶层，不但受固定职业的限制，而且还受氏族宗法的桎梏。他们有固定的职业、稳定的收入和特别的社会保障。在经过了春秋末年的社会大动荡之后，“士人”们被抛到了体制之外，变成了无根无柢的“游士”，他们有了流动的自由、职业选择的自由和思想的自由。但“士人”言谈行止、进退去就的规范以及安身立命的道德合法性论证就成了当时亟待解决的时代课题。于是,人们普遍把权力与道德分为二元,即“势”与“道”。

“道”最初是一个具体名词,本义为道路。随着人们的认识日渐深入和抽象化,“道”逐渐引申为某种事物的法则、规律和道理。至迟到西周末年,“道”已从一个实体性名词衍变成广泛使用的抽象概念,就其内容而言,主要有如下两方面的含义:其一是把宇宙天地之本源和规律概括为“道”。《老子》四十二章说:“道生一,一生二,二生三,三生万物。”《老子》六十二章说:“道者,万物之奥。”《老子》六十二章说:“夫道,覆载万物者也。”《管子·内业》说:“万物以生,万物以成,命之曰道。”《韩非子·解老》认为:“道者,万物之所以成也。”《荀子·天论》说:“天有常道矣,地有常数矣。”《管子·形势解》云:“天,覆万物,制寒暑,行日月,次星辰,天之常也。”《黄帝经·经法·四度》云:“极而反,盛而衰,天地之道也,人之理也。”《吕氏春秋·大乐》云:“太一出两仪,两仪出阴阳……离则复合,合则复离,是谓天常。”春秋战国是中国古代文明的理性突破时期,人们对宇宙本源与自然规律的冥思探索,标志着理性认识水平的不断提高。

其二,把社会领域人们应共同遵守的原则与规范、人与人之间的关系准则、人的情性与本能等称之为“人道”。具体到意识形态领域,人们用“道”概括政治法规、原则或最佳政策。西周的礼乐法规被称作“王道”。西周末年,“周室衰而王道废”,出现了所谓“王纲解纽,礼崩乐坏”的现象,“道术将为天下裂”。继之而来的是思想巨人竞相崛起的百家争鸣时代。先秦诸子从不同的立场和角度,对传统的道术作了不同层次的选择和发展,各家都崇尚“道”,宣扬“道”,但各家之“道”有各自的内涵。统而观之,百家所谓的政治之“道”虽殊,但又有共性。在政治领域,他们崇尚的“道”,都是从具体的政策或统治方式中抽象出来的一般政治理性原则。正如《韩非子·解老》所说:“道也者,生于所以有国之术。”《荀子·正名》说:“道也者,治之经理也。”这些政治理性原则的形成,增强了统治阶级的政治主动性与自觉性,促进了政治运行的秩序化和规范化。亦如《荀子·天论》体会的那样:

“水行者表深，表不明则陷；治民者表道，表不明则乱。”

当人们用“道”概括自然规律的时候，“道”本身就体现着一种必然性权威，它辖制着世间万物的生成衰死，如《管子·形势解》所说：“道者，扶持众物，使得生育，而各终其性命者也”。思想家们用“道”来概括政治理性原则，它也就成为人们必须遵守的社会必然法则。

余英时指出：“中国知识阶层刚刚出现在历史舞台上的时候，孔子便已努力给它贯注一种理想主义的精神，要求它的每一个分子——士——都能超越他自己个体和群体的利害得失，而发展对整个社会的深厚关怀。”①儒家对士人以“道”自任的精神表现得最为强烈。孔子提出了“士志于道”。《论语·泰伯》说：“笃信好学，守死善道。危邦不入，乱邦不居。天下有道则见，无道则隐。邦有道，贫且贱焉，耻也；邦无道，富且贵焉，耻也。”士人要坚守大道，依据社会环境发挥自己的能力和作用，强调的是对“道”的坚守和对信仰的坚定。《论语·里仁》说：“士志于道，而耻恶衣恶食者，未足与议也。”士人要立志追求“道”，而不能贪图物质享受，这是士人追求“道”、追求“仁”的理想。《论语·宪问》说：“士而怀居，不足以为士矣。”孔子理想中的“士”，具有安贫乐道的美好品德，如果贪图安逸的生活，就失去了做“士”的资格。《卫灵公》篇亦说：“君子谋道不谋食。耕也，馁在其中矣；学也，禄在其中矣。君子忧道不忧贫。”

士人把“谋道”作为人生的终极目标，只要立身行事以求治国安邦之“道”，是不会担忧个人穷苦的。这些都是在强调“士”的价值取向必须以“道”为依据。处在士人阶层兴起的历史关头，孔子的学说对士人阶层性格的影响是不容忽视的。他的弟子曾参便发扬师教，对“士志于道”的精神从正面加以阐释。《论语·卫灵公》说：“士不可以不弘毅，任重而道远。仁以为己任，不亦重乎？死而后已，不亦远乎？”士人要宏大刚毅，肩负社会责任，把实现仁德作为自己终生的理想追求，表达了士人主动承担社会责任的坚定信心和决绝勇气。儒家追求“道”这一理想，到孟子那里就更获得了进

① 余英时：《士与中国文化》，上海人民出版社2003年版，第25页。

一步的发展。他把“士”与“道”的关系扣得更紧密。《孟子·尽心上》说：“天下有道，以道殉身；天下无道，以身殉道。未闻以道殉乎人者也。”意思是说，天下以道义治国，政治清明，就为道义献身；天下无道，则挺身为道，表明了对信仰的执着与忠诚，以及为道献身的决心和信念。孟子还进一步论述道：

> 王子垫问曰：士何事？孟子曰：尚志。曰：何谓尚志？曰：仁义而已矣。杀一无罪，非仁也；非其有而取之，非义也。居恶在？仁是也；路恶在，义是也。居仁由义，大人之事备矣。①

王子垫请教士该做什么事，孟子认为，“士”要使自己有高尚的志向。高尚的志向就是遵行仁义，杀无罪的人是不仁，不该是自己的东西而取来就是不义。“居仁由义”就是以“仁”为内心的道德遵循，以“义”为行事原则，如果能这样，君子该做的事都齐全了。士人把仁义作为追求的目标和行事的原则。荀子作为先秦儒家代表人物之一，对“士”当以道自任与自重，也依然守住了儒家传统。他说：

> 古之贤人，贱为布衣，贫为匹夫。食则饘粥不足，衣则竖褐不完。然而非礼不进，非义不受，安取此？子夏贫，衣若县鹑。人曰：“子何不仕？”曰：“诸侯之骄我者吾不为臣；大夫之骄我者吾不复见。”②

认为古代贤能之士，即使贫贱如普通百姓，食不果腹，衣不蔽体，也坚持“非礼不进，非义不受”，就像子夏一样，对于傲慢的诸侯和大夫则不屑一顾。此外，荀子还认为，足以担当“道”者必须是“君子”或“士君子”。《荀子·致士》说：

> 无土则人不安居，无人则土不守，无道法则人不至，无君子则道不举。故土之与人也，道之与法也者，国家之本作也；君子也者，道法之总要也，不可少顷旷也。得之则治，失之则乱；得之则安，失之则危；得之则存，失之则亡。故有良法而乱者，有之矣；有君子而乱者，自古及今，

① 《孟子·尽心上》，《诸子集成》本，中华书局1954年版，第546页。

② 《荀子·大略》，《诸子集成》本，中华书局1954年版，第337页。

未尝闻也。①

在荀子看来，君子对“道”的坚守如同土地之于国家、人民之于疆土一样重要，“道义”与“法制”是治理国家的根本，而君子就是“道义”与“法制”的坚守者，能否得到君子的治理，是天下国家治乱存亡的决定性因素。所以，荀子仍守孔子“士志于道”之见未变。

除儒家诸子外，墨家也主张士人积极参政，其着眼点也在于“道”的实现。墨子说：

> 故士者，所以为辅相承嗣也。故得士则谋不困，体不劳，名立而功成，美章而恶不生，则由得士也。是故子墨子言曰：得意贤士不可不举，不得意贤士不可不举，尚欲祖述尧、舜、禹、汤之道，将不可以不尚贤。夫尚贤者，政之本也。②

得到“士”的辅佐，就会“谋不困”“体不劳”“名立功成”，作为君主，举士尚贤是国家之大体，政治治理之根本。这与儒家“士志于道”的精神相去不远。

儒、墨诸说把“以道自任”作为士人的精神追求，是“其为新兴的士人阶层赋予的价值规范和人生信念。”③这种价值规范和目标要求，又具体体现在人伦秩序和社会价值秩序两个方面。

在人伦秩序方面，士人“谋道”的个体道德自觉就是孔子所谓的“仁”。“仁”的基本原则和要义是对人际关系的强调，即所谓“仁者人也，亲亲为大”。孔子称赞颜回“三月不违仁”。在孔子看来，“仁”虽然是一个终极的道德原则，但“人能弘道，非道弘人”，也就是说，它能在人的日常言谈举止中体现出来。

孔子所言“道”的另一层含义则是对社会的规范。《论语·公冶长》说：“邦有道，不废；邦无道，免于刑戮。”意思是说国家政治治理规范的话，南荣

---

① 《荀子·致士》，《诸子集成》本，中华书局 1954 年版，第 172—173 页。

② 《墨子·尚贤上》，《诸子集成》本，中华书局 1954 年版，第 28 页。

③ 李春青：《乌托邦与诗——中国古代士人文化与文学价值观》，北京师范大学出版社 1995 年版，第 79 页。

这个人不会被埋没;国家政治治理黑暗的情况下,南荣这个人也不会被刑戮。这里的"道",就是指"社会规范"。《论语·季氏》说:"天下有道,则礼乐征伐自天子出;天下无道,则礼乐征伐自诸侯出。自诸侯出,盖十世希不失矣;自大夫出,五世希不失矣;陪臣执国命,三世希不失矣。天下有道,则政不在大夫;天下有道,则庶人不议。"这里的"道"是社会价值秩序,是"仁"之"道"推及社会层面的结果。"仁道"的对象化和社会化就是"礼","礼"主要是人的各种行为规范。在这里,"仁"与"礼"实质上已经相同一了。这种融"仁"入"礼"的思想,实际上是对"道"在社会政治秩序中崇高价值的肯定。孔子将"道"置于君权之上,并认为是合理的社会价值观,显示出了新兴的士人阶层那种"以道自任"的社会关怀。

有了"士志于道"的价值理想和"仁""礼"的价值秩序的规定,对于履践"仁道",孔子提出了"克己复礼"的要求。

孔子说:"克己复礼为仁"(《论语·颜渊》),"克己"是自我人格的完善;"复礼"是儒家社会理想的实现。孔子认为,"为仁由己"就是要实践为"仁"之"道",士人首先必须完善自己的道德意识,以自己日常生活待人接物来身体力行地实践这种道德原则。子贡问:"如有博施于民而能济众,何如?可谓仁乎?"子曰:"何事于仁?必也圣乎?尧舜其犹病诸。夫仁者,己欲立而立人,己欲达而达人,能近取譬,可谓仁之方也已。"(《论语·雍也》)"博施于民而能济众",正是士人阶层的最高理想;"能近取譬",就是以自己日常的言谈举止来实现"仁"。对此,他还有如下的论述:《论语·子路》说:"切切偲偲,怡怡如也,可谓士矣。朋友切切偲偲,兄弟怡怡。"士君子之间要做到相互勉励,相处要和和气气。又说:"行己有耻,使于四方,不辱君命,可谓士矣。"作为"士",为人行事时知耻,出使诸侯国,不辜负君主所托,能圆满完成使命。这样说来,士人如能完善自己的道德意识,并事事处处去推行自己的价值观则可称为"君子"。"君子"如能使自己的价值观在社会上得到实现,做到"博施于民而能济众",就达到了士人理想人格的最高层次——圣人境界。

然而,春秋战国时期,以"道"自任的知识分子出现以后,首先便面临着如何对待政治权威的问题。也就是士人之“道”与君主之“势”的关系问题。在理论上，“道”最尊；在实际上，君主的权力至高无上。这样一来，“道”与“势”的关系就成了一个微妙而复杂的问题。

先秦儒学代表人物的观念为后世儒家探讨“道”与“势”的关系定下了基调。明儒吕坤总结前人的认识，进一步明确了“道”与“势”的内在联系，他在《呻吟语》中说：“天地间惟理与势为最尊。虽然，理又尊之尊也。庙堂之上言理，则天子不得以势相夺，即相夺焉，而理则常伸于天下万世。故势者，帝王之权也；理者，圣人之权也。帝王无圣人之理，则其权有时而屈，然则理也者，又势之所恃以为存亡者也。以莫大之权，无僭窃之禁，此儒者之所不辞而敢于任斯道之南面也。”吕坤所言的“理”，也就是诸子所谓的“道”。在某种意义上说，“理”是圣人的权力，“势”是帝王的权力。帝王之“权”依“理”而行，圣人之“理”又是权力的依赖。“士人”之所以能“任道”，是因为他们掌握着“理”这一莫大的权力，而没有窃夺权势的想法和行为。

总之，儒者在“道”与“势”关系上的共同认识大致有三点：其一，君主权力的合法性须由“道”来验证。如《孟子·滕文公下》说：“非其道，则一箪食不可以受于是；如其道，则舜受尧之天下，不以为泰。”其二，君主运用权力必须遵循“道”的准则。《荀子·解蔽》说：“治之要在于知道。”其三，君主须拜贤人君子为师友，因为他们掌握“道”，是最好的政治顾问。《孟子·告子下》曰“君子之事君也，务引其君以当道，志于仁而已。”孟子称其中最优秀者为“不召之臣”，其《孟子·公孙丑下》曰“将大有为之君，必有所不召之臣，欲有谋焉，则就之”。君主能否以贤人君子为师友，是成就大业的重要条件。《荀子·尧问》载，成汤的左相仲虺曾说：“诸侯自为得师者王，得友者霸……自为谋而莫己若者亡。”这个认识成为“道高于君”的重要理论依据之一。

道家崇尚自然之“道”，帝王则是等而下之者。《老子》第二十五章说：“道大，天大，地大，人亦大。域中有四大，而人居其一焉。”又说：“人法地，地法天，天法道，道法自然。”王是被道、自然制约的。《老子》以“道”为根本，王只有从道才能安位，把“君主”与“道”分为二元，并且“道”高于君。

法家对君主进行品评,《管子·形势解》说:“明主之务,务在行道,不顾小物。”所谓“道”,即治国方略。

士人所持之“道”何以能够实现?我们说,由个体价值的“仁”达成社会价值的“礼”,最终形成的“道”,必须借助现实君主的“势”才能实现。这是因为,“道统是没有组织的,‘道’的尊严完全要靠它的承担者——士——本身来彰显。因此士是否能以道自任最后必须要归结到他和政统的代表者——君主——之间是否能保持一种适当的个人关系。”[①]因此,士人欲实现“道”,就不得不投身于君主之“势”。而对于君主来说,也需要士人的种种知识技能为其服务,更需要士人以“道”的精神权威来论证其权力的合法性。“士与王侯在政统中是君臣关系,但在道统中则这种关系必须颠倒过来而成为师弟。”[②]若以师弟关系来看,士人自然享有指导君主的权利,“道”尊于“势”;若以君臣关系而论,士人负有服从君主的义务,必须实现整个官僚行政机构所规定的即定功能。师弟关系和君臣关系是两种截然不同的社会规范。士人在前者发挥的是价值的功能,在后者发挥的是工具功能。然而,在中国古代社会文化情景下,偏偏要求士人一身兼二任,这自然在他们的心灵深处形成从“道”还是从“势”的两难冲突。因此,“中国士人一旦卷入到君王的权力网络之中,其弘道的职能就极为有限了。”[③]即使如此,仍有一些士人在“守道”理想主义精神感召下,还是坚守“道尊于势”的价值体系,介入社会和历史,以理想的“浩然之气”,与现实的昏庸之“势”进行着近乎悲壮的抗争。

第二节　不治而议论:士人对社会的深厚关怀

战国时期,“道”与“势”之间已发生了一种微妙而紧张的关系。士阶层

① 余英时:《士与中国文化》,上海人民出版社2003年版,第91页。

② 余英时:《士与中国文化》,上海人民出版社2003年版,第92页。

③ 王国维:《王国维手定观堂集林·释史》,浙江教育出版社2014年版,第134页。

中产生了一批以"道"自负之人，不甘自贬身价去入仕。温和者尚自许为王侯的师友，激烈者则拒斥一切政治权威。在这种背景下，齐国的稷下之学"复盛"。《史记·田敬仲完世家》记载：

> 宣王喜文学游说之士，自如驺衍、淳于髡、田骈、接予、慎到、环渊之徒七十六人，皆赐列第，为上大夫，不治而议论。是以齐稷下学士复盛，且数百千人。①

宣王喜爱文学及能言善辩之士，对驺衍、淳于髡、田骈、接予、慎到、环渊这样的人都赐予宅第，让他们担任上大夫，不担任具体的行政工作，专以议政、治学为务，齐国稷下学宫里的学者多的时候人数多达数百甚至上千。《史记·孟子荀卿列传》曰：

> 自驺衍与齐之稷下先生，如淳于髡、慎到、环渊、接子、田骈、驺奭之徒，各著书言治乱之事，以干世主。②

> 于是齐王嘉之，自如淳于髡以下，皆命曰列大夫，为开第康庄之衢，高门大屋，尊宠之。览天下诸侯宾客，言齐能致天下贤士也。③

在这里，稷下先生的"不治"，即不在官僚系统之中，所以依然能保持"士"的身份以致"著书言治乱之事，以干世主"，且得到齐王的重视，并给予较高的地位待遇。这可以看出当时的士已发展了群体的自觉，而且"道"尊于"势"的观点也相当的普遍。因此，值得重视的是稷下先生的"议论"。

"议论"并不完全相当于现代"讨论""商议"，其主要含义近乎我们所说的"批评"。《论语·季氏》曰："天下有道，则庶人不议。"《左传·襄公三十一年》云：

> 郑人游于乡校，以论执政。然明谓子产曰："毁乡校，何如？"子产曰："何为？夫人朝夕退而游焉，以议执政之善否。其所善者，吾则行之。其所恶者，吾则改之。是吾师也，若之何毁之？我闻忠善以损怨，不闻作威以防怨。岂不遽止，然犹防川，大决所犯，伤人必多，吾不克救

---

① 司马迁：《史记·田敬仲完世家》，中华书局1959年版，第1895页。

② 司马迁：《史记·孟子荀卿列传》，中华书局1959年版，第2346页。

③ 司马迁：《史记·孟子荀卿列传》，中华书局1959年版，第2347—2348页。

也。不如小决使道。不如吾闻而药之也。”然明曰:“蔑也今而后知吾子之信可事也。小人实不才,若果行此,其郑国实赖之,岂唯二三臣?”仲尼闻是语也,曰:“以是观之,人谓子产不仁,吾不信也。”①

乡人聚集议论治理得失、执政善否的乡校,子产主张保留,而且认为那些议论执政的人是“吾师”,对于他们的意见,“其所善者,吾则行之。其所恶者,吾则改之。”这段话中的“议”和“论”都是评价。《孟子·滕文公下》曰:“圣王不作,诸侯放恣,处士横议,杨朱、墨翟之言盈天下。”没有圣明的君主,诸侯放纵恣肆,有才学而不做官的“士”大加议论,杨朱、墨翟的言论充塞天下。天下的言论,不是归向杨朱一派,就是归向墨翟一派。此处所言“横议”更是“批评”之意。《淮南子·俶真训》说:“周室衰而王道废,儒墨乃始列道而议,分徒而讼。于是博学以疑圣。华诬以胁众,弦歌鼓舞,缘饰诗书,以买名誉于天下。”周王室的衰败使王道废弛,墨、儒也开始宣传标榜自己的学说,招聚门徒争论是非。于是各家学说均以博学来比拟圣人,实际是用华而不实的言辞来欺骗胁迫民众。其行施礼乐歌舞,拿《诗》《书》来装点门面,只不过为的是沽名钓誉。这里的“列道而议”正是指“道术为天下裂”之后的“处土横议”。由此可见,汉初士人对战国知识分子各持其“道”以批评时政的风气已经十分认同了。由于士人的“道”具有历史性与社会性的特色,他们的议论从来就不是一般性的,而具体表现为“言治乱”“议政事”或“议国事。”

① 《左传·襄公三十一年》,阮元校刻:《十三经注疏》1980年版,第2015—2016页。

第八章　司马迁批判精神的渊源

——先秦士人的道义传统与司马迁《史记》的批判精神(二)

宋人张耒云:“司马迁尚气任侠,有战国豪士之余风。”[①]由《史记》看,司马迁的个性气质与思想精神都深深根植于先秦士人文化土壤中,他一生都在追踪古代国士风范,具有崇道尚义精神。然而,汉代士人的生存环境与春秋战国时代已完全不同,大一统的封建王朝对士人已有了新要求。司马迁对先秦士人道义传统的精神追求与社会现实发生了强烈的碰撞,这就使他的心态交织着种种矛盾。因此,士人道义传统以及史官文化的家学传统,乃是司马迁批判精神的渊源。

第一节　继承传统:司马迁批判精神的历史原因

如前文所述,历史上的士人阶层形成了自己的人生价值取向和道德精神,形成了“以道自任”的文化传统,对多数士大夫来说,这是一种自觉的精神追求。历代士人就是在这种精神感召下追求自己的人生价值和对社会的意义。司马迁有着“世典周史”的史官家学渊源,其对先秦士人道义传统及

① 张耒:《张右史文集 · 司马迁论》,见杨燕起、陈可青、赖长扬汇辑:《史记集评》,华文出版社 2005 年版,第 12 页。

其批判精神的继承,当是从史官文化开始的。

如前文所述,在中国古代,史官文化的形成有一个较为漫长的过程,尽管如此,史官文化给中国古代政治带来了深远的影响。春秋战国时期,人们将神话传说中的人物与古史联系起来,这也成为孔子撰修鲁史《春秋》的逻辑起点。在孔子的努力下,修史、传史的意识得到了士阶层的认同,以《春秋》为"经",先后出现了以《公羊传》《穀梁传》和《左传》为代表的"春秋三传",成了对"经"解释的典籍。孔子将其政治思想寓于《春秋》之中,以个人的力量建立新史学,并通过祟"圣",给当时的史官文化注入新的活力。其撰写《春秋》的意义,"与其说是开创了私家修史的先河,倒不如说孔子给史官之学提出了新的文化要求。这一新的文化要求就是将史官文化改造为'王道'之学,以王道来承担政治理想上的诉求。"①进入春秋,士阶层加入修史行列,使原有的史官文化秩序发生了很大的变化。"用来记载的那支笔从史官转移到士手中,本来为王侯卿大夫所执掌的治国之'道'一变而为士的专利,文化学术的创造主体从王侯将相变易为士,学术话语权从官学下降到私学,天下由'庶人不议'一变而为'处士横议'"。② 自"天子失官,学在四夷"(《左传·昭公十八年》)以后,"学在官府"的局面逐渐被打破。私学兴起的积极成果,一方面让文化教育的普及刺激了士阶层的生长和壮大,另一方面士阶层直接参与到修史的序列中,以入世进取的精神改变了已有的史官文化结构。

进入战国以后,各种帝王之道的先后出现,使得士阶层的杰出代表——诸子对古史(神话传说时代)关注的目的在于观往者得失之变,借古以论今。司马迁继承了史官文化的优秀传统,开创了新的史官文化。

作为一个史学家,司马迁对著述史书的文化本质和社会功能有着明确的、深刻的认识。他借《春秋》之义和孔子之言阐发了他对史书特殊文化本质和社会功能的具体理解。《史记·太史公自序》说:

子曰:"我欲载之空言,不如见之于行事之深切著明也。"夫《春

① 张强:《司马迁学术思想探源》,人民出版社2004年版,第94页。

② 陈桐生:《〈史记〉与诸子百家之学》,安徽大学出版社2006年版,第4页。

> 秋》，上明三王之道，下辨人事之纪，别嫌疑，明是非，定犹豫，善善恶恶，贤贤贱不肖，存亡国，继绝世，补敝起废，王道之大者也。①

孔子以记录历史事实来明王道，而《春秋》则体现了王道的内容和原则。司马迁自称要继承《春秋》，实际上是以史官的身份认同孔子在史官文化序列中的地位，同时，表明自己对史官文化传统的继承和创新。

在这一过程中，他对史官指斥时政的风习的承继，是显而易见的。在司马迁的心目中，史官要为社会负责，撰写历史要有所刺讥、褒贬，表现出批判精神。故而《史记·太史公自序》说："述往事，思来者"，"原始察终，见盛观衰"，对客观的历史过程评褒贬，论是非，别善恶，定弃取，以此来表达其对不同历史事件和人物的感情、态度以及评价和判断。

司马迁在《史记》中所体现出的批判精神，除来源于史官文化的优秀传统之外，更为重要的是对先秦士人"以道自任""评判社会"这些优秀传统的继承和弘扬。

如前文所述，先秦优秀士人都是以"道"自任。《史记·太史公自序》引司马谈《论六家要指》说："天下一致而百虑，同归而殊途。夫阴阳、儒、墨、名、法、道德，此务为治者也，直所从言之异路，有省不省耳。"也就是说，各家学说都是在为当时的统治者开治世的药方。这些士人都有着鲜明的处世原则和人格理想。《论语·里仁》曰："士志于道"，《论语·卫灵公》曰："君子谋道不谋食。耕也，馁在其中矣；学也，禄在其中矣。君子忧道不忧贫。"《孟子·尽心上》曰："士穷不失义，达不离道。穷不失义，故士得己焉；达不离道，故民不失望焉。古之人，得志，泽加于民；不得志，修身见于世。穷则独善其身，达则兼善天下。"《孟子·梁惠王上》又说："天下有道，以道殉身；天下无道，以身殉道。"他还提出"无恒产而有恒心者，唯士为能"。从这里，我们可以看出士人群体对社会的责任感和使命感。由于先秦士人都是以"道"自任，以"道之所在"自居，所以他们往往都自视甚高，不屈于王侯，而以王侯的师友自居。因此，他们高谈理想，指斥当时政治。无论是《论语》

---

① 司马迁：《史记·太史公自序》，中华书局1959年版，第3297页。

《孟子》《荀子》，还是《老子》《庄子》《韩非》，虽观点不同，但都是“破字当头”，以指斥现实、批判时政。汉代以后，“萧何次律令，韩信申军法，张苍为章程，叔孙通定礼仪，则文学彬彬稍进，《诗》《书》往往间出矣。自曹参荐盖公言黄老，而贾生、晁错明申、商，公孙弘以儒显，百年之间，天下遗文古事靡不毕集太史公。”①汉朝兴起，萧何修订法律，韩信申明军法，张苍制立章程，叔孙通确定礼仪，于是品学兼优的文学之士逐渐进用。《诗》《书》不断地在各地发现。曹参主张黄老，晁错主张法家，公孙弘主张儒学，各种学说都集于史官。

司马迁的思想人格就是在这种浩繁的先秦典籍和汉初学术回潮的熏染下形成的。司马迁继承了先秦士人“以天下为己任”的优秀传统，选择了著史的伟大事业。这种继承主要表现在两方面。一是著史以明道。司马迁立志要做当代的孔子，其期许是何等高远。因此他并不满足于只做单纯的历史记录者，而是要成为历史的代言人。《史记》在他的期待中，不只是一部历史著作，而应该是一部既能治国平天下，又能纲纪人伦的思想巨著，在著史的旗帜下，发表对社会、政治、人生的见解，这才是司马迁效法孔子作《春秋》的真实深层含义。司马迁高度评价《春秋》的社会功能，实际表达的是他对自己著《史记》社会功能的表达，因此司马迁写《史记》“窃比《春秋》”，也就是要像孔子一样借史的形式论世道，为当世立义制法。二是著史以治世。司马迁以太史令的身份，通过撰史来回答国家长治久安的问题。他上溯五帝，下至当世，笔墨纵横几千年，用通史的形式清晰演示着历史发展变化的规律。他不以空言立道，而从“深切著明”的历史事实之中，以史家的通变眼光，撷隐探微，“稽其成败兴坏之理”，寻求治国规律。从对历史的探讨展开对现实政治的深邃思考，撰史以治世的宗旨使司马迁把当世的政治得失作为历史思考的重点。他在《高祖功臣侯者年表》中说：“居今之世，志古之道，所以自镜也，未必尽同。帝王者各殊礼而异务，要以成功为统纪，岂可绲乎？观所以得尊宠及所以废辱，亦当世得失之林也，何必旧闻？”②他热

① 司马迁：《史记·太史公自序》，中华书局1959年版，第3319页。

② 司马迁：《史记·高祖功臣侯者年表》，中华书局1959年版，第878页。

切地关注秦汉以来的风云变幻，在写法上略古详今。在汉兴百年的历史风云中，司马迁对历史兴亡、社会变迁、典章沿革展开了多角度的寻绎，对许多重大问题进行了全面的思考，以“通古今”的知识和“辨然否”的能力承担社会责任，这是士人精神在他身上的体现。于是，他谱写了壮丽的史诗，纵贯古今，横通人事，气势恢宏地发表着自己的“一家之言”。

司马迁在《太史公自序》中说：“自周公卒五百岁而有孔子，孔子卒后至于今五百岁，有能绍明世，正《易传》、继《春秋》，本《诗》《书》《礼》《乐》之际，意在乎斯！意在乎斯！小子何敢让焉。”①他俨然以周公、孔子自命，收罗万象，兼采诸长，以“道”自任，以自己的著作来评判历史，指责黑暗腐朽的社会现实。由此可以看出，司马迁在《史记》中所表现出的批判精神，其渊源就是先秦士人的道义传统。

第二节　角色转变：司马迁批判精神的现实因素

春秋战国时期，各国都大兴求士之风，士的地位得到了空前的提高。当时，士无定主，人格独立，各国君主对士无不尊崇，或尊为师，或待为友，或委之政，或养尊之。士对君主，尽可批评讽刺，合则留，不合则去，“君”与“士”的关系不十分稳定，士人具有十分自由的选择空间。但是到了汉代，士人的地位却有了变化。奠定中国封建统治模式的汉王朝是以帝王专制为核心的，这就需要以严格的等级制度来维持自己的统治，使所有的人都成为这个等级秩序中的臣民，才能让至高无上的皇帝具有绝对的权威。在汉武帝时代，汉家大一统局面已经形成，起决定作用的是王权的力量，而不是人才的力量。因此，士人的社会地位发生了显著的变化，这些变化同样给司马迁带来了直接的影响。

---

① 司马迁：《史记·太史公自序》，中华书局 1959 年版，第 3296 页。

首先,士人的社会地位由先前的王师君友下降为依附者。春秋战国时期,得士者得天下,失士者失天下,这是当时的社会共识。士的多少成为各国国力的标志之一。当时,士人社会地位很高,各国君主对士人不仅要待之以礼,而且还要以士人为师。士人虽是君主之臣,但在君王面前仍有自己的自尊,士人与君主在人格上是平等的。到了汉武时代,士人的地位却发生了显著变化。尽管汉武帝重视人才,也曾"举贤良文学之士前后百数",但是,效果不甚理想。[①]《史记·魏其武安侯列传》云:"武安者,貌侵,生贵甚。又以为诸侯王多长,上初即位,富于春秋,蚡以肺腑为京师相,非痛折节以礼诎之,天下不肃。"汉武帝作为集权的统治者要以剥夺天下士人的尊严来强化王权。司马迁与同时代士人一样,一方面为汉武帝盛世气象而振奋,积极投身于汉武王朝的政治文化建设,另一方面又为自己被侮辱、被损害而自卑。

其次,士阶层由天下游士变为一主之臣,失去了"自由"。春秋战国时期,士人可以自由地从一国到另一国活动,不必受一国之主的控制,臣与君并没有固定的依附关系,士人对君王只有为"知己者死"的道德义务,并没有绝对服从的君臣大"义"。在思想上,也没有定于一尊的神圣不可侵犯的金科玉律,一切都是为了个人的成功,他们可以取己所需,宣传自己的主张。如苏秦先持连横之术游说秦惠王,不成之后,又主合纵之说,帮助六国对付秦国。当时人称其为"左右卖国反复之臣也",可是他在燕"益厚遇之",在齐"齐宣王以为客卿"。《史记·孟子荀卿列传》云:

> 自驺衍与齐之稷下先生,如淳于髡、慎到、环渊、接子、田骈、驺奭之徒,各著书,言治乱之事,以干世主,岂可胜道哉?[②]

可见,多国并立的政局,使士人们获得了择善而"游"的人身自由,也使他们在思想上取得了"百家争鸣"的言论自由。

汉之时,士人的这种自由却丧失了。封建专制使士人都服从帝王这一唯一的中心。汉初诸侯王沿有养士之风,后来,"皇帝对公卿大臣私养宾客

---

① 参见于迎春:《秦汉士史》,北京大学出版社 2000 年版,第 99 页。

② 司马迁:《史记·孟子荀卿列传》,中华书局 1959 年版,第 2346 页。

的行为变得越来越恼恨”，①到武帝时私家养士已与叛逆同罪。桑弘羊曰：

> 日者，淮南、衡山修文学，招四方游士，山东儒、墨，咸聚于江、淮之间，讲议集论，著书数十篇。然卒于背义不臣，谋叛逆，诛及宗族。②

淮南、衡山修习学问，招揽四方的游士，山东的儒家、墨家人士都聚集在江淮，把讲学讨论的内容进行汇集，著书数十篇之多。但他们最终背信弃义，生不臣之心，图谋叛逆，整个宗族都被株连。卫青也说：

> 自魏其、武安之厚宾客，天子常切齿。彼亲附士大夫，招贤绌不肖者，人主之柄也。人臣奉法遵职而已，何与招士！③

招揽食客、养士常常令皇帝痛恨，人臣的职责就是奉法遵职，不可养士。这样，天下游士在汉武时代已失去了生存的土壤，只能成为汉武帝一主之臣。对那些游离于专制关系之外的士人，汉武帝则用严酷的法网对付他们。如诛杀游侠郭解、淮南王谋士伍举等。在思想言论上，汉武帝采取了董仲舒的建议，以“罢黜百家，独尊儒术”的文化策略剥夺了士人思想言论的自由。如《史记·平准书》记载：

> 异为济南亭长，以廉直稍迁至九卿。上与张汤既造白鹿皮币，问异。异曰：“今王侯朝贺以苍璧，直数千，而其皮荐反四十万，本末不相称。”天子不说。张汤又与异有隙，及有人告异以它议，事下张汤治异。异与客语，客语初令下有不便者，异不应，微反唇。汤奏当异九卿见令不便，不入言而腹诽，论死。自是之后，有腹诽之法[比]，而公卿大夫多谄谀取容矣。④

汉代实行盐铁官营、均输平准、郎吏入谷补官等政策，且用严法保证经济政策的推行。重用张汤等酷吏，以“腹诽”之罪诛杀大农令颜异。颜异对汉武帝与张汤“造白鹿皮币”这类欺民之举有异议，竟以“腹诽”之罪论死。士人已不能自由地“言治乱之事以干世主”，而只能引经据典为皇上旨意作注。

---

① 于迎春：《秦汉士史》，北京大学出版社2000年版，第101页。

② 《盐铁论·晁错》，《诸子集成》本，中华书局1954年版，第9—10页。

③ 司马迁：《史记·卫将军骠骑列传》，中华书局1959年版，第2946页。

④ 司马迁：《史记·平准书》，中华书局1959年版，第1433—1434页。

汉武帝并不需要独抒己见的思想家，只需要借古颂今的御用儒生或润色鸿业的宫廷文人。司马迁追慕游士之风，向往游士的自由境界，力建“一家之言”，结果只能招致更大的不自由，从肉体到精神都遭到了惨痛的打击。司马迁的心态便在求取功名的热情与失去自由的痛苦之间矛盾起伏，在追慕游士之风、向往游士自由境界理想的驱使下，便选择了在成“一家之言”的著史过程中，用“评判”的理性精神对历史“稽其兴衰成败之理。”

再次，士人由布衣之士变为仰禄之士，失去了命运的自主性。在春秋战国之际，“士农工商”中的士无世袭之位，又无恒定资产。这种处境促使士人劳心苦志刻意求道，他们凭借自己的思想和智慧，对环境、对命运采取更为积极主动的态度。如孔子就以“君子疾没世而名不称”作为士人的人生信条。又如苏秦早年落魄，受妻嫂冷遇，后游说天下，终于得志，其成功后叹道：“且使我有雒阳负郭田二顷，吾岂能佩六国相印乎！”①这也反映了当时士人的心态。他们一无所有，无所依托，唯有靠个人奋斗才能体现自己的存在价值，获取尊荣。可以说，“布衣”处境的外在压力与知识的内在动力一并，使士人阶层生来就有一种改变自身地位的进取意识与把握命运的自立精神。同时，各国求士的目的在于解除国家危机或争霸天下，严峻的现实要求统治者必须按才录用，论功行赏。如《孟子·万章下》所记：“费惠公曰：‘吾于子思则师之矣，吾于颜般则友之矣。王顺、长息，则事我者也。’”费惠公对待不同的人也是不同的态度。士人的才德不同，享受到的待遇也就不同。因此，不安于现状，与命运抗争就成为那个时代士人特有的生存方式。

汉武时代，“当士的统领者从战国割据一方的诸侯，演变为秦汉大一统专制朝廷上的皇帝，尽管其位势、权力无限扩大、加强了，但在士人眼里，他们的价值并不因此而有根本性增加。……在君与士的政治关系中，君无疑处于主动一面……也就表明了士对政治势力难以摆脱的依赖及由此而来的价值实现上的被动性。”②天下之士都要归附于君王。《史记·佞幸列传》引谚语说：“力田不如逢年，善仕不如遇合。”士人价值只有靠遇合天子才能

① 司马迁：《史记·苏秦列传》，中华书局1959年版，第2262页。

② 于迎春：《秦汉士史》，北京大学出版社2000年版，第98页。

展现出来。他们被纳入封建等级秩序之中艰难地处世。但那种由布衣到卿相的传奇再不可能轻易出现了，那种主宰命运的自主精神已丧失了。当时，“对贤士的尊重必须对应于一定的现实利益”，①作为仰禄之士，他们依托封建吏制而生存，已获得超出农工商的社会特权，同时也失去了改变命运的外在动力。《史记·滑稽列传》载东方朔的话：

方今以天下之大，士民之众，竭精弛说，并进辐辏者，不可胜数。悉力慕义，困于衣食，或失门户。使张仪、苏秦与仆并生于今之世，曾不能得掌故，安敢望常侍侍郎乎！传曰：“天下无害灾，虽有圣人，无所施其才；上下和同，虽有贤者，无所立功。”故曰时异则事异。②

东方朔回答博士们诘难，分析苏秦、张仪所处时代士人受到重视，而汉代天下一统，士民竭力向朝廷献计，尽管仰慕道义，但却找不到进身之阶，说明汉代统一，天下大治使得士人没有施展才能的机会；世易时移的情况下，士人所发挥的作用不同。另外，汉代设立的察举制使有识有才的士人依附于中央集权统治。扬雄《解嘲》说：“故当其有事也，非萧、曹、子房、平、勃、樊、霍则不能安；当其无事也，章句之徒相与坐而守之，亦亡所患……向使上世士处乎今，策非甲科，行非孝廉，举非方正，独可抗疏，时道是非，高得待诏，下触闻罢，又安得青紫?”超稳定的社会结构，需要超稳定的思想与个性，它要求士人必须安分守己。如《史记·日者列传》中，司马季主感叹：“故君子处卑隐以辟众，自匿以辟伦，微见德顺以除群害，以明天性，助上养下，多其功利，不求尊誉。”先秦士人那种踔厉奋发的意气至此已化解为无可奈何的虚静之心，安身之道。

当然，汉武帝广招贤良文学之士，又促使更多的士人跻身宦途，盛世气象又不断激发起他们的政治热情和建功立业的渴望。但是，汉代专治使得个体的生命张力总是受到君主意志的压抑。面对深不可测的宦途与倏忽即变的命运，他们总是感到自己力量的渺小。司马迁在《悲士不遇赋》中叹道：“虽有形而不彰，徒有能而不陈，何穷达之易惑，信美恶之难分，时悠悠

① 于迎春：《秦汉士史》，北京大学出版社 2000 年版，第 99 页。

② 司马迁：《史记·滑稽列传》，中华书局 1959 年版，第 3206 页。

而荡荡，将遂屈而不伸。”因此，对现实功名的积极追求与对不公正命运的无能为力，成了他矛盾心态的又一种表现形式。于是他选择了“贬损当世”，以与命运抗争。

司马迁内心交织着多重矛盾。主要表现在“求取人生价值的激情与生存压抑感的矛盾”；“事业自信心与人生自卑感的矛盾”；“入世热情与孤独之悲的矛盾”。[①] 这些矛盾心态对司马迁写作《史记》产生了一定的影响。

这种矛盾心态强化了太史公的思想深度。现实的黑暗，重重压抑着司马迁，使他孤独。但是，这并没有让他消沉下去，反而激发了他顽强执着的精神。他在历史的天地里，极力挣脱黑暗现实的压力，不甘心屈服于命运，而以入木三分的史家笔法抨击现实和不公平的命运，热情讴歌反抗强暴、战胜黑暗的斗争精神。内心的矛盾和痛苦，大大强化了太史公的史家笔力和对黑暗现实的批判力度。这一点突出地表现在《史记》的游侠、刺客列传诸篇中。司马迁从这些刺客侠士的身上发现了巨大的力量。他说：

> 今拘学或抱咫尺之义，久孤于世，岂若卑论侪俗，与世沉浮而取荣名哉！而布衣之徒，设取予然诺，千里诵义，为死不顾世，此亦有所长，非苟而已也。[②]

他认为在不公平的社会里，仅仅有处士的洁身自好是不够的，那样的人只能受社会的挤压。因此，在他眼里，侠士是社会道德的平衡力量，他们的行为是对命运的积极反抗，是对黑暗社会的主动出击。侠客的“犯公法”之举是合乎人心的快事，社会需要这种反抗王法的正义力量。这些深邃的思考增加了司马迁的思想深度。

这种矛盾心态增强了司马迁《史记》的批判现实力量。孤独之悲与入世热情的矛盾冲突，使司马迁一方面以满腔的热情关注当朝政治，表现出很强的参与意识，另一方面又能超越当时定于一尊的观念，以自己超越常人的思想、清醒的观察力抨击时政，敢于说出众人知之行之而又不敢言之的事

---

① 查屏球：《从游士到儒士——汉唐士风与文风论稿》，复旦大学出版社 2005 年版，第 36—40 页。

② 司马迁：《史记·游侠列传》，中华书局 1959 年版，第 3181—3182 页。

实。例如当汉武帝大用酷吏，重用“兴利”之臣为王朝大肆聚敛的时候，他写出了《酷吏列传》《平准书》，冷静地分析这种“与民争利”的做法给汉王朝带来的危机。他并不为汉武盛世的繁荣表象所迷惑，清醒地看到它背后的衰败趋势，敏锐地发现“兼并”“豪党”“争于奢侈”等社会要害问题，并在《平准书》中指出：

于是外攘夷狄，内兴功业，海内之士力耕不足粮饷，女子纺绩不足衣服。古者尝竭天下之资财以奉其上，犹自以为不足也。无异故云，事势之流，相激使然，曷足怪焉。①

经济的繁荣为帝王、官员、富豪的挥霍无度创造了条件，这势必造成他们贪赃枉法，对百姓巧取豪夺，引发阶级矛盾，这是封建社会的恶性循环。司马迁感受到了这一规律，于是，便把积极入世的热情转化成了更为强烈的批判现实的力量，向最高统治者发出了严重警告。

第三节　李陵之祸：司马迁批判精神的诱因之一

天汉三年（前 98 年），司马迁 48 岁。他埋头撰述《史记》进入了高潮，正当“草创未就”之时，突然飞来了横祸，受李陵案株连被下狱腐刑。

李陵是名将李广的孙子，少为建章监。天汉二年（前 99 年）五月，汉武帝下达了出击匈奴的动员令。秋九月，贰师将军李广利率三万骑兵北击匈奴。李陵为策应偏师，保证贰师将军的出击。后来，孤军深入的李陵却被匈奴单于亲自率领的重兵包围。李陵且战且退，经过十几天的激战，汉兵歼敌一万多，但终因寡不敌众，粮尽矢绝，全军覆没。李陵投降了匈奴。朝中阿谀逢迎之臣，讳言贰师之败，全委过于李陵而“媒蘖其短”。更有甚者，同是败军之将，对李陵“十恶不赦”，对贰师却若无其事。司马迁认为，这是不正

① 司马迁：《史记·平准书》，中华书局 1959 年版，第 1442—1443 页。

常的风气，世间的公道、良心、正义全无。当汉武帝召问司马迁的时候，他便以自己对汉武帝的“拳拳之忠”，坦率地说出了他的看法。他说：

然仆观其为人自奇士，事亲孝，与士信，临财廉，取予义，分别有让，恭俭下人。常思奋不顾身以徇国家之急。其素所蓄积也，仆以为有国士之风。夫人臣出万死不顾一生之计，赴公家之难，斯已奇矣。今举事壹不当，而全躯保妻子之臣随而媒孽其短，仆诚私心痛之！且李陵提步卒不满五千，深践戎马之地，足历王庭，垂饵虎口，横挑强胡，卬亿万之师，与单于连战十余日，所杀过当，虏救死扶伤不给。旃裘之君长咸震怖，乃悉征左右贤王，举引弓之民，一国共攻而围之。转斗千里，矢尽道穷，救兵不至，士卒死伤如积。然李陵一呼劳军，士无不起，躬流涕，沫血饮泣，张空弮，冒白刃，北首争死敌。陵未没时，使有来报，汉公卿王侯皆奉觞上寿。后数日，陵败，书闻，主上为之食不甘味，听朝不怡。大臣忧惧，不知所出。仆窃不自料其卑贱，见主上惨凄怛悼，诚欲效其款款之愚。以为李陵素与士大夫绝甘分少，能得人之死力，虽古名将不过也；身虽陷败，彼观其意，且欲得其当而报汉。事已无可奈何，其所摧败，功亦足以暴于天下。①

李陵兵败投降匈奴在朝廷“大臣忧惧，不知所出”，“全躯保妻子之臣”及平时对李陵有“睚眦”之怨的人一片“媒孽其短”的声音中，司马迁说了一些公道话，表达了对李陵的同情。司马迁与李陵无私交，然观察李陵平时的为人，“有国士之风”；兵败前的忠勇苦战，确有“出万死不顾一生”之气概，情状感人。

在司马迁看来，李陵品行端正，为人正派，不贪财货，孝亲信士，不顾生死，赴国之难。李陵出师击匈奴奋勇转战，公卿王侯胜则庆贺，败而“媒孽其短”，他认为李陵一时陷败是待机报汉。司马迁对李陵的遭遇充满了同情，对当时朝廷内不正常的风气充满了愤慨。于是“适会召问，即以此指推

① 司马迁：《报任少卿书》，见班固：《汉书·司马迁传》，中华书局1962年版，第2729—2730页。

言陵功，欲以广主上之意，塞睚眦之辞”。[1] 起初，汉武帝接受了司马迁的意见，于是“遣使劳陵余军得脱者”，还派因杅将军公孙敖深入匈奴迎李陵。公孙敖在边境候望李陵一年多，没有建功，借捕获的俘虏之口谎报“李陵教单于兵以备汉”，武帝大怒，族灭了李陵一家。司马迁肯定了李陵的战功与奋勇杀敌的精神，他要澄清事实真相，对李陵败降的原因做出符合事实的解释。这无疑是对汉武帝族灭李陵家族、袒护贵戚李广利行为的一种抗议。所以，汉武帝找到了加害司马迁的理由：“上以迁诬罔，欲沮贰师，为陵游说，下迁腐刑。”[2]汉武帝给司马迁加上了诬罔主上，攻击贰师将军的罪名，汉武帝欲使其受辱而自杀，遂处以宫刑。这便是“李陵之祸”。它对司马迁产生了极大的影响，成了他在《史记》中表现强烈的批判精神的基本诱因。首先，“李陵之祸”让司马迁受到奇耻大辱，激发了他“发愤著书”以“偿前辱之责”的意志和决心，忍辱苟活，完成《史记》著述以实现自我价值。他在《报任少卿书》中说：

> 古者富贵而名摩灭，不可胜记，唯俶傥非常之人称焉。盖西伯拘而演《周易》；仲尼厄而作《春秋》；屈原放逐，乃赋《离骚》；左丘失明，厥有《国语》；孙子膑脚，《兵法》修列；不韦迁蜀，世传《吕览》；韩非囚秦，《说难》、《孤愤》。《诗》三百篇，大氐贤圣发愤之所为作也。此人皆意有所郁结，不得通其道，故述往事，思来者。及如左丘明无目，孙子断足，终不可用，退论书策以舒其愤，思垂空文以自见。仆窃不逊，近自托于无能之辞，网罗天下放失旧闻，考之行事，稽其成败兴坏之理，凡百三十篇，亦欲以究天人之际，通古今之变，成一家之言。草创未就，适会此祸，惜其不成，是以就极刑而无愠色。仆诚已著此书，藏之名山，传之其人通邑大都，则仆偿前辱之责，虽万被戮，岂有悔哉！然此可为智者道，难为俗人言也。[3]

司马迁列举周文王、孔子、屈原、左丘明、孙膑、吕不韦、韩非等人在困厄中发

---

① 司马迁：《报任少卿书》，见班固：《汉书·司马迁传》，中华书局 1962 年版，第 2730 页。

② 班固：《汉书·李广苏建传》，中华书局 1962 年版，第 2456 页。

③ 司马迁：《报任少卿书》，见班固：《汉书·司马迁传》，中华书局 1962 年版，第 2735 页。

愤著书。这些先贤圣哲英雄在遭受困厄、困难、折磨、屈辱时，“意有所郁结，不得通其道，故述往事、思来者”，他们一方面抒发了自己内心的郁结不平之气，另一方面又成就了伟大事业，实现了自己的人生价值，完成了自己的历史使命，成为彪炳史册的英雄人物。在这里，司马迁阐述了著述《史记》的动机和意义，指出“发愤著书”的动机来源于困厄。他把目光投向文化学术事业，通过撰述著作，来实现自我价值，寄希望于未来社会的评价，使自己的人格和名誉得到重新张扬。其次，“李陵事件”使司马迁超越了死亡，重新标定人生的方向，秉笔直书，为后人留下一部“实录”的信史。他在宫刑受辱之后，面对死亡重新思考人生的价值。他说：

> 盖钟子期死，伯牙终身不复鼓琴。何则？士为知己用，女为说己容。若仆大质已亏缺，虽材怀随和，行若由夷，终不可以为荣，适足以发笑而自点耳。①
>
> 仆之先人非有剖符丹书之功，文史星历近乎卜祝之间，固主上所戏弄，倡优畜之，流俗之所轻也。假令仆伏法受诛，若九牛亡一毛，与蝼蚁何异？而世又不与能死节者比，特以为智穷罪极，不能自免，卒就死耳。何也？素所自树立使然。人固有一死，死有重于泰山，或轻于鸿毛，用之所趋异也。②
>
> 且勇者不必死节，怯夫慕义，何处不勉焉！仆虽怯耎欲苟活，亦颇识去就之分矣，何至自沉溺缧绁之辱哉！且夫臧获婢妾犹能引决，况若仆之不得已乎！所以隐忍苟活，函粪土之中而不辞者，恨私心有所不尽，鄙没世而文采不表于后也。③

司马迁表达了他对死亡的看法：其一，为知己而死，在所不辞。其二，为赴国难而死，在所不辞。其三，人固有一死，或重于泰山，或轻于鸿毛。重于泰山之死，死之值得；轻于鸿毛之死，一文不值。其四，为节义而死，值得尊敬，但壮志未酬而文章名节不著于后世就死去，实为不值。其五，生前富贵，死后

① 司马迁：《报任少卿书》，见班固：《汉书·司马迁传》，中华书局1962年版，第2725页。

② 司马迁：《报任少卿书》，见班固：《汉书·司马迁传》，中华书局1962年版，第2732页。

③ 司马迁：《报任少卿书》，见班固：《汉书·司马迁传》，中华书局1962年版，第2733页。

名灭，不算英雄；生前受辱，而能坚强活下来，最终成就一番事业，流芳后世，才是真英雄。其六，完成自己的使命，实现自己的理想，虽遭万戮，也在所不辞。故而他说：

> 夫人情莫不贪生恶死，念亲戚，顾妻子，至激于义理者不然，乃有不得已也。今仆不幸，蚤失二亲，无兄弟之亲，独身孤立，少卿视仆于妻子何如哉？①

作为常人，贪生而恶死，念妻怜子，但自己有能引决的勇气，但轻率一死，则会断送著史事业。之所以能够受辱发愤，幽粪土之中而不辞者，就是为了“文采表于后世”。他说：

> 先人有言：“自周公卒五百岁而有孔子。孔子卒后至于今五百岁，有能绍明世，正《易传》，继《春秋》，本《诗》《书》《礼》《乐》之际？”意在斯乎！意在斯乎！小子何敢让焉。②

父亲病危遗命，司马迁立下了正《易传》，继《春秋》，修史传世的决心。他以中国文化“立德、立功、立言”的三不朽为标准，秉承父亲修史遗命，不忘史官的职责，认为无论是从做人的基本道德，还是从社会责任良心讲，都必须活下来。在经历了心灵与肉体的巨大创伤之后，他并没有因此而放弃生命，而是将著史作为一项不朽的人生事业，来实现对肉体创伤的超越。再次，“李陵之祸”使司马迁的思想从温和批判向激烈抗争转变。为了著史，为了正义，司马迁选择了“忍辱就功名”。于是，这场士人“弘道”与君主专制的较量，终于以“士人”身受腐刑、心受死伤的悲剧而完成。他不再是封建专制国家的奴仆，而是封建社会的逆子。在“李陵之祸”以前，司马迁奉行的是中国古代士人“温和批判”，即尽管对封建专制不满意，也只是批评封建统治者“不是”之处，去劝诫统治者勤政、爱民、纳谏、尚贤，做有道明君，而不要做无道昏君。然而，这一劝诫和温和批判有一定的限度，一方面是避免与封建专制秩序的直接冲突；另一方面是坚持自己所追求真理的方向，或者说是保持自己的崇高信仰。这是中国古代士人的做人原则，即《孟子·滕

---

① 司马迁：《报任少卿书》，见班固：《汉书·司马迁传》，中华书局 1962 年版，第 2733 页。

② 司马迁：《史记·太史公自序》，中华书局 1959 年版，第 3296 页。

文公下》所云:“富贵不能淫,贫贱不能移,威武不能屈”。与此同时,他也不愿放弃士人“以道自任”传统所应体现的批判立场,于是,在汉武帝要自己对李陵败降事件表态的时候,就“必然从温和批判转为激烈抗争。”①这一抗争是司马迁用自己的生命与封建专制强权的抗争。他不愿迎合上意来换取荣华富贵,参加到攻击李陵的小人行列中来“以保全妻子”。他认为信仰和良心远比生命更为重要,虽然他的官职卑小,地位低微,但他可以慷慨陈词。司马迁不推诿责任,不顾将要招致被处死刑的危险,对李陵败降匈奴事件做了不同凡响的朝议和抗争。

① 黄新亚:《司马迁评传》,光明日报出版社1991年版,第92页。

第九章　司马迁《史记》批判的目的

——先秦士人的道义传统与司马迁《史记》的批判精神(三)

《史记》并非纯史学,它是一部百科全书式的伟大著作。其意“欲以究天人之际,通古今之变,成一家之言”。司马谈、司马迁父子要“继《春秋》创一代大典”。对此,司马迁论述道:

> 夫《春秋》上明三王之道,下辨人事之纪,别嫌疑,明是非,定犹豫,善善恶恶,贤贤贱不肖,存亡国,继绝世,补敝起废,王道之大者也!①

说明史学应具有“刺讥”与“颂扬”两个方面的作用。其中“刺讥”的作用是为后人立法,也是对现实的一种干预。当然,司马迁《史记》歌颂大一统,肯定陈胜吴广起义,赞许“游侠”“刺客”等,表达了著史的颂扬之意。同时,又对不合理的历史事件、社会现象及不合于道德准则的人物进行批判。《史记》为治平天下而作,司马迁研究历史,探寻治乱规律,就是为天下长治久安。由此说来,《史记》中所体现出的批判的目的也不外是“明政理,求治道”。

第一节　究天人之际:哲学思想的批判

“天人关系”是中国古代思想最基本的哲学问题。“究天人之际”,就是

① 司马迁:《史记·太史公自序》,中华书局1959年版,第3297页。

探究“天”和“人”的结合点。“应当说,在司马迁所处的时代,理解和说明‘天’和‘人’的关系,曾经是史官的文化责任。……‘天人’关系,在司马迁所处的时代,曾经是当时文化人所普遍关注,热心讨论的重要命题。”①《淮南子》强调“天人”关系的神秘意义。《淮南子·天文训》说:“天地以设,分而为阴阳。阳生于阴,阴生于阳,阴阳相错,四维乃通,或死或生,万物乃成。歧行喙息,莫贵于人,孔窍肢体,皆通于天。天有九重,人亦有九窍;天有四时以制十二月,人亦有四肢以使十二节;天有十二月以制三百六十日,人亦有十二肢以使三百六十节。故举事而不顺天者,逆其生者也。以日冬至数来岁正月朔日,五十日者,民食足;不满五十日,日减一斗;有余日,日益一升。”人的孔窍肢体都与天地自然相通,四时十二月与人的经络数相应,顺应天时才能谷丰食足。《淮南子》还认为“人为之,天成之”(《缪称训》),人事决定于天意;“天之与人有以相通也”(《泰族训》),这就是说“天人相通”;“人主之情,上通于天”(《天文训》),“圣人怀天气,报天心”(《泰族训》),“圣人天覆地载,日月照,阴阳调,四时化,万物不同,无故无新,无疏无亲,故能法天。”(《泰族训》),都是说“圣人”与“天”的关系更密切、更融洽。《淮南子·诠言训》说:

> 圣人无思虑,无设储,来者弗迎,去者弗将。人虽东西南北,独立中央,故处众枉之中,不失其直,天下皆流,独不离其坛域。故不为善,不避丑,遵天之道;不为始,不专已,循天之理;不豫谋,不弃时,与天为期;不求得,不辞福,从天之则。②

“圣人”的作为修养都要顺应于天,要“遵天之道”“循天之理”“与天为期”“从天为则”。汉武帝初年,董仲舒提出“天人感应”论。《汉书·董仲舒传》说:“孔子作《春秋》,上揆之天道,下质诸人情,参之于古,考之于今。故《春秋》之所讥,灾害之所加也;《春秋》之所恶,怪异之所施也。书邦家之过,兼灾异之变,以此见人之所为,其美恶之极,乃与天地流通而往来相应,

---

① 王子今:《史记的文化发掘——中国早期史学的人类学探索》,湖北人民出版社1997年版,第34页。

② 《淮南子·诠言训》,《诸子集成》本,中华书局1954年版,第239页。

此亦言天之一端也。”[①]认为“邦家之过”与“灾异之变”是“相应”的，“人情”与“天道”是“相应”的。面对这些观点，司马迁撰写《史记》，“究天人之际”，这是作史的目的。这一作史目的与“贬天子，退诸侯，讨大夫”的精神相结合，就使得《史记》的道德理性批判更加具有哲学性。正如学者所论：“史公在《报任少卿书》中说‘亦欲究天人之际，通古今之变，成一家之言’。这是由知识的睿智来表明他作史的目的。上述的贬天子退诸侯讨大夫的精神，可以称为道德理性的批判精神。道德理性的批判精神，可以引发知识的睿智；而知识的睿智，又可以支持道德理性的批判精神。”[②]《史记》以其朴素的唯物论的思想对天道观和崇鬼神的迷信思想进行了深刻的批判。

司马迁生活的时代，是西汉帝国空前统一、空前强大的时代，但汉武帝独尊儒术，董仲舒鼓吹天人感应，神学迷信盛行，汉儒主张受命天王，“天人合其德”。董仲舒举贤良对策，以“天人感应”说为其要旨。汉武帝在册书中也要求对“天人之应”作出说明。“制曰：盖闻‘善言天者必有征于人，善言古者必有验于今’。故朕垂问乎天人之应，上嘉唐虞，下悼桀、纣，浸微浸灭浸明浸昌之道，虚心以改。”[③]董仲舒认为世道之变，因于“天人之应”。《汉书·董仲舒传》说：“臣闻天之所大奉使之王者，必有非人力所能致而自至者，此受命之符也。天下之人同心归之，若归父母，故天瑞应诚而至。《书》曰‘白鱼入于王舟，有火复于王屋，流为乌’，此盖受命之符也。周公曰‘复哉复哉’，孔子曰‘德不孤，必有邻’，皆积善累德之效也。及至后世，淫佚衰微，不能统理群生，诸侯背畔，残贼良民以争壤土，废德教而任刑罚。刑罚不中，则生邪气；邪气积于下，怨恶畜于上。上下不和，则阴阳缪盭而妖孽生矣。此灾异所缘而起也。”[④]臣董仲舒认为，君王奉使而王，必定有非人力的因素，就是王者承受天命。天下的人都同心归顺君王，天就能感应到诚意，于是祥瑞就出现了。董仲舒还引用《尚书》记载、孔子言论，说明积善累

① 班固：《汉书·董仲舒传》，中华书局1962年版，第2515页。
② 徐复观：《两汉思想史》（第三卷），华东师范大学出版社2001年版，第196页。
③ 班固：《汉书·董仲舒传》，中华书局1962年版，第2513页。
④ 班固：《汉书·董仲舒传》，中华书局1962年版，第2500页。

德之效。董仲舒认为，君主淫逸奢侈，道德衰微，不能治理人民，诸侯背叛他，杀害良民，争夺土地，废弃道德教化，滥用刑罚。且刑罚使用不适当，就产生了邪气；邪气聚积在下面，怨恶聚集在上面，上下不和，就会阴阳错乱，妖孽滋生。这样的感应就会让灾害怪异发生。生活在这个时代的司马迁，思想上不能不受其影响，《史记》中也常常出现一些鬼神迷信、天人感应等记载。但总的看来，司马迁反天道、反鬼神的朴素唯物思想表现得很清楚，很有战斗性。

首先，司马迁对阴阳五行及神仙方士等种种邪说进行批判。他在《封禅书》里通篇记述了李少君、神君、文成、五利、公孙卿等一群迷信方士的无耻表演，对汉武帝迷信神仙方士的种种愚蠢行为，进行了辛辣的讽刺。如李少君自称通晓不死之术，但“居久之，李少君病死”。被武帝封为文成将军的少翁，“居岁余，其方益衰，神不至。乃为帛书以饭牛，详不知，言曰此牛腹中有奇，杀视得书，书言甚怪。天子识其手书，问其人，果是伪书，于是诛文成将军，隐之。”①这正是一篇方士现形记。司马迁说：

> 太史公曰：余从巡祭天地诸神名山川而封禅焉。入寿宫侍祠神语，究观方士祠官之意，于是退而论次自古以来用事于鬼神者，具见其表里。后有君子，得以览焉。②

司马迁参加皇帝巡祭天地山川诸神，在寿宫陪同祭祀，听祠官和神交流的话语，深入观察方士及祠官的本意，列举这些祭祀鬼神的人与事，以揭示其表象和本质。在某种意义上说，《封禅书》是对汉代统治者滥祭淫祀进行的揭露与嘲讽。清代梁玉绳说：“此书先杂引鬼神之事，比类见义，遂因其附会，备录于篇，正以著其妄，用意微矣。”③司马迁写《封禅书》的目的就是表明鬼神的虚妄。可以说，这是司马迁对鬼神迷信的集中批判。此外，他在《五帝本纪》中说：“百家言黄帝，其文不雅驯，荐绅先生难言之”，他不取那些离

① 司马迁：《史记·封禅书》，中华书局1959年版，第1388页。

② 司马迁：《史记·封禅书》，中华书局1959年版，第1404页。

③ 梁玉绳：《史记志疑·封禅书》，见杨燕起、陈可青、赖长扬汇辑：《史记集评》，华文出版社2005年版，第373页。

奇的记述；在《刺客列传》中说："世言荆轲，其称太子丹之命，'天雨粟，马生角'也，太过"，他不相信那些迷信的谣传；在《孟子荀卿列传》中说："荀卿嫉浊世之政，亡国乱君相属，不遂大道而营于巫祝，信禨祥"，指出了这些亡国乱君的愚蠢可悲；在《扁鹊仓公列传》中说："故病有六不治：骄恣不论于理，一不治也；轻身重财，二不治也；衣食不能适，三不治也；阴阳并，藏气不定，四不治也；形羸不能服药，五不治也；信巫不信医，六不治也。有此一者，则重难治也。"其中，"信巫不信医，六不治"，表明对巫术的否定。可以说，司马迁"以具体的社会历史事件的结局，批判了天命观和因果报应说，大胆否定了天道观。"①

其次，他对天道表示怀疑，并对天人感应论进行了批判。这方面最为突出的是《伯夷列传》，其中说：

> 或曰："天道无亲，常与善人。"若伯夷、叔齐，可谓善人者非邪？积仁洁行，如此而饿死！且七十子之徒，仲尼独荐颜渊为好学。然回也屡空，糟糠不厌，而卒蚤夭，天之报施善人，其何如哉？盗跖日杀不辜，肝人之肉，暴戾恣睢，聚党数千人横行天下，竟以寿终，是遵何德哉？此其尤大彰明较著者也。若至近世，操行不轨，专犯忌讳，而终身逸乐，富厚累世不绝；或择地而蹈之，时然后出言，行不由径，非公正不发愤，而遇祸灾者，不可胜数也。余甚惑焉，傥所谓天道，是邪非邪？②

司马迁由伯夷"让国"而饿死，联想到颜渊的贫穷命短，再到盗跖残暴杀人而以寿终，面对现实的不公和自己的切身遭遇，愤怒地呐喊责问："余甚惑焉，傥所谓天道，是邪非邪？"司马迁由伯夷、叔齐的遭遇联想到当时的种种社会现实，对"天道无亲，常与善人"的传统敬天观念提出了怀疑。应该说，司马迁"在主要方面摒弃了天命论，天人感应以及阴阳五行学说对历史的影响"。"历史是人类社会的活动，不是神灵的创造，他立意把神灵从人类的历史中分离出去。"③正如钱锺书所说："此篇记夷齐行事甚少，感慨议论

① 杨燕起：《司马迁与董仲舒》，《史学史研究》1986年第4期。

② 司马迁：《史记·伯夷列传》，中华书局1959年版，第2124—2125页。

③ 杨燕起：《司马迁与董仲舒》，《史学史研究》1986年第4期。

居其大半，反论赞之宾，为传记之主。司马迁牢愁孤愤，如喉鲠之快于一吐，有欲罢而不能者；……陶潜《饮酒》诗之二：‘积善云有报，夷叔在西山，善恶苟不应，何事立空言！’正此传命意。”①此外，在《天官书》中，司马迁也对求仙拜神提出质疑。《史记·天官书》说：“日变修德，月变省刑，星变结和。凡天变，过度乃占。国君强大，有德者昌；弱小，饰诈者亡。太上修德，其次修政，其次修救，其次修禳，正下无之。”意思是说治理国家最理想的状态是修炼道德，其次是清明政治，其次是补救缺失，其次是求仙拜神，最下则是没有办法。可见，求仙拜神是治理之下策。

可以说，产生于战国时期的“天人感应”说，是人们在痛苦而又找不到出路的情况下聊以自解的一种迷信观念。由于它适应了汉代统治阶级麻醉人们的需要，而被利用、被推崇，并使之与儒学结合起来，成了统治整个社会的一种意识形态。正如列宁所说：“神的观念永远是奴隶状况（最坏的、最没有出路的奴隶状况）的观念”，“是一贯用对压迫者的神圣性的信仰来束缚被压迫阶级。”②《史记》所记的天人感应、阴阳五行之类的神学谬论产生发展的过程，恰恰说明了这一点。而且通过记载具体人物和事件来表明观点。如《河渠书》载：

> 今天子元光之中，而河决于瓠子，东南注巨野，通于淮、泗。于是天子使汲黯、郑当时兴人徒塞之，辄复坏。是时武安侯田蚡为丞相，其奉邑食鄃。鄃居河北，河决而南则鄃无水灾，邑收多。蚡言于上曰：“江河之决皆天事，未易以人力为强塞，塞之未必应天。”而望气用数者亦以为然。于是天子久之不事复塞也。③

田蚡与那些为他服务的望气者，打着“天道”的旗号，以为“天河之决皆天事”，“塞之未必应天”，皇帝竟不去治理，为谋求私利而不顾人民死活事。又如《儒林列传》中写董仲舒道：

> 董仲舒，广川人也。以治《春秋》，孝景时为博士。下帷讲诵，弟子

① 钱锺书：《管锥编》，中华书局1979年版，第285页。
② ［苏］列宁：《列宁全集》第35卷，人民出版社1959年版，第111页。
③ 司马迁：《史记·河渠书》，中华书局1959年版，第1409页。

传以久次相受业，或莫见其面，盖三年董仲舒不观于舍园，其精如此。进退容止，非礼不行，学士皆师尊之。今上即位，为江都相。以《春秋》灾异之变推阴阳所以错行，故求雨闭诸阳，纵诸阴，其止雨反是。行之一国，未尝不得所欲。中废为中大夫，居舍，著《灾异之记》。是时辽东高庙灾，主父偃疾之，取其书奏之天子。天子召诸生示其书，有刺讥。董仲舒弟子吕步舒不知其师书，以为下愚。于是下董仲舒吏，当死，诏赦之。于是董仲舒竟不敢复言灾异。①

董仲舒是天人感应论的提倡者，汉代言天道者无不宗之。然而，他正是因灾异而致祸，几乎被杀；他的弟子说他是“下愚”，这的确是极大的讽刺。

在司马迁看来，社会的变动取决于人而不是决定于天。他在《楚元王世家》的赞中就明确地指出：

国之将兴，必有祯祥，君子用而小人退。国之将亡，贤人隐，乱臣贵。使楚王戊毋刑申公，遵其言，赵任防与先生，岂有篡杀之谋，为天下僇哉？贤人乎，贤人乎！非质有其内，恶能用之哉？甚矣，“安危在出令，存亡在所任”，诚哉是言也！②

他认为，国家兴亡是重“祯祥”与贵“乱臣”“任贤”与“用奸”的结果。“任贤”要求国君有求贤尚任的良好品质，像传中赵王遂、楚王戊那种无德的统治者，非但不会任贤，反而会残忍地迫害贤良。于是悲愤地感叹“贤人乎，贤人乎！”这是对天人感应的莫大否定。

可以说，司马迁“究天人之际”，主要是探讨天命与人事的关系。司马迁接受了当时最流行的阴阳五行的哲学思想，并结合他精深的科学造诣，建立了唯物主义的哲学观，虽然一定程度上还残存着“天人感应”的思想，但“没有使司马迁放弃了对宗教迷信思想的斗争。”③

司马迁《史记》对哲学思想的批判还表现在对法家和时儒的批判上。

---

① 司马迁：《史记·儒林列传》，中华书局1959年版，第3127—3128页。

② 司马迁：《史记·楚元王世家》，中华书局1959年版，第1990页。

③ 任继愈：《司马迁的哲学思想》，《新建设》1956年第6号，收入《司马迁与〈史记〉论集》，陕西人民出版社1982年版。

司马迁认为法家思想是黄老之术的末流。因为,法家思想在其近祖慎到的身上,已经被斩断了来自原始道家思想的根,《庄子》视之为“死人之理”,而不是“生人之行”。到商鞅、韩非时期,法家已沦为一门形而下的器用之学,与《老子》“上德”“上道”之精神相去甚远。正如吕思勉所说:“此学问所以当谨末流之失也。”①因此,司马迁在《史记》中对法家思想进行了激烈的批判。如《礼书》写道:

> 治辨之极也,强固之本也,威行之道也,功名之总也。王公由之,所以一天下,臣诸侯也。弗由之,所以捐社稷也。故坚革利兵不足以为胜,高城深池不足以为固,严令繁刑不足以为威。由其道则行,不由其道则废。②

> 古者之兵,戈矛弓矢而已,然而敌国不待试而诎。城郭不集,沟池不掘,固塞不树,机变不张,然而国晏然不畏外而固者,无他故焉,明道而均分之,时使而诚爱之,则不应之如景响。有不由命者,然后俟之以刑,则民知罪矣。故刑一人而天下服。罪人不尤其上,知罪之在己也。是故刑罚省而威行如流,无他故焉,由其道故也。故由其道则行,不由其道则废。③

乍看起来,司马迁只是泛论“由其道则行,不由其道则废”的道理,实际上“治辨”“强固”“威行”“功名”正是指向武帝用酷吏、好兴杂、兴战争的政策,攻击的正是法家。“由其道则行”,这里的“道”依然是以德服人、务本怀柔的道家之术。所以,他对“坚革利兵”“高城深池”“严令繁刑”,都斥为舍本求末之术,并以“敌国不待试而诎”“刑一人而天下服”的道家境界作对比,揭示其南辕北辙的荒谬与危害。清代高嵣《史记钞》卷三《老庄申韩列传》说:“老庄之弊,必至于申韩;道德之祸,必之于刑名,及时势相激然也。”尚镕《史记辨证》卷六《商君列传》说:“使商鞅变法之后,导以德礼,则身名俱泰,秦亦不至以虎狼为天下所共疾,乃诈力是矜,身受为法之敝,而贻秦祸于无穷,迁于韩非与鞅,详序其刑名法术,以少恩讥之,足为天资刻薄者戒

---

① 吕思勉:《先秦学术概论·杨朱》,东方出版中心1985年版,第80页。

② 司马迁:《史记·礼书》,中华书局1959年版,第1164页。

③ 司马迁:《史记·礼书》,中华书局1959年版,第1166—1167页。

矣。”说司马迁《史记》肯定礼对于国家治理、兴盛德的重要性，认为礼是巩固邦本、维护君权的重要手段，同时批评严令繁刑。

《史记》对历史上著名法家人物持批评态度，批判法家严而少恩，严刑峻法。对法家害人害己的批判，更多是通过一个个事例来反映。《孙子吴起列传》说：“吴起说武侯以形势不如德，然行之于楚，以刻暴少恩亡其躯。悲夫！”吴起是通道德、儒仁之术的，所以他才能以“在德不在险”说魏武侯，可是，他又是个母死不归，杀妻求将的暴徒，最终以“刻暴少恩”的法术执政，死于楚国政变者的乱箭之下。其可悲之处在于：深明大道却不行正道，身死异国而功业败废。在《商君列传》中，对商鞅身遭车裂，家遭灭族，史留恶名，司马迁认为是咎由自取，并指责其仕出不正、邪说惑主、欺诈成性，给予了无情而直接的批判。因此，“司马迁对法家的批判主要表现在法家‘严刑酷烈’、‘惨刻寡恩’，缺乏人情味上。”①

《史记》对孔子及儒家经典都给予了极高的评价，对原始儒学有继承。但是，对儒学末流——汉儒——的批判力度不下于对法家的批判。聂石樵指出，司马迁批判汉儒，因为“他们（按：指汉儒）表面上崇奉孔子，宣扬六艺，似乎是儒家的忠实门徒，实际上是‘缘饰以儒术’，对统治者趋炎附势，阿谀奉承，以追求功名的利禄之徒。”②其批判多集中在他们的人格、品行上。司马迁笔下汉代的儒者以叔孙通、公孙弘和董仲舒为代表。司马迁在《刘敬叔孙通列传》《平津侯列传》《儒林列传》的平实记述中，往往给以意味深长的讽刺。司马迁对叔孙通见风使舵、乘机捞取功名富贵深恶痛绝。如记录叔孙通投刘邦所好说：“儒者难与进取，可与守成，臣愿征鲁诸生，与臣弟子共起朝仪。”当刘邦不愿受朝仪约束，却又倾心威仪排场，叔孙通便“颇来古礼与秦仪杂就之”，讨得刘邦大为满意。《刘敬叔孙通列传》篇末“太史公曰”：“叔孙通希世度务，制礼进退，与时变化，卒为汉家儒宗。‘大直若屈，道固委蛇’，盖谓是乎？”司马迁通篇讥讽与批判。清代高嵣《史记

① 余樟华：《司马迁与法家》，见韩兆琦等著：《史记通论》，北京师范大学出版社1990年版，第198页。

② 聂石樵：《司马迁论稿》，北京师范大学出版社1987年版，第106页。

钞》说叔孙通"历仕委蛇,周旋人情,纯是软熟圆通一派作用,岂能即所谓知时变、识时务者耶? 太史公赞语若美若讽余味曲包。"①公孙弘是汉武帝刘彻时的儒生,为人虚伪圆滑,仰承皇帝鼻息,看眼色行事,对此,司马迁在《平津侯主父列传》中进行了无情的讥讽。公孙弘"每朝会议"往往"开陈其端,令人主自择,不肯面折庭争。"足见其见风使舵。公孙弘与"公卿约议,至上前,皆背其约以顺上旨",可见其"多诈而无情实"。他平时"食一肉,脱粟之饭","盖布被",实则欺世以盗名,然"天子察其行敦厚,辩论有余,习文法吏事,而又缘饰以儒术,上大说之。"后拜相封侯。尚镕《史记辨证》说:"通为高祖筹时变,开公孙弘阿世之端,史于通多微词,亦以其谀儒也。"②司马迁厌恶讥讽叔孙通,是与批判汉儒相一致的。"司马迁正是欲通过公孙弘这个形象,来揭露汉武帝尊儒的实质,批判当时儒生们甘愿成为统治者御用工具的可鄙现实。"③司马迁批判汉儒,含有思想斗争的意义,体现了他进步的史学观和文学观及对当时腐朽的统治思想的反对。

第二节 通古今之变:社会历史的评判

"通古今之变"这一命题是司马迁对自己史学体系和史学理论的集中概括。一是"通古今",即考察人类历史的发展;二是讲历史之"变",也就是史学要揭示历史是怎样演进的。这是司马迁唯物史观的核心。他认为宇宙间一切事物都在"变",只有用"变"的观点才能探究事物的规律。《太史公自序》说:"无成势,无常形,故能究万物之情。"没有一成不变的态势,没有永恒存在的形体,所以才能洞悉万物的状况。"变"的观点决定了司马迁用发展变化的眼光看待人类社会的历史,他名之曰"变",曰"渐",曰"始终"。

① 高嵣:《史记钞·刘敬叔孙通列传赞》,见杨燕起、陈可青、赖长扬汇辑:《史记集评》,华文出版社 2005 年版,第 542 页。

② 尚镕:《史记辨证·刘敬叔孙通列传》,见杨燕起、陈可青、赖长扬汇辑:《史记集评》,华文出版社 2005 年版,第 543 页。

③ 韩兆琦、张大可、宋嗣廉:《史记题评与咏史记人物诗》,华文出版社 2005 年版,第 324 页。

又说："天人之际，承敝通变""略协古今之变"；《史记·太史公自序》云："臣弑君，子弑父，非一旦一夕之故也，其渐久矣"。是以"物盛则衰，时极而转，一质一文，终始之变也。"又云"物盛而衰，固其变也"，《史记·十二诸侯年表序》说："儒者断其义，驰说者骋其辞，不务综其终始；历人取其年月，数家隆于神运，谱谍独记世谥，其辞略，欲一观诸要难。"司马迁认为，不同的人对于历史记录取不同的功用，有着不同的态度。据此可知"变"指的是社会不断地进化和发展，"渐"指的是进行、运动，即进化和发展的过程，"始终"指的是因果关系，人类社会发展的一个个历程是有始有终，因果相关，即有规律可以认识和把握。总括为一句话，"通古今之变"的目的就是如《报任少卿书》所言，乃"稽其成败兴坏之理"，探寻社会的治乱规律。这一规律的探寻，司马迁也通过批判的手段来表现。

首先，批判统治者背离人心，阐明成败兴坏之"变"在于人心向背的道理。即，得民心者得天下，失民心者失天下。

夏、殷、周三代之王，都是祖上积德累善赢得了百姓的拥戴。《史记·秦楚之际月表》说："昔虞、夏之兴，积善累功数十年，德洽百姓，摄行政事，考之于天，然后在位。汤、武之王，乃由契、后稷修仁行义十余世，不期而会孟津八百诸侯，犹以为未可，其后乃放弑。"认为虞、夏的兴起得益于开创帝业的君主们几十年"积善累功"，其功德恩泽百姓，执行政事的情况得到上天应验，才有帝位。商汤、周武王之所以能成就帝业，得益于其祖契、后稷十几代的修行仁义。而武王伐纣，"纣师皆倒兵以战，以开武王。武王驰之，纣兵皆崩畔纣。纣走，反入登于鹿台之上，蒙衣其殊玉，自燔于火而死。武王持大白旗以麾诸侯，诸侯毕拜武王，武王乃揖诸侯，诸侯毕从。武王至商国，商国百姓咸待于郊。"①纣的士兵"倒戈"攻打纣，为武王的军队开道。当武王坐着战车冲进城，纣的军队即刻溃散背叛纣。武王指挥诸侯，诸侯都拜见武王，都听从武王的号令。当武王进入商的都城时，百姓都等在郊外迎接。秦之亡，也是因为"天下同心而苦秦久矣"。楚汉相争，民心向背更成

① 司马迁：《史记·周本纪》，中华书局1959年版，第124页。

鲜明对比。刘邦西进,《高祖本纪》记其“诸所过毋得掠掳,秦人喜,秦军解。”入关后,封府库,约法三章,秦人大喜,“唯恐沛公不为秦王”。这说明刘邦得到民心。相反,据《项羽本纪》,项羽西进,“夜击坑秦卒二十余万人于新安城南。”入关后,“屠咸阳,杀秦降王子婴,烧秦宫室,火三月不灭。”项羽大失民心,众叛亲离。故韩信亡楚归汉,论项羽必败,《淮阴侯列传》曰:“项王所过无不残灭者,天下多怨,百姓不亲附,特劫于威强耳。名虽为霸,实失天下心,故曰其强易弱。”历史事实正是如此,楚亡汉兴,民心向背起了决定性的作用。

其次,批判暴政。认为崇尚德治,才是社会稳定、长治久安的保证。《五帝本纪》说:

> 轩辕之时,神农氏世衰。诸侯相侵伐,暴虐百姓,而神农氏弗能征。于是轩辕乃习用干戈,以征不享,诸侯咸来宾从。而蚩尤最为暴,莫能伐。炎帝欲侵陵诸侯,诸侯咸归轩辕。轩辕乃修德振兵:治五气,艺五种,抚万民,度四方,教熊罴貔貅貙虎,以与炎帝战于阪泉之野。三战,然后得其志。蚩尤作乱,不用帝命。于是黄帝乃征师诸侯,与蚩尤战于涿鹿之野,遂禽杀蚩尤。①

轩辕之时,正是神农氏衰落的时代。诸侯之间相互攻伐,残害百姓,而神农氏没有能力征讨,轩辕就训练士兵使用武器,来征诸侯,诸侯就俯首称臣。轩辕“修德振兵”,种植五谷,安抚百姓,训练士兵。这样,轩辕才代神农氏为天子。在司马迁笔下,炎帝、蚩尤是暴虐政治的象征,黄帝因修德而诸侯归顺,战胜了炎帝、蚩尤,成为部落联盟首领,是一个反暴政的化身。《五帝本纪》还记帝尧时整顿其统属范围的政治,放四罪清除暴虐现象。北流共工于幽陵,南放谨兜于崇山,西迁三苗于三危,东殛鲧于羽山,并说“四罪而天下咸服”。四罪中共工“淫辟”,谨兜与他狼狈为奸,三苗在江淮、荆州多次作乱。帝舜时也有“流四凶”的政绩,即分别将“掩义隐贼,好行凶慝”的浑沌,“毁信恶忠,崇饰恶言”的穷奇,“不可教训,不知话言”的梼杌,“贪于饮食,冒于货贿”的饕餮等“迁于四裔。”因此,使国中没有“凶人”。对这些

① 司马迁:《史记·五帝本纪》,中华书局1959年版,第3页。

残暴之人，可以用非残暴的手段惩治。

关于反暴政的记述，是从夏桀、商纣开始的。关于夏桀，司马迁在《史记·夏本纪》中记述道："帝桀之时，自孔甲以来而诸侯多畔夏，桀不务德而武伤百姓，百姓弗堪"。后汤伐桀，夏灭国。关于商纣，《史记》记述颇为详尽。其罪恶在于重刑辟，有炮烙之法。醢九侯，脯鄂侯，剖比干，囚箕子、西伯。此外，还重用恶人崇侯虎、费中（善谀好利）、恶来灭（善谗毁）。结果，武王伐纣，殷人倒戈相助，灭其国。《太史公自序》总结道："桀、纣失道而汤、武作"，"兴衰成败"在于施仁义则兴，则成；施暴政则衰，则败。寄寓着强烈的反暴政思想。

司马迁反暴政的思想，还体现在关于秦朝政治措施的记述和评论之中，在《秦本纪》中，除歌颂秦统一的功绩，肯定统一的措施之外，还对秦暴政进行了具体记述。他引用汉初政治家、思想家对秦朝暴政后果的谈论以批判暴政。如在《张耳陈余列传》中，引用陈胜吴广起义军中的将领武臣所言：

> 秦为乱政虐刑以残贼天下，数十年矣。北有长城之役，南有五岭之戍，外内骚动，百姓罢敝，头会箕敛，以供军费，财匮力尽，民不聊生。重之以苛法峻刑，使天下父子不相安。陈王奋臂为天下倡始，王楚之地，方二千里，莫不响应，家自为怒，人自为斗，各报其怨而攻其仇，县杀其令丞，郡杀其守尉。今已张大楚，王陈，使吴广、周文将卒百万西击秦。于此时而不成封侯之业者，非人豪也。诸君试相与计之！夫天下同心而苦秦久矣。因天下之力而攻无道之君，报父兄之怨而成割地有土之业，此士之一时也。①

这里谈到秦末农民起义的原因及形势发展，叙述非常清晰，很有说服力。指责秦"乱政虐刑以残贼天下""外内骚动，百姓罢敝""苛法峻刑，使天下父子不相安""无道之君"等，都反映出了"天下同心而苦秦久矣"的呼声。司马迁《太史公自序》说："秦失其政，而陈涉发迹，诸侯作乱，风气云烝，卒亡秦族。"秦实施暴政，被陈涉领导的起义给推翻了。在《秦始皇本纪》中录贾谊《过秦论》总结秦亡原因："仁义不施，攻守之势异也"，"危民易与为非"。

① 司马迁：《史记·张耳陈余列传》，中华书局1959年版，第2573—2574页。

秦始皇暴力统一天下，变本加厉施行暴虐专政，秦二世因之若故，陈涉揭竿而起，推翻秦朝统治。

最后，主张用贤，推重直谏，批评恭谨之臣。认为贤能之士是国家兴盛的关键。《乐毅列传》记载，燕国名将乐毅攻打齐国，所向披靡，节节胜利，只要拿下即墨和莒这两个地方，就可以一举灭齐，可燕惠王“与乐毅有隙”，“疑毅，使骑劫代将”，结果被齐国的田单用火牛阵打得大败，燕国从此一蹶不振，以至于亡，而齐国反败为胜。《廉颇蔺相如列传》记载，赵孝成王七年，秦赵两国军队在长平对垒，老将廉颇“固壁不战”，沉着应对。后来，秦王中了秦人的反间计，用只会纸上谈兵的赵括代替廉颇，结果被秦将白起打得大败，四十万赵军在长平惨遭活埋，赵国从此元气大伤。司马迁在《楚元王世家》中说：“国之将兴，必有祯祥，君子用而小人退。国之将亡，贤人隐，乱臣贵。使楚王戊毋刑申公，遵其言，赵任防与先生，岂有篡杀之谋，为天下谬哉？贤人乎，贤人乎！非质有其内，恶能用之哉？甚矣，安危在出令，存亡在所任，诚哉是言也！”这是一条重要的政治经验。说明司马迁认识到人才对于历史发展的巨大影响。国家要兴盛，必须重用贤人。否则，就会导致败亡。司马迁认为，作为国家大臣，三公九卿，应该不怀私心，以国家利益为重，在任何情况下都要坚持原则，勇于直谏。因此，他在《史记》中表彰了一批直谏之臣，也批评了一些恭谨之臣与阿谀之臣。恭谨之臣如石奋父子，这些人的特点是孝谨、敦谨、审谨，他们的行为准则是仁孝敦厚，谨慎小心，对于朝廷的重大决策，明哲保身，不置可否，任凭天子及权臣为所欲为。《史记·万石张叔列传》记载：

元鼎五年秋，丞相有罪，罢。制诏御史：“万石君先帝尊之，子孙孝，其以御史大夫庆为丞相，封为牧丘侯。”是时汉方南诛两越，东击朝鲜，北逐匈奴，西伐大宛，中国多事。天子巡狩海内，修上古神祠，封禅，兴礼乐。公家用少，桑弘羊等致利，王温舒之属峻法，倪宽等推文学至九卿，更进用事，事不关决于丞相，丞相醇谨而已。在位九岁，无能有所匡言。尝欲请治上近臣所忠、九卿咸宣罪，不能服，反受其过，赎罪。①

① 司马迁：《史记·万石张叔列传》，中华书局1959年版，第2767页。

这些人都是丞相,列位至尊,但无所作为。而皇帝所取于他们的,正是让他们居丞相位而不来干扰自己的决定。司马迁对恭谨而无能之臣尖锐批评,可以说是倾注了他的义愤之情。之所以这样,是因为他"主张实行一种范围十分狭窄的近似意义上的阶级'民主'","阶级统治的长治久安,是'天下'、'百姓'利益的核心,而在实行这种统治时,司马迁希望通过直谏来体现'天下'、'百姓'的意志。"①这就需要尽可能发挥群臣的智慧,帮助天子正确实施"天下""百姓"的意志愿望。这正是司马迁批评"阿谀""恭谨",表彰"直谏"的真正用意所在。

第三节　贬损时弊:现实的批判

司马迁著史目的在于"通古今之变",正如前文所述,这是他对自己史学体系和史学理论的集中概括。即考察贯通古今人类历史的发展变化规律,从而"稽其兴坏成败之理",让统治者得以借鉴,使社会长治久安。那么,除对历史的评判之外,在《史记》中,司马迁敢于面对现实,贬损当世之弊,对社会现实中的不合理成分也进行了无情的批判。

第一,批判对匈奴用兵劳民伤财。他认为战争"行之有逆顺",把战争分为正义与非正义两类。他在《律书》中说:"兵者,圣人所以讨强暴,平乱世,夷险阻,救危殆",即诛暴、平乱、夷险、救危这四个方面的战争是正义的,反之是非正义的。又说,"昔黄帝有涿鹿之战,以定火灾。颛顼有共工之陈,以平水害。成汤有南巢之伐,以殄夏乱。"认为黄帝、颛顼统一乱世,成汤讨伐暴君,均为民除害,诛暴止乱,是正义战争。而"夏桀、殷纣手博豺狼,足追四马,勇非微也;百战克胜,诸侯慑服,权非轻也。秦二世宿军无用之地,连兵于边陲,力非弱也;结怨匈奴,絓祸于越,势非寡也。及其威尽势极,闾巷之人为敌国。咎生穷武之不知足,甘得之心不息也。"②说明桀、纣、

① 杨燕起:《〈史记〉的学术成就》,北京师范大学版社1996年版,第236页。

② 司马迁:《史记·律书》,中华书局1959年版,第1241—1242页。

秦二世穷兵黩武，贪得无厌，是非正义战争，因此终究败亡。正义战争必胜，非正义战争必败。逆天而动，武力不可恃。《匈奴列传》以实录史事的手法，谴责匈奴侵扰中国。冒顿单于犯边，高祖发 32 万兵征讨，被困平城，忍辱和亲。吕后当政，冒顿单于又遗书戏辱，蔑视汉朝。文、景时期，匈奴时常背约，入盗寇边，杀掠吏民。反击匈奴的侵暴掠夺，是正义战争，不可避免。《太史公自序》说："自三代以来，匈奴常为中国祸害；欲知强弱之时，设备征讨，作《匈奴列传》第五十。"然而，他还认为，对匈奴用兵虽然收利很多，但损失也不少，得失相应，未免不值得。汉武帝在位的 54 年中，仅是同匈奴的战争就有 44 年，大规模的征战就有十余次，耗费国力巨大。

在《平准书》中，记载对匈奴用兵有关情况："其后汉将岁以数万骑出击胡"，并"汉通西南夷道，作者数万人，千里负担馈粮，率十余锺致一石。……悉巴蜀租赋不足以更之，……自山东咸被其劳，费数十百巨万，府库益虚。"①"汉遣大将将六将军，军十余万，击右贤王。……捕斩首虏之士受赐黄金二十余万斤，虏数万人皆得厚赏，衣食仰给县官；而汉军之士马死者十余万，兵甲之财转漕之费不与焉。"②"其秋，浑邪王率数万之众来降，于是汉发车二万乘迎之。既至，受赏，赐及有功之士。是岁费凡百余巨万。"③"天子为伐胡，盛养马，马之来食长安者，数万匹，卒牵掌者关中不足，乃调旁近郡。"④"大将军、骠骑大出击胡，得首虏八九万级、赏赐五十万金，汉军马死者十余万匹，转漕车甲之费不与焉"⑤，等等。据张大可测算，"仅从元光二年至元狩四年的 15 年时间中，汉军的军费支出至少在一千亿之外"，而西汉"十五年间的总收入才只有四百余亿"⑥，这连军费支出的一半都不够。这都充分说明汉武帝对匈奴用兵，浪费了巨大的人力、物力和财力，加深了社会危机。后期的战争使汉军丧师二十余万，竟是前期战争损失

① 司马迁：《史记·平准书》，中华书局 1959 年版，第 1421—1422 页。
② 司马迁：《史记·平准书》，中华书局 1959 年版，第 1422 页。
③ 司马迁：《史记·平准书》，中华书局 1959 年版，第 1424 页。
④ 司马迁：《史记·平准书》，中华书局 1959 年版，第 1425 页。
⑤ 司马迁：《史记·平准书》，中华书局 1959 年版，第 1428 页。
⑥ 张大可：《史记全本新注·匈奴列传简论》，三秦出版社 1990 年版，第 856 页。

的两倍。

此外，在《平津侯主父列传》中，专引主父偃、徐乐、严安等谏伐匈奴的上书进行评论。主父偃的上书，一开头就明确提出，“司马法曰：‘国虽大，好战必亡；天下虽平，忘战必危’”，说明忘战固然有危险，但好战则更为错误，“夫务战胜穷武事者，未有不悔者也”，他举出秦亡的例子来说明。徐乐则说，“天下之患在于土崩，不在于瓦解”。他解释土崩说：“秦之末世是也”；而瓦解，“吴楚七国之乱即是”。这就是说，在国家患难问题上，诸侯叛乱不算什么，真正危险的是如陈涉“起穷巷、奋棘矜，偏袒大呼而天下从风”，然而这是由“民困而主不恤，下怨而上不知，俗已乱而政不修”所造成的。他认为秦末之所以出现这种形势，主要是由于秦始皇兴师动众，与匈奴交战，大量耗费国家资产，罢敝民众，从而引起变乱。联系到汉代当世，徐乐上书说：“间者关东五谷不登，年岁未复，民多穷困，重之以边境之事，推数循理而观之，则民且有不安其处者矣，不安故易动。易动者，土崩之势也”。[①] 如果不及时改变政策，和秦末形势一样，那也是很危险的。这同样是司马迁对汉武帝连年用兵伐匈奴的批评和警告。

第二，批评严刑酷法。汉武帝实行严刑酷法，建立专制主义的中央集权，反映在学术方面，是罢黜百家，独尊儒术；在思想方面，儒法结合，其实只是法治，儒学只是一种粉饰；在吏治方面，任用酷吏。司马迁在《史记》中曾多次揭露儒法结合。《儒林列传》记述了公孙弘建议“以文学礼义为官，迁留滞”，而被汉武帝采纳：“自此以来，则公卿大夫士吏彬彬多文学之士矣。”然而，这只是以儒士为粉饰。《酷吏列传》里揭露的更加明显：“是时上方乡文学，汤决大狱，欲傅古义，乃请博士弟子治《尚书》、《春秋》补廷尉史，亭疑法。”儒学成为酷吏决狱的手段。当时对汉武帝这个政策批评得最尖锐的，还是在朝的直谏之臣汲黯。《汲郑列传》中说，“天子方招文学儒者，上曰吾欲云云，黯对曰：‘陛下内多欲而外施仁义，奈何欲效唐虞之治乎！上默然，怒，变色而罢朝。’”[②]汲黯的话一下子刺中了汉武帝的要害。司马迁也正是

① 司马迁：《史记 · 平津侯主父列传》，中华书局 1959 年版，第 2957 页。

② 司马迁：《史记 · 汲郑列传》，中华书局 1959 年版，第 3106 页。

通过这样的记述,深刻地揭露了当时社会政治内法外儒的实质。《酷吏列传》写张汤以“刻深吏多为爪牙用者,依于文学之士”,“丞相弘数称其美”,儒法互相依赖吹捧。《平津侯主父列传》记载“淮南衡山谋反,治党与方急”,病得很厉害的公孙弘就“自以为无功而封,位至丞相,宜佐明主以镇抚国家,使人由臣子之道”,反省自己未能“奉职”,儒法呼应配合紧密。张汤是汉武帝十分倚重的人物,司马迁将他与赵禹、义纵、宁成、王温舒等人同列《酷吏列传》,写他们一个比一个贪财,一个比一个严酷,但他们都是“上以为能”“官事办”“中上意”的人物。张汤在汉武帝面前则更有一套本事,“絜令扬主之明”,“所治即上意所欲罪,予监史深祸者;即上意所欲释,予监史轻平者。所治即豪,必舞文巧诋,即下户羸弱者,时口言,虽文致法,上财察,于是往往释汤所言”,完全揣摩汉武帝意图行事。他利用治狱,排挤大臣使“丞相取充位,天下事皆决于汤”,但是他政绩不好,名声很坏,受到朝野上下的普遍指责。

对于任用酷吏,《酷吏列传》认为酷吏虽酷,但在历史上也有一定的合理性。他们较多的是对付骄横跋扈的贵族,图谋造反的割据势力以及为非作歹的恶霸等。酷吏宁成就“使长安左右宗室多暴犯法”的“宗室豪杰人人惴恐”。酷吏郅都“行法不避贵戚,列侯宗室见都侧目而视,号曰‘苍鹰’。”然而,司马迁在《酷吏列传》中对任用酷吏也加以抨击、揭露和批判。一是武帝时酷吏杀人惨急。宁成酷似乳虎,义纵到任一日报杀四百余人,王温舒至郡捕豪猾相连坐千余家,其所族死,至流血十余里,还叹息冬天已过,时间不足用于杀戮。二是不依常法,天子意愿就是法律。杜周“为廷尉,其治大放张汤而善候伺。上所欲挤者,因而陷之;上所欲释者,久系待问而微见其冤状。客有让周曰:‘君为天子决平,不循三尺法,专以人主意旨为狱。狱者固如是乎?’周曰:‘三尺安出哉?前主所是著为律,后主所是疏为令,当时为是,何古之法乎!’”①杜周唯上意是从,对帝排挤的人,想办法陷害;对帝想释放的人,想办法让其出狱。司马迁记下这最有代表性的对话,其目的

① 司马迁:《史记·酷吏列传》,中华书局1959年版,第3153页。

就在于揭露把皇帝意旨当法律的专横残酷政策。三是法越严酷社会越乱，以致最后出现了“盗贼寖多，上下相为匿，以文辞避法”的局面。所以《酷吏列传》评论说：“法令者治之具，而非制治清浊之源也。”批评汉武帝不重德治，而用酷吏这一本末倒置的做法。可见，司马迁对酷吏的态度基本是批判的，认为他们并不完全依法办事，大多是以皇帝的好恶和自己的爱憎来执法，且多数是阿谀奉承，贪赃枉法之徒。

第三，批评以喜好用人。司马迁在《匈奴列传》中说：“孔子作《春秋》，隐桓之间则章，至定哀之际则微”，而司马迁在记述涉及“当世之文”时，他不用“忌讳之辞”，而是如实地表述，针对汉武帝用非其人而使伐匈奴“建功不深”予以批判。司马迁对李广因“数奇”而未能封侯，表示不平。讥刺汉武帝重用卫青、霍去病，为他们创造条件并虚夸其功而封为侯。《卫将军骠骑列传》说卫青是“为人仁善退让，以和柔自媚于上”的人。《史记》记载了两件事：一是以大将军身份领军在前线，军失利，当右将军苏建亡军自归时，议郎周霸曾建议他“可斩以明将军之威”，他回答说“青幸得以肺腑待罪行间，不患无威，而霸说我以明威，甚失臣意。且使臣职虽当斩将，以臣之尊宠而不敢自擅专诛于境外，而具归天子，天子自裁之，于是以见为人臣不敢专权，不亦乐乎？”卫青是摸透了汉武帝的脾性，此话可以看出外戚的仗势，更透露出天子的喜好，隐约间预示着人臣的进退和恐惧心理。二是卫青从定襄面朝，被赏赐千金。“是时王夫人方幸于上，甯乘说大将军曰：‘将军所以功未甚多，身食万户，三子皆为侯者，徒以皇后故也。今王夫人幸而宗族未富贵，愿将军奉所赐千金为王夫人亲寿。’”卫青按甯乘的建议，“以五百金为寿”，汉武帝得知后非常高兴，问卫青为什么能想到这一点，卫青如实告之，汉武帝就拜甯乘为东海都尉。司马迁说：“自是之后，大将军青日退，而骠骑日益贵。举大将军故人门下多去事骠骑，辄得官爵。”[①]司马迁在《淮南衡山列传》中，通过伍被的话，赞誉卫青“遇士大夫有礼，于士卒有恩，众皆乐为之用”，而且他“才干绝人”，“号令严明，当敌勇敢，常为士卒先”，且

① 司马迁：《史记·卫将军骠骑列传》，中华书局1959年版，第2938页。

“虽古名将弗过也”。霍去病虽有“匈奴未灭,无以家为”的高昂志气,却是个不“学古兵法”,不能怜惜士卒的人,对比之下,其才能远次于卫青。但汉武帝对霍去病的信任更甚于卫青,以至于与卫青的秩禄达到了相同的地步。在这里,决定升迁的不是个人的才能、品德,而是汉武帝的意志和喜好。在《平津侯主父列传》中,描述了汉武帝任用公孙弘的情况。其初,武帝下诏征召贤良文学之士,由于一篇对策,公孙弘被擢为第一名。武帝召见他,见他“状貌甚丽”,拜他为博士。在议论朝政时,他全看武帝的旨意行事,从来不敢和武帝当面争辩。

> 每朝会议,开陈其端,令人主自择,不肯面折庭争。于是天子察其行敦厚,辩论有余,习文法吏事,而又缘饰以儒术,上大说之。二岁中,至左内史。弘奏事,有不可,不庭辩之。尝与主爵都尉汲黯请闲,汲黯先发之,弘推其后,天子常说,所言皆听,以此日益亲贵。尝与公卿约议,至上前,皆倍其约以顺上旨。汲黯庭诘弘曰:“齐人多诈而无情实,始与臣等建此议,今皆倍之,不忠。”上问弘。弘谢曰:“夫知臣者以臣为忠,不知臣者以臣为不忠。”上然弘言。左右幸臣每毁弘,上益厚遇之。①

公孙弘每每参加朝议,总是先开头陈述事端,让皇帝自己来抉择,不愿意当面反对,当场争辩。皇帝认为他品行忠厚,擅长辩论,熟悉文书法律和官府事务,还擅长“缘饰以儒术”,赢得了皇帝的赏识。在两年之中,他的官做到左内史。后来又受到皇帝的亲近,地位显贵。与人谋定的事情,到了皇帝面前便见风使舵,全部违背了当初的商定。即使皇帝身边宠幸的大臣也经常诽谤公孙弘,而皇帝却愈发优待公孙弘。像这样的无能之辈,汉武帝也重用并“厚遇之”。这里,司马迁讥讽公孙弘顺应武帝意旨的圆滑行径,而被汉武帝提拔为御史大夫。这是对以喜好用人的尖锐讽刺。

① 司马迁:《史记·平津侯主父列传》,中华书局1959年版,第2950页。

第十章　司马迁《史记》批判的表现形式

——先秦士人的道义传统与司马迁《史记》的批判精神(四)

司马迁著《史记》目的在于“成一家之言”。正如梁启超所说：

> 《史记》自是中国第一部史书。但吾侪最当注意者:“为作史而作史”,不过近世史学家之新观念。……司马迁实当《春秋》家大师董仲舒之受业弟子,其作《史记》盖窃比《春秋》。故其《自序》首引舒所述孔子之言曰:“我欲载之空言,不如见之于行事之深切著名也。”《春秋》旨趣如此,则窃比《春秋》之《史记》可知,故迁《报任安书》云:“欲以究天人之际,通古今之变,成一家之言。”《自序》亦云:“略以拾遗补艺,成一家之言。厥协六经异传,整齐百家杂语。藏之名山,副在京师,俟后世圣人君子。”由此观之,其著书最大目的,乃在发表司马氏一家之言,与荀卿著《荀子》、董生著《春秋繁露》,性质正同。不过其“一家之言”乃借史的形式以发表耳。①

这即说明了司马迁是以著史的形式来发表“一家之言”。如前所述,“稽其兴坏成败之理”乃是其核心。那么,“批评”和“讥讽”自然是“一家言”题中应有之义。而这一批评的功能又是以多种形式表现出来的。

① 梁启超:《要籍解题及其读法 · 史记》,岳麓书社 2010 年版,第 20—21 页。

第一节　论赞:直接评判

如前文所述,司马迁《史记》之本纪、表、书、世家、列传五体每篇正文或前或后都附有一段"太史公曰",这是司马迁创造的史论形式,人们习惯称之为"史记论赞"。"太史公曰"内容丰博,涉及政治、经济、军事、思想、文化、天文、地理、历史、伦理、世俗、形势、人事等,往往补篇中所未备,对历史事件和人物发表自己的看法和见解。然涉及直接评判或批评的内容,大概有以下几个方面。

首先,批评历史人物的得失、品评德性人品。司马迁为项羽作"本纪",通过对项羽力拔山、气盖世的英雄形象的塑造,勾画出秦汉之际风起云涌的大变革的形势,表彰他的灭秦之功。同时分析其失败的原因。《项羽本纪》篇末"太史公曰"前文已有分析,此不赘述。再如《商君列传》全篇记述商鞅变法的起因、变法内容以及商鞅的命运。大胆而客观地肯定了商鞅变法的历史意义。"太史公曰"评论商君:

> 商君,其天资刻薄人也。迹其欲干孝公以帝王术,挟持浮说,非其质矣。且所因由嬖臣,及得用,刑公子虔,欺魏将卬,不师赵良之言,亦足发明商君之少恩矣。余尝读商君开塞、耕战,与其人行事相类。卒受恶名于秦,有以也夫!①

但对商鞅的为人也进行指责,批判商鞅刻薄残忍,用帝王之道游说孝公,虚饰浮说。《张耳陈余列传》篇末说:

> 张耳、陈余,世传所称贤者;其宾客厮役,莫非天下俊杰,所居国无不取卿相者。然张耳、陈余始居约时,相然信以死,岂顾问哉。及据国争权,卒相灭亡,何向者相慕之诚,后相倍之戾也!岂非以势利交哉?名誉虽高,宾客虽盛,所由殆与太伯,延陵季子异矣。②

① 司马迁:《史记·商君列传》,中华书局1959年版,第2237页。

② 司马迁:《史记·张耳陈余列传》,中华书局1959年版,第2586页。

张耳、陈余是当世的贤德之人，他们的宾客都是有才能的人，且都能世有所用。二人早年身份卑微的时候，能够互相信任，重视义气且不顾惜个人。但是等到他们各自拥有了自己权力而你争我夺的时候，终因互相攻击而灭亡。以前能够守望相助，彼此之间赤诚相待，而后来背叛彼此的时候却很凶残。原因应当与权势和利益而引起矛盾不无关系。这里，司马迁推慕吴太伯、延陵季子的为人，认为张耳、陈余是势利之交。

其次，批判帝王不循理而治。汉代初年"因循为用"的政治实践让"无为而治"的统治者使汉兴七十年"国家无事"，"民务稼穑，衣食滋繁殖"。到了汉武帝，则大事兴为，争言利害，垄断盐铁财货，与民争利；"武力尽用，法严令具"，到了武帝晚年，"海内虚耗，户口减半"，国家衰败。对此，《平准书》"太史公曰"予以批评：

> 及至秦，中一国之币为二等，黄金以溢名，为上币；铜钱识曰半两，重如其文，为下币。而珠玉、龟贝、银锡之属为器饰宝藏，不为币。然各随时而轻重无常。于是外攘夷狄，内兴功业，海内之士力耕不足粮饷，女子纺绩不足衣服。古者尝竭天下之资财以奉其上，犹自以为不足也。无异故云，事势之流，相激使然，曷足怪焉。①

汉武帝集天下之财，以"外攘夷狄，内兴功业"，以至于"海内之士力耕不足粮饷，女子纺绩不足衣服"，而统治者还"自以为不足"。对汉武帝的"多欲"政治进行批评。《高祖本纪》也"借秦讥汉"，"太史公曰"：

> 夏之政忠。忠之弊，小人以野，故殷人承之以敬。敬之敝，小人以鬼，故周人承之以文。文之敝，小人以僿，故救僿莫若以忠。三王之道若循环，终而复始。周、秦之间，可谓文敝矣。秦政不改，反酷刑法，岂不谬乎？故汉兴，承弊易变，使人不倦，得天统矣。朝以十月。车服黄屋左纛。葬长陵。②

这段话意在说明汉朝政权的正统地位时，采用"三教说"，即忠、敬、文三教循环，互相补救。周朝"文敝"（施暴政），汉朝以宽柔补救，合乎三教相救的

① 司马迁：《史记·平准书》，中华书局1959年版，第1442—1443页。
② 司马迁：《史记·高祖本纪》，中华书局1959年版，第393—394页。

道理，使汉朝的建立获得了“正统”的地位。由于“汉袭秦治”，司马迁在这里对“秦政”的批判，实际上正是一种借秦为喻，表面上批判“秦政”，实际上是讥刺“汉法”。在对汉初政治肯定的同时，也提醒汉武帝慎施酷刑。

再次，司马迁在《史记》的论赞中还对学术及历史记录的谬误之处提出批评。如《仲尼弟子列传》末论道：

> 学者多称七十子之徒，誉者或过其实，毁者或损其真，钧之未睹厥容貌，则论言弟子籍，出孔氏古文近是。余以弟子名姓文字悉取《论语》弟子问并次为篇，疑者阙焉。①

后学者称述孔子弟子七十，“誉者或过其实，毁者或损其真”，认为择用“孔氏古文”更为真实，更为妥当，不应妄加增删、附会，表明了一种“信则传信，疑则传疑”的求实原则。又如《五帝本纪》论赞：

> 学者多称五帝，尚矣。然《尚书》独载尧以来；而百家言黄帝，其文不雅驯，荐绅先生难言之，孔子所传宰予问《五帝德》及《帝系姓》，儒者或不传。余尝西至空桐，北过涿鹿，东渐于海，南浮江淮矣，至长老皆各往往称黄帝、尧、舜之处，风教固殊焉，总之不离古文者近是。予观《春秋》、《国语》，其发明《五帝德》、《帝系姓》章矣，顾弟弗深考，其所见皆不虚。《书》缺有间矣，其轶乃时时见于他说。非好学深思，心知其意，固难为浅见寡闻道也。余并论次，择其言尤雅者，故著为本纪书首。②

学者们多称赞五帝，但五帝之事太过久远，即使最可征信的《尚书》，也只记述了尧以来的历史，诸子百家论及黄帝，又多涉于神怪，而非典雅之言。对于这些，当世的荐绅们都不论及。另外，司马迁还指出儒者对发挥阐释《五帝德》《帝系姓》较为显著的《春秋》《国语》却不深入考究，不进行传讲。司马迁认为不能因为《尚书》有缺就置之不理，应当以好学深思的态度对待。在司马迁看来，对古文献资料的记载，要“考信于六艺，折中于夫子，总不离古文者近是”。

---

① 司马迁：《史记·仲尼弟子列传》，中华书局1959年版，第2226页。

② 司马迁：《史记·五帝本纪》，中华书局1959年版，第46页。

第二节　寓论断于叙事:隐含批判

司马迁的《史记》除在论赞中直接批判外,还有隐讳的批判形式,即“寓论断于叙事”。顾炎武《日知录》卷二十六曰:“古人作史,有不待论断而于序事之中即见其指者,唯太史公能之。”刘熙载《艺概·文概》亦曰:“叙事不合参入断语,太史公寓主意于客位,允称微妙。”司马迁善于在史事的记叙中,不直接参入断语,进行评判,而是将自己的主观见解通过客观的叙事以显现。这种寓主于客,于叙事中委婉地显现褒贬的手法,在《史记》中极为常见,而且手法灵活多变,除褒扬之外,往往隐含着批判之意。

司马迁善于借细节来寄托批评。如《吕后本纪》写惠帝死:“吕后哭,泣不下”,这一叙述,词浅语深。吕后是惠帝生母,其子死后,理应尽哀,但吕后拟封诸吕为王,又恐勋臣宿将反对,陈平劝用诸吕,吕后大悦,“其哭乃哀”。通过这一细节的刻画,司马迁婉而多讽地贬斥吕后。又如惠帝欲诛辟阳侯,“吕后大惭”,及至闳籍孺说于惠帝,放出辟阳侯,“太后大欢”。这一细节的刻画,揭露了吕后宠幸辟阳侯的事实,司马迁对吕后的讥刺溢于言外。

司马迁还善于运用侧笔寓以微旨。如《萧相国世家》载刘邦布衣时,“以吏繇咸阳,吏皆送奉钱三,何独以五。”此处看似闲笔,但下文写道,刘邦取得天下之后,“乃益封何二千户,以帝尝繇咸阳时何送我独赢奉钱二也”。司马迁对此情节的叙述,刘邦无赖得志、心胸狭窄的形象便活画出来了。又如《李斯列传》载,李斯年少时,见厕中之鼠与仓中之鼠,乃叹曰:“人之贤与不肖譬如鼠矣,在所自处耳!”司马迁借李斯之口,委婉地表达出对仗恃君宠,位至通显之人的讥刺。

通过对比叙写以贬损人物也是司马迁《史记》的手法。如《魏其武安侯列传》写武安侯未贵幸时,谄事魏其侯,“往来侍酒魏其,跪起如子姓”。及其贵幸,为丞相时,却故意忘却魏其的宴饮之邀。通过武安侯对待魏其侯前后态度的变化，司马迁对小人得志进行了无情的嘲讽，对武帝重用外戚的做法微露讥刺。在《李将军列传》中，除直接地通过对战争的具体描写显示其战功外，还写他体恤士卒，非常爱护部下：

广廉，得赏赐辄分其麾下，饮食与士共之。终广之身，为二千石四十余年，家无余财，终不言家产事。……广之将兵乏绝之处，见水，士卒不尽饮，广不近水；士卒不尽食，广不尝食。①

李广为人清廉，把自己得到的赏赐都分给他的部下，饮食与士兵在一起。李广有俸禄家中却没有余财。李广带兵，在缺粮断水的情况下，如果发现了水源，士兵没有全部喝到水的话，他就不靠近水边；士兵没有全都吃上饭，他自己就不吃。这与《卫将军骠骑列传》中霍去病形成显明对比：

然少而侍中，贵，不省士。其从军，天子为遣太官，赍数十乘，既还，重车余弃粱肉，而士有饥者。其在塞外，卒乏粮，或不能自振，而骠骑尚穿域踏鞠，事多此类。大将军为人仁善退让，以和柔自媚于上，然天下未有称也。②

霍去病年轻时就当上了侍中，显贵而不体恤士卒。他率军出征，皇帝派太官送给他几十辆车的食物，他回来的时候，辎重车上抛弃了许多剩余的粮食和肉，而士卒中还有挨饿的人。他在塞外的时候，士卒缺少粮食，有的都饿得不能自己站起来，而骠骑将军却在玩蹴鞠。

司马迁通过对李广在抗击匈奴中突出表现的赞扬，与霍去病的一些表现相对照，褒庶贬庶，自然可见。他还将士兵对待二人之死的不同态度作对比。《李将军列传》载，广死之时，一军皆哭，“百姓闻之，知与不知，无老壮皆为垂涕。”外戚霍去病完全不体恤士卒，视之如草芥。所以，及其死也，惟有“天子悼之”。司马迁对李广之褒，对霍去病恃宠骄横之贬，对武帝重用外戚的卑劣行径之讥，尽在对比叙事之中。此外，他还将李广同卫青相对比。《卫将军骠骑列传》“太史公曰”：“苏建语余曰：‘吾尝责大将军至尊重，而天下之贤大夫毋称焉，愿将军观古名将所招选择贤者，勉之哉。’大将

① 司马迁：《史记·李将军列传》，中华书局1959年版，第2872页。

② 司马迁：《史记·卫将军骠骑列传》，中华书局1959年版，第2939页。

军谢曰：‘自魏其、武安之厚宾客，天子常切齿。彼亲附士大夫，招贤绌不肖者，人主之柄也。人臣奉法遵职而已，何与招士！’骠骑亦放此意，其为将如此。”苏建曾经批评大将军，劝说他学习古代那些招选贤人的名将，大将军以招贤为“人主之柄”而拒绝。司马迁这样的记述是在指责卫青，主张选贤任能。王鸣盛《十七史商榷》卷六《卫将军骠骑》评说：“李广传赞，美其死天下知与不知皆尽哀，忠心诚信于士大夫；卫青传赞则着其不肯招士，位尊而天下贤士大夫无称。两两相形，优劣自见。”明代胡应麟《少室山房笔丛·史书占毕》亦谈道：“卫青、李广，均武夫也，广事终身如靚，而青寥寥也。”将李将军与卫青对比。这实际是司马迁以深切的笔触赞扬李广，这其中实际已对卫、霍二人“以寄寓其‘微辞’了”。①

司马迁还善于通过互见法以寄其批判旨意。互见法是司马迁撰史的一种叙事手法。它可以避免史料的重复，可以详略互补，联类对比，两相照应。司马迁也常用互见法透露事实的真相，寄寓其微旨。作者在不同篇目中出现史料的矛盾，从而透露事实之真相，寄寓作者的褒贬。如在《项羽本纪》中，作者借范增之口说：“沛公居山东时，贪于财货，好美姬。今财物无所取，妇女无所幸，此其志不在小。”而事实上，刘邦贪财好色的性格在入关前后并无根本变化。《留侯世家》称：“沛公入秦宫，宫室帷帐狗马重宝妇女以千数，意欲留居之”，经樊哙、张良直谏，才勉强作罢。同一史实在不同篇目中叙述矛盾，作者借范增之口，于委婉的赞美中，却讥刺了刘邦的贪财好色。

《史记》还借篇目编排来寄微旨。前人早已指出，世家首太伯，列传首伯夷、叔齐，是因为“尚让”。《太史公自序》曰：“桀、纣失其道而汤、武作，周失其道而《春秋》作。秦失其政，而陈涉发迹，诸侯作难，风起云蒸，卒亡秦族。”司马迁推崇公羊学，所以其编次先吴太伯、伯夷、叔齐，意在表白自己任贤尚让的主张。这对武帝任用外戚是有所讥刺的。

通过历史事件的叙述对人物进行评判。通过对历史事件的叙述过程，用活生生的事实表明观点，同样能达到“作者隐身事外”，却能表明思想观

① 郭双城：《史记人物传记论稿》，中州古籍出版社1984年版，第105页。

点的奇妙效果。在《吴起列传》中叙述吴起的几件事情,“起之为将,与士卒最下者同衣食。卧不设席,行不骑乘,亲裹赢粮,与士卒分劳苦。”吴起劝诫魏武侯为政要修德义,武侯甚喜,封吴起为西河守。田文为相,吴起不服,与之争辩,田文以国家当时的情况告之,吴起乃自知弗如田文。表现了政治家的眼光谋略和心胸,给予吴起客观评价。这一方法在《李将军列传》中表现得尤为明显,传作借典属国公孙昆邪语“李广才气,天下无双”,一锤定音,再到“广之将兵乏绝之处,见水,士卒不尽饮,广不近水;士卒不尽食,广不尝食。宽缓不苛,士以此爱乐为广用。”这是对李广抚爱士卒的描写,李广遭遇不幸后“广军士大夫一军皆哭。百姓闻之,知与不知,无老壮皆为垂涕。”这一系列的叙事和描写,将一个体恤下属、爱兵如子、深得民心、有军事才能的国家栋梁的形象跃然纸上。但就是这样一位受人拥戴的将领,却终究枉死。这里也暗含了太史公对李将军的赞扬和同情,以及对李将军遭到不公正待遇的愤慨之情,揭露了当时统治阶级任人唯亲,压制贤能的黑暗现实。

用背景资料、细节刻画人物。司马迁善于用背景资料和细节来刻画人物,佐证观点,加以评判。精心提炼的一二处细节对刻画人物有着极其重要的作用,人物的性格、特点,甚至一生的命运都可以从中窥见。如《项羽本纪》中,司马迁择取项羽小时候的表现写道:项籍少时,学书不成,去,学剑,又不成。项梁怒之。籍曰:“书,足以记名姓而已。剑,一人敌,不足学。学万人敌。”于是项梁乃教籍兵法。籍大喜。略知其意,又不肯竟学。写项羽胸怀大志,心比天高却浮躁自负,为后来项羽落败的结局埋下了伏笔。又如司马迁写《李将军列传》,所写战争不多,为了表现李广神勇,反取李广射石、射虎之轶事,从侧面表现。《项羽本纪》中有几处对刘邦细节的描写,“楚骑追汉王,汉王急,推坠孝惠、鲁元车下,滕公常下收载之。如是者三”。楚军骑兵追赶汉王,汉王感到情况危急,就把孝惠帝、鲁元公主推落车下,滕公夏侯婴每次都下车把他俩重新扶上车,这样推下扶上有好几次。“为高俎,置太公其上,告汉王曰:‘今不急下,吾烹太公。’汉王曰:‘吾与项羽俱北面受命怀王,约为兄弟,吾翁即若翁,必欲烹尔翁,则幸分我一杯羹。’”当汉王父亲太公被置案板上将要杀死烹煮，项王竟然无耻地说能分给他一杯羹。这两处细节，一个活脱脱的无赖形象呼之欲出。《项羽本纪》中记述，四面楚歌时，被围垓下的项羽却与美人饮酒慷慨悲歌“力拔山兮气盖世！时不利兮骓不逝！骓不逝兮可奈何！虞兮虞兮奈若何！”歌数阕，美人和之，项王泣数行下。一个末路英雄、儿女情长的项羽在临死前的真情流露，何其的悲壮与哀怨，让人不禁感慨万千。李清照在其《夏日绝句》中有“生当作人杰，死亦为鬼雄。至今思项羽，不肯过江东。”由衷赞叹英雄人杰本色。《史记》之流传千古，自有多方面因素，但若没有“寓论断于叙事”手法的成功运用，恐怕亦会失色三分。

第三节　微言讥讽：寄寓批判

司马迁擅长“微言讥刺，贬损当世”。《六国年表》序云：“孔子次《春秋》……七十子之徒口授其传指，为有所刺讥褒讳挹损之文辞不可以书见也。”《匈奴列传》赞云：“太史公曰：孔氏著《春秋》，隐桓之间则章，至定哀之际则微，为其切当世之文而罔褒，忌讳之辞也。”这两则序赞借《春秋》以说明《史记》多有微词讥讽。宋人吕祖谦在《大事记》中说：

> 太史公之书法，岂拘儒曲士所能通其说乎？其指意之深远，寄兴之悠长，微而显，绝而读，正而变，文见于此，而起意在彼，若有鱼龙之变化，不可得而迹者矣。读是书者，不可不参考互观，以究其大旨之所归乎！①

吕氏认为太史公行文如“鱼龙之变化”，莫测高深。我们也能窥见其中寄寓的批判之意。

司马迁在《史记》中，用绘声绘色的语言以表刺讥。《高祖本纪》载，汉高祖刘邦尊太公为太上皇，而“心善家令言，赐金五百斤”。因太公家令劝

① 吕祖谦：《大事记》，见张新科、高益荣、高一农主编：《史记研究资料萃编》，三秦出版社2011年版，第443—444页。

太公执人臣礼，刘邦心善之。“心善”二字揭示刘邦做作孝敬的内心世界。“赐金五百斤”这一行动，就是“心善”意识情不自禁的表现。又高祖置酒未央宫，为太上皇祝寿，曰：“始大人常以臣无赖，不能治产业，不如仲力。今某之业所就孰与仲多？”刘邦的揶揄之言，使太上皇尴尬难言，引动殿上群臣高呼万岁，大笑为乐。又《叔孙通列传》载，叔孙通作礼仪，“于是高帝曰：‘吾乃知今日之为皇帝之贵。’乃拜叔孙通为太常，赐金五百斤。”叔孙通制朝廷礼仪，让刘邦感受到了皇帝之贵，于是拜叔孙通官任太常，并赐金五百。这两例更是自矜声色的典型例证。此外，引用他人之语以寓讽。司马迁用这一手法对叔孙通心态的描摹更为精绝。先引鲁生语直斥叔孙通所说“公所事者且十主，皆面谀以得其贵”作为铺垫，而后借叔孙通弟子之言，诸生乃皆喜曰：“叔孙生诚圣人也，知当世之要务。”这一贬一褒，相映成趣，使叔孙通好面谀以取宠的情态跃然纸上，嬉笑怒骂皆成讽喻。对阿谀之臣的批评之意十分鲜明。在《封禅书》中，作者讽刺历代帝王迷信神仙，语句极为委婉含蓄：

> 自威、宣、燕昭使人入海求蓬莱、方丈、瀛洲。此三神山者，其传在勃海中，去人不远；患且至，则船风引而去。盖尝有至者，诸仙人及不死之药皆在焉。其物禽兽尽白，而黄金银为宫阙。未至，望之如云；及到，三神山反居水下。临之，风辄引去，终莫能至云。世主莫不甘心焉。及至秦始皇并天下，至海上，则方士言之不可胜数。始皇自以为至海上而恐不及矣，使人乃赍童男女入海求之。船交海中，皆以风为解，曰未能至，望见之焉。其明年，始皇复游海上，至琅邪，过恒山，从上党归。后三年，游碣石，考入海方士，从上郡归。后五年，始皇南至湘山，遂登会稽，并海上，冀遇海中三神山之奇药。不得，还至沙丘崩。①

从齐国威王、宣王、燕昭王时起，就不断派人到大海里去寻找神仙居住的蓬莱、方丈、瀛洲三山。传说中的三山有各种仙人和使人长生不死的药物，神秘莫测，令君王心驰神往。秦始皇多次到海边巡游，且先后派人去寻找，都

---

① 司马迁：《史记·封禅书》，中华书局1959年版，第1369—1370页。

没有能够找到三山，而希望得到神山上的长生不死之药，也没有能够得到。从海边返回时在沙丘这个地方去世了。作者用“焉”“盖……焉”“云”等虚词，造成跌宕讽刺的神韵，嘲笑了“世主”的愚蠢，秦皇汉武莫不如此。讽刺之意尽现。正如作者在《封禅书》结尾所说：“自此之后，方士之祠神者弥众，然其效可睹矣！”对于汉武帝封禅、仙种求种荒唐行为一语推翻，“可睹矣”字句有“余音袅袅，不绝如缕”的讽刺效果。对此，钱锺书《管锥编》指出：“此篇用‘云’字最多，如‘或曰郊上帝诸神祠所聚云’，‘则若雄鸡其声殷殷云’，‘风辄引去，终莫能至云’，‘闻其言不见其人云’，‘见大人迹云’，如此复出迭见，语气皆含姑妄言而姑妄听之意，使通篇有惚恍迷茫之致。‘云’之为言，信其事之有而疑其说之非尔，常谈所谓‘语出有因，查无实据也。’”以“云”字评该篇批评讽刺之意。清人牛运震《史记评注》说：“封禅求仙，秦皇汉武事迹略同，太史公叙二君事多作遥对暗照之笔，盖武帝失德处，不便明加针砭，而借秦皇特特相形，正以见汉武无殊于秦皇也。”通过简述从虞舜至周的祭祀情况以见汉武帝的“封禅”荒诞不经；而方士的每一次失败都使先前叙述的庄重成为辛辣的讥刺，具有强烈的戏剧性效果。李景星《史记评议》说《封禅书》“其设辞也，似疑似信；其运笔也，忽离忽合。”

司马迁还借秦讽汉。《六国年表》序云：“论秦之德义不如鲁卫之暴戾者，量秦之兵不如三晋之强也，然卒并天下，非必险固便形势利也，盖若天所助焉。”又说：“秦之帝用雍州兴，汉之兴自蜀汉。”鲜明地把秦汉联系起来，言汉之兴也是得天之助，并不是刘邦个人有什么德行，讽刺之意寓于笔端。吴汝纶《点勘史记》评云“语虽论秦，意乃指汉。”再如《平准书》说：

> 于是外攘夷狄，内兴功业，海内之士力耕不足粮饷，女子纺绩不足衣服。古者尝竭天下之资财以奉其上，犹自以为不足也。无异故云，事势之流，相激使然，曷足怪焉。①

司马迁评论秦始皇对外征伐夷狄，对内大兴土木，粮不能自足，布不能自给，竭尽天下的物资钱财来供奉统治者，但统治者还认为不够享用。明斥始皇，

① 司马迁：《史记·平准书》，中华书局1959年版，第1442—1443页。

暗喻武帝。方苞《评点史记》云:“举秦事以譬况汉也。”

司马迁还以褒为贬,采用反写法以寓讽。《萧相国世家》赞云:“淮阴、黥布等皆已诛灭,而何之勋烂焉。”显然是以褒为贬。《傅靳蒯成列传》对反写法运用最为集中、最为典型。如蒯成侯周緤,当刘邦自将击陈豨时,周緤泣曰:“始秦攻破天下,未尝自行。今上尝自行,是为无人可使者乎?”刘邦很受感动,“上以为‘爱我’,赐入殿门不趋,杀人不死。”司马迁在赞中评论说:“蒯成侯周緤操心坚正,身不见疑,上欲有所之,未尝不垂涕,此伤心者然,可谓笃厚君子矣。”周緤等阿谀奉承而得高爵,司马迁载其谀行,愈是庄重,刺讥愈深刻。“此伤心者然”,语意既诙谐而又尖酸,行文却又装扮成十分严肃的样子,读后让人忍俊不禁。

《万石张叔列传》中以褒为贬的讽刺极为冷诮。此传通过讽刺一类人来批判绝对君权下的腐败政治。万石君石奋一家是西汉一朝的显贵。汉武帝时,两个做官的儿子郎中令石建、官至丞相的石庆无他能,惟效法老父一生醇谨。写石庆为太仆,一次驾车出宫,皇上问有几马,石庆郑重其事地“以策数马”,然后举手比出数字回答:“六马”。司马迁插语说:“庆于诸子中最为简易矣,然犹如此。”很明显,正如方苞《评点史记》所说,司马迁“皆辞为褒义存讥刺”,以揭露官僚政治用奴才不用人才的本质。

下　篇

第十一章　孔子、孟子与司马迁

孔子、孟子作为儒家思想的先驱和先秦士人的代表人物，受到司马迁的推崇，在《史记》中详细记述了他们的事迹、行状和学说。可以说，司马迁深受两位先哲的影响。

第一节　司马迁对孔子的尊崇

《史记》记述孔子及其弟子，表现出司马迁对孔子的无限尊崇。司马迁在《太史公自序》中说："孔子知言之不用，道之不行也，是非二百四十二年之中以为天下仪表，贬天子，退诸侯，讨大夫，以达王事而已矣。"这正是自己作《史记》所要效法的。因此，他对孔子仰慕之至。司马迁《史记·孔子世家》赞称：

> 《诗》有之："高山仰止，景行行止。"虽不能至，然心乡往之。余读孔氏书，想见其为人。适鲁，观仲尼庙堂车服礼器，诸生以时习礼其家，余祗回留之不去云。天下君王至于贤人众矣，当时则荣，没则已焉。孔子布衣，传十余世，学者宗之。自天子王侯，中国言《六艺》者折中于夫子，可谓至圣矣！①

司马迁认为，孔子的形象及其伟大业绩是远远高出历代君王的。他把孔子

① 司马迁：《史记·孔子世家》，中华书局 1959 年版，第 1947 页。

视作仰止而高不可望的大山，自知不可企及却内心十分向往，且十分敬佩和羡慕其为人和学问。可以说，司马迁对孔子是推崇备至。

首先，司马迁对孔子的推崇表现在对孔子文化史地位的尊重。司马迁将孔子列入世家，这实属破格之举。司马贞在《史记索隐》云："孔子非有诸侯之位，而亦称系家者，以是圣人为教化之主，又代有贤哲，故称系家焉。"张守节《史记正义》亦云："太史公以孔子无侯伯之位，而称世家者，太史公以孔子布衣传十余世，学者宗之，自天子王侯，中国言六艺者宗于夫子，可谓至圣，故为世家。"司马迁将无侯伯之位的孔子归于记载公侯列国的"世家"，可见孔子在司马迁心目中的地位。"天下君王至于贤人众矣，当时则荣，没则已焉"，唯有布衣孔子，竟"传十余世，学者宗之，自天子王侯，中国言六艺者宗于夫子"，称孔子为"至圣"，对孔子赞赏之至。后世学者对此肯定者颇多。李景星《史汉评议》（卷二）云：

> 太史公作《孔子世家》，其眼光之高，胆力之大，推崇之至，迥非汉唐以来诸儒所能窥测，故刘知幾、王安石辈，皆横加讥刺，以为自乱其例，不知史公之不可及处，正在此也，揭其要旨厥有三端。孔子以布衣为万世帝王师，泽流后裔，史代罔替，任何侯王，莫能出之，史公列之于世家，是绝大见识，其不可及者一也。天地日月，难以形容，圣如孔子，亦难以形容，孟子称为圣之时，已是创论，而史公世家，更称之为至圣，尤为定评，自是之后，遂远不能易矣，其不可及者二也。王侯世家，各以即位之年纪，孔子无位，则以本身之年纪，等匹夫于国君，侔德行于爵位，尚德若人，是之谓矣，其不可及者三也。至其叙次，摭润群书，自成体段，既不病疏，亦不伤繁，尤是史公天才独擅，承学之士，能读此者，尚难其人，况于作乎！赞语，精微淡远，于平易中见风神，令人读之，不觉肃然起敬。①

李景星阐述了司马迁《史记》把孔子列入"世家"眼光高远：孔子以布衣而为万世帝王师，侯王没能出之；孔子如日月光华，奇大无比，被司马迁称为"至

① 李景星：《史汉评议·孔子世家》，见杨燕起、陈可青、赖长扬汇辑：《史记集评》，华文出版社 2005 年版，第 417—418 页。

圣”，成为定论，后世不易；等匹夫于国君，侔德行于爵位，是肯定其德行。清人沈湛钧说：

《史记》列孔子于世家，宋王安石斥为自乱其例，多所抵牾；何氏良俊驳之，谓尔时孔子未有封号，而太史公逆知有褒崇之典为列世家，有德者以德而世其家，犹之有土者以土而世其家也。愚按何氏之说似矣而未尽也。当炎汉之隆，孔子虽未有封号，而举世推崇之盛，则上与周公等。《礼记》凡始立学者必释奠于先圣先师。夷考先圣先师，后儒谓虞庠以舜，夏校以禹，周东胶以文王。汉魏以还，或以周公为先圣，孔子为先师，或以孔子为先圣，颜回为先师。又《后汉·礼乐志》，明帝永明三年，郡县行乡饮酒礼于学校，皆祀圣师孔子周公，是则往古之侪孔子于周公也久矣。史迁承其意，故纪鲁周公曰世家，纪孔子亦曰世家，良以德行道艺后先一揆也。且孔子平生所志者周公耳，公朝诸侯于明堂，制礼作乐，孔子则踵事而修明之，公《诗》咏《豳风》，《书》陈《多士》、《无逸》、《君奭》诸篇，孔子则特加删订，即至作彖象衍爻辞，亦无一不本《易》文遗意。故曰“如有用我，吾其为东周”，又曰“甚矣，吾衰也！久矣吾不复梦见周公”。然则孔子与周公，虽时睽数百年固冥冥䜣合无间者。史迁上不跻之本纪，下不侪之列传，而独登诸世家，不惟揆度当世舆论为允协，无可置喙，抑亦深得孔子从周之志也夫！①

在沈氏看来，“有德者世其家，不无不可”；汉隆之时，即推崇周公，推尊孔子为先圣、先师；郡县行乡饮酒礼时皆祀圣师孔子、周公。司马迁是将往世尊孔承续了下来。加之，孔子以周公为崇拜对象，孔子踵事修明周公之制礼作乐，删订周公之书，孔子与周公几百年来都是人们敬仰的贤者，司马迁之所以将孔子列为“世家”，斟酌有加，是符合当时世人所论的。丁晏在《史记余论》中说：

史公极尊圣人之道，故列之世家，若老子列为列传。班氏谓其先黄老而后六经，非也。《太史公自序》述其父谈推崇老氏道德，谈尚黄老

① 沈湛钧：《知非斋古文录·读史记孔子世家》，见杨燕起、陈可青、赖长扬汇辑：《史记集评》，华文出版社2005年版，第417页。

之学，非迁意也。史迁崇圣尊儒，《自序》引董生仲舒之言，极重孔子《春秋》，又云仲尼追修经术，以达王道，匡乱世反之于正，为天下制义法，垂六艺之统纪于后世，其推尊宣圣至矣。①

司马迁尊圣人之道，之所以将孔子列入"世家"，老子列入"列传"，是因为史迁崇圣尊儒，极重孔子《春秋》追修经术，匡乱世于正，为天下制义法，垂"六艺"之统纪，这些都是司马迁推崇孔子的原因所在。清代史学家赵翼云：

孔子无公侯之位，而《史记》独列于世家，尊孔子也。凡列国世家与孔子毫无相涉者，亦皆书"是岁孔子相鲁"，"孔子卒"，以其系天下之重轻也。其传孟子，虽与荀卿、邹忌等同列，然叙忌等尊宠处，即云：岂与仲尼菜色陈蔡、孟轲困于齐梁同乎哉！又云：卫灵公问阵，孔子不答；梁惠王谋攻赵，孟子称太王去邠，岂有意阿世苟合而已哉！皆以孔子、孟子并称，是尊孟子，亦自史迁始也。②

即使在与孔子无有关涉的世家记述时，也提及孔子，是天下之所重也。这些评论，都说明了司马迁将孔子列入"世家"，是对孔子的极力推崇。③

要之，司马迁在《史记》中将孔子列入"世家"是对孔子地位的肯定，意即孔子的历史贡献和业绩犹如世卿诸侯一样。

司马迁对孔子学术文化地位极为肯定。司马迁说：

周室既衰，诸侯恣行。仲尼悼礼废乐崩，追修经述，以达王道，匡乱世反之于正，见其文辞，为天下制义法，垂《六艺》之统纪于后世。作《孔子世家》第十七。④

---

① 丁晏：《史记余论·孔子世家》，见杨燕起、陈可青、赖长扬汇辑：《史记集评》，华文出版社 2005 年版，第 415 页。

② 赵翼：《陔余丛考·卷五》，商务印书馆 1957 年版，第 86 页。

③ 当然，也有学者对此持批评意见。如王安石在《孔子世家议》中说"太史公叙帝王则曰本纪，公侯传国则曰世家，公卿特起则曰列传，此其例也。其列孔子为世家，奚其进退无据耶！孔子，旅人也，棲棲衰季之世，无尺土之柄，此列之于传宜矣。曷为世家哉？岂以仲尼躬将圣之资，其教化之盛，舄奕万世，故为之世家以抗之，又非极挚之论也。夫仲尼之才，帝王可也，何特公侯哉？仲尼之道，世天下可也，何特世其家哉？处之世家，仲尼之道不从而大；置之列传，仲尼之道不从而小，而迁也自乱其例，所谓多所抵牾者也。"（王安石《临川先生文集·孔子世家议》）。当然，我个人认为这些评说固然成立，也可作为一家之言，但绝不影响孔子在司马迁心目中的神圣地位。

④ 司马迁：《史记·太史公自序》，中华书局 1959 年版，第 3310 页。

在这里，司马迁肯定了孔子“追修经述，以达王道，匡乱世反之正”的文化功绩和政治作用，尽管孔子不是王侯，也不是“辅弼股肱”之士，也不是功臣贤相，但其“垂《六艺》之统于后世”，文化建设的功绩不亚于王侯的功劳。《史记·儒林列传》序云：“故孔子闵王路废而邪道兴，于是论次《诗》、《书》，修起《礼》、《乐》。适齐闻《韶》，三月不知肉味。自卫返鲁，然后乐正，《雅》、《颂》各得其所。”这是说孔子在礼崩乐坏的状况下，论《诗》《书》，修《礼》《乐》的文化功绩。就学术传承而言，“孔子布衣，传十余世，学者宗之。”他的学说被继承和流传，并成为后世宗法的楷模和榜样。“自孔子卒后，七十子之徒散游诸侯，大者为师傅卿相，小者友教士大夫，或隐而不见。故子路居卫，子张居陈，澹台子羽居楚，子夏居西河，子贡终于齐。如田子方、段干木、吴起、禽滑釐之属，皆受业于子夏之伦，为王者师。是时独魏文侯好学。后陵迟以至于始皇，天下并争于战国，儒术既绌焉，然齐鲁之间，学者独不废也。于威、宣之际，孟子、荀卿之列，咸遵夫子之业而润色之，以学显于当世。”①简略勾勒孔子之后其弟子“散游诸侯，大者为师傅卿相，小者友教士大夫”的学术延续情况。就其学术影响而言，从文化史的角度考察，司马迁对孔子崇尚备至。正如何良俊《四有斋丛说》所云：

> 人谓太史公为孔子主世家而非是，盖以为论道德，则孔子为帝王师，不当在诸侯之列；语其位，则孔子未尝有封爵，不当与有土者并，是大不然。盖方汉之初，孔子尚未尝有封号，而太史公逆知其必当有褒崇之典，故遂为之立世家。夫有土者以有土而世其家，有德者以德而世其家，以土者土去则爵夺，以德者德在与在。今观自战国以后，凡有爵土者，孰有能至今存耶？则世家之久，莫有过于孔子者。《史记》又以孔门七十二弟子与老子、孟子、荀卿并列为传，则其尊之至矣。孰谓太史公为不知孔子哉！②

在何氏看来，司马迁认为孔子有“褒崇之典”，故将其列入“世家”，与诸侯并

① 司马迁：《史记·儒林列传》，中华书局1959年版，第3116页。

② 何良俊：《四有斋丛说·史一》，见杨燕起、陈可青、赖长扬汇辑：《史记集评》，华文出版社2005年版，第411—412页。

列。诸侯以其有土而“世其家”，而孔子则是以其有德而“世其家”，然“以土者土去则爵夺，以德者德在与在”，从战国以后，爵士者不存，世家久存者，“莫过于孔子”，司马迁还将孔子弟子与老子、孟子并列为传，足见其对孔子的尊崇。

其次，司马迁尊崇孔子还表现在以孔子言论或《论语》所载表达自己的见解。这主要表现在以下几个方面。首先，是在序或赞中直接引用孔子言论对历史事件和人物进行评价和判断。据陈桐生统计，在《史记》一百三十篇文章的序言和论赞中，有 16 篇征引孔子语录作为主论依据。① 司马迁引用《论语》中的话以表明自己的主张、见解和评价。

一是主张德治教化，批评酷吏刑罚。《史记·酷吏列传》序中引《论语·为政》语曰：“导之以政，齐之以刑，民免而无耻；导之以德，齐之以礼，有耻且格。”《颜渊》语曰：“听讼，吾犹人也，必也使无讼乎。”司马迁主张吏治上施行儒家德治教化，引用这两句话主要是批评酷吏政治。

二是赞颂孔子功业。《史记·儒林列传》说：“故孔子闵王路废而邪道兴，于是论次《诗》、《书》，修起礼乐。适齐闻《韶》，三月不知肉味。自卫返鲁，然后乐正，《雅》、《颂》各得其所。”引用“适齐闻《韶》”，“自卫返鲁”肯定孔子删述六经。

三是评价诸侯国。《史记·宋微子世家》太史公曰：“孔子称：‘微子去之，箕子为之奴，比干谏而死，殷有三仁焉。’”引语出自《论语·微子》，司马迁肯定“三仁”的“仁义”事迹。《史记·吴太伯世家》曰：“孔子言吴太伯可谓至德矣：‘三以天下让，民无得而称焉。’”引语出自《论语·泰伯》，称赞泰伯为至德之人，多次谦让君位，人们都无法用适当的语言来称赞他。

四是评价历史人物。《史记·吕不韦列传》云：“孔子之所谓‘闻’者，其吕子乎！”孔子关于“闻”的论述见于《论语·颜渊》，“闻”是表面上爱好仁德，而实际上言行不一。司马迁用孔子对“闻”的分析来讽刺吕不韦。《史记·管晏列传》云：“方晏子伏庄公尸哭之，成礼然后去，岂所谓‘见义不为

① 陈桐生：《史记与诸子百家之学》，安徽大学出版社 2006 年版，第 26 页。

无勇'者邪?""见义不为无勇"语出《论语·为政》,司马迁引此语赞美晏子见义勇为、一无所畏的精神。《史记·万石君列传》云:"仲尼有言曰:'君子欲讷于言而敏于行',其万石、建陵、张叔之谓邪?是以其教不肃而成,不严而治。"引语见于《论语·里仁》,倡导人们少说多做,言语谨慎而行为敏捷。司马迁引用孔子这句话来评价通过亲身孝行来教化家人和百姓的万石君石奋等人。《史记·孝文本纪》云:"孔子言'必世然后仁。善人之治国百年,亦可以胜残去杀。'诚哉是言!汉兴,至孝文四十有余载,德至盛也,廪廪乡改正服、封禅矣,谦让未成于今。呜呼,岂不仁哉!"语出《论语·子路》,原文为"如有王者,必世而后仁。"是说贤明的君主,一世之后才能显现出治理效果。

可以说,"孔子是司马迁心中惟一愿意与之交流的人,其他的人根本不足挂齿。所以此时的征圣与疑圣,正表明孔子在司马迁心中占有特殊的位置。随着心态恢复到正常状态,司马迁仍然立论折中于夫子。"①正如李长之所说,"司马迁已经把孔子当作唯一可以印证的权威","司马迁的精神,仿佛结晶在孔子的字里行间了。"②从这里也可以看出,司马迁对孔子是何等的欣赏。

再次,司马迁对孔子的尊崇还表现在对"六艺"的认识和肯定上。司马迁认为,孔子最伟大的功绩当是制"六艺"。《史记》总是将孔子和"六艺"联系在一起:

> 周室既衰,诸侯恣行。仲尼悼礼废乐崩,追修经术,以达王道,匡乱世反之于正,见其文辞,为天下制仪法,垂《六艺》之统纪于后世。作《孔子世家》第十七。③

在周室衰微,诸侯恣意而行的情况下,孔子感叹于礼崩乐坏,追研经术,重建王道,以匡乱世,其著作为后世制义法,"六艺"则纲纪后世。司马迁对"六艺"价值和作用的肯定和赞赏,说明作《孔子世家》的缘由。《孔子世家》说:

---

① 参见陈桐生:《〈史记〉与诸子百家之学》,安徽大学出版社2006年版,第26—32页。

② 李长之:《司马迁之人格与风格》,天津人民出版社2007年版,第32页。

③ 司马迁:《史记·太史公自序》,中华书局1959年版,第3310页。

"孔子布衣传十余世，学者宗之，自天子王侯，中国言六艺者，折中于夫子，可谓至圣矣。"作为布衣的孔子，虽说没有诸侯爵位及封地，却能传十几代，其德行学问得到人们尊重，天子王侯及讲习"六艺"的人，都以孔子的观点作为判断是非的标准。这是对孔子文化贡献的评价。《滑稽列传》云："孔子曰：'六艺于治一也。礼以节人，乐以发和，书以道事，诗以达意，易以神化，春秋以义。'"孔子说"六艺"对于治国有一定作用：《礼》用来规范人们的行为，《乐》使人们和谐，《书》记述往事，以资借鉴；《诗》能够抒发感情，表达情志；《易》用独特的方法演绎变化，《春秋》以制义法。《太史公自序》中进一步说明"六艺"的内容、特点和功用：

> 夫《春秋》，上明三王之道，下辨人事之纪，别嫌疑，明是非，定犹豫，善善恶恶，贤贤贱不肖，存亡国，继绝世，补敝起废，王道之大者也。《易》著天地阴阳四时五行，故长于变；《礼》经纪人伦，故长于行；《书》记先王之事，故长于政；《诗》记山川谿谷禽兽草木牝牡雌雄，故长于风；《乐》乐所以立，故长于和；《春秋》辨是非，故长于治人。是故《礼》以节人，《乐》以发和，《书》以道事，《诗》以达意，《易》以道化，《春秋》以道义。①

深入分析《礼》《乐》《书》《诗》《易》《春秋》的文化价值与作用。人们将"六艺"尊为经典之后，就成匡限人伦的准则：

> 故《易》基乾坤，《诗》始关关雎，《书》美釐降，《春秋》讥不亲迎。夫妇之际，人道之大伦也。礼之用，唯婚姻为兢兢。夫乐调而四时和，阴阳之变，万物之统也。可不慎与？②

乾卦、坤卦是《易经》的起点，《关雎》是《诗经》的开篇，《书》赞美尧把女儿下嫁给舜，《春秋》讥讽娶亲之不迎，夫妇关系则是人伦的根本。可以说，"六艺"强调的是阴阳万物变化的大道，对社会人伦和谐具有重要的作用。《史记》除对"六艺"的总体评价之外，也有分述《诗》《书》《礼》《易》《春秋》的。关于《诗》《书》，司马迁述及史料的征引作用：

---

① 司马迁：《史记·太史公自序》，中华书局1959年版，第3297页。
② 司马迁：《史记·外戚世家》，中华书局1959年版，第1967页。

余以《颂》次契之事，自成汤以来，采于《书》《诗》。契为子姓，其后分封，以国为姓，有殷氏、来氏、宋氏、空桐氏、稚氏、北殷氏、目夷氏。孔子曰，殷路车为善，而色尚白。①

用《诗经》中的《颂》来序契的事迹和历史，成汤以后的历史则采于《书》《诗》。《史记·建元以来侯者年表》序曰："自《诗》、《书》称三代'戎狄是膺，荆荼是惩'。"引用《诗经·鲁颂·閟宫》"戎狄是膺，荆荼是惩"，是说以正当的战争征伐。《史记·平准书》云：

农工商交易之路通，而龟贝金钱刀布之币兴焉。所从来久远，自高辛氏之前尚矣，靡得而记云。故《书》道唐虞之际，《诗》述殷周之世，安宁则长庠序，先本绌末，以礼义防于利；事变多故而亦反是。是以物盛则衰，时极而转，一质一文，终始之变也。②

从《书》对唐虞之世的记载，《诗》对殷周之世的记载，得出结论：安宁能长庠序，固本以舍末，礼义以防利。说明"物盛则衰""时极而转"这些终始之变的道理。可见司马迁对《诗》《书》记载的可信。《史记·乐书》云："余每读《虞书》，至于君臣相敕，维是几安，而股肱不良，万事堕坏，未尝不流涕也。成王作颂，推己惩艾，悲彼家难，可不谓战战恐惧，善守善终哉？"《史记·伯夷列传》曰："夫学者载籍极博，犹考信于六艺，《诗》《书》虽缺，然虞夏之文可知也。"尽管历史上载述典籍很多，极为丰富，人们仍然以"六艺"等经典作为征信的依据，说明"六艺"记录历史征信的重要作用。《史记·货殖列传》云：

夫神农以前，吾不知已。至若《诗》《书》所述虞夏以来，耳目欲极声色之好，口欲穷刍豢之味，身安逸乐，而心夸矜埶能之荣。使俗之渐民久矣，虽户说以眇论，终不能化。故善者因之，其次利道之，其次教诲之，其次整齐之，最下者与之争。③

用《诗》《书》已说明历史记载，还有引用《诗》《书》《易》作为评价。《史

---

① 司马迁：《史记·殷本纪》，中华书局1959年版，第109页。
② 司马迁：《史记·平准书》，中华书局1959年版，第1442页。
③ 司马迁：《史记·货殖列传》，中华书局1959年版，第3253页。

记·十二诸侯年表》序云："周道缺，诗人本之衽席，《关雎》作；仁义凌迟，《鹿鸣》刺焉。"周道颓丧之时，《关雎》以情昭示仁义道德，《鹿鸣》刺讥仁义的缺失，说明《诗》对世事衰败的讽谏：

> 《春秋》推见至隐，《易》本隐之以显，《大雅》言王公大人而德逮黎庶，《小雅》讥小己之得失，其流及上。所以言虽外殊，其合德一也。相如虽多虚辞滥说，然其要归引之节俭，此与《诗》之风谏何异？①

《春秋》能究事物的隐微之处，《易》则能把隐微之事说明白，《大雅》表明王公贵族德行惠及百姓，《小雅》刺讥卑微者的得失，却能上达朝廷。说明司马相如的赋有着同《诗》一样的讽谏功能。《史记·淮南衡山列传》云：

> 《诗》之所谓"戎狄是膺，荆荼是惩"，信哉是言也。淮南、衡山亲为骨肉，疆土千里，列为诸侯，不务遵蕃臣职以承辅天子，而专挟邪僻之计，谋为畔逆，仍父子再亡国，各不终其身，为天下笑。此非独王过也，亦其俗薄，臣下渐靡使然也。夫荆楚僄勇轻悍，好作乱，乃自古记之矣。②

引用《诗》中的话对淮南厉王刘长及其子刘安叛逆之罪表示贬抑。《史记·高祖功臣侯者年表》云：

> 《书》曰"协和万国"，迁于夏商，或数千岁。盖周封八百，幽厉之后，见于《春秋》。《尚书》有唐虞之侯伯，历三代千有余载，自全以蕃卫天子，岂非笃于仁义，奉上法哉？③

引用《书》上"协和万邦"，说明上古至夏商历经多代，绵延不绝，都是和谐仁义的结果。《史记·河渠书》云：

> 《夏书》曰：禹抑洪水十三年，过家不入门。陆行载车，水行载舟，泥行蹈毳，山行即桥。以别九州，随山浚川，任土作贡。通九道，陂九泽，度九山。然河菑衍溢，害中国也尤甚。唯是为务。故道河自积石历龙门，南到华阴，东下砥柱，及孟津、雒汭，至于大邳。于是禹以为河所

① 司马迁：《史记·司马相如列传》，中华书局1959年版，第3073页。
② 司马迁：《史记·淮南衡山列传》，中华书局1959年版，第3098页。
③ 司马迁：《史记·高祖功臣侯者年表》，中华书局1959年版，第877页。

从来者高,水湍悍,难以行平地,数为败,乃厮二渠以引其河。北载之高地,过降水,至于大陆,播为九河,同为逆河,入于勃海。九川既疏,九泽既洒,诸夏艾安,功施于三代。①

采信《夏书》上大禹治水的事迹,记述大禹治水的艰辛,治理水患的方法和效果。《史记·张释之冯唐列传》云:

《书》曰"不偏不党,王道荡荡;不党不偏,王道便便"。张季、冯公近之矣。②

引用《书》肯定褒扬张季、冯唐。

关于"礼"和"乐",司马迁分别在《礼书》《乐书》的序中作以阐释。司马迁《礼书》《乐书》序概括介绍了乐的历史演变,论述了乐的本源,论述乐与礼之间的关系及其社会作用、先王制乐的目的,揭示礼、乐的本质,提出了把握礼乐精神实质与技艺形式的基本原则,论述乐对于施行教化、提高道德修养的重要作用,还举例说明音乐具有深沉的内涵并且直接关系到国家的治乱兴衰。《史记·礼书》云:

洋洋美德乎!宰制万物,役使群众,岂人力也哉!余至大行礼官,观三代损益,乃知缘人情而制礼,依人性而作仪,其所由来尚矣。

人道经纬万端,规矩无所不贯,诱进以仁义,束缚以刑罚,故德厚者位尊,禄重者宠荣,所以总一海内而整齐万民也。……是以君臣朝廷尊卑贵贱之序,下及黎庶车舆衣服宫室饮食嫁娶丧祭之分,事有宜适,物有节文。③

司马迁赞礼的功用,指出礼的来源,认为"礼"对经纬人伦,引导人们积极作为,约束人的言行都有着积极的作用。"礼"能够规范君臣朝廷尊卑贵贱的秩序,规定下至平民百姓的车马、衣服着装、饮食起居、婚丧嫁娶的礼节。"礼"在主宰万物、役使百姓方面具有人力远不能及的巨大作用。"礼"是夏、商、周三代先王根据社会情况和人的欲望,各自有所损益制定的,这是对

① 司马迁:《史记·河渠书》,中华书局1959年版,第1405页。
② 司马迁:《史记·张释之冯唐列传》,中华书局1959年版,第2761页。
③ 司马迁:《史记·礼书》,中华书局1959年版,第1157—1158页。

制礼作仪的原则的规定性。《史记·乐书》云：

> 太史公曰：余每读《虞书》，至于君臣相敕，维是几安，而股肱不良，万事堕坏，未尝不流涕也。成王作颂，推己惩艾，悲彼家难，可不谓战战恐惧，善守善终哉？君子不为约则修德，满则弃礼。佚能思初，安能惟始，沐浴膏泽而歌咏勤苦，非大德谁能如斯！传曰"治定功成，礼乐乃兴"。海内人道益深，其德益至，所乐者益异。满而不损则溢，盈而不持则倾。凡作乐者，所以节乐。君子以谦退为礼，以损减为乐，乐其如此也。以为州异国殊，情习不同，故博采风俗，协比声律，以补短移化，助流政教。天子躬于明堂临观，而万民咸荡涤邪秽，斟酌饱满，以饰厥性。故云《雅》《颂》之音理而民正，嘄噭之声兴而士奋，郑卫之曲动而心淫。及其调和谐合，鸟兽尽感，而况怀五常，含好恶，自然之势也？①

司马迁论述了制作音乐的目的、音乐的作用，制作音乐的目的是为了节制人们的欢愉之情。君主懂得节制欢乐，才能够居安思危、守礼修德，善始善终；君子节制私欲，就能够身处安乐而不忘艰危，守礼修德而不受外物影响，从而始终如一。乐有"雅正"和"邪僻"之分，其作用也会大不一样。"雅正"的音乐能够端正民风、鼓舞士气，补救时弊，移风易俗，推行政令教化；"邪僻"的音乐则使人产生邪恶念头。声律和谐协调的音乐演奏能够感染人，从而改变伦常观念。

《史记》中，也有引用《易》来评判事件或人物的。《史记·屈原贾生列传》云：

> 怀王以不知忠臣之分，故内惑于郑袖，外欺于张仪，疏屈平而信上官大夫、令尹子兰。兵挫地削，亡其六郡，身客死于秦，为天下笑。此不知人之祸也。《易》曰："井泄不食，为我心恻，可以汲。王明，并受其福。"王之不明，岂足福哉！②

引用《易》的原话说明开明的君王对于造福百姓的重要性。怀王不知君臣之分被郑秀迷惑，外受张仪欺骗，疏远屈原而相信上官大夫、令尹子兰，打了

---

① 司马迁：《史记·乐书》，中华书局1959年版，第1175—1176页。

② 司马迁：《史记·屈原贾生列传》，中华书局1959年版，第2485页。

败仗，割让了土地，自己被囚禁在秦国，为天下人耻笑。《太史公自序》云：

> 《易》曰："失之豪厘，差以千里"。故曰："臣弑君，子弑父，非一旦一夕之故也，其渐久矣"。①

引用《易》中的话，说明开始稍微有差错，其结果会造成很大的错误。《史记》中还有对《易》的肯定：

> 盖孔子晚而喜《易》。《易》之为术，幽明远矣，非通人达才孰能注意焉！故周太史之卦田敬仲完，占至十世之后；及完奔齐，懿仲卜之亦云。田乞及常所以比犯二君，专齐国之政，非必事势之渐然也，盖若遵厌兆祥云。②

在司马迁看来，《易》作为一门学问，隐约深远，道理深奥，非明智通达的人不能专注于它。至于《春秋》，司马迁尤为重视，这在前文已有述及，此处不再赘述。

总之，司马迁对孔子的推崇，对孔子所编订"六艺"的肯定，"是完全被这优越的文化的光芒所降服或者陶醉！"③正是由于对儒学的全面推崇，所以他突破《史记》著作体例的限制，破格撰写了《孔子世家》。按照《史记》体例，"世家"犹言世禄之家，以称王侯。而孔子并非王侯，这等于是尊奉孔子为学术文化宗师。而对孔子一生活动的详细记载，同样表达了他对孔子的至尊敬仰。

第二节　《史记·孔子世家》中的孔子形象

司马迁在《史记·孔子世家》中所记述和塑造的孔子，是一位平民化、真实的、人性化的孔子。

汉武时代，实施"罢黜百家，独尊儒术。"春秋公羊派全力推崇孔子及其

---

① 司马迁：《史记·太史公自序》，中华书局1959年版，第3298页。

② 司马迁：《史记·田敬仲完世家》，中华书局1959年版，第1903页。

③ 李长之：《司马迁之人格与风格》，天津人民出版社2007年版，第38页。

儒学，他们将自己的学术思想深深地打上了政治的印记，并且把孔子宗教化、神圣化和神秘化，使之成为儒学的教主。正如顾颉刚在《春秋时代的孔子和汉代的孔子》中，历数汉代儒者对孔子形象的歪曲之后说道：

到了汉朝，真是闹得不成样子了。我们只要把纬书翻开一看，真是笑歪了嘴……拿这种话和《论语》上的话一比，真要使人心痛，痛的是孔子受了委屈，他们把一个不语怪力乱神的孔子浸入怪力乱神酱缸里去了。

但是，我们要知道，孔子若不受他们的委屈，给他们作弄，孔教的一个名词是不会有的。经他们这样的造作了谣言，于是孔子便真成了黑帝之子，真成了孔教的教主。①

说明汉代儒学其实质是对原始儒学的贬损，也是对孔子形象的歪曲。司马迁以一个史官的责任感，想继孔子之《春秋》而成一代大典。他在《太史公自序》中说：

先人有言："自周公卒五百岁而有孔子。孔子卒后至于今五百岁，有能绍明世，正《易传》，继《春秋》，本《诗》《书》《礼》《乐》之际？"意在斯乎！意在斯乎！②

他想成为道统的传承者。因此，他对孔子倍加崇拜，这一切都体现在《孔子世家》中。然而，司马迁以其学术胆识和史家气魄，一反春秋公羊派对孔子的神化，对孔子进行了还原。

司马迁在《史记·孔子世家》中，首先将孔子还原为个性化的"人"——即具有创造性的"人"。"人只有在创造文化的活动中才成为真正意义上的人，也只有在文化活动中，人才能获得真正的'自由'，……人性并不是一种实体性的东西，而是人自我塑造的一种过程；真正的人性无非就是人的无限的创造性活动。"③司马迁在《孔子世家》中就塑造了一位在人类文化事业

① 顾颉刚：《春秋时代的孔子与汉代的孔子》，见王煦华编选：《古史辨伪与中国现代史学——顾颉刚集》，上海文艺出版社1998年版，第102—103页。

② 司马迁：《史记·太史公自序》，中华书局1959年版，第3296页。

③ 甘阳：《〈人论〉之中译本序》，[德]恩斯特·卡西尔著，上海译文出版社1985年版，第5页。

上有着非凡创造性的“人性化”的孔子。这一创造性最为突出的表现就是对学术的不懈追求。孔子好学，从不放过一切求知的机会。其曰：

> 孔子适齐，与齐太师语乐，闻《韶》音，学之，三月不知肉味，齐人称之。

孔子醉心于学乐，不肯浅尝辄止，听到“韶”乐，醉心学习，三个月吃肉都不知道味道，可见孔子学乐全神贯注的程度。又曰：

> 孔子学鼓琴师襄子，十日不进。师襄子曰：“可以益矣。”孔子曰：“丘已习其曲矣，未得其数也。”有间，曰：“已习其数，可以益矣。”孔子曰：“丘未得其志也。”有间，曰：“已习其志，可以益矣。”孔子曰：“丘未得其为人也。”有间，[曰]有所穆然深思焉，有所怡然高望而远志焉。曰：“丘得其为人，黯然而黑，几然而长，眼如望羊，如王四国，非文王其谁能为此也！”师襄子辟席再拜，曰：“师盖云《文王操》也。”①

孔子在卫国跟师襄子学琴，从识乐谱、会弹奏，到掌握技巧、了解意趣，融化于心，专心致志，精神专一，锲而不舍，表现了认真的学习态度和钻研的学习精神。再如“韦编三绝”：“孔子晚而喜《易》，序彖、系、象、说卦、文言。读易，韦编三绝。曰：‘假我数年，若是，我于易则彬彬矣。’”写出了孔子勤奋学习，精读治《易》的精神。其对学习的严谨认真态度令人敬佩。颜回曾感叹孔子的学问是“仰之弥高，钻之弥坚，瞻之在前，忽焉在后，”孔子对自己评价时说：“其为人也，学道不倦，诲人不厌，发愤忘忧，不知老之将至。”孔子不光追求知识，还注重授徒实践。这也是文化创造性的表现。

孔子发愤勤学，授受弟子，开辟了私人讲学的道路。《孔子世家》中载：

> 孔子以诗书礼乐教，弟子盖三千焉，身通六艺者七十有二。②

这是教学授徒的贡献。这位“至圣”，并不仅仅教授弟子知识，他还将知识外化为为政和做人之道，并不断地、不懈地将之付诸实践。《孔子世家》云：“孔子以四教：文，行，忠，信。绝四：毋意，毋必，毋固，毋我。所慎：斋，战，疾。子罕言利与命与仁。不愤不启，举一隅不以三隅反，则弗复

---

① 司马迁：《史记·孔子世家》，中华书局 1959 年版，第 1925 页。

② 司马迁：《史记·孔子世家》，中华书局 1959 年版，第 1938 页。

也。”在教学实践中能做到“毋意，毋必，毋固，毋我”，“不愤不启”，“不悱不发”，“因材施教”。

孔子有着自己的政治理想和治国安邦之道，他深知，只有将知识运用到治国安邦的实践中去才能发挥作用。司马迁笔下的孔子，符合“内圣外王”，即内部修养的成就和社会行动功用高度统一的“圣人”标准。他小用则小成，大用则大成，不用则退而立言彪炳千古。管理仓库，孔子计量得公平精确；主管畜牧，牲口养得又多又壮；做中都地方官，任职一年，各地都开始效法其治理办法；由大司寇代理宰相，管理国政三个月，一切都变得合乎礼法、井井有条，以至齐国害怕鲁国因此变得强大，大施离间之计。孔子曾哀叹：“苟有用我者，朞月而已，三年有成。”鲁定公与齐景公夹谷相会是孔子行动力的一次完整展现。面对齐国先欲奏暗藏杀机的夷狄之乐，后欲以轻视取笑的优倡侏儒为戏，孔子都当机立断“历阶而登，不尽一等”，不顾礼法，先声夺人，以有力的言语、凛然的气势威慑住了对手，控制了局面。这种在政治活动中善于控制局面、扭转形势的能力正是孔子本身所具有的优秀实践能力创造性发挥的结果，是读书人和政治家双重角色的完美结合。①《孔子世家》云：

> 定公十四年，孔子年五十六，由大司寇行摄相事，有喜色。门人曰：“闻君子祸至不惧，福至不喜。”孔子曰：“有是言也。不曰‘乐其以贵下人’乎？”于是诛鲁大夫乱政者少正卯。与闻国政三月，粥羔豚者弗饰贾；男女行者别于涂；涂不拾遗；四方之客至乎邑者不求有司，皆予之以归。②

孔子治理鲁国三个月后，贩卖猪羊的人不敢哄抬物价，男女分路而行，掉在路上的物品都没有人捡拾。

司马迁《史记·孔子世家》对孔子形象的还原还表现为将其塑造为一个平民化的孔子。《孔子世家》说：“孔子贫且贱”，孔子也自称“吾少也

---

① 赵志方、朱晶松：《大写的“人”——读〈史记·孔子世家〉》，《广西大学学报》（哲学社会科学版）2000年第6期。

② 司马迁：《史记·孔子世家》，中华书局1959年版，第1917页。

贱”。而且他对人生的穷困是极为了解并同情的。《论语·宪问》也说:“贫而无怨难。”由于家贫,便过着平民的生活,《史记·孔子世家》记其曾从事职事:“尝为季氏史,料量平;尝为司职吏而畜蕃息。”有一次,鲁国大夫季氏“飨士”,孔子兴冲冲前往,不料被家臣阳虎当面奚落。阳虎对孔子说:“季氏飨士,非敢飨子”。这说明孔子当时的地位也仅是一位平民。

当然,孔子也具有常人的人生经历和体验。他一生胸怀大志,辗转奔走,欲有所为而终不为用,难免产生焦虑之情,不甘寂寞时也会饥不择食。鲁国的公孙不狃占据费地叛乱,孔子竟对这弹丸之地也意欲前往。晋国的佛肸据中牟叛乱,他亦欲应招前往。理由是“我岂匏瓜也哉,焉能系而不食?”(《论语·阳货》)自况匏瓜,自解自嘲。然而当孔子打算西渡黄河见赵简子时,听说他杀了曾帮助自己的人而执政,便毅然回转宗园,体现出原则性。因为“夫鸟兽之于不义也尚知辟之,而况乎丘哉!”(《史记·孔子世家》)在那个战乱频仍的年代里,孔子是讲究“仁者爱人”的,在他道德观的天平上,“义”是一个绝对的标准。《史记·孔子世家》云:

> 其明年,冉有为季氏将师,与齐战于郎,克之。季康子曰:“子之于军旅,学之乎?性之乎?”冉有曰:“学之于孔子。”季康子曰:“孔子何如人哉?”对曰:“用之有名;播之百姓,质诸鬼神而无憾。求之至于此道,虽累千社,夫子不利也。”康子曰:“我欲召之,可乎?”对曰:“欲召之,则毋以小人固之,则可矣。”而卫孔文子将攻太叔,问策于仲尼。仲尼辞不知,退而命载而行,曰:“鸟能择木,木岂能择鸟乎!”文子固止。会季康子逐公华、公宾、公林,以币迎孔子,孔子归鲁。①

冉有领军打仗的才能是从孔子那里学来的,评价孔子不贪图利益,通过季康子与冉有的对话,说明孔子的治理才能,以及对“道义”的坚守,并表明“鸟择良木,人择明主”的为政态度。

司马迁在《史记·孔子世家》中对孔子形象的还原还表现为塑造了一位悲剧性的孔子形象。这种悲愤性主要是为政理想与不能实现的矛盾冲

---

① 司马迁:《史记·孔子世家》,中华书局1959年版,第1934页。

突。孔子为了实现自己的政治主张，一生进行了积极的政治活动。《史记·孔子世家》记载，孔子用了十四年时间，奔波于卫、陈、宋、蔡、叶、楚等国，劝说诸侯，来实施自己的政治主张，但每到一处，无不遭到冷遇，始终不得志。

当孔子在鲁国要有一番作为时，齐国施反间计，鲁国的君臣排挤孔子。孔子离开鲁国后开始周游列国。在卫国孔子要被卫灵公任用时，有人在卫灵公面前“谮”孔子，“卫灵公使公孙余假一出一入”，跟踪监视孔子，孔子也只好离开；在齐国，齐景公欲用孔子，宰相晏婴拦阻；在楚国，楚昭王欲封孔子，令尹子西从中破坏。孔子被逼得四处奔走。孔子一路奔波，蒙受折磨与侮辱。在匡邑，匡人把孔子当作阳虎而关押；在宋国，孔子演习礼仪，宋国司马桓魋竟至要杀死他；在郑国，奔走颠沛，从人失散流离，“惶惶如丧家狗”；在陈蔡被困，七天没有吃到东西，孔子和弟子们都饿得身体困弱。年老之时又大病缠身，颜回、子路都相继去世，他感到无限悲哀：“太山坏乎！梁柱摧乎！哲人萎乎！”

即使受困，孔子也“知其不可而为之”。《孔子世家》详细记载了他居卫受胁，过匡被厄陈蔡、绝粮七日。即使这样，孔子也坚守信念，他说：“君子固穷，小人穷斯滥矣。”子路曾质疑孔子：“意者吾未仁邪？人之不我信也。意者吾未知邪？人之不我行也。”子路认为，孔子及其弟子的学问和修养可能没有达到“仁”“知”的境界，以至于人们不信任、不实践他们的学说。孔子用反例加以驳斥：“譬使仁者而必信，安有伯夷、叔齐？使知者而必行，安有王子比干？”孔子反问子路，如果仁德之人一定能得到别人的信任，那怎么会有伯夷、叔齐饿死首阳山的事？要是有智慧的人一定通行无阻，那怎么会有王子比干被剖心的事呢？面对困境，孔子也曾问子贡，子贡回答道：“夫子之道至大也，故天下莫能容夫子。夫子盖少贬焉？”孔子坚定地说：

> 赐，良农能稼而不能为穑，良工能巧而不能为顺。君子能修其道，纲而纪之，统而理之，而不能为容。今尔不修尔道而求为容。赐，而志不远矣！①

① 司马迁：《史记·孔子世家》，中华书局1959年版，第1931页。

孔子用好的农夫能播种耕作却不能保证取得好的收成，好的工匠能做到技术高超却不能保证符合别人的心意来比例子，说明君子能够修道、统纪世事人伦，却不能保证一定被统治者接受。认为君子修其道德且能以之为处事的“纲纪”、为政的“统理”，还不能为世所容，如果不修道德的话，又怎么能求世来容纳自己，人的志向就应当高远。《孔子世家》载：

颜回入见。孔子曰：“回，《诗》云‘匪兕匪虎，率彼旷野’。吾道非邪？吾何为于此？”颜回曰：“夫子之道至大，故天下莫能容。虽然，夫子推而行之，不容何病，不容然后见君子！夫道之不修也，是吾丑也。夫道既已大修而不用，是有国者之丑也。不容何病，不容然后见君子！”①

孔子询问颜回，其处于困窘之时，如何看待其奉行的道义。颜回认为，孔子学说宏大，因此天下没有能容纳的。尽管如此，还应该去推广并施行自己的学说，正是自己的学说思想不被接受和容纳，才更显现出君子本色。创建了学说却不被接纳，不是耻辱的事情。“天下不容，方显君子”，用颜回的话表明修德治世的坚定态度。孔子这种对自己信仰和主张的坚信不疑并极力推行，与身受困厄、被冷嘲热讽，到处“碰壁”遭遇的矛盾冲突，构成了其“知其不可而为之”的悲剧性格。孔子是司马迁在《史记》中满含着最沉痛的心情所刻意描写的悲剧人物之一。正是在这种“知其不可而为之”精神的影响下，司马迁对孔子的悲剧色彩，加上自身的特殊遭遇，便有着独到的理解和同情。他说：

古者富贵而名摩灭，不可胜记，唯俶傥非常之人称焉。盖西伯拘而演《周易》；仲尼厄而作《春秋》；屈原放逐，乃赋《离骚》；左丘失明，厥有《国语》，孙子膑脚，《兵法》修列；不韦迁蜀，世传《吕览》；韩非囚秦，《说难》、《孤愤》。《诗》三百篇，大氐贤圣发愤之所为作也。此人皆意有所郁结，不得通其道，故述往事，思来者。及如左丘明无目，孙子断足，终不可用，退论书策以舒其愤，思垂空文以自见。仆窃不逊，近自讬

① 司马迁：《史记·孔子世家》，中华书局1959年版，第1932页。

于无能之辞，网罗天下放失旧闻，考之行事，稽其成败兴坏之理，凡百三十篇，亦欲以究天人之际，通古今之变，成一家之言。草创未就，适会此祸，惜其不成，是以就极刑而无愠色。仆诚已著此书，藏之名山，传之其人，通邑大都，则仆偿前辱之责，虽万被戮，岂有悔哉！然此可为智者道，难为俗人言也。①

司马迁怀才而身遭腐刑，发愤著《史记》，以欲“究天人之际，通古今之变，成一家之言”，这种不屈服命运的抗争精神与孔子的执着为政是一脉相承的。因此，正如李长之所说：

由于孔子，司马迁的天才的翅膀被剪裁了，但剪裁得好，仿佛一个绝世美人，又披上一层华丽精美而长短适度的外衣似的；由于孔子，司马迁的趣味更淳化，司马迁的态度更严肃，司马迁的精神内容更充实而且更有着蕴藏了！一个伟大的巨人，遥遥地引导着一个天才，走向不朽！②

也正因为如此，才实现了司马迁“君子疾没世而文采不表于后”的目标。明代郝敬《史汉愚按》卷四中说，司马迁“上比六艺，言必称孔子，可谓因得其宗。”

司马迁推崇孔子，《史记·孔子世家》全面记载了孔子的生平事迹和思想学说，确立了孔子在中国文化史上的地位，他还在《仲尼弟子列传》《孟子荀卿列传》《儒林列传》等篇详列了孔子弟子的学说和事迹，记述了中国最早的儒学史。孔子对司马迁及《史记》的影响是巨大的。

孔子对司马迁精神的影响，首先表现在“立言”精神上，孔子“疾没世而文采不表于后。”“厄而作《春秋》”，司马迁受腐刑仍发愤著《史记》，司马迁说“古者富贵而名摩灭，不可胜记，唯俶傥非常之人称焉。”孔子那种对理想事业的执着追求，困境中不屈不挠、百折不回的坚强意志影响了司马迁。在“立言”目标上，《史记》效法《春秋》而为一家之言；在“立言”方式上，《史记》学孔子而“见之于行事”。其次，孔子“多闻阙疑”的治学精神，影响司马

① 司马迁：《报任少卿书》，见班固：《汉书·司马迁传》，中华书局1962年版，第2735页。
② 李长之：《司马迁之人格与风格》，天津人民出版社2007年版，第52页。

迁撰写《史记》采取“疑则传疑”“异说并存”的慎重处理方法。更为重要的是，孔子“追求理想事业的执着和在逆境中百折不回的坚强意志”给司马迁以精神力量，司马迁谨守父训，以孔子自励，完成了《史记》。

孔子作为精神上的“至圣”对司马迁的影响可以说是隐性的。但作为史学先驱的孔子，对司马迁撰写《史记》的影响则是显性的。孔子史学思想对《史记》有着重要影响。在治史态度上，孔子编订《春秋》所体现的“别嫌疑，明是非，定犹豫，善善恶恶，贤贤贱不肖，存亡国，继绝世，补敝起废”，影响了司马迁《史记》的“实录”精神。① 就治史的基本原则来说，《春秋》“秉笔直书”影响了《史记》“不虚美，不隐恶”的批判精神。孔子治史“无征不信”，司马迁对史料的采信极为精审。孔子《春秋》“微而显，志而晦，婉而成章”，影响《史记》“微言见志”，寓有褒贬，“寓论断于叙事”。《史记》的材料取舍，把考信于六艺作为衡量和取舍的准绳，往往以孔子的是非为是非。

第三节　孟子对司马迁的影响

司马迁《史记·太史公自序》说：“猎儒墨之遗文，明礼义之统纪，绝惠王利端，列往世兴衰，作《孟子荀卿列传》第十四。”显示出司马迁对孟子的推崇。司马迁对孟子在儒学传承方面的功绩给予肯定，《史记·孟子荀卿列传》云：

> 孟轲，驺人也。受业子思之门人。道既通，游事齐宣王，宣王不能用。适梁，梁惠王不果所言，则见以为迂远而阔于事情。当是之时，秦用商君，富国强兵；楚、魏用吴起，战胜弱敌；齐威王、宣王用孙子、田忌之徒，而诸侯东面朝齐。天下方务于合从连衡，以攻伐为贤，而孟轲乃述唐、虞、三代之德，是以所如者不合。退而与万章之徒序《诗》《书》，

① 参见吴汝煜：《司马迁与孔子治史态度的比较》，见《史记论稿》，江苏教育出版社 1986 年版，第 217 页。

述仲尼之意，作《孟子》七篇。其后有邹子之属。[①]

孟子曾向子思的弟子学习，学成后游说并事齐宣王，而宣王不采纳他的主张。孟子又到魏国，梁惠王认为孟子思想迂阔而不实施他的主张。当时各国都在任用贤能以合纵连横的情况下，孟子称述唐尧、虞舜以及夏、商、周三代的仁德之政，这与诸侯国的需求不相符。他返回家乡与弟子万章等人整理《诗》《书》，阐述孔子的学说，写了《孟子》一书。

首先，我们从《孟子荀卿列传》中可以看出司马迁对孟子是推崇备至的。他先肯定孟子对于学术史的贡献。司马迁写道：

道既通，游事齐宣王，宣王不能用。适梁，梁惠王不果所言，则见以为迂远而阔于事情。[②]

孟子游说未能成功，"退而与万章之徒序《诗》《书》，述仲尼之意，作《孟子》七篇。"孟子继承了孔子的学说，并著书立说，以传后世，并有邹子之属。如此简单的记述，却又是十分肯定的语气。司马迁在本传中明确指出："自如孟子至于吁子，世多有其书，故不论其传云。"[③]这传中诸人，皆有著述，世人可通过阅读其书而知其人。写孟子"述仲尼之意，作《孟子》七篇"。之后写道："其后有邹子之属。"又写邹子：

齐有三邹子。其前邹忌，以鼓琴干威王，因及国政，封为成侯而受相印，先孟子。

其次邹衍，后孟子。[④]

第一个是邹忌，他曾游说齐威王，得到赏识后参与国家政事，被封为成侯并受相印，他生活的时代要早于孟子；再写邹衍，之后写"淳于髡、慎到、环渊、接子、田骈、邹奭之徒，各著书言治乱之事，以于世主"，都承继孟子"著书立说"。

《孟子荀卿列传》涉及人物较多，且大多都未详细记载生平行状及事

① 司马迁：《史记·孟子荀卿列传》，中华书局 1959 年版，第 2343 页。

② 司马迁：《史记·孟子荀卿列传》，中华书局 1959 年版，第 2343 页。

③ 司马迁：《史记·孟子荀卿列传》，中华书局 1959 年版，第 2349 页。

④ 司马迁：《史记·孟子荀卿列传》，中华书局 1959 年版，第 2344 页。

迹,只对其学术思想概括介绍。但无论怎样,司马迁将孟子放在该传第一位,而先于孟子的邹忌及后于孟子的其他人物都放在之后,这足见司马迁对孟子的推崇。明代郝敬《史汉愚按》云:“仲尼殁才百有余年,大道未光,孟子能尊信愿学。至于今数千年,而学士未有真知孟子者。惟圣人知圣人,孟子而后,无复有孟子,安得知己乎?子长去孟子渐远,其为列传,略识梗概起翦,比战国终,天下归秦,仁义不效,功利之风炽,缅思孟子之言,以‘太史公曰’发端,约唐虞三代之德,折以仲尼之意,陈蔡齐梁,先后悬衡而论,以阿世俗苟合,饭牛负鼎,为当世稷下游说之辈,邹衍淳于、慎到、田骈之徒,逢时干主,荀卿、墨翟挟术奔走,岂有抱负仁义卓然自立如吾孟氏者哉!子长于是为泾渭矣。”[①]意谓司马迁写孟子乃是对孟子仁义的欣赏和推崇。清代恽敬说:“太史公于孔子之后,推孟子一人而已”。[②] 赵翼《陔余丛考》说:“尊孟子亦自始迁始”。赵恒也认为司马迁“推尊孟子之意至矣,”并解释其将孔孟并称的原因是“师友渊源之出于孔子”,“立身行道之出于孔子”,“著书立言之出于孔子”,“困厄不遇之不异于孔子”。[③]

其次,司马迁《孟子荀卿列传》用衬托手法来突出孟子。“《史记》中的一般人物列传,大都是以题目所标人物作为主要记写对象”。但是,“《孟子荀卿列传》的写法,打破了其记写人物的一般方法规律。……虽然题目所标是‘孟子荀卿列传’,但在具体的传记中,对孟子、荀子的记写却较少,而对题目未标人物的学术思想、奇闻轶事却记写较多。”[④]据统计,整篇《孟子荀卿列传》共有字数 1425 字,而记叙孟子的文字仅有 144 字。如果仔细分析,便可知太史公的良苦用心。司马迁写孟子未能被齐宣王重用,而且其主张不被梁惠王所接受。其原因在于诸国都在实施富国强兵之政,“务于合

① 郝敬:《史汉愚按》,见杨燕起、陈可青、赖长扬汇辑:《史记集评》,华文出版社 2005 年版,第 488 页。

② 恽敬:《大云山房文稿初集》,见杨燕起、陈可青、赖长扬汇辑:《史记集评》,华文出版社 2005 年版,第 491 页。

③ [日]泷川资言考证,水泽利忠校补,《史记会注考证附校补》,上海古籍出版社 1986 年版,第 1430 页。

④ 肖振宇:《〈史记·孟子荀卿列传〉的撰写方式》,《咸阳师范学院学报》2009 年第 1 期。

从连衡，以攻伐为贤”，而孟子“述唐、虞、三代之德”，是不合时宜的。于是便“退而与万章之徒，序《诗》、《书》，述仲尼之意，作《孟子》七篇。”如此简要的记述，便向人们交代完了不遇的命运及其主要的学术贡献。与此相反，用较多笔墨来写邹衍的见解及主张：

> 邹衍睹有国者益淫侈，不能尚德，若《大雅》整之于身，施及黎庶矣。乃深观阴阳消息而作怪迂之变，《终始》、《大圣》之篇十余万言。其语闳大不经，必先验小物，推而大之，至于无垠。先序今以上至黄帝，学者所共术，大并世盛衰，因载其禨祥度制，推而远之，至天地未生，窈冥不可考而原也。先列中国名山大川，通谷禽兽，水土所殖，物类所珍，因而推之，及海外人之所不能睹。称引天地剖判以来，五德转移，治各有宜，而符应若兹。以为儒者所谓中国者，于天下乃八十一分居其一分耳。中国名曰赤县神州。赤县神州内自有九州，禹之序九州是也，不得为州数。中国外如赤县神州者九，乃所谓九州也。于是有裨海环之，人民禽兽莫能相通者，如一区中者，乃为一州。如此者九，乃有大瀛海环其外，天地之际焉。其术皆此类也。然要其归，必止乎仁义节俭，君臣上下六亲之施始也滥耳。王公大人初见其术，惧然顾化，其后不能行之。①

记述了邹衍的学术思想和行迹所遇：邹衍看到封国的统治者越来越荒淫奢侈，不能崇尚仁德，于是他观察阴阳盛衰的更替，作有《终始》《大圣》等篇，共十万多字，创立了怪异深奥的学说。邹衍的学说宏大高深而荒诞不经。其学说叙述史实，论述每个时代盛衰的道理，记载凶吉以及礼仪制度，推算到天地还没有形成的时候。罗列出中原地区的名山大川，深谷禽兽，水土植被，珍贵物种，推算大海之外人们所看不到的地方。引述开天辟地以来，五行的相生相克，历代帝王的治国之道各有所宜，所以上天降下的祥瑞和灾异与人事应验。他认为儒家所说的中国，只不过是天下的八十一分之一罢了。邹衍的学说归结于仁爱、道义、克制、俭朴等君臣上下、六亲之间应当施行的

① 司马迁：《史记·孟子荀卿列传》，中华书局1959年版，第2344页。

道德。又写邹子受到的礼遇：

> 是以邹子重于齐。适梁，惠王郊迎，执宾主之礼。适赵，平原君侧行撇席。如燕，昭王拥彗先驱，请列弟子之座而受业，筑碣石宫，身亲往师之。作《主运》。①

这样"详细地"记述邹衍之说及其到齐、梁、赵、燕等国受到国君的礼遇，表面上看来对孟子的传记放在了次要位置，然而，我们如再继续细读，就会发现司马迁的真正意图。接下来，司马迁用议论的语言说道：

> 其游诸侯见尊礼如此，岂与仲尼菜色陈蔡，孟轲困于齐梁同乎哉！故武王以仁义伐纣而王，伯夷饿不食周粟；卫灵公问陈，而孔子不答；梁惠王谋欲攻赵，孟轲称大王去邠。此岂有意阿世俗苟合而已哉！持方枘欲内圆凿，其能入乎？或曰，伊尹负鼎而勉汤以王，百里奚饭牛车下而缪公用霸，作先合，然后引之大道。②

在传中，司马迁说邹衍"乃深观阴阳消息而作怪迂之变，《终始》、《大圣》之篇十余万言。""王公大人初见其术，惧然顾化，其后不能行之。"他将邹衍受到诸侯国礼遇的情况与孔子"菜色陈蔡"，孟子的"困于齐、梁"相比较，得出"此其有意阿世俗苟合而已哉"的结论。清人徐与乔《经史辨体·孟子荀卿列传》论道："《孟荀传》错叙十数子，叙孟荀偏少，诸子偏多。叙诸子斜斜整整，离离合合，每回顾《孟子传》。首读《孟子书》数笔，间间散散，空领一篇。谓诸子之阴以利于当世而遇，孟子独不遇，故盛称诸子，却是反形孟子，不独'仲尼菜色'一笔，合到孟子，即淳于髡以下，绝不提孟子，而笔笔形孟子，开第康庄，言齐招致天下贤士，此中却不见一孟子，至结始缴。盖宾主参互变化出没之妙，至此篇极矣。"③如此看来，司马迁"是在以邹衍、淳于髡这些次要人物比较衬孟子荀卿这些主要人物，并通过此法来显示其对人、事的态度。孟子'受业子思之门人''述唐、虞、三代之德'，是儒家正统，得孔子真

① 司马迁：《史记·孟子荀卿列传》，中华书局1959年版，第2345页。

② 司马迁：《史记·孟子荀卿列传》，中华书局1959年版，第2345页。

③ 徐与乔：《经史辨体·孟子荀卿列传》，见杨燕起、陈可青、赖长扬汇辑：《史记集评》，华文出版社2005年版，第489页。

传，以仁德治天下，坚守节操，遭到冷遇。两相比较，更显孟子之伟大，思想之光辉。同时在比较中，也显出司马迁对孟子的肯定称赞，对邹衍的否定鄙夷。”①通过传中次要人物衬托孟子，突显孟子的人格精神，可见出司马迁对孟子的崇仰。

最后，孟子的言论、行事、思想、主张影响了司马迁及其《史记》。司马迁与孟子在精神层面上有许多相通之处。孟子生于忧患的人生信念，与司马迁遇挫而发愤是相通的。如前文所述，孟子早年遍干诸侯，希以王道仁政施于天下，而“天下方务于合从连横，以攻伐为贤，而孟轲乃述唐虞、三代之德，是以所如者不合。”孟子在理想抱负不能实现的情况下，“退而与万章之徒，序《诗》《书》，述仲尼之意，作《孟子》七篇。”孟子面对遭际，认为面对困难不应丧失信心，应当执着追求，甚至认为艰难困苦是成就人生的必要条件。他说：

> 舜发于畎亩之中，傅说举于版筑之间，胶鬲举于鱼盐之中，管夷吾举于士，孙叔敖举于海，百里奚举于市。故天将降大任于是人也，必先苦其心志，劳其筋骨，饿其体肤，空乏其身，行拂乱其所为，所以动心忍性，曾益其所不能。人恒过，然后能改。困于心，衡于虑，而后作。征于色，发于声，而后喻。入则无法家拂士，出则无敌国外患者，国恒亡。然后知生于忧患而死于安乐也。②

孟子运用了大量的历史事实，列举六位饱经忧患、终被起用古人，得出“天将降大任于是人”，必定要先让他在各方面都经受严峻考验的结论，激励人们接受生活的磨难。再从正反两面来论证经受忧患考验对个人、国家的重要意义，最后得出结论：“生于忧患，死于安乐”。说明人要在逆境中奋起，从而实现个体的生命价值。“他以一种最激昂的形式，最大程度地高扬了士的不屈的人格，他的身上最集中、最典型地体现了士的傲骨。”③司马迁也在抉择中体现出了相似的“不屈”，《太史公自序》记其“少负不羁之才，长无

① 肖振宇：《〈史记·孟子荀卿列传〉的撰写方式》，《咸阳师范学院学报》2009年第1期。

② 《孟子·告子下》，《诸子集成》本，中华书局1954年版，第510—515页。

③ 陈桐生：《〈史记〉与诸子百家之学》，安徽大学出版社2006年版，第34页。

乡曲之誉，主上幸以先人之故，使得奉薄技，出入周卫之中。”“年十岁则诵古文。二十而南游江、淮，上会稽，探禹穴，窥九疑，浮沅、湘。北涉汶、泗，讲业齐鲁之都，观夫子遗风，乡射邹峄；厄困蕃、薛、彭城，过梁、楚以归。”当父亲在弥留之际嘱咐司马迁承父志而著史书的时候，他毅然接受父命，且以孔子自比：

> 先人有言：“自周公卒五百岁而有孔子，孔子至于今五百岁，有能绍而明之，正《易传》，继《春秋》，本《诗》《书》《礼》《乐》之际。”意在斯乎！意在斯乎！小子何敢攘焉！①

正当司马迁撰述史书，以“究天人之际，通古今之变，成一家之言”的时候，而“遭李陵之祸”，身受宫刑。司马迁在经历了李陵之祸，身遭宫刑之后，对此同样有深刻的体会：

> 古者富贵而名摩灭，不可胜记，唯俶傥非常之人称焉。盖西伯拘而演《周易》；仲尼厄而作《春秋》；屈原放逐，乃赋《离骚》；左丘失明，厥有《国语》，孙子膑脚，《兵法》修列；不韦迁蜀，世传《吕览》；韩非囚秦，《说难》、《孤愤》。《诗》三百篇，大氐贤圣发愤之所为作也。②

有学者将孟子和司马迁相较，认为“‘富贵而名摩灭’类于‘死于安乐’，‘发愤为作’类于‘生于忧患’，二人都历述前圣先贤，以期从他们身上获得精神支柱，心理慰藉。”③由此可见，孟子与司马迁遭遇坎坷挫折，却执着于政治理想、道德人格，成就著述业绩以名垂千古的精神是相同的。

孟子对“义”的追求，影响了司马迁的义利观。《孟子》一书对“义”有着深刻的阐释。《孟子·离娄上》曰：“君仁莫不仁，君义莫不义。”《孟子·离娄下》曰：“非礼之礼，非义之义，大人弗为。”《孟子·离娄上》曰：“仁之实，事亲是也；义之实，从兄是也。”《孟子·尽心下》曰：“人皆有所不忍，达之于其所忍，仁也；人皆有所不为，达之于其所为，义也。”《孟子·尽心下》曰：“人能充无穿逾之心，而义不可胜用也。”《孟子·尽心下》曰：“人能充无

---

① 司马迁：《报任少卿书》，见班固：《汉书·司马迁传》，中华书局 1962 年版，第 2717 页。

② 司马迁：《报任少卿书》，见班固：《汉书·司马迁传》，中华书局 1962 年版，第 2735 页。

③ 时国强：《司马迁推崇孟子的精神因素》，《宝鸡文理学院学报》（社会科学版）2007 年第 2 期。

受尔汝之实，无所往而不为义也。”这里，孟子将义作为伦理道德的规定性，并使之成为人的行为规范和处世准则。“义”还是一种人格修养和精神追求。《孟子·万章下》曰：“夫义，路也；礼，门也。惟君子能由是路，出入是门也。”《孟子·尽心上》又曰：

> 故士穷不失义，达不离道。穷不失义，故士得己焉；达不离道，故民不失望焉。古之人，得志，泽加于民；不得志，修身见于世。穷则独善其身，达则兼善天下。①

“穷达”与“道义”相较，“穷达”乃身外之物，而“道义”是根本。所以能“穷不失义，达不离道”，以至于“穷则独善其身，达则兼善天下”，这与孔子所说“用之则行，舍之则藏”是同一个道理。《孟子·告子上》曰：

> 鱼，我所欲也，熊掌亦我所欲也；二者不可得兼，舍鱼而取熊掌者也。生亦我所欲也，义亦我所欲也；二者不可得兼，舍生而取义者也。生亦我所欲，所欲有甚于生者，故不为苟得也；死亦我所恶，所恶有甚于死者，故患有所不辟也。②

孟子承认“舍贱取贵”“欲生恶死”是人之常情。当人面临“义”与“不义”、“生”与“死”的选择时，孟子主张所作所为要符合“道义”，同样也是君王的选择。所以他说：“行一不义，杀一不辜，而得天下，皆不为也。”如果违背“道义”，得天下尚且不为。孟子认为，只有坚守“道义”，才不会“苟活”；只有将“道义”放在首位，才不会为私欲而堕落。孟子把“义”看作“君子”的操守、“士”的行事原则、高尚的品行，将“义”升华为人生精神追求的最高境界。关于“义”与“利”，孟子在见梁惠王时陈述了自己的主张：

> 孟子见梁惠王。王曰：“叟！不远千里而来，亦将有以利吾国乎？”孟子对曰：“王何必曰利？亦有仁义而已矣。王曰：‘何以利吾国？’大夫曰：‘何以利吾家？’士庶人曰：‘何以利吾身？’上下交征利，而国危矣。万乘之国，弑其君者，必千乘之家；千乘之国，弑其君者，必百乘之家。万取千焉，千取百焉，不为不多矣。苟为后义而先利，不夺不餍。

---

① 《孟子·尽心上》，《诸子集成》本，中华书局1954年版，第525页。

② 《孟子·告子上》，《诸子集成》本，中华书局1954年版，第461—462页。

未有仁而遗其亲者也，未有义而后其君者也。王亦曰：仁义而已矣，何必曰利？"①

梁惠王曾问孟子："不远千里而来，亦将有以利吾国乎？"对于梁惠王，"利吾国"是最重要的，但是他却不明白怎样利吾国。于是孟子对曰："王何必曰利？亦有仁义而已矣。"在孟子眼中，以"仁义"施于天下，将使天下皆幸矣，这种"利"不是小利，不是个人之利，而是以百姓为先，以天下为先的大利。这与梁惠王眼中的重获土地，获得声誉和威望的一己私利就形成了鲜明的对比。孟子是弃小利，而得大义，梁惠王则是弃大义而为小利。因此，"万乘之国弑其君者，必千乘之家；千乘之国弑其君者，必百乘之家，万取千焉，千取百焉，不为不多矣。"这里说出了义与利的辩证关系，逐利会带来的灾难性后果。这直接影响了司马迁对"利"的认识。司马迁在《报任少卿书》中说："取与者，义之表也。""取"与"与"是否得当，这是衡量"义"与"不义"的标志。他在《孟子荀卿列传》开篇"太史公曰"：

余读《孟子》书，至梁惠王问"何以利吾国"，未尝不废书而叹也。曰：嗟乎，利诚乱之始也！夫子罕言利者，常防其原也。故曰"放于利而行，多怨"。自天子至于庶人，好利之獘何以异哉！②

司马迁读《孟子》，每一次读到梁惠王问"用什么方式使国家获利"，都会感叹在司马迁看来，利益是祸乱的开端。如果每件事都依据利益去处理，就会招致很多怨恨。此处虽没有把义和利放在一起陈说，但司马迁已经认识到逐利的危害性，并对好利进行批判。

如前所述，孟子认为，人无时无刻不处在"义"与"利"，"取"与"与"的选择之中，一个人面对每一次"取"与"与"的选择时表现是否得当，就能够评判他的人格品性。司马迁也将"义"作为评判人物的标准。他在《太史公自序》中说："扶义俶傥，不令已失时，立功名于天下，作七十列传。"在诸列传的提要中，数次提到"义"。有"礼义""仁义""穆公思义""扶义征伐""推恩行义""崇仁厉义""明礼义之统纪"，也有慷慨正气的"义"："文侯慕

① 《孟子·梁惠王上》，《诸子集成》本，中华书局1954年版，第21—26页。

② 司马迁：《史记·孟子荀卿列传》，中华书局1959年版，第2343页。

义”“守节切直，义足以廉，行足以厉贤”“敢犯颜色以达主义”“义不为二心”。“末世争利，维彼奔义”“连类以争义”“义足以言廉”“义者有取”“扶义俶傥”等，到了这里，司马迁已将“义”由安身立命的行为规范上升为一种精神境界。不仅如此，司马迁从伯夷、叔齐“积仁洁行如此而饿死”，屈原“方正”而不被容，这样的“义”行反而得不“义死”的现实悲剧中，看出“义”的伟大的人格力量。并对此质疑：“天之报施善人，其何如哉”，“信而见疑，忠而被谤，能无怨乎”。因此，司马迁并未把“死”看作“义”的唯一震撼力，他认为能忍辱发愤以成就事业者也是义。[①] 他在《报任安书》中说：“勇者不必死节，怯夫慕义，何处不勉焉”。他在《季布栾布列传》中说：“婢妾贱人感慨而自杀者，非能勇也，其计画无复之耳。”他不主张轻易地去死。认为“人固有一死，死有重于泰山，或轻于鸿毛，用之所趋异也。”（班固《汉书·司马迁传·报任少卿书》）有价值、有意义的死才是义死。他评价季布“为人奴而不死”，是因为“彼必自负其材，故受辱不羞，欲有所用其未足也，故终为名将”，他自己“所以隐忍苟活，幽粪土之中而不辞者，恨私心有所不尽，鄙没世而文采不表于后也。”他之所以隐忍发愤，是为了完成著述大业这一“义”。他“反对无谓的‘死’，更主张以切实的业绩与命运相抗争，为精神的长存找到物化的形态，这实际上是对‘义’的强化与保存，在这个意义上说，司马迁比孟子更理智看重‘义’。”[②]要之，司马迁继承孟子重“义”的精神传统，并将其发展成为个体独立性、社会性、创造性的评价标准和价值追求，这便是孟子对其影响的结果。

总之，孟子对司马迁及其《史记》的影响是巨大而深远的，正如李泽厚、刘刚纪所说，司马迁鲜明地继承和发扬了先秦儒家对个体人格独立性、主动性的追求，充满着积极进取精神，而孟子正是先秦儒家中高扬个体人格、强调个体情感和意志力的代表。[③]

---

① 参见时国强：《司马迁推崇孟子的精神因素》，《宝鸡文理学院学报》（社会科学版）2007 年第 2 期。

② 参见时国强：《司马迁推崇孟子的精神因素》，《宝鸡文理学院学报》（社会科学版）2007 年第 2 期。

③ 李泽厚、刘纲纪：《中国美学史》，中国社会科学出版社 1984 年版，第 197、499 页。

第十二章　老子、庄子与司马迁

老子、庄子在中国学术文化史上有着极其重要的地位，其主张学说独树一帜，被称为“道家”。本书第三章已就道家的学术思想与司马迁《史记》的关系作了探讨，本章则就老子、庄子在《史记》中的记载和对司马迁《史记》的影响作以分析。

第一节　司马迁《史记》中的老子、庄子

老子、庄子的本传在《史记·老子韩非列传》中。老子见于本传文字不多，故录于此：

> 老子者，楚苦县厉乡曲仁里人也，姓李氏，名耳，字聃，周守藏室之史也。①

介绍老子的姓名、故里、生活的时代以及职事。

> 孔子适周，将问礼于老子。老子曰：“子所言者，其人与骨皆已朽矣，独其言在耳。且君子得其时则驾，不得其时则蓬累而行。吾闻之，良贾深藏若虚，君子盛德，容貌若愚。去子之骄气与多欲，态色与淫志，是皆无益于子之身。吾所以告子，若是而已。”孔子去，谓弟子曰：“鸟，吾知其能飞；鱼，吾知其能游；兽，吾知其能走。走者可以为罔，游者可

① 司马迁：《史记·老子韩非列传》，中华书局1959年版，第2139页。

以为纶，飞者可以为矰。至于龙吾不能知，其乘风云而上天。吾今日见老子，其犹龙邪！”①

“孔子问礼于老子”，老子认为人之贵在于能知宇宙间不变的“道”，以“去子之骄气与多欲，态色与淫志，是无益于子之身”，来劝孔子。老子德高望重，学识渊博，孔子赞美老子犹如“乘风而上天”的“龙”，说老子“其犹龙邪”，意思是说老子像是一条变幻莫测而不可企及的“龙”。

老子修道德，其学以自隐无名为务。居周久之，见周之衰，乃遂去。至关，关令尹喜曰：“子将隐矣，强为我著书。”于是老子乃著书上下篇，言道德之意五千余言而去，莫知其所终。②

老子讲“道德”之学，主张自隐无名。当他见周室日趋衰落，便弃官离去。到函谷关的时候，守关的关令尹喜知道老子要去隐逸，就要求著书，老子就著“道德”五千余言。

或曰：老莱子亦楚人也，著书十五篇，言道家之用，与孔子同时云。

盖老子百有六十余岁，或言二百余岁，以其修道而养寿也。

自孔子死之后百二十九年，而史记周太史儋见秦献公曰：“始秦与周合，合五百岁而离，离七十岁而霸王者出焉。”或曰儋即老子，或曰非也，世莫知其然否。老子，隐君子也。③

也有人认为老莱子也是楚国人，著书十五篇，主要讲的是道家学问如何应用，据说他和孔子生活在同一时代。老子因修炼道德善于养身而长寿到百六十岁或二百岁。有人说周太史儋就是老子，有人则说他不是老子。

世之学老子者则绌儒学，儒学亦绌老子。“道不同不相为谋”，岂谓是邪？李耳无为自化，清静自正。④

老子之学的性质是修道德，“无为自化，清静自正”，老子是隐君子。老子的后代被封于不同的地方，后世学老子则道儒相绌。

① 司马迁：《史记·老子韩非列传》，中华书局1959年版，第2140页。

② 司马迁：《史记·老子韩非列传》，中华书局1959年版，第2141页。

③ 司马迁：《史记·老子韩非列传》，中华书局1959年版，第2141—2142页。

④ 司马迁：《史记·老子韩非列传》，中华书局1959年版，第2143页。

从记述人物来看，司马迁在字数不多的文字里，记述了三位人物。一个是出生于楚国苦县厉乡曲仁里，身为周守藏室史的老子李耳。他“修道德，其学以自隐无名为务”，居周久，而见周衰落，出关去周，关令尹喜强为著书，“于是老子乃著书上下篇，言道德之意五千余言而去，莫知其所终。”第二个人是楚国的老莱子，“著书十五篇，言道家之用，与孔子同时云。”第三位是战国时周的太史儋，他曾谒见秦献公，预言周秦的历史，司马迁说：“或曰儋即老子，或曰非也，世莫知其然否。”这样一来老子身份、本传的传主、其生活时代等问题就为后人留下了许多谜团和疑云。为此，学术界曾展开了一场老子其人及其时代的争论。这场争论，“时间之长，参与的学者之多，都是空前的，仅《古史辨》第四册和第六册所收集的论文即多达40万字。”①论争的主要问题集中在司马迁未能说清楚老子究竟是谁。方苞《望溪先生文集》卷二《书老子传后》云：

> 世传所以多幻怪者，盖因老子见周之衰，而隐去莫知所终，故不详其年寿所极，而同时有老莱子，言道家之用，后百余年有周太史儋，号为能前知。儋、聃同音，故其传与老子相混，世莫知其然否。列序及此，然后正言从断之曰，老子，隐君子也，则非有幻怪明矣。终之曰，李耳无为自化，清静自正，则著书言道德者乃李耳，而儋与(李)[老]莱子别为二人明矣。②

方氏认为，李耳即老子，老莱子、太史儋另有其人。梁启超也说：“但那篇(按，指《史记·老子韩非列传》)实在迷离惝恍，一个人的传有三个人的化身。”③郭沫若也认为：“关于老子的存在，司马迁竟提出了三种解说来，一个是老聃，一个是老莱子，一个是太史儋”，“司马迁很想把这三种主张都调和

---

① 李贤臣：《老子之辨与〈史记〉的书法体例及附传——〈史记·老子传〉析疑之一》，《河南大学学报》(社会科学版)1997年第2期。

② 方苞：《望溪先生文集》卷二《书老子传后》，见杨燕起、陈可青、赖长扬汇辑：《史记集评》，华文出版社2005年版，第467页。

③ 梁启超：《论老子书作于战国之末》，见杨燕起、陈可青、赖长扬汇辑：《史记集评》，华文出版社2005年版，第472页。

起来。”①罗根泽说：“以‘整齐百家杂语’自命的司马迁，无法整齐，止好‘并存诸说’。”②

经过学者们的探讨，已基本弄清楚了传主的问题。即司马迁在《史记·老子韩非列传》中分别记载了李耳、老莱子、太史儋三个人，并对世人在太史儋与老子相混问题上进行了区分，认为太史儋非老子。如李贤臣认为：司马迁在《史记·老子传》中，对老子与老莱子的区分，可谓泾渭分明。因为，在传中，司马迁写道：“于是老子乃著书上下篇，言道德之意五千余言而去。”“或曰：老莱子亦楚人也。著书十五篇，言道德之用，与孔子同时云。”仔细分析这两段文字，却无论如何也读不出司马迁怀疑老子可能是老莱子。司马迁在老莱子之前特别冠以“或曰”，从而将作者之意与世人传说区别开来。“亦楚人也”，表明老莱子是老子之外的另一个楚人。“著书十五篇”，与“著书上下篇”，自是两部不同的书。老莱子的书“言道德之用”，老子的书“言道德之意”，二者在内容上也显然有别。③ 论者还考《史记·太史公自序》载司马谈《论六家要指》云：

> 道家无为，又曰无不为，其实易行，其辞难知。其术以虚无为本，以因循为用。无成势，无常形，故能究万物之情。不为物先，不为物后，故能为万物主。有法无法，因时为业；有度无度，因物与合。故曰“圣人不朽，时变是守。虚者道之常也，因者君之纲”也。群臣并至，使各自明也。其实中其声者谓之端，实不中其声者谓之窾。窾言不听，奸乃不生，贤不肖自分，白黑乃形。在所欲用耳，何事不成。乃合大道，混混冥冥。光耀天下，复反无名。凡人所生者神也，所托者形也。神大用则竭，形大劳则敝，形神离则死。死者不可复生，离者不可复反，故圣人重之。由是观之，神者生之本也，形者生之具也。不先定其神形，而曰

① 郭沫若：《老聃·环渊》，见杨燕起、陈可青、赖长扬汇辑：《史记集评》，华文出版社 2005 年版，第 475 页。

② 罗根泽：《老子及老子书的问题》，见杨燕起、陈可青、赖长扬汇辑：《史记集评》，华文出版社 2005 年版，第 474 页。

③ 参见李贤臣：《老子之辨与〈史记〉的书法体例及附传——〈史记·老子传〉析疑之一》，《河南大学学报》(社会科学版)1997 年第 2 期。

“我有以治天下”，何由哉？①

司马谈总结概括了道家的主要观点，学术的基本特征，“无为”的主要思想，以及道家对世界的看法、社会治理原则等。道家倡导“无为”，又“无不为”，道家将虚无作为理论基础，把顺应自然和自然相合当作实践的原则，“变”是事物的常态，规矩依时势而定，制度要与事物相合。君主治理就是让群臣明确每个人该尽的职任。治理要与“大道”相合。个体生命是由精神和形体构成，精神是生命的根本；形体是生命的依托所在。“定其形神”才是“治天下”的前提。对照《史记·老子韩非列传》的赞语所云：

> 太史公曰：老子所贵道，虚无，因应变化于无为，故著书辞称微妙难识。庄子散道德，放论，要亦归之自然。申子卑卑，施之于名实。韩子引绳墨，切事情，明是非，其极惨礉少恩。皆原于道德之意，而老子深远矣。②

这就是说，老子贵道虚无，因应变化于无为，故著书，辞称微妙难识，庄子、申子、韩非等人的学说“皆原于道德之意”，兼有“虚无”之本。老莱子“著书十五篇”，只言“道家之用”，而未言“虚无”之本。也就是说，司马迁所记的老莱子显然不是老子。作为良史之材，太史公的史笔之妙，也在这种看似略不经意的细微之处而见一斑。③

至于老子与太史儋相混的问题，有主张“儋即老子”者，也有“儋非老子论”。为此，学者也作了考察。④ 因此，我们说，司马迁《史记·老子韩非列传》中，除记述庄子、申不害、韩非之外，为老子李耳、老莱子、周太史儋三位

① 司马谈：《论六家要指》，见司马迁：《史记·太史公自序》，中华书局1959年版，第3292页。

② 司马迁：《史记·老子韩非列传》，中华书局1959年版，第2156页。

③ 持此论者的李贤臣还从湖南长沙马王堆三号汉墓中出土的帛书的考证，对《汉书·艺文志》著录《老莱子》《汉书·杨雄传赞》的相关资料进行了分析论证。陈桐生又以1993年湖北荆门郭店楚墓出土的竹简本《老子》的形制、内容等与长沙马王堆三号汉墓出土的帛书相对比，分析说明《老子》一书的作者应该是春秋末年早于孔子的李耳。

④ 李贤臣依据老子的年寿、《史记·周本纪》《史记·秦本纪》《史记·封禅书》中有关太史儋的记载，以及班固《汉书·古今人表》对太史儋的品评等资料，认为司马迁是主张儋非老子论的。见李贤臣《老子之辨与〈史记〉的书法体例及附传——〈史记·老子传〉析疑之一》（《河南大学学报》（社会科学版）1997年第2期）。

人物作传。

由此，司马迁《史记》老子本传中的“老子”乃是一位“无为自化，清静自正”，“修道而养寿”，著书以陈己说的“隐君子”形象。

庄子是继老子之后道家的又一代表人物，其事迹在《史记·老子韩非列传》。“虽然此传是庄子与老子、申不害、韩非的合传，且其中关于庄子生平的叙述极为简略，但这毕竟是庄子的第一篇传记。”“庄子由极少为人提及而跃升至与汉初红得发紫的老子并列的地位；后人将‘老’‘庄’并称，以道家之‘老庄’与儒家之‘孔孟’分庭抗礼，未尝没有受到《史记·老庄申韩列传》的影响。”①在《史记》本传中，司马迁对庄子作了如下记述：

> 庄子者，蒙人也，名周。周尝为蒙漆园吏，与梁惠王、齐宣王同时。其学无所不闚，然其要本归于老子之言。故其著书十余万言，大抵率寓言也。作《渔父》《盗跖》《胠箧》，以诋訿孔子之徒，以明老子之术。《畏累虚》《亢桑子》之属，皆空语无事实。然善属书离辞，指事类情，用剽剥儒、墨，虽当世宿学不能自解免也。其言洸洋自恣以适己，故自王公大人不能器之。②

这里，主要记载了庄子“为蒙漆园吏”“著书十万言”“拒楚威王聘”三件事。有学者研究认为，庄周出身于宋国贵族，少时大概家境较好，读书甚多，“其学无所不闚。”庄子成年后可能家道渐衰，沦为平民，只好在家乡做了个督管漆事的小官——“漆园吏”。③

至于“著书十万言”，尚永亮认为，这段话可注意者有三：一是“著书十余万言”，说明司马迁所见《庄子》远较今约六万余字的郭注《庄子》为多，其书或即《汉书·艺文志》著录之五十二篇的《庄子》古本。二是明确提及《庄子》中五篇篇名，除《畏累虚》今本无存外，其他四篇在今本《庄子》中的位置分别为，外篇：《胠箧》；杂篇：《亢桑子》（即《庚桑楚》）、《盗跖》、《渔父》。这里首先需要注意的是，司马迁提及这些篇章时，既混淆了今本《庄子》外、

① 尚永亮：《司马迁对庄、屈之接受及〈史记〉二传的文献价值》，《文学前沿》2000年第3期。

② 司马迁：《史记·老子韩非列传》，中华书局1959年版，第2143—2144页。

③ 刘生良：《鹏翔无疆——〈庄子〉文学研究》，人民出版社2004年版，第13页。

杂的界限,又未顾及其顺序;还需要注意的是,司马迁在所引庄子却楚王聘的故事中混合了《秋水》篇"庄子钓于濮水"和《列御寇》篇"或聘于庄子"的内容。而这两篇在今本《庄子》中亦分属外、杂篇。据此推测,则司马迁所见到的古本《庄子》当无外、杂之分,且其排列顺序与今本《庄子》有异。三是司马迁在此所提到或引用的《庄子》篇名、内容皆属今本《庄子》外、杂两类,而被后人视为庄子所作也是最重要的内七篇却全然未予顾及。……以司马迁所见《庄子》篇目考订古本《庄子》的嬗变情形,虽还有诸多缺失环节,难以一步到位,但《史记·老子韩非列传》所提供的信息却极具启示意义,其所具有的文献价值也是不容忽视的。① 我们说,本传中,司马迁对庄子学问、著书的记载,说明庄子好学,所著书系"寓言"。

另外,《史记》庄子本传写了庄子却楚王聘的事迹,这当是融合《秋水》篇和《列御寇》篇的相关材料撰写成的。本传的记载是:

> 楚威王闻庄周贤,使使厚币迎之,许以为相。庄周笑谓楚使者曰:"千金,重利;卿相,尊位也。子独不见郊祭之牺牛乎?养食之数岁,衣以文绣,以入大庙。当是之时,虽欲为孤豚,岂可得乎?子亟去,无污我。我宁游戏污渎之中自快,无为有国者所羁,终身不仕,以快吾志焉。"②

楚威王听说庄周是个贤能的人,派使者带厚礼去迎请他,许诺要任命他做楚国的国相。庄周拒绝千金的"重利"和卿相的"尊位",愿意自在而不受约束。《庄子·秋水》的记载是:

> 庄子钓于濮水,楚王使大夫二人往先焉,曰:"愿以境内累矣!"庄子持竿不顾,曰:"吾闻楚有神龟,死已三千岁矣,王巾笥而藏之庙堂之上。此龟者,宁其死为留骨而贵乎?宁其生而曳尾于涂中乎?"二大夫曰:"宁生而曳尾涂中。"庄子曰:"往矣,吾将曳尾于涂中。"③

楚王派人去请庄子做官,庄子用神龟作比,表达自己宁愿自由自在,也不愿

---

① 详尚永亮:《司马迁对庄、屈之接受及〈史记〉二传的文献价值》,《文学前沿》2000 年第 3 期。

② 司马迁:《史记·老子韩非列传》,中华书局 1959 年版,第 2145 页。

③ 《庄子·秋水》,《诸子集成》本,中华书局 1954 年版,第 107—108 页。

意去做官。庄子为了自己精神的自由，而不愿接受千金卿相之聘。

通过《史记》庄子本传，我们可知，“司马迁将庄子看成是一个玩世不恭、诙谐滑稽、愤世嫉俗的人物”。① 他“自甘清贫不慕荣贵，甚至把名利富贵视为人生的负累和生存的危难，看作是对人格尊严的伤害和对生命价值的亵渎。他清高孤傲，安贫乐道，抱朴守真，著书立论，独与天地精神往来。”②

第二节　司马迁对老子的接受

老子作为中国思想文化史上的巨人，司马迁深受其思想的影响。首先，司马迁在《史记》中引用或点化《老子》一书中的语句以评史事。一是引用老子观点说理。如《伯夷列传》云：“或曰，天道无亲，常与善人。”语出《老子》七十九章。意思是说自然之“道”对任何人都没有偏爱，永远帮助有德行的人。《管晏列传》云：“于柯之会，桓公欲背曹沫之约，管仲因而信之，诸侯由是归齐。故曰：‘知与之为取，政之宝也。’”语出《老子》三十六章：“将欲取之，必固与之。”这就是“取”“与”之道，说明事物是两个方面变化的，将要取的，则必先给予。《扁鹊仓公列传》云：“太史公曰：女无美恶，居宫见妒；士无贤不肖，入朝见疑。故扁鹊以其伎见殃，仓公乃匿迹自隐而当刑。缇萦通尺牍，父得以后宁。故老子曰：‘美好者不祥之器’，岂谓扁鹊等邪？若仓公者，可谓近之矣。”引《老子》三十一章“夫唯兵者，不祥之器，物或恶之，故有道不处。”精兵利器是不祥之物，有道之人不用“兵”来解决问题。

二是评价为政治理、用兵。《管晏列传》云：“其为政也，善因祸而为福，转败而为功。”其意取自《老子》第五十八章：“祸兮福之所倚，福兮祸之所伏。”意谓祸福相依，相互转化，为政就要善于“因祸而为福，转败而为功。”《田单列传》云：“兵以正合，以奇胜。”语出《老子》五十七章：“以正治国，以

① 陈桐生：《〈史记〉与诸子百家之学》，安徽大学出版社2006年版，第103页。
② 刘生良：《鹏翔无疆——〈庄子〉文学研究》，人民出版社2004年版，第15页。

奇用兵。"说明用兵之法。《货殖列传》云:"老子曰:至治之极,邻国相望,鸡狗之声相闻,民各甘其食,美其服,安其俗,乐其业,至老死不相往来。"语出《老子》第八十章:"至治之极。甘其食,美其服,安其居,乐其俗,邻国相望,鸡犬之声相闻,民至老死不相往来。"国家治理最好的状况应当是百姓生活温饱,安居乐业。《太史公自序》云:"三十幅共一毂。"语出《老子》十一章:"三十幅共一毂,当其无,有车之用。"《太史公自序》云:"运筹帷幄之中,制胜于无形,子房计谋其事,无知名,无勇功,图难于易,为大于细,作《留侯世家》第二十五。"语出《老子》六十三章:"图难于其易,为大于其细,天下难事,必作于易,天下大事,必作于细。"天下大事,就要从小的事情做起;天下难事,就是要从容易的做起。《酷吏列传》云:"老氏称:'上德不德,是以有德;下德不失德,是以无德。法令滋章,盗贼多有。'太史公曰:信哉是言也!法令者治之具,而非制治清浊之源也。"引《老子》第三十八章"上德不德,是以有德;下德不失德,是以无德。"

三是化用老子的观点评价人物,主张为人处世要不矜功伐、不矜其能。《淮阴侯列传》云:"假令韩信学道谦让,不伐己功,不矜其能,则庶几哉!于汉家勋可以比周、召、太公之徒,后世血食矣。"又《太史公自序》云:"嘉参不伐功矜能。"这是化用了《老子》二十二章之意:"不自伐,故有功;不自矜,故长。"同时也暗用《老子》第九章之意:"富贵而骄,自遗其咎,功成身退,天之道也。"又《老子》第二十四章:"自伐者无功,自矜者不长。"又《老子》第三十章:"果而勿矜,果而勿伐,果而勿骄。"《刘敬叔孙通列传》云:"大直若诎,道固委蛇,盖谓是乎?"语出《老子》第四十五章:"大直若屈。"正直的人要学会委婉处事。告诫人们不自我表现,不自以为是,不自我夸耀,不骄傲自满,才能够长久,才能真正有所成就。这些材料表明,司马迁对老子思想观点的接纳与吸收。

其次,传扬老子的学术思想,将"黄老"并称。《史记》中与老子相关的信息,这就是盛行于汉初的黄老之学。"黄老"一词在《史记》中共出现了11次,如"黄老术""好黄老""黄老道德之言""黄老道德之术""好黄老言""修黄老之言""善为黄老言""本于黄老而主刑名"等。《史记》是最先把黄帝和老子并称为“黄老”的著作，这种合称的现象在先秦尚没有出现。①《左传》《国语》《商君书》《管子》《庄子》中的黄帝，都是单独出现的，《庄子》《韩非子》《礼记》中的老子也是单独出现的。司马迁使用的“黄老”一词，既是指西汉初期朝廷的政治主张，它以休养生息的无为政治观为主要内容；同时，也是一种处世哲学，②主要是指秉承道家清静无为、少私寡欲之宗旨以修身养性。

司马迁称“黄老”，其实并不是毫无根据的创造，而是战国黄、老思想合流和长期发展的必然结果。也就是说，黄老之学作为一种学术派别之“实”在先秦就已存在，但是“黄老”之学之“名”却是汉初统治阶级提倡老子之术后产生的。托古自重以便高远其所从来，可能是汉初统治阶级选择老子道家作为治国思想后的必要举动，也就是说，借尊崇黄帝来提高老子的地位。因为在先秦时期，道家不过是诸子之一家，老子和孔子、墨子、惠子等人一样，都不过是某一有影响的学术派别的代表人物。黄老之学在战国时期就已经十分兴盛，在汉初再度兴盛，其根本原因是《老子》宣扬的“无为自化，清静自正”的思想正好适应汉初百废待兴的现实需要。司马迁《史记》“黄老”并称，“黄老”成为一个惯用的词语，是对战国以来托黄帝、宗老子的黄老道家学术给予的一个明确的称谓，也是对这个学术派别在西汉前期发挥重要政治影响的重视，③是对汉初黄老之治成果的肯定。④

再次，老子的无为之术，影响了司马迁对人物的评判。司马迁赞同、肯定老子柔弱胜刚强的主张，并运用老子柔弱、不争、处下、谦让的处世哲学来评价历史人物。《史记·留侯世家》中写张良深得老子之术，在安国之后选择功成身退，不贪恋富贵，走出名利场：

留侯从上击代，出奇计马邑下，及立萧何相国，所与上从容言天下

① 刘玲娣：《从〈史记〉看西汉老子角色的转变》，《孝感学院学报》2007年第1期。

② 《史记·张释之冯唐列传》记载，文帝时执法严厉的廷尉张释之，在景帝立后，因恐惧景帝报复先前他弹劾景帝和梁王入朝不下司马门，“称病，欲免去，惧大诛至。欲见谢，则未知何如。用王生计，卒见谢，景帝不过也”。这里的王生，据司马迁说，“善为黄老言，处士也。”

③ 详见刘玲娣：《从〈史记〉看西汉老子角色的转变》，《孝感学院学报》2007年第1期。

④ 陈桐生：《史记与诸子百家之学》，安徽大学出版社2006年版，第89页。

事甚众,非天下所以存亡,故不著。留侯乃称曰:"家世相韩,及韩灭,不爱万金之资,为韩报仇强秦,天下振动。今以三寸舌为帝者师,封万户,位列侯,此布衣之极,于良足矣。愿弃人间事,欲从赤松子游耳。"乃学辟谷,道引轻身。会高帝崩,吕后德留侯,乃强食之,曰:"人生一世间,如白驹过隙,何至自苦如此乎!"留侯不得已,强听而食。①

以道家练导引、辟谷,经年累月闭门不出,以一种超脱、淡泊的姿态,退隐无为的方式对付险恶的政治环境,凭借超人的道家智慧免遭杀身之祸。正践行了老子"功遂身退,天之道也"(《老子》第九章)的主张。《史记·越王勾践世家》中的范蠡深谙此道,在灭吴之后,"范蠡以为大名之下,难以久居,且勾践为人可与同患,难与处安",便泛舟五湖而去。②

陈平也是汉初成功运用老子之术的历史人物。司马迁在《史记·陈丞相世家》记载:

吕媭常以前陈平为高帝谋执樊哙,数谗曰:"陈平为相非治事,日饮醇酒,戏妇女。"陈平闻,日益甚。吕太后闻之,私独喜。面质吕媭于陈平曰:"鄙语曰'儿妇人口不可用',顾君与我何如耳。无畏吕媭之谗也。"③

吕后意欲立诸吕为王,陈平深知吕后之意,不问政事,日夜沉湎酒色,"吕太后闻之,私独喜"。正因如此,陈平在吕后执政的多事之秋,凭借智慧幸免于难。陈平在吕后死后,即与太尉周勃合谋粉碎诸吕叛乱。这正是老子"将欲歙之,必固张之;将欲弱之,必固强之;将欲废之,必固兴之;将欲取之,必固与之"思想的运用。司马迁《史记·陈丞相世家》"太史公曰":

陈丞相平少时,本好黄帝、老子之术。方其割肉俎上之时,其意固已远矣。倾侧扰攘楚魏之间,卒归高帝。常出奇计,救纷纠之难,振国家之患。及吕后时,事多故矣,然平竟自脱,定宗庙,以荣名终,称贤相,

① 司马迁:《史记·留侯世家》,中华书局1959年版,第2047—2048页。

② 参见陈桐生:《司马迁写老子》,《广东外语外贸大学学报》2006年第3期。

③ 司马迁:《史记·陈丞相世家》,中华书局1959年版,第2060页。

岂不善始善终哉！非知谋孰能当此者乎?①

可见陈平能保全性命,与年轻的时候喜欢黄帝、老子的学说不无关系。

韩信是楚汉战争中的名将。《史记·高祖本纪》载刘邦称:“连百万之军,战必胜,攻必取,吾不如韩信。”然汉家建国安定之后,刘邦借游云梦而袭击韩信,将其贬为淮阴侯,韩信至此才明白“狡兔死,良狗烹;高鸟尽,良弓藏;敌国破,谋臣亡”的道理。然韩信不知柔弱处下,而“日夜怨望,居常鞅鞅,羞与绛、灌同列”。吕后与萧何合谋,将韩信斩之于长乐钟室。司马迁在《淮阴侯列传》中深致感慨:

> 假令韩信学道谦让,不伐己功,不矜其能,则庶几哉,于汉家勋可以比周、召、太公之徒,后世血食矣。不务出此,而天下已集,乃谋畔逆,夷灭宗族,不亦宜乎!②

司马迁所说的“道”就是老子的柔弱、处下、不争、谦让之道。这就是韩信不知老子“不自见,故明;不自是,故彰;不自伐,故有功;不自矜,故长。夫唯不争,故天下莫能与之争”的道理。

周勃、周亚夫父子是居大功而不知退弱的人物。周勃因平定诸吕之乱有功而拜为右丞相,有幸被人提醒而得善终,而他的儿子条侯周亚夫则下狱饿死。司马迁在《绛侯周勃世家》中写道:“亚夫之用兵,持威重,执坚刃,穰苴曷有加焉!足己而不学,守节不逊,终以穷困。悲夫!”这里的“不学”就是指周亚夫不学老子物戒太盈的处世之术,不知“人之生也柔弱,其死也坚强。草木之生也柔脆,其死枯槁。故坚强者死之徒;柔弱者生之徒。是以兵强则灭,木强则折”的道理。

窦婴和灌夫也是不谙“柔之胜刚”的人物。司马迁《魏其武安侯列传》“太史公曰”:

> 魏其、武安皆以外戚重,灌夫用一时决筴而名显。魏其之举以吴楚,武安之贵在日月之际。然魏其诚不知时变,灌夫无术而不逊,两人

① 司马迁:《史记·陈丞相世家》,中华书局1959年版,第2062—2063页。

② 司马迁:《史记·淮阴侯列传》,中华书局1959年版,第2630页。

相翼,乃成祸乱。①

魏其侯和武安侯都凭外戚的关系身居显要职位,魏其侯不知时势变化,灌夫不谦逊,酿成祸乱。武安侯依仗显贵的地位而且喜欢玩弄权术;由于一杯酒的怨愤,陷害了两位贤人。这个结局正是《老子》"物或损之而益,或益之而损"的最佳注脚。可以说,汉初"一些足智多谋之士运用老子柔弱处下之术而得以保全首领,而另一些自矜功伐、不谙急流勇退之道、贪于富贵的功臣则死于非命。司马迁在汉初历史人物传记中对前者的智慧予以充分肯定,而对后者则给予深刻的批评。"②

最后,司马迁《史记·老子韩非列传》对老子的神化起到了一定作用。在中国文化名人中,老子是被成功神化的典型。司马迁《老子韩非列传》提升了神化老子的社会心理效应。③ 该传引用孔子的话:"至于龙吾不能知,其乘风云而上天。吾今日见老子,其犹龙邪!"以孔子的身份,孔子的博学,孔子认识人和社会的经验,竟然发出如此之感叹,足见孔子眼中的老子之高深神秘。"于是老子乃著书上下篇,言道德之意五千余言,而去,莫知其所终。"莫知其所终,模糊空间最大,给人提供的想象空间最丰富。"盖老子百有六十余岁,或言二百余岁,以其修道德而养寿也"。有说一百六十余岁的,有说二百余岁的,说法不一,版本殊异,这说明老子高寿的传言并非一种,而超乎寻常的高寿又因修道德而得到合理的解释,这就更给老子增强了神秘光环,也给"道德"增加了神秘的光环。"或曰儋即老子,或曰非也,世莫知其然否。"孔子死后百二十九年,有见秦献公的太史儋,有人说他就是老子,有人说不是。如果这个太史儋就是老子,孔子活了七十二岁,加上死后一百二十九年,这个太史儋就该寿享二百余岁,这暗合了"或曰二百余岁"的说法。正如凌稚隆《史记评林》卷六三所论:

老子清静无为,本无事迹可考,太史公立传,只据其语孔子之言,与孔子赞之之语,及令尹喜强之之事,以概其平生,而以"莫知所终"结

① 司马迁:《史记·魏其武安侯列传》,中华书局1959年版,第2856页。

② 陈桐生:《〈史记〉与诸子百家之学》,安徽大学出版社2006年版,第93页。

③ 详见罗仲祥:《论神话老子的内在逻辑》,《毕节学院学报》2006年第2期。

之。中间连用“或曰”、“或言”，而又结以“莫知其然否”，正应“莫知所终”句。后“隐君子”句与“自隐无名”，“子将隐矣”相应。至“老子之子”一段，则据其苗裔以竟其所终耳。“世之学老子”数句乃儒老不相能。本旨“无为”二句，一篇之案，却于末后锁之，万钧笔力也。此传始终变幻，真犹龙哉！①

意思是说司马迁写老子，终不能确记其言其事，始终“变幻”“犹龙”。这样的书写有着浓厚的神秘色彩，意外地提升了进一步神化老子的社会心理效应。然而，《史记》老子本传中这一神秘色彩的产生不是凭空而来的。因为，在《庄子》里面，老子已经成为具有古代神仙特质的“古之博大真人”了：

以本为精，以物为粗，以有积为不足，澹然独与神明居。古之道术有在于是者，关尹、老聃闻其风而悦之。建之以常无有，主之以太一；以濡弱谦下为表，以空虚不毁万物为实。……关尹、老聃乎！古之博大真人哉！②

我们再看看《庄子》是如何描写“真人”的：

古之真人，其状义而不朋，若不足而不承；与乎其觚而不坚也，张乎其虚而不华也；邴邴乎其似喜乎，崔乎其不得已乎，滀乎进我色也，与乎止我德也，厉乎其似世乎，謷乎其未可制也；连乎其似好闭也，悗乎忘其言也。③

这里的“真人”，“与物同宜而不结朋党，谦卑自守而不甘居人下，特立不群，张广其大而不浮华，畅然合适，虽不得已而能应之，和泽之色令人可亲，高远超脱而不可禁制，绵邈深远而莫见其门，无心而忘其言。”充满了超越现实局限解脱枷锁后的无限自由。《庄子》总结关尹、老聃之学，称赞二人是“古之博大真人”。首先强调老子闻风而悦的道术，“以本为精，以物为粗”，“澹然独与神明居”，就是《庄子》宣扬的是与“神明”融为一体，“独与天地相往

① 凌稚隆：《史记评林》卷六三，见杨燕起、陈可青、赖长扬汇辑：《史记集评》，华文出版社2005年版，第466页。

② 《庄子·天下》，《诸子集成》本，中华书局1954年版，第221页。

③ 《庄子·大宗师》，《诸子集成》本，中华书局1954年版，第38—39页。

来的”精神超越，而非肉体长存。《庄子》说老子是得其“道”者，这里的“得道”，一是精神的绝对超越，二是生命的长寿。但是，庄子并未否认老子有死生之命，他用寓言故事，借老子之言行，表达“齐同生死”的思想。《庄子》的根本主旨是追求精神的绝对自由，并把“真人”作为最高理想人格，对老子“真人”性格的描写和长寿的渲染使老子神秘化、神圣化。这就成为司马迁记老子而有神秘色彩的重要来源之一。①

第三节　庄子对司马迁的影响

庄子作为继老子之后道家的又一代表人物，司马迁在《史记》中为其作传，对其学说、著作和主要行事进行了记载和评说。其学说主张、处世行事对司马迁产生了一定的影响。

一是司马迁受“彻底叛逆型”人格的影响，继承了庄子的批判现实精神。② 庄子作为一位追求思想自由的不羁者，其人格类型是彻底叛逆型，在《庄子》一书中表现出了强烈的批判现实精神。“庄子对现实的态度是完全否定的，批判是毫无保留的，最彻底的，一针见血、入木三分的。”③他“不仅深刻揭批黑暗、恐怖的社会现实和统治阶级的罪恶行径，揭露奸贪小人的丑恶嘴脸和愚盲之人的可笑行为；而且追根究底，对统治阶级的意识形态、思想文化，对现存制度及造成人性异化的全部文明史，对创造‘文明’、宣扬‘仁义’，结果扭曲人性，奴役民心的古圣今贤及其徒子徒孙，对现实社会违反道义的一切一切，进行最尖锐、最深刻、最彻底、毫无限制和保留的揭露、批判和否定。”④如《庄子·胠箧》说：“窃钩者诛，窃国者为诸侯，诸侯之门，而仁义存焉。”“故田成子有乎盗贼之名，而身处尧舜之安，小国不敢非，大

① 参见刘玲娣：《从〈史记〉看西汉老子角色的转变》，《孝感学院学报》2007年第1期。

② 刘生良：《鹏翔无疆——〈庄子〉文学研究》，人民出版社2004年版，第121页。

③ 刘生良：《鹏翔无疆——〈庄子〉文学研究》，人民出版社2004年版，第121页。

④ 刘生良：《鹏翔无疆——〈庄子〉文学研究》，人民出版社2004年版，第120—121页。

国不敢诛，十二世有齐国，则是不乃窃齐国并与其圣知之法，以守其盗贼之身乎？”这里批判了统治阶层仁义的虚伪性。司马迁受庄子影响，在《史记·游侠列传》中说：

鄙人有言曰：“何知仁义，已飨其利者为有德。”故伯夷丑周，饿死首阳山，而文武不以其故贬王；跖、蹻暴戾，其徒诵义无穷。由此观之，“窃钩者诛，窃国者侯，侯之门仁义存”，非虚言也。①

人们常认为，已经受到恩惠就是有德。伯夷为有“德”而饿死在首阳山，盗跖、蹻庄凶暴残忍，却被信徒称颂“道义无穷”。由此可见，偷带钩的人要被惩罚，窃取国家政权的人却成了诸侯。如果受封为诸侯，那做什么都是符合仁义的。司马迁深刻批判了封建时代道德的虚伪性。而《史记》“寓”叙事以批判性，与《庄子》用寓言如出一辙。清周济《求志堂存稿汇编·味隽斋史义·自序》有论：

昔人称《史记》为《太史公书》，以人名其书者，明此人欲自发舒，知空言不如实事，故取旧文自证，明古立则今悟，著见则微表，文成则指达。孟子曰：“其事则齐桓晋文，其文则史。”孔子曰：“其义则丘窃取之矣。”此之谓也。故论《春秋》之未作也，有事然后有文，有文然后有义；而论孔子之作《春秋》也，则欲申其义，始寓之文，欲成其文，始寓之事，自黄帝至于麟止，皆太史所寓焉耳。庄周所申汪洋自恣之意，故寓诸虚，太史欲申礼节名教之防，故寓诸实。惟其实而寓也，故曰究天人之际，通古今之变，成一家之言。故反复而非烦也，凌乱而非杂也，刊削而非漏也，补缀而非博也，质野而非俚也，荒忽而非怪也。此寓也，则有其所寓者，求其所寓者，而彼固一以贯之矣。……篇与篇之次也，人与人之次也，事与事之次也，莫不有义焉。三千年而一朝也，圣贤庸愚乱贼而一堂也，礼乐刑政妖祥梦卜而一辙也，褒扬嗟惜嬉笑怒骂而一情也，凡以畅其义也。②

---

① 司马迁：《史记·游侠列传》，中华书局1959年版，第3181页。

② 周济：《求志堂存稿汇编·味隽斋史义·自序》，见杨燕起、陈可青、赖长扬汇辑：《史记集评》，华文出版社2005年版，第69页。

周氏从孔子作《春秋》以“寓”表现其“义”，故“欲申其义，始寓之文，欲成其文，始寓之事”，庄子“申汪洋自恣之意”，寓之于“虚”，而太史公“究天人之际，通古今之变，成一家之言”，则“寓”之于“实”。无论怎样，以“寓”来表明对社会历史的看法，与庄子也有相通之处。

二是《史记》中的一些史料与《庄子》有关。《史记·十二诸侯年表》载：

> 是以孔子明王道，干七十余君，莫能用，故西观周室，论史记旧闻，兴于鲁而次《春秋》，上记隐，下至哀之获麟，约其辞文，去其烦重，以制义法，王道备，人事浃。①

记录孔子用自己王道主张为七十余位君主自荐，都未被采用，只好去观览周室的图籍，论列历史旧闻，从鲁国的历史出发编成《春秋》，记录了鲁隐公到鲁哀公时期的历史，删繁就简，“以制义法”。对于孔子的经历和文化贡献《史记·儒林列传》也有相似的论说：

> 故孔子闵王路废而邪道兴，于是论次《诗》《书》，修起礼乐。适齐闻《韶》，三月不知肉味。自卫返鲁，然后乐正，《雅》《颂》各得其所。世以混浊莫能用，是以仲尼干七十余君无所遇，曰“苟有用我者，期月而已矣”。②

孔子忧王道废而邪道兴，编订《诗》《书》《礼》《乐》，自卫国返回鲁国后，校订《雅》《颂》。尽管如此，由于世道混乱污浊，孔子的思想学说和政治主张没有得到七十余位国君的采纳，自己还是“以期为用”。司马迁的这些记录和论载，与《庄子·天运》有关：

> 孔子谓老聃曰：“丘治《诗》、《书》、《礼》、《乐》、《易》、《春秋》六经，自以为久矣，孰知其故矣，以奸者七十二君，论先王之道，而明周、召之迹，一君无所钩用。”③

孔子生活的春秋末期，周王室式微、礼乐崩坏，《诗》《书》《礼》《乐》《易》

---

① 司马迁：《史记·十二诸侯年表》，中华书局1959年版，第509页。

② 司马迁：《史记·儒林列传》，中华书局1959年版，第3115页。

③ 《庄子·天运》，《诸子集成》本，中华书局1954年版，第95页。

《春秋》散佚不全，孔子开始整理"六经"，建立儒家学说，教授弟子，向七十余位国君宣扬自己的政治学说，但是始终没有被接纳。与司马迁《史记》所不同的，"只是《庄子》一书中的孔子是寓言人物，司马迁将其载入正史，致使后人对孔子'干七十二君'这一经历提出质疑。"①再如《史记·周本纪》载：

古公亶父复修后稷、公刘之业，积德行义，国人皆戴之。薰育戎狄攻之，欲得财物，予之。已复攻，欲得地与民。民皆怒，欲战。古公曰："有民立君，将以利之。今戎狄所为攻战，以吾地与民。民之在我，与其在彼，何异。民欲以我故战，杀人父子而君之，予不忍为。"乃与私属遂去豳，度漆、沮，逾梁山，止于岐下。豳人举国扶老携弱，尽复归古公于岐下。②

周族的先祖公刘由豳迁部，古公亶父继承先祖业绩，有"仁德"而受到百姓爱戴，在戎狄一再侵犯的情况下，不愿"杀人父子而君之"，故毅然离开豳地。古公亶父主张"有民立君，将以利之"，充分表现了其"以民为本"的"民本"思想。《史记》中这样的历史记录，与《庄子·让王》中的内容相关：

大王亶父居邠，狄人攻之；事之以皮帛而不受，事之以犬马而不受，事之以珠玉而不受，狄人之所求者，土地也。大王亶父曰："与人之兄居，而杀其弟；与人之父居，而杀其子；吾不忍也。子皆勉居矣！为吾臣，与为狄人臣，奚以异！且吾闻之，不以所用养害所养。"因杖筴而去之。民相连而从之，遂成国于岐山之下。③

周族先祖古公亶父居住豳地，戎狄族不断骚扰，送给皮帛、狗马、珠玉等，他们都不接受，戎狄族要得到土地。古公亶父不忍心看到臣民被戎狄杀死兄弟、父子，就率族人离开豳地，在岐地建成都邑。可见亶父重视"民本"。还有《史记·太史公自序》云：

是故《礼》以节人，《乐》以发和，《书》以道事，《诗》以达意，《易》以

① 陈桐生：《史记与诸子百家之学》，安徽大学出版社2006年版，第103页。

② 司马迁：《史记·周本纪》，中华书局1959年版，第113—114页。

③ 《庄子·让王》，《诸子集成》本，中华书局1954年版，第188页。

道化,《春秋》以道义。①

司马迁论述“六经”的作用,《礼》能节制约束人,《乐》能诱发人心平和,《书》记政事,《诗》表达感情,《易》讲变化之理,《春秋》论述道义。《庄子·天下》就有相近的论说:

古之人其备乎!配神明,醇天地,育万物,和天下,泽及百姓,明于本数,系于末度,六通四辟,小大精粗,其运无乎不在。其明而在数度者,旧法世传之史,尚多有之。其在于《诗》、《书》、《礼》、《乐》者,邹鲁之士、搢绅先生,多能明之。《诗》以道志,《书》以道事,《礼》以道行,《乐》以道和,《易》以道阴阳,《春秋》以道名分。其数散于天下,而设于中国者,百家之学,时或称而道之。②

在庄子看来,古代圣人的道德已经很完备,取法天地之道,生生以育万物,和谐天下以恩泽百姓,把握大道,应时变化,无所不在地发挥着作用。《诗》《书》《礼》《乐》都阐明了这些道理,《诗》表达思想情感,《书》以记载史事,《礼》规范行为,《乐》调和性情,《易经》阐述阴阳,《春秋》明职责本分。可以说,司马迁《史记》关于“六经”的论述吸纳了庄子的观点。

三是受《庄子》文章“奇”的浪漫特色的影响,司马迁在《史记》中表现出了“爱奇”的浪漫性倾向。③“浪漫”一词,中国自古有之。《新唐书·元稹传》云:“又浪漫于人间,得非聱乎?”苏轼诗《与孟震同游常州僧舍》云:“年来转觉此生浮,又作三吴浪漫游。”这里的“浪漫”,是放任自由,无拘无束之意。英文 Romantic 一词,中文译为“浪漫”,英文本义为空想的、虚幻的、不切实际的。后来“浪漫”一词被用到文学理论当中,有“浪漫型文学”或“浪漫主义”之称。浪漫型文学是指与现实型文学相对应的、侧重以超现实描写和抒情的方式表现主观理想的文学形态,又称理想型文学。其基本特征是表现性和虚幻性。所谓表现性,是指把内在的主观世界的状况直接

① 司马迁:《史记·太史公自序》,中华书局 1959 年版,第 3297 页。

② 《庄子·天下》,《诸子集成》本,中华书局 1954 年版,第 216 页。

③ 详见王晓鹃、王长顺:《论〈庄子〉之“奇”对司马迁“爱奇”的沾溉》,《兰州大学学报》(社会科学版)2014 年第 4 期。

表达出来，而非客观再现。所谓虚幻性，就是所描写的内容、塑造的形象是现实中不一定存在的。这就决定了浪漫型文学必然是充分运用夸张、变形、虚构等非现实描写的手法，且多以神话传说、历史故事、民间传奇为创作素材，创造出奇幻的事物和形象，以表现作者超现实的主观理想。①

《庄子》之“奇”，即契合于“浪漫”一词的本义。因为“这所谓的‘奇’，在很大程度上正是‘浪漫’的同义语。”②《庄子》之“奇”的浪漫性主要表现在庄子的人格理想和社会理想，都是浪漫的幻想。更为重要的是，《庄子》所创造艺术境界或宏伟壮阔，或神奇高妙，或超凡入化，是极其浪漫的。同时，《庄子》用幻想、虚构等手法，塑造了虚幻荒诞、光怪陆离的文学形象。《庄子》一书中的各类形象约 300 个，大多数不是按现实生活本来面目塑造的现实形象，而是现实中并不存在的幻想、虚构形象。极其重要的是，《庄子》与一切浪漫文学作品一样，较多采用幻想、虚构、变形、夸张等艺术手法，以达到表现理想的目的。可以说，庄子的夸张奇特大胆，古今罕见。另外，作为浪漫文学又一特征的抒情性，在《庄子》中也有显著的表现。《庄子》无论叙事、说理，还是虚构、夸张，都笔端饱含着深情，字里行间洋溢着激情，具有深挚浓厚的抒情性。可以说，《庄子》是我国浪漫文学名副其实的最早“范本”，并且成为我国浪漫文学的开源、奠基之作，影响和滋溉了两千年来的浪漫文苑。《庄子》作为奇异的散文，又有着新奇的题材，奇异的思想，奇幻的手法，奇妙的结构，奇肆谲怪的语言和奇特的体例。③

司马迁“爱奇”，也有着浪漫的性质。一是司马迁用传奇的手法，表现出高度的理想主义。司马迁追求他的理想，并努力塑造寄托理想的光辉形象。《史记》中有狂飙式的英雄，飞将军李广传奇式的胆略和超人的射技，优旃的非凡智慧，郭解的高义等，都有高度理想主义的特征。这种高度的理想主义，体现了人民的愿望和理想，并融入了某种传说成分，像优旃、淳于髡

① 参见童庆炳主编：《文学理论教程》，高等教育出版社 1998 年版，第 161—162 页。

② 刘生良：《鹏翔无疆——〈庄子〉文学研究》，人民出版社 2004 年版，第 87 页。

③ 参见刘生良：《鹏翔无疆——〈庄子〉文学研究》，人民出版社 2004 年版，第 86—89 页、第 157—170 页。

等滑稽人物，有着某种夸饰甚至虚构成分，也就是说，在某种程度上被理想化了。另外，《史记》中的历史人物身上也倾注了司马迁的社会理想。如魏公子的风采，千古如生；毛遂英风雄姿，千载而下尚可想见。还有传奇性的故事情节，如侯嬴自刭以送信陵君，渑池会蔺相如劫胁秦王击缶，荆轲高渐离燕市悲歌、易水送别、荆轲刺秦王，"箕踞以骂"、高渐离举筑扑秦王等。司马迁描写了这些具有反抗精神的人物，乃是对当时社会激愤的强烈表现，都具有理想主义的精神特色，显示出浓厚的浪漫色彩。因为，高度的理想主义是浪漫文学的首要的，也是最本质的特征。二是《史记》中运用了浪漫文学最为典型的虚构、夸张、想象等手法。司马迁运用了想象、夸张、心理描写、细节描写等虚构的文学手法，使传主的形象更加鲜明、生动和丰富。《史记》作为"实录"的史传著作，处处表现历史的真实性。然而，"司马迁恰如其分地将历史的实录和文学的虚构、夸张、想象这一矛盾的对立面高度地统一于《史记》当中。……这种历史实录与文学虚构之间的张力，使得《史记》的历史记述有了极强的审美化意蕴。"①使之在实录的基础上有了故事之奇，人物形象之奇。三是表现为强烈的抒情性。司马迁写历史人物，熔铸了鲜明的爱憎情感，具有浓郁的抒情性，使《史记》深得《离骚》情韵。明代茅坤《史记钞》曾这样评价过《史记》："读《游侠传》即欲轻生，读《屈原贾谊传》即欲流涕，读《庄周鲁仲连传》即欲遗世，读《李广传》即欲立斗，读《石建传》即欲俯躬，读《信陵平原君传》即欲养士。"形象地描述了《史记》给予读者的情感感染，较早地论述了《史记》的抒情性问题。司马迁将自己的全部血泪灌注在作品中，因而感情色彩非常浓厚。一方面，司马迁内心蕴藏着无比的激情。他早期生命体验即幼年家庭环境、读书生活和青年漫游培养了他充沛的激情。而他的情感气质又最接近于战国士林，以慷慨士人自许。正如许相卿在《史汉方驾》中说："盖子长负奇气，旷视千古，故其为文辞，沉雄激烈，有燕赵悲歌慷慨之风。"也就是说，在他的主体意识中，早已蕴藏了无比的激情。而李陵之祸又更加激发出了他心灵的创造和生命的激情。另

① 详见王长顺：《论司马迁〈史记〉文史张力的审美价值》，《西北大学学报》（哲学社会科学版）2009年第3期。

一方面，司马迁在《史记》中饱含着褒贬人物的爱憎情感。不仅写了帝王将相，也写了刺客、游侠、倡优、商贾、医卜等中下层人物，并对他们的优秀品德和一技之能给予了热情的歌颂和肯定。反之，对暴君污吏则尽情地鞭挞和揭露。司马迁的爱憎感情深深地渗透在历史人物的刻画上，几乎每篇都是基于感情去写，整部《史记》，处处都有司马迁这个抒情主人公的存在。他在写人叙事的过程中寓褒贬，别善恶，寄托他全部的爱憎和理想。因为，"司马迁爱一切奇，而尤爱人中之奇。"①这就决定了其性格的浪漫性和抒情性。司马迁作为一位充满爱憎感情，具有诗人气质和浪漫情调的史学家，拿起笔来，激情喷发。因为，"司马迁的本质是浪漫的，情感的。"②可以说，他的浪漫性格表现为"爱奇"，"爱奇"又使《中记》具有浪漫的特质。

从《庄子》同司马迁《史记》的关联上看，司马迁"赞赏庄子'终身不士，以快吾志'的高风亮节和'善属书离辞，指事类情'、'洸洋自恣以适己'的浪漫文风，他那好奇、豪宕的浪漫性格，当与庄子的启导有关；他那以历史记述为主而又被誉为'无韵之《离骚》'的《史记》，其中灌注着的充沛诗情和浪漫神韵，既有'发愤抒情'的骚影，又有'洸洋自恣'的庄影。"③因此，可以说，《庄子》之"奇"的浪漫特色，无论是高度的理想主义，还是虚构、夸张、想象的手法，连同强烈的抒情性，都深深地影响着司马迁。也可以说，受《庄子》浪漫文学的启导，使司马迁以"爱奇"的性格特征铸就了"浪漫的自然主义"④的辉煌。

---

① 李长之：《司马迁之人格与风格》，天津人民出版社2007年版，第72页。
② 李长之：《司马迁之人格与风格》，天津人民出版社2007年版，第151页。
③ 刘生良：《鹏翔无疆——〈庄子〉文学研究》，人民出版社2004年版，第101页。
④ 李长之：《司马迁之人格与风格》，天津人民出版社2007年版，第151页。

第十三章　荀子、韩非子与司马迁

荀子和韩非子分别是儒家和法家的代表人物，《史记》把荀子的事迹记在《孟子荀卿列传》中，韩非子则与老子合传，附以庄子、申不害传。司马迁对荀子、韩非子的学术思想、哲学精神有所继承。

第一节　司马迁《史记》所记荀子

荀子作为战国后期儒家的重要人物，《史记·孟子荀卿列传》对其生平和学术观点作了记载：

> 荀卿，赵人。年五十始来游学于齐。驺衍之术迂大而闳辩；奭也文具难施；淳于髡久与处，时有得善言。故齐人颂曰："谈天衍，雕龙奭，炙毂过髡。"田骈之属皆已死。齐襄王时，而荀卿最为老师。齐尚修列大夫之缺，而荀卿三为祭酒焉。齐人或谗荀卿，荀卿乃适楚，而春申君以为兰陵令。春申君死而荀卿废，因家兰陵。李斯尝为弟子，已而相秦。荀卿嫉浊世之政，亡国乱君相属，不遂大道而营于巫祝，信禨祥，鄙儒小拘，如庄周等又滑稽乱俗，于是推儒、墨、道德之行事兴坏，序列著数万言而卒。因葬兰陵。①

荀子为赵人，五十岁的时候始来游学于齐；司马贞《史记索隐·孟子荀卿列

① 司马迁：《史记·孟子荀卿列传》，中华书局1959年版，第2348页。

传》考荀子曾在齐国齐王时“出入前后三度处列大夫康庄之位，而皆为其所尊”，到楚国在春申君时任兰陵令。荀子“嫉浊世之政”，“不遂大道而营于巫祝，信禨祥”，“推儒、墨、道德之行事兴坏，序列著述万言。”

由此，司马迁不只是从先秦典籍中寻找到了荀子的生平记录，而且尊崇荀子守道的品质。黄震在《黄氏日钞》卷四六《史记》中说：

> 荀卿年五十始自赵学于齐三为齐祭酒，后为楚兰陵令，春申君死而卿废，卒死于兰陵，葬焉，嫉世之浊，而鄙儒小拘如庄周等，又滑稽乱俗，于是著书数万言，此亦能守道不变者，故太史公进之与孟子等。①

说明司马迁对荀卿的推敬，司马迁之所以能将荀子与孟子同传并题，有两点原因：一是荀子与孟子、孔子有着相同的困厄经历；二是荀子如同孟子和孔子一样，有著述及学术思想。正如方苞如在《集虚斋学古文》卷一《孟子荀卿传解》中所言：

> 以孟荀题篇，而牵连三邹子、稷下先生辈，非骈枝也，又非谓诸子者，不可使其无传，而附之以见，……此太史公《孟荀列传》解也。②

意思是说作为诸子，有着各自的学说，不能不作传，就将三邹子、稷下先生辈作为附传。

司马迁《史记》引用荀子学说观点，《史记》与《荀子》在文字上存在着一些联系。③ 司马迁“法后王”的思想与荀子相类。《史记·六国年表》序说：“传曰‘法后王’，何也？以其近己而俗变相类，议卑而易行也。”司马迁说治世应当取法于近世，是因为离当世较近，风俗习惯容易相通。《荀子》就有“法后王”思想。《荀子·王制》说：“王者之制，道不过三代，法不贰后王。道过三代谓之荡，法贰后王谓之不雅。”荀子主张社会治理奉行的政治原则超出夏、商、周三代的话就太渺茫，实行的法度不背离当代就“不雅”。《荀子·非相》也说：

---

① 黄震：《黄氏日杪》卷四六《史记》，见杨燕起、陈可青、赖长扬汇辑：《史记集评》，华文出版社 2005 年版，第 486 页。

② 方棨如：《集虚斋学古文》卷一《孟子荀卿传解》，见杨燕起、陈可青、赖长扬汇辑：《史记集评》，华文出版社 2005 年版，第 490 页。

③ 陈桐生：《〈史记〉与诸子百家之学》，安徽大学出版社 2006 年版，第 51 页。

欲观圣王之迹，则于其粲然者矣，后王是也。彼后王者，天下之君也，舍后王而道上古，譬之是犹舍己之君而事人之君也。故曰："欲观千岁，则数今日；欲知亿万，则审一二；欲知上世，则审周道；欲知周道，则审其人所贵君子。"①

荀子所说的"后王"是针对神农、黄帝等远古帝王而言的，具体地说这个"后王"就是指周王，他在这一点上是继承了孔子复兴周道的理想。《非相》又说：

五帝之外无传人，非无贤人也，久故也。五帝之中无传政，非无善政也，久故也。禹汤有传政而不若周之察也。非无善政也，久故也。传者久则论略，近则论详，略则举大，详则举小。愚者闻其略而不知其详，闻其详而不知其大也。是以文久而灭，节族久而绝。②

这是荀子"法后王"的极好注解。"法后王"并非先王无贤人善政，而是因为年代久远，先王事迹只剩下一些简略的传说，不利于后人学习仿效。而后王政治则由于年代甚近，可以提供一些详尽具体的做法。司马迁所说的"近己而俗变相类，议卑而易行"，也就是荀子"法后王"思想。他们都是从年代远近的角度立论，而不是说后王比先王更进步。

《史记》的言语直接来自《荀子》。如《鲁周公世家》载：

周公戒伯禽曰："我文王之子，武王之弟，成王之叔父，我于天下亦不贱矣。然我一沐三捉发，一饭三吐哺，起以待士，犹恐失天下之贤人。子之鲁，慎无以国骄人。"③

周公对伯禽说自己作为"文王之子，武王之弟，成王之叔父"，"于天下亦不贱矣"，对待贤士的态度应当是"一沐三捉发，一饭三吐哺"。这段记载与《荀子·尧问》相关：

我文王之为子，武王之为弟，成王之为叔父，吾于天下不贱矣。然而吾所执贽而见者十人，还贽而相见者三十人，貌执之士者百有余人，

① 《荀子·非相》，《诸子集成》本，中华书局1954年版，第51页。

② 《荀子·非相》，《诸子集成》本，中华书局1954年版，第52—53页。

③ 司马迁：《史记·鲁周公世家》，中华书局1959年版，第1518页。

欲言而请毕事者千有余人，于是吾仅得三士焉以正吾身，以定天下。①

“我文王之为子，武王之为弟，成王之为叔父，吾于天下不贱矣”几句，是《荀子》中的原话，可见司马迁对《荀子》的采信。再如《史记·游侠列传》说：“比如顺风而呼，声非加疾，其埶激也。”此语出自《荀子·劝学》：“顺风而呼，声非加疾也，而闻者彰。”荀子是从“善假于物”的角度说的，也就是要善于用知识来丰富自己；而司马迁则说的是“势”，强调地位、时势对人的决定意义。《史记·货殖列传》说：“此皆诚壹之所致。”此语出于《荀子·解蔽》：“心何以知？曰虚壹而静。”司马迁所说的“诚壹”，是指心无旁骛的敬业精神；而荀子的“虚壹而静”则是说认识事物需要清澄宁静的心胸。

再如《史记·淮南衡山列传》说：“此非独王过也，亦其俗薄，臣下渐靡使然也。”②此语出于《荀子·性恶》：“传曰：不知其子视其友；不知其君视其左右。靡而已矣，靡而已矣。”荀子用一个“传”字，表明他也是在征引前人的言论，只是因为时代久远史料缺佚而不知这个“传”具体所指。司马迁就是用荀子的观点来说明淮南王、衡山王国破身亡的原因是他们受邪臣的习染和鼓动。

还有《史记·孔子世家》载孔子由大司寇摄相事，诛鲁大夫乱政者少正卯，此事不见载于《论语》，后人对此多提出质疑。孔子诛少正卯之说最初见于《荀子·宥坐》：“孔子为鲁摄相，朝七日而诛少正卯。”司马迁就是据《荀子》而书。再如前文所引《史记·孟子荀卿列传》述荀子思想状况及其主张，与《荀子·尧问》有关：“孙卿迫于乱世，鳍于严刑，上无贤主，下遇暴秦，礼义不行，教化不成，仁者绌约，天下冥冥，行全刺之，诸侯大倾。”都是说荀子当时所处的社会环境。

从这些材料来看，司马迁对《荀子》一书作过深入的研究，对其文句极为熟悉，能够将其中的语句信手拈来，融入自己的巨著之中③。

要之，司马迁为荀子作传，虽说简短，但还是看重他的“序列著述万言”。

---

① 《荀子·尧问》，《诸子集成》本，中华书局1954年版，第361—362页。

② 司马迁：《史记·淮南衡山列传》，中华书局1959年版，第3098页。

③ 参见陈桐生：《〈史记〉与〈荀子〉》，《苏州铁道师范学院报》（社会科学版）2001年第2期。

第二节　司马迁对荀子学术思想的继承

在中国古代学术史上，荀子具有极其重要的地位，其学术观点主要集中在《荀子》一书中。司马迁《史记》对其思想有一定程度的吸收和继承。

首先，司马迁的礼乐思想受到了荀子礼乐思想的影响。从《史记·太史公自序》对各篇写作宗旨的概括以及《史记·礼书》《史记·乐书》中序言可以看出司马迁礼乐思想受荀子的影响。司马迁在《史记·太史公自序》中说：

> 维三代之礼，所损益各殊务，然要以近性情，通王道，故礼因人质为之节文，略协古今之变，作《礼书》第一。①

司马迁认为礼起源于古代社会的风俗习惯和人们的社会行为，并因时代的变化而互有损益，而制礼的根本要求则是近人情，通王道。他在《礼书》序中也表达了同样的观点：

> 洋洋美德乎！宰制万物，役使群众，岂人力也哉？余至大行礼官，观三代损益，乃知缘人情而制礼，依人性而作仪，其所由来尚矣。②

美德的作用能“宰制万物，役使群众”，从夏、商、周三代的变化来看，制礼要“缘人情”，作仪要“依人性”。这个观点与荀子有关，荀子曾论说：

> 人生而有欲，欲而不得，则不能无求；求而无度量分界，则不能不争；争则乱，乱则穷。先王恶其乱也，故制礼义以分之，以养人之欲，给人之求，使欲必不穷乎物，物必不屈于欲，两者相持而长，是礼之所起也。③

可以说司马迁《礼书》序乃是对荀子观点具体而翔实的注解。荀子以“人性恶”为理论基础，认为人性是可以改造的：

---

①　司马迁：《史记·太史公自序》，中华书局1959年版，第3304页。

②　司马迁：《史记·礼书》，中华书局1959年版，第1157页。

③　《荀子·礼论》，《诸子集成》本，中华书局1954年版，第231页。

> 性也者，吾所不能为也，然而可化也；情也者，非吾所有也，然而可为也。注错习俗，所以化性也；并一而不二，所以成积也。习俗移志，安久移质，并一而不二，则通于神明，参于天地矣。①

荀子认为，“礼”是用来养“情”的，其最终目的是“上事天，下事地，尊先祖而隆君师”，此乃是“礼之三本”。司马迁所说三代以来“礼”的作用与此正同。因此，制约改变人之性情乃是礼的基本出发点。司马迁《史记·礼书》说：

> 人道经纬万端，规矩无所不贯，诱进以仁义，束缚以刑罚，故德厚者位尊，禄重者宠荣，所以总一海内而整齐万民也。人体安驾乘，为之金舆错衡以繁其饰；目好五色，为之黼黻文章以表其能；耳乐钟磬，为之调谐八音以荡其心；口甘五味，为之庶羞酸咸以致其美；情好珍善，为之琢磨圭璧以通其意。故大路越席，皮弁布裳，朱弦洞越，大羹玄酒，所以防其淫侈，救其彫敝。是以君臣朝廷尊卑贵贱之序，下及黎庶车舆衣服宫室饮食嫁娶丧祭之分，事有宜适，物有节文。②

他认为，人有体、目、耳、口、情等方面的欲望，不能用强制手段予以抑制，只能用疏导的方法“以防其淫侈，防其凋敝”，这是制礼的根本目的与荀子主张礼以“化性”是相同的。

关于“乐”，司马迁《史记·太史公自序》云：

> 乐者，所以移风易俗也。自《雅》《颂》声兴，则已好《郑》《卫》之音，《郑》《卫》之音所从来久矣。人情之所感，远俗则怀。比《乐书》以述来古，作《乐书》第二。③

司马迁认为，“乐”的功能是移风易俗，“俗易则远怀”。裴骃《史记集解》说：“乐者所以感和人情。人情既感则远方殊俗莫不怀柔向化也。”音乐感发人情，远方异俗之人就会人心归向。《荀子·乐论》也有相似的观点：

> 乐者，圣人之所乐也，而可以善民心，其感人深，其移风易俗。故先王导之以礼乐，而民和睦。

---

① 《荀子·儒效》，《诸子集成》本，中华书局1954年版，第91页。

② 司马迁：《史记·礼书》，中华书局1959年版，第1157—1158页。

③ 司马迁：《史记·太史公自序》，中华书局1959年版，第3305页。

正声感人而顺气应之，顺气成象而治生焉。唱和有应，善恶相象，故君子慎其所去就也。君子以钟鼓道志，以琴瑟乐心，动以干戚，饰以羽旄，从以磬管。故其清明象天，其广大象地，其俯仰周旋有似于四时。故乐行而志清，礼修而行成。耳目聪明，血气和平，移风易俗，天下皆宁，美善相乐。①

音乐的作用在于“善民心”“感人深”“移风易俗”，使民和睦。音乐能让人“慎其去就”，音乐清明象天，广大象地，乐行则移风易俗，天下皆宁，美善相乐。可见，司马迁《史记·乐书》中的论述与荀子乐论思想是相通的。司马迁在《乐书》序中说：

太史公曰：余每读《虞书》，至于君臣相敕，维是几安，而股肱不良，万事堕坏，未尝不流涕也。成王作颂，推己惩艾，悲彼家难，可不谓战战恐惧，善守善终哉？君子不为约则修德，满则弃礼。佚能思初，安能惟始，沐浴膏泽而歌咏勤苦，非大德谁能如斯！传曰“治定功成，礼乐乃兴”。海内人道益深，其德益至，所乐者益异。满而不损则溢，盈而不持则倾。凡作乐者，所以节乐。君子以谦退为礼，以损减为乐，乐其如此也。以为州异国殊，情习不同，故博采风俗，协比声律，以补短移化，助流政教。天子躬于明堂临观，而万民咸荡涤邪秽，斟酌饱满，以饰厥性。故云《雅》《颂》之音理而民正，嘄噭之声兴而士奋，郑卫之曲动而心淫。及其调和谐合，鸟兽尽感，而况怀五常，含好恶，自然之势也。治道亏缺而郑音兴起，封君世辟，名显邻州，争以相高。②

司马迁感叹舜禹君臣相敕，及成王作颂，推己惩艾，强调君子修德，“治定功成，礼乐乃兴”，政治上的治定功成是礼乐兴的基础。另外，作乐的目的是为了“节乐”，主张“君子以谦退为礼，以损减为乐”，反对极意享受，放纵声色。司马迁还分别以《雅》《颂》之音，嘄噭之声，郑、卫之曲对人的不同影响为例，强调音乐具有陶冶情感的审美教育作用和移风易俗的巨大社会功能，认为“调和谐合”的音乐可以使人明辨是非，按照纲常伦理行事。国家对各

① 《荀子·乐论》，《诸子集成》本，中华书局1954年版，第253—254页。

② 司马迁：《史记·乐书》，中华书局1959年版，第1175—1176页。

地音乐的广收博采，能够起到“补短移化，助流政教”的作用。这些论断和观点与荀子有相通之处。《荀子·乐论》云：

夫乐者，乐也，人情之所必不免也，故人不能无乐。乐则必发于声音，形于动静，而人之道声音、动静、性术之变尽是矣。故人不能不乐，乐则不能无形，形而不为道，则不能无乱。①

在这里，荀子认为，“乐”是人对快乐追求之本性的体现，欲望的满足就是快乐，然快乐的情感必然表现于外在的“声音”和形体的行动中。如果没有适当的引导，就有可能违背礼义。因此乐能够引导人们使那些本能欲望符合社会伦理道德及礼仪的规范要求。可见，司马迁的“节乐”观即与此有相似之处。荀子还说：

故听其《雅》《颂》之声，而志意得广焉；执其干戚，习其俯仰屈伸，而容貌得庄焉；行其缀兆，要其节奏，而行列得正焉，进退得齐焉。②

这是说好的音乐对人的修养行为能起到良好的培养作用。它能够让人改变性情，移易气质。其作用就是《荀子·乐论》所说的，“带甲婴《革由》，歌于行伍，使人心伤；端章甫，舞《韶》歌《武》，使人心庄。”这是司马迁“《雅》《颂》之音理而民正”认识的先声。③

荀子也曾强调“乐”的和谐作用：

故乐在宗庙之中，君臣上下同听之，则莫不和敬；闺门之内，父子兄弟同听之，则莫不和亲；乡里族长之中，长少同听之，则莫不和顺。故乐者，审一以定和者也，比物以饰节者也，合奏以成文者也，足以率一道，足以治万变。……故乐者，出所以征诛也，入所以揖让也。征诛揖让，其义一也。出所以征诛，则莫不听从；入所以揖让，则莫不从服。故乐者，天下之大齐也，中和之纪也，人情之所必不免也。④

这是对“乐”的“中和”审美、和谐作用的充分肯定。前文所引司马迁《乐

① 《荀子·乐论》，《诸子集成》本，中华书局1954年版，第252页。
② 《荀子·乐论》，《诸子集成》本，中华书局1954年版，第252页。
③ 司马迁：《史记·乐书》，中华书局1959年版，第1176页。
④ 《荀子·乐论》，《诸子集成》本，中华书局1954年版，第252—253页。

书》序中“及其调和谐合,鸟兽尽感,而况怀五常,含好恶,自然之势也”,也是说“乐”的和谐作用。

其次,司马迁吸收了荀子社会历史发展的终始循环观。《荀子·不苟》说:“天地始者,今日是也。”《荀子·赋篇》云:“皓天不复,忧无疆也;千岁必反,古之常也。”《荀子·王制》说:“以类行杂,以一行万。始则终,终则始,若环之无端也,舍是而天下以衰矣。”荀子承认宇宙处于永恒的变化之中,但这种变化呈现为循环的情形。司马迁在吸收春秋公羊派、阴阳五行学派和荀子循环观的基础上,形成了历史发展变化循环论,并在《史记》中有多处表述:

> 夏正以正月,殷正以十二月,周正以十一月。盖三王之正若循环,穷则反本。天下有道,则不失纪序;无道,则正朔不行于诸侯。①

夏以正月为历正,殷以十二月为历正,周以十一月为历正。大凡三王的历正如同循环,周而复始。天下治理得好,就不会乱了次第;治理不好,连诸侯也不会执行王者的历法,这是说天道与政道相辅相成:

> 夏之政忠。忠之敝,小人以野,故殷人承之以敬。敬之敝,小人以鬼,故周人承之以文。文之敝,小人以僿,故救僿莫若以忠。三王之道若循环,终而复始。周秦之间,可谓文敝矣。秦政不改,反酷刑法,岂不缪乎?故汉兴,承敝易变,使人不倦,得天统矣。②

司马迁认为,忠、敬、文治道循环。“忠”太过走向极端,就会过于偏重自我意志;“殷人承之以敬”在于修补“忠之敝”,即用侧重外部气质的“敬”补救以平衡个人内心情感,从而影响社会;但侧重外部气质的“敬”,其“敝”在于导致内心情感转淡,让自我情感疏离,就会带有一定的虚伪性;“敬”之“敝”会使民众淡化内心情感,对他人的“忠”“敬”就流于想象。忠、敬、文之道就应循环变化,治道就应当“承敝易变,使人不倦”。

> 夫天运,三十岁一小变,百年中变,五百载大变;三大变一纪,三纪

---

① 司马迁:《史记·历书》,中华书局1959年版,第1258页。

② 司马迁:《史记·高祖本纪》,中华书局1959年版,第393—394页。

而大备：此其大数也。为国者必贵三五。上下各千岁，然后天人之际续备。①

天道循环，为政者要尊重这些规律，考察千年变化，才能对天人关系完备了解。在这里，司马迁虽说认为历史是循环的，但他肯定“变”的作用。司马迁强调，历史的本质就是“变”。他在《太史公自序》中说：“无成势，无常形，故能究万物之情。”没有一成不变的态势，没有永恒存在的状况。

司马迁“通古今之变”，就是从人事和历史思考中，突破了循环论的框架，认为历史发展的本质就是“变”，而且是不断进化的。司马迁扬弃和改造了荀子的循环论，发展成为进化论的历史观，这是他对历史学的一大贡献。② 荀子承认宇宙处于永恒的变化之中，但这种变化并非进化，而是呈现出循环情形。尽管司马迁的终始循环的天人宇宙观主要来自春秋公羊学派和阴阳五行学派，然荀子的循环观也是他的循环观来源之一。

再次，司马迁欲望动力说与荀子自然人性论有一定的关联。司马迁认为逐利求富是所有人的共性。他在《史记·货殖列传》中引用俗谚说：“天下熙熙，皆为利来；天下攘攘，皆为利往。”描绘了一幅社会的逐利图。“深谋于廊庙，论议朝廷”的达官显贵，“守信死节，隐居岩穴”的清雅之士，都为的是“归于富厚”。具有讽刺意味的是“廉吏久，久更富”。至于“陷阵却敌”的军士，“攻剽椎埋”的少年，“走死地如骛”的侠士，“不择老少”的歌伎，“饰冠剑，连车骑”的游闲公子，“不避猛兽”的猎者，“博戏驰逐”的赌徒，“舞文弄法”的吏士③，以及医农工商等百工之人，无不是为了追求财富而忙忙碌碌。“此有知尽能索耳，终不余力而让财矣。”所以司马迁用“富者人之情性，所不学而俱欲者也”概括人的逐利本性。

司马迁洞察到人欲是社会发展之动力，提出了欲望动力说。他说：“故待农而食之，虞而出之，工而成之，商而通之。此宁有政教发征期会哉？人各任其能，竭其力，以得所欲。故物贱之征贵，贵之征贱，各劝其业，乐其事，

① 司马迁：《史记·天官书》，中华书局1959年版，第1344页。
② 参见安平秋：《司马迁评传》，华文出版社2005年版，第261—263页。
③ 司马迁：《史记·货殖列传》，中华书局1959年版，第3271页。

若水之趋下,日夜无休时,不召而自来,不求而民出之。岂非道之所符,而自然之验邪?"①生产领域中农、虞、工、商的社会分工,流通领域中的物价波动,都不是人为的政教期会设置的,而是在欲望的推动下自然形成,符合于"道"的规律而运动,这在当时是最卓越最有价值的认识。

从欲望动力的观点出发,司马迁提出了"善者因之"的主张,批判了"与之争"的政策。他说:"故善者因之,其次利道之,其次教诲之,其次整齐之,最下者与之争。"②司马迁所说的"因之""利道之""教诲之""整齐之""与之争"都是针对统治者的经济政策而说的。

"因之"就是遵循经济发展的自然规律,放手商人活动,听凭人们追逐利益,发展生产,国家可以得到用不完的利益。司马迁说:"汉兴,海内为一,开关梁,弛山泽之禁,是以富商大贾周流天下,交易之物莫不通,得其所欲,而徙豪杰诸侯强族于京师。"③这就是汉初实行的"因之"政策,它带来了经济的繁荣。《平准书》说,汉兴七十年间,"民则人给家足,都鄙廪庾皆满,而府库余货财"。④ 国家储备的钱财以亿计,"贯朽而不可校",太仓的粮食多得"陈陈相因",以"至腐败不可食"。⑤ "因之"带来了民殷国富,所以司马迁许之以"善",认为是最好的政策。这些思想与荀子的思想有着较多的关联。《荀子·富国》云:

> 下贫则上贫,下富则上富。故田野县鄙者,财之本也;垣窌仓廪者,财之末也。百姓时和,事业得叙者,货之源也;等赋府库者,货之流也。⑥

荀子论及国富与民富的关系认为,百姓贫则国贫,民富则国富。老百姓是创造财富的根本,仓廪是财富之末。百姓按时劳作,取得劳动成果,乃是财富之源,赋税国库才是财富之末。司马迁也主张藏富于民,增加生活资料的生

① 司马迁:《史记·货殖列传》,中华书局1959年版,第3254页。
② 司马迁:《史记·货殖列传》,中华书局1959年版,第3253页。
③ 司马迁:《史记·货殖列传》,中华书局1959年版,第3261页。
④ 司马迁:《史记·平准书》,中华书局1959年版,第1420页。
⑤ 司马迁:《史记·平准书》,中华书局1959年版,第1420页。
⑥ 《荀子·富国》,《诸子集成》本,中华书局1954年版,第126页。

产，反对“竭天下之资财以奉其上”。荀子认为，治理国家要让百姓得其宜。《荀子·富国》云：

> 使天下生民之属，皆知己之所愿欲之举在是于也，故其赏行；皆知己之所畏恐之举在是于也，故其罚威。赏行罚威，则贤者可得而进也，不肖者可得而退也，能不能可得而官也。若是，则万物得宜，事变得应，上得天时，下得地利，中得人和，则财货浑浑如泉源，汸汸如河海，暴暴如丘山，不时焚烧，无所臧之，夫天下何患乎不足也？①

荀子认为，统治者有了威严，才能对百姓有震慑，赏罚分明，进退有度，万物才能得其宜，上得天时，下得地利，中得人和，财货充裕，取之不尽，用之不竭。同时，要财物流通《荀子·王制》说：

> 田野什一，关市几而不征，山林泽梁，以时禁发而不税。相地而衰政，理道之远近而致贡，通流财物粟米，无有滞留，使相归移也。四海之内若一家。②

减轻赋税，流通货物则能够增加财富，使天下富足。这些思想都不同程度地影响了司马迁。司马迁不只是让我们看到了商人的作用，还把汉统一后的华夏大国、天南地北的物产和风土人情展示给人们。《货殖列传》中写国家统一后的昌盛繁荣局面扑面而来，国家一统，才有了通商之便，南北各地的物产才得以交流，成就了千载难逢的商机，各地物产都因为商人的活动得以南北交流，这对富民兴国带来了巨大的影响。

司马迁还从经济发展之“势”的观点出发，他认为，中国地大物博，物质生活资料分布在各个不同的地区，“山西饶材、竹、穀、纑、旄、玉石；山东多鱼、盐、漆、丝、声色；江南出楠、梓、姜、桂、金、锡、连、丹沙、犀、玳瑁、珠玑、齿革；龙门、碣石北多马、牛、羊、旃裘、筋角；铜、铁则千里往往山出棋置。”③大自然所提供的这些物质财富，不可能每一个人都去从事所需的直接生产，因

---

① 《荀子·富国》，《诸子集成》本，中华书局1954年版，第121页。

② 《荀子·王制》，《诸子集成》本，中华书局1954年版，第102页。

③ 司马迁：《史记·货殖列传》，中华书局1959年版，第3253—3254页。

此必须分工协作，互相依存。① 司马迁还强调指出，农、工、商、虞“此四者，民所衣食之原也。原大则饶，原小则鲜。上则富国，下则富家。”②人们要满足自己的衣食之需，国家要富强，就必须扩大农业、手工业生产，还要开发山泽，发展商业。司马迁引用《周书》的话说：“农不出则乏其食，工不出则乏其事，商不出则三宝绝，虞不出则财匮少。”③这里，司马迁不仅突破了重农抑商的传统观念，而且强调四业并重，缺一不可。他把商业作为人民的衣食之源放到国民生产总体结构中进行考察，并用齐国的发展历史来说明农、工、商、虞四业是古代社会经济的基本结构，国家的盛衰强弱决定于经济基础的厚薄。四业兴旺，国家富强；四业不齐，国家贫弱。司马迁认识到农工商虞的分工是生产发展之“势”，是富国富家的基础。他在《平准书》中说：“事势之流，相激使然。”④说明经济发展自有其自身规律之“势”。《平准书》关于经济问题的研究，在中国历史上是第一次，这说明司马迁述货殖，载平准，以事势变化的观点对社会经济的发展作规律性的探索，也是他高人一筹的卓越史识。可见在讲自然人性论方面，司马迁与荀子是有一致之处的，所不同的是荀子主张通过化性起伪亦即制定礼义法度来陶铸约束人性，而司马迁则主张通过顺应人们好富的自然人性来使社会财富增殖。

第三节 《史记》中的韩非子

韩非学于儒家，而转为法家，是法家代表人物。司马迁在《史记》中，将其与老子、庄子、申不害合传于《老子韩非列传》。在本传中，司马迁首先说明韩非的学术思想特征、渊源和趣好：

> 韩非者，韩之诸公子也。喜刑名法术之学，而其归本于黄老。非为

---

① 司马迁：《史记·货殖列传》，中华书局1959年版，第3254页。
② 司马迁：《史记·货殖列传》，中华书局1959年版，第3255页。
③ 司马迁：《史记·货殖列传》，中华书局1959年版，第3255页。
④ 司马迁：《史记·平准书》，中华书局1959年版，第1443页。

人口吃，不能道说，而善著书。与李斯俱事荀卿，斯自以为不如非。

非见韩之削弱，数以书谏韩王，韩王不能用。于是韩非疾治国不务修明其法制，执势以御其臣下，富国强兵而以求人任贤，反举浮淫之蠹而加之于功实之上。以为儒者用文乱法，而侠者以武犯禁。宽则宠名誉之人，急则用介胄之士。今者所养非所用，所用非所养。悲廉直不容于邪枉之臣，观往者得失之变，故作《孤愤》、《五蠹》、《内外储》、《说林》、《说难》十余万言。①

韩非喜刑名法术之学，谏韩王而不能用，秦王欣赏并委以重任，却遭嫉妒而被害。司马迁对韩非"发愤著书"表示赞赏与肯定。在《史记·太史公自序》中说："韩非囚秦，《说难》、《孤愤》。"《报任少卿书》中也把韩非作为"发愤著书"的典范，激励自己在逆境中著述完成《史记》而"成一家之言"。当然，司马迁对韩非的结局命运也深表同情，在《史记·老子韩非列传》中全文载录韩非《说难》，写到"然韩非知说之难，为《说难》书甚具，终死于秦，不能自脱"，表现出了深深的同情，正如陈桐生所论："司马迁十分同情韩非的不幸命运，他为韩非所作传记的重点也落在韩非本人的悲剧之上。"②泷川资言《史记会注考证》曾评此传道："此史公自恨触君怒也。""史公重言不能自脱，所以为非悲者，则所以自悲也，言外无限痛恨。"正因为司马迁有相似惨痛的切身经历，他将《说难》全录于传中，并反复悲叹。近代马其昶《抱润轩文集》说："太史公序列老聃、庄而缀以申韩，又传周末诸子，不载所为书，而独详《说难》，其旨微矣。"③汤谐《史记半解》也说："叙庄子、申子，简洁有致，而独韩子颇详悲之也！非直为死于说难，意中言外犹有深悲焉，悲谗人之罔极也，韩子之智而不能自脱于谗也。"④都说明司马迁对韩非命运的同情和对自身遭遇的悲叹。

---

① 司马迁：《史记·老子韩非列传》，中华书局1959年版，第2146—2147页。

② 陈桐生：《〈史记〉与诸子百家之学》，安徽大学出版社2006年版，第145页。

③ 马其昶：《抱润轩文集》卷二《读韩非子》，见杨燕起、陈可青、赖长扬汇辑：《史记集评》，华文出版社2005年版，第472页。

④ 汤谐：《史记半解·老庄申韩列传》，见张新科、高益荣、高一农主编：《史记研究资料萃编》，三秦出版社2011年版，第581页。

司马迁在《史记·老子韩非列传》中认为韩飞“其归本于黄老”，阐明了韩非著书的根源和指向，突出了治国方略的选择对国家治理的影响。宋裴骃《史记集解·老子韩非列传》说：“申子之书言人主当执术无刑，因循以督责臣下，其责深刻，故号曰‘术’。商鞅所为书号曰‘法’。皆曰‘刑名’，故号曰‘刑名法术之书’。”可见所谓刑名法术，就是强调君无为而臣有为，并通过法来确保这种状态，这与汉代的黄老之学名异而实同。

司马迁提及的韩非“刑名法术”之学，是指在“循名责实”方面强调君主因循以督责臣下，突出了“正名实”的积极意义，也就是说名家之名确有所指，不仅不混乱名实，还会有治理效果。“正君臣上下之分”，即主张君尊臣卑。正如司马谈《论六家要指》所言：“严而少恩”是说法家“不别亲疏，不殊贵贱，一断于法，则亲亲尊尊之恩绝矣。可以行一时之计，而不可长用也，故曰‘严而少恩’。若尊主卑臣，明分职不得相逾越，虽百家弗能改也。”然韩非并不主张“一断于法”。如他认为韩国国势削弱的关键是“不务修明其法制”，君主不能够“执势以御其臣下，富国强兵而以求人任贤”。说明韩非在注重法的同时，还非常注重“术”和“势”。司马迁在《史记·老子韩非列传》的赞语中说：

> 老子所贵道，虚无，因应变化于无为，故著书辞称微妙难识。庄子散道德，放论，要亦归之自然。申子卑卑，施之于名实。韩子引绳墨，切事情，明是非，其极惨礉少恩。皆原于道德之意，而老子深远矣。①

这是对老、庄、申、韩学说观点的总结。无论是老子的因应变化，庄子的自然无为，申不害的名实相称和韩非的以法治国，都归于“道德之意”，即所谓“无为自化、清净自正”之术。如果我们把司马迁赞语中对韩非的评价同本传的整个内容结合起来考察，则会发现，同样原于道德之意的韩非“则是把因顺自然，无为而无不为贯穿到具体的政治实践或政事评论上。”②韩非虽然为专制君主设计了一套完整的统治理论，他本人也渴望在现实政治中有

① 司马迁：《史记·老子韩非列传》，中华书局1959年版，第2156页。

② 吴祖春：《老庄申韩合传与西汉前期的学术思想特征》，《西南民族大学学报》（人文社科版）2009年第1期。

所作为，但是始终未能在政治中一显身手，无论在韩国还是在秦国都不得志。《史记·老子韩非列传》载，生活在战国后期的韩非见韩国日见削弱，屡次上书韩王陈说政见，但韩王不能用他。于是韩非发愤著述，将他的治国主张写成著作。《史记·老子韩非列传》说：

> 人或传其书至秦。秦王见《孤愤》、《五蠹》之书，曰："嗟乎，寡人得见此人与之游，死不恨矣！"李斯曰："此韩非之所著书也。"秦因急攻韩。韩王始不用非，及急，乃遣非使秦。秦王悦之，未信用。李斯、姚贾害之，毁之曰："韩非，韩之诸公子也。今王欲并诸侯，非终为韩不为秦，此人之情也。今王不用，久留而归之，此自遗患也，不如以过法诛之。"秦王以为然，下吏治非。李斯使人遗非药，使自杀。韩非欲自陈，不得见。秦王后悔之，使人赦之，非已死矣。
>
> 申子、韩子皆著书，传于后世，学者多有。余独悲韩子为《说难》而不能自脱耳。①

有人将他的文章带到秦国，他的《孤愤》《五蠹》中法治思想主张令秦王击节称颂，恨不能与之同游。于是秦王发兵攻韩，韩王委派韩非出使秦国。秦王见到韩非还未委以重任，便遭到了李斯、姚贾的嫉妒，在秦王面前说谗言，秦王将韩非打入监狱，李斯又派人害死韩非。此事在《史记》其他篇章中也有记述。如《史记·秦始皇本纪》载："李斯因说秦王，请先取韩以恐他国，于是使斯下韩。韩王患之。与韩非谋弱秦。"秦王政十三年，"韩非使秦，秦用李斯谋，留非，非死云阳。"《史记·韩世家》载："王安五年，秦攻韩，韩急，使韩非使秦，秦留非，因杀之。"《史记·六国年表》中亦有秦杀韩非的记载。

司马迁对韩非的命运表示同情，认同并吸收韩非的一些思想观点。如韩非在《五蠹》篇中说："是以圣人不期修古，不法常可，论世之事，因为之备。""世异则事异，事异则备变。"治术应该与时俱进。这与司马迁《史记》的"通变"思想是一致的。韩非认为人性的根本点就是"欲利之心"，《外储说左上》说："利之所在，民归之；名之所彰，士死之。"《难四》说："千金之

① 司马迁：《史记·老子韩非列传》，中华书局1959年版，第2155页。

家,其子不仁,人之急利甚也。桓公,五伯之上也,争国而杀其兄,其利大也。"认为富贵家之后代之所以不仁,是急利太甚的结果。《说林下》说:"鳣似蛇,蚕似蠋,人见蛇,则惊骇;见蠋则毛起。渔者持鳣,妇人拾蚕,利之所在,皆为贲、诸。"让一般人惧怕的事情在某些人不惧怕是利之所驱。《韩非子·备内》说:"故王良爱马,越王勾践爱人,为战与驰。医善吮人之伤,含人之血,非骨肉之亲也,利所加也。故舆人成舆,则欲人之富贵;匠人成棺,则欲人之夭死也。非舆人仁而匠人贼也,人不贵则舆不售,人不死则棺不买。情非憎人也,利在人之死也。"做车子的人希望人们富贵以乘车,做棺材的匠人盼人夭死,并不是情感所系,实乃利使之然。韩非将君臣、父子、夫妻、医患的社会关系一律视为利害关系。这个观点对司马迁写《史记·货殖列传》有深刻的启示。①

《史记·老子韩非列传》说韩非"喜刑名法术之学,而其归本于黄老。"这就是说韩非的学术根基是形成于战国中期的黄老刑名之学。韩非本来学于儒家但却成为法家最大的学者,视儒家为祸害社会的蠹虫,必欲彻底铲除而后快。司马迁说"韩非疾治国不务修明其法制,执势以御其臣下,富国强兵而以求人任贤",实际上概括了韩非的学术来源和主要学术主张。在韩非之前,商鞅言法,申不害主术,慎到论势,韩非则将这三个方面综合起来。《韩非子·定法》说:"今申不害言术,而公孙鞅为法术者,因任而授官,循名而责实,操杀生之柄,课群臣之能者也,此人主之所执也。法者,宪令著于官府,刑罚必于民心,赏存乎慎法,而罚加乎奸令者也,此臣之所师也。君无术则弊于上,臣无法则乱于下,此不可一无,皆帝王之具也。"②"术"是君主暗藏在胸中的驾驭臣下的"君人南面之术",其要点是知人善任,循名责实;"法"是官府公布的编著于图籍的统治人民的法规,执法应该不分贵贱,重刑少赏。在法、术之外韩非又采用慎到的势治学说,"势"是封建专制君主的政治威权。《韩非子·难势》说:"尧为匹夫,不能治三人;而桀为天子,能

① 司马迁欲望动力说就是韩非"利之所驱"思想的延续。关于司马迁"欲望动力说",前文已有论及,此处不再赘述。

② 《韩非子·定法》,《诸子集成》本,中华书局1954年版,第304页。

乱天下。吾以此知势位之足恃，而贤智之不足慕也。”“抱法处势，则治；背法去势，则乱。”掌握权势的关键在于抓住刑德这两大权柄。韩非认为法、术、势三者都是帝王之具，应该将三者结合起来治理国家，理想的政治应该是专制君主凭借威权、运用术数驾驭群臣，让群臣百姓奉法守令。

司马迁说韩非“归本于黄老”，说明韩非学说与申不害、慎到、环渊、接予一样，其学术根基都是以黄老道家为基础。《韩非子》中《主道》《扬权》《内外储说》《难三》《六反》都曾征引《老子》之文，继承老子思想。总的说来，韩非与黄老之学有着一定的关系。韩非以“道”作为宇宙的本体，并以精气作为“道”的内涵。他在《主道》篇中说：“道者，万物之始，是非之纪也。是以明君守始以知万物之源，治纪以知善败之端。”韩非以道作为宇宙的本体，这也是出于老子。韩非要求君主将治道建立在本体的道之上，这是司马迁说韩非归本于黄老的根据。以精气说来解释道德，则是黄老之学的内容。他在《解老》中说：“身以积精为德。”将人的精气作为“德”的内涵，认为只有无为，才能使精气集合在一起。《扬权》说：“夫道者，弘大而无形；德者，覈理而普至。至于群生斟酌用之，万物皆盛而不与其宁。道者，下周于事，因稽而命，与时生死。参名异事，通一同情。故曰：道不同于万物，德不同于阴阳，衡不同于轻重，绳不同于出入，和不同于燥湿，君不同于群臣。凡此六者，道之出也。道无双，故曰一。”“道”弘博广大，“德”内含道理，万事万物都会有“道”和“德”的力量。“道”普遍存在于事物之中，通过潜化渗透而命定事物，“道”无不贯通着同一的普遍规律。

韩非强调君无为而臣有为，这正是黄老学派的重要观点。君主的无为体现为虚静。《主道》篇说：“虚则知实之情，静则知动者正。有言者自为名，有事者自为形，形名参同，君乃无事焉，归之其情。”君主不能表现出自己的好恶和意向，“无见其所欲”，“无见其意”，让臣下无以揣摩。而保持精气的目的是要发挥自己的智慧，《解老》篇说：“积德而后神静，神静而后和多，和多而后计得，计得而后能御万物，能御万物则战易胜敌，战易胜敌而论必盖世，论必盖世，故曰‘无不克’。”这个观点较之于黄老之学以虚静保全生命的思想，显然又进了一步。韩非以“意无所制”来解释“虚”，就是说心不为某一事物所支配才是"虚",《解老》篇说:"不以无为为有常,则虚;虚,则德盛;德盛之为上德。故曰:'上德无为而无不为也'。"按此说法,无为的真正意义就是无为而无不为。《主道》《扬权》二篇表现"君人南面之术",文中强调人君"须执一以静""无为于上"。《扬权》篇说:"道无双,故曰一。是故明君贵独道之容。"《主道》篇说:"道在不可见,用在不可知。虚静无事,以暗见疵。""明君无为于上,群臣竦惧乎下。""函掩其迹,匿其端,下不能原。去其智,绝其能,下不能意。保吾所以往而稽同之,谨执其柄而固握之。"可以说,韩非继承并发展了前期黄老关于君无为而臣有为、执术以御臣下的思想。《大体》篇对理想的君主作了描述:"古之全大体者,望天地,观江海,因山谷,日月所照,四时所行,云布风动;不以智累心,不以私累己;寄治乱于法术,托是非于赏罚,属轻重于权衡;不逆天理,不伤情性;不吹毛而求小疵,不洗垢而察难知;不引绳之外,不推绳之内;不急法之外,不缓法之内;守成理,因自然;祸福生乎道法而不出乎爱恶,荣辱之责在乎己而不在乎人。"这段话的要点有两个:一是君无为而臣有为,二是将法术势结合起来。①

可见,司马迁说韩非"其归本于黄老",揭示了"道""法"合流的关系,并意识到这是适应统治者政治需要的必然结果。高嵣《史记钞》云:"老庄之弊,必至于申韩;道德之祸,必流于刑名,乃时势相激使然也。史公合载一传,卓识千古。"②"外道内法""儒表法里"都是"时势相激使然",司马迁最早发现其中奥秘。张文虎《舒艺室随笔》说:"老庄申韩同传,或是之,或非之。案:汉初崇尚黄老,景武时犹然,而晁错诸人又变而为名法,武帝时用法尤严,于是酷吏兴焉。史公目击其弊而为此传,用意甚深,读者殊未理会,而漫云史公先黄老,何哉?"③汉初崇尚黄老,武帝严刑峻法,司马迁合传老子、申、韩,用意深远。

---

① 参见陈桐生:《〈史记〉与诸子百家之学》,安徽大学出版社 2006 年版,第 144—150 页。

② 高嵣:《史记钞》,见杨燕起、陈可青、赖长扬汇辑:《史记集评》,华文出版社 2005 年版,第 468 页。

③ 张文虎:《舒艺室随笔》,见杨燕起、陈可青、赖长扬汇辑:《史记集评》,华文出版社 2005 年版,第 469 页。

第十四章　司马迁与屈原

屈原是中国文学史上一位伟大的爱国诗人。其《离骚》乃千古辞赋之祖。《史记・屈原列传》第一次详细记载屈原的生平事迹，并结合《离骚》的创作过程和基本内容，高度评价了屈原的人格及其文学成就。从中国文学史的角度看，屈原和《离骚》通过《史记》走向不朽。《史记》深受《离骚》的影响，二者在情韵、旨趣、审美等方面有着深刻的内在联系。

第一节　司马迁心目中的屈原

班固《离骚序》说：

> 今若屈原，露才扬己，兢乎危国群小之间，以离谗贼。然责数怀王，怨恶椒、兰，愁神苦思，强非其人，忿怼不容，沈江而死，亦贬絜狂狷景行之士。多称昆仑、冥婚、宓妃、虚无之语，皆非法度之政，经义所载，谓之兼诗风雅，而与日月增光，过矣！然其文弘博丽雅，为辞赋宗，后世莫不斟酌其英华，则象其纵容。自宋玉、唐勒、景差之徒，汉兴枚乘、司马相如、刘向、扬雄，骋极文辞，好而悲之，自谓不能及也；虽非明智之器，可谓妙才者也。①

这是说《离骚》不合法度与经义；屈原不该怨刺其君；屈原不善于明哲保身。

① 班固：《离骚序》，见洪兴祖：《楚辞补注》，中华书局 1983 年版，第 49 页。

而且指出了司马迁评屈原及其《离骚》"与日月争光"，乃是言过其实。我们说，班固的批评有失偏颇，但无意中指出了司马迁《史记》与屈原及《离骚》的关系，开启了"屈原与《史记》"研究的先河。明人赵南星在《离骚经订注》中，将《离骚》与《史记·屈原列传》合在一起进行笺注。他在《自序》中对司马迁和屈原作了比较："司马子长侔于屈子，而愤世嫉俗之意，异代一揆。故为之立传，叙次其事，才及数行，不胜怆惘；辄为议论，又复叙次，未几复议论焉。且泣且诉，且唱且叹。子长以前作史者，亦无此体也。要之，世有屈子，乃能有《离骚》；为屈子传，必以子长之文，亦唯子长乃能传屈子耳！"赵氏认为，司马迁与屈原是平齐等同的，都有愤世嫉俗的情感表现，《屈原列传》或记其行事，或议其为人，如泣如诉，且唱且谈。司马迁之文与屈子《离骚》相辉映。清章学诚说："人知《离骚》为辞赋之祖矣。司马迁读之而悲其志，是贤人之知贤人也。夫不具司马迁之志而欲知屈原之志，不具夫子之忧而欲知文王之忧，则几乎罔矣。"①司马迁与屈原贤人知贤人，最知屈原之志的当是司马迁。刘熙载《艺概·文概》说："学《离骚》得其情者为太史公。"萧穆在《敬孚类稿》中说："余以为千古第一知《骚》者，莫如太史。学者但读太史公《屈原列传》，可深得屈原各篇精义之所在。"司马迁深得屈子之精神。李景星认为，司马迁"以抑郁难遏之气，写怀才不遇之感，岂独屈、贾二人合传，直作屈、贾、司马三人合传读可也。"②相似的遭遇，相同的命运，连同抑郁之气，都在一传中表现。鲁迅《汉文学史纲要》曾美誉《史记》乃"史家之绝唱，无韵之《离骚》"。李长之认为，汉朝的建立是"楚文化的胜利"，"司马迁的先驱实在是屈原"。③ 刘大杰在《中国文学发展史》中说："《史记》虽是散文著作，但那种勇于正视现实、批判现实的精神和洋溢着鲜明爱憎感情的风格，却正是屈原精神的继承。"前贤们的探讨虽角度不一，却都指出了屈原对司马迁的影响与联系。

---

① 章学诚撰，吕思勉评：《文史通义·内篇·知难》，上海古籍出版社 2008 年版，第 113—114 页。

② 李景星：《史记评议》，见杨燕起、陈可青、赖长扬汇辑：《史记集评》，华文出版社 2005 年版，第 514 页。

③ 李长之：《司马迁之人格与风格》，天津人民出版社 2007 年版，第 2 页。

司马迁对屈原的人格、成就给予最高评价。司马迁崇拜屈原，是屈原的知己。他与屈原在思想感情、生平旨趣、政治遭遇等方面有着强烈的共鸣。司马迁在《屈原贾生列传》中记叙屈原的身世：

> 屈原者，名平，楚之同姓也。为楚怀王左徒。博闻强志，明于治乱，娴于辞令。入则与王图议国事，以出号令；出则接遇宾客，应对诸侯。王甚任之。①

屈原身世显赫，博闻强记，明于治乱，娴于辞令，应对内外，可谓“贤者”。然王道昏庸，小人当道，当时：

> 上官大夫与之同列，争宠而心害其能。怀王使屈原造为宪令，屈平属草稾未定。上官大夫见而欲夺之，屈平不与，因谗之曰：“王使屈平为令，众莫不知，每一令出，平伐其功，以为‘非我莫能为’也。”王怒而疏屈平。②

屈原的人生也充满了挫折与失意，遭遇了“信而见疑，忠而被谤”的命运。然屈原在被疏远后并没有忘却国家，在国家危难之时直谏君王，最终被放逐，投江而死。司马迁《史记·屈原贾生列传》塑造了一个正直刚毅、不屈于权贵、洁身自好、忠于祖国的屈原形象。

屈原正道直行，主张明确规范，牢记法度，认为品行忠厚心地端正的人才是君子。可以说屈原的一生刚直不阿，忠君报国。在《史记》本传中写临死前渔夫劝屈原：

> 夫圣人者，不凝滞于物而能与世推移。举世混浊，何不随其流而扬其波？众人皆醉，何不餔其糟而啜其醨？何故怀瑾握瑜而自令见放为？③

渔夫说，圣人不会凝固滞留在对事物的某种看法上，而能够根据世情的变化而变化。整个世界都变得污浊，为什么不顺着流水扬起波浪呢？大家都喝醉了，为什么不吃点酒糟，喝点薄酒呢？为什么一定要保留美玉一般的高洁

---

① 司马迁:《史记·屈原贾生列传》，中华书局1959年版，第2481页。

② 司马迁:《史记·屈原贾生列传》，中华书局1959年版，第2481页。

③ 司马迁:《史记·屈原贾生列传》，中华书局1959年版，第2486页。

品质,却使自己被流放呢?屈原则义正词严地回答说:

吾闻之,新沐者必弹冠,新浴者必振衣,人又谁能以身之察察,受物之汶汶者乎!宁赴常流而葬乎江鱼腹中耳,又安能以皓皓之白而蒙世俗之温蠖乎!①

屈原回答说,谁愿意让自己干净的身体被污浊的外物所污染呢,自己宁愿"赴常流而葬乎江鱼腹中",也不愿做被尘世污染的人。司马迁非常赞赏屈原,在《太史公自序》中说:"作辞以讽谏,连类以争义,《离骚》有之。作《屈原贾生列传》第二十四。"在《屈原贾生列传》中也高度赞扬屈原说:

其文约,其辞微,其志絜,其行廉,其称文小而其指极大,举类迩而见义远。其志絜,故其称物芳。其行廉,故死而不容。自疏濯淖污泥之中,蝉蜕于浊秽,以浮游尘埃之外,不获世之滋垢,皭然泥而不滓者也。推此志也,虽与日月争光可也。②

司马迁赞赏屈原的作品文辞简约,表达的志向高洁,品行正直,内涵丰富,意义深远。诗中常常用香草来比拟美好的事物。品行正直且不愿意同流合污,浮游于尘外,其志向可以与日月争光也。记述了屈原的生平,表达了崇敬之情,这与他在《太史公自序》中对屈原的态度相映衬。司马迁还肯定了屈原的文学成就。在《屈原贾生列传》中写道:

屈原既死之后,楚有宋玉、唐勒、景差之徒者,皆好辞而以赋见称;然皆祖屈原之从容辞令,终莫敢直谏。其后楚日以削,数十年竟为秦所灭。③

屈原死了以后,楚国有宋玉、唐勒、景差等人学习屈原含蓄委婉的文学风格,但最终却没有像屈原那样直言进谏。司马迁在高度赞扬屈原文学方面的成就的同时,也评价屈原高洁人格。

在屈原本传中,司马迁从写作动机、主题思想、作品取材、内容含义,以及艺术表现手法等方面对《离骚》作探讨,给予极高的评价。司马迁首先解

---

① 司马迁:《史记·屈原贾生列传》,中华书局1959年版,第2486页。

② 司马迁:《史记·屈原贾生列传》,中华书局1959年版,第2482页。

③ 司马迁:《史记·屈原贾生列传》,中华书局1959年版,第2491页。

题，“离骚者，犹离忧也。”说明“离骚”是“陈忧”“舒忧”之义。司马迁着重记述和评论屈原创作《离骚》的过程，并结合作品高度评价了屈原的人格。司马迁记述屈原作《离骚》的原因，“屈平疾王听之不聪也，谗谄之蔽明也，邪曲之害公也，方正之不容也，故忧愁幽思而作《离骚》。离骚者，犹离忧也。夫天者，人之始也；父母者，人之本也。人穷则反本，故劳苦倦极，未尝不呼天也；疾痛惨怛，未尝不呼父母也。屈原正道直行，竭忠尽智以事其君，谗人间之，可谓穷矣。信而见疑，忠而被谤，能无怨乎？屈平之作《离骚》，盖自怨生也。”①屈原“信而见疑，忠而被谤”，才作《离骚》；王听不聪，谗谄蔽明，邪曲害公，方正不容，才作《离骚》，正道直行的屈原“信而见疑，忠而被谤”，蒙受冤屈悲天怆地地陈诉，所以“屈平之作《离骚》，盖自怨生也”。《离骚》中，屈原悲愤而呼：“世溷浊而嫉贤兮，好蔽美而称恶。闺中既以邃远兮，哲王又不寤。怀朕情而不发兮，余焉能忍与此终古？”世蔽而君不明，谗谄而贤明害。对此，遭受李陵之祸、幽于缧绁的司马迁是有深切感受的。

司马迁通过分析《离骚》的基本内容，赞扬屈原丰富的历史知识和深刻的政治见解，尤其赞扬了他“以刺世事”的战斗精神。《屈原贾生列传》中说：“上称帝喾，下道齐桓，中述汤武，以刺世事。明道德之广崇，治乱之条贯，靡不毕见。”屈原在《离骚》中称道明君帝喾、汤武、齐桓，肯定他们“举贤而授能兮，循绳墨而不颇”，也对党人“困时俗之工巧兮，偭规矩而改错”予以否定。《离骚》的目的是“明道德之广崇，治乱之条贯”，“以刺世事”。

司马迁还高度概括了《离骚》的风格特点和价值，说明屈原的人格美是形成《离骚》作品美的主要因素。《屈原贾生列传》说：“《国风》好色而不淫，《小雅》怨诽而不乱，若《离骚》者，可谓兼之矣。”说《离骚》兼有“《国风》好色而不淫，《小雅》怨诽而不乱”的特点，合乎儒家“发乎情，止乎礼义”的要求，《离骚》与《诗经》功用相同。司马迁评价《离骚》文约辞微，屈原志洁行廉；称文小而旨极大，举类迩而见义远的风格。既是对《离骚》风格的精确评论，也是对屈原人格的高度肯定。

---

① 司马迁：《史记·屈原贾生列传》，中华书局 1959 年版，第 2482 页。

第二节　屈原对司马迁人格的影响

儒家既重视个人发展，也重视担当社会责任以完善个人人格。《论语·子罕》以“知者不惑，仁者不忧，勇者不惧”来定义理想人格的最高境界，贵族社会所推崇的君子人格，体现的是一种社会地位和政治身份：而孔子所提倡的君子人格，体现的则是一种才能结构和道德水平。对屈原、司马迁而言，其人格具有一致性，表现在他们以儒家的君子人格为追求，以道义为己任，坚持理想、追求崇高的人生境界。屈原以知识、德行、事功为安身立命之本，以“道”自任。

自春秋战国以来，选贤举能之风盛行，突破了非“世族”无参政机会的局限，成为各国竞争人才的政治策略。屈原作为世族成员之一，从小就立下为国效力的大志，《橘颂》就表达了这一愿望。清人陈本礼的《屈辞精义》认为，《橘颂》“其曰‘嗟尔幼志’、‘年岁虽少’，明明自道，盖早年童冠时作也”。屈原以橘树寄托自己的人格，其纯洁之品德与高尚之情操不同凡响。“独立不迁”贯穿了全诗，表达了自己对生于斯、长于斯的国土的热爱与依恋，以及坚持“美政”理想而决不随波逐流的态度。与“独立不迁”相关联的做人准则是“无求”与“苏世”。《橘颂》说：“深固难徙，廓其无求也。”洪兴祖《楚辞补注》说：“凡与世迁徙者，皆有求也。吾之志举世莫得而倾之者，无求于彼故也。”《橘颂》又说：“苏世独立，横而不流兮。”屈原以其坦荡无私的胸怀，清醒的头脑明辨是非，保持着人格的独立性，屡遭打击也毫不动摇，“虽体解吾犹未变兮，岂余心之可惩”“吾不能变心而从俗兮，固将愁苦而终穷。余将董道而不豫兮，固将重昏而终身”，都是修养人格的自我表白。屈原在提出美政之始，就已做好了为实现理想不惜一切代价的思想准备。屈原也认识到变革的艰巨性，而他的人格光辉正是在为理想进取斗争中彰显出来的。屈原是在逆着那个功利时代的世俗潮流而动，坚持着自己的美政理想。《卜居》说：“吾宁悃悃款款，朴以忠乎？将送往劳来，斯无穷乎？宁诛除草茅以力耕乎？将游大人以成名乎？宁正言不讳以危身乎？将从俗富贵以媮生乎？宁超然高举以保真乎？将哫訾栗斯，喔咿儒儿，以事妇人乎？宁廉洁正直以自清乎？将突梯滑稽，如脂如韦，以洁楹乎？”屈原宁愿忠实诚恳，也不愿官运亨通；宁愿凭力耕作，也不愿委屈于达官贵人；宁愿直言不讳生命受到威胁，也不愿随俗苟且偷生；宁愿超然脱俗，也不愿阿谀逢迎；宁愿廉洁正直，也不愿谄媚阿谀。屈原坚持“美政理想”的人格追求与当时从俗富贵，苟且偷生的人相比，显耀出了无比的光辉。

司马迁的不屈精神与屈原坚持正道直行的人格理想相类似。生活于统一帝国时代，大汉的富强与声威给予了汉民族强大的自信心。他们不唯有幻想的心思，而且有创造的能力；不唯有冒险的勇气，还有责任的观念，同时又富于自尊的意志。全盛期的西汉为司马迁著《史记》提供了良好的条件。然而，天有不测风云，正当司马迁著《史记》时，却遭“李陵之祸”。清代赵铭《琴鹤山房遗稿》卷五《司马迁下蚕室论》载：

> 夫迁以救李陵得罪，迁但欲护陵耳，非有沮贰师意也。帝怒其欲沮贰师而为陵游说，则迁罪更不容诛，以武帝用法之严，而吏傅帝意而执迁于法，迁之死尚得免乎？汉法，罪当斩赎为庶人者，唯军将为然；而死罪欲腐者许之，则自景帝时著为令。张贺以戾太子宾客，当诛，其弟安世为上书，得下蚕室，是其明证。迁惜《史记》未成，请减死一等就刑，以继成父谈所为史；帝亦惜其才而不忍致诛，然则迁之下蚕室，出于自请无疑也。迁《报任少卿书》曰：“草创未就，会遭此祸，惜其不成，是以就极刑而无愠色。”又曰：“仆诚已著此书，藏之名山，传之其人，通邑大都，则仆偿前辱之责，虽万被戮，岂有悔哉？”寻文考指，当日迁所以请，与帝所以贳之之本末，犹可推见，史家讳不书耳。①

这是说司马迁因李陵之祸，要免一死，只有“死罪欲腐者许之”，而为了完成著史，完成父亲的遗愿，而自请宫刑。此后，“且负下未易居，下流多谤议，仆以口语遇遭此祸，重为乡党戮笑，污辱先人，亦何面目上父母之丘墓乎？

① 赵铭：《琴鹤山房遗稿》卷五《司马迁下蚕室论》，见杨燕起、陈可青、赖长扬汇辑：《史记集评》，华文出版社 2005 年版，第 46 页。

虽累百世，垢弥甚尔！是以肠一日而九回，居则忽忽若有所亡，出则不知其所如往。每念斯耻，汗未尝不发背沾衣也。”①惨痛的遭遇，冷酷的现实，每每想起，都觉得这是奇耻大辱。然而，他“所以隐忍苟活，幽于粪土之中而不辞者，恨私心有所不尽，鄙没世而文采不表于后也。”他以顽强的毅力，化悲愤为力量，尽职于他神圣的著述事业。这不能不说与屈原忠贞不屈精神的鼓舞有关。因为，他曾“读《离骚》《天问》《招魂》《哀郢》，悲其志。适长沙，观屈原所自沉渊，未尝不垂涕，想见其为人。”②

屈原和司马迁都事君不贰。屈原是楚之同姓，“为楚怀王左徒”，郭沫若《屈原研究》、姜亮夫《屈原赋校注·史记屈原列传疏证》都认为“左徒地位仅次于令尹”。作为朝廷重臣的屈原，与楚王之间的君臣关系，首要的是服从并忠诚于权威（楚王）。屈原要实现“美政”理想，也只有通过楚王的权势方可奏效。屈原的“道”和楚王的“势”是一种天然的从属关系，不可抗衡。屈原《惜诵》说“事君而不贰兮，迷不知宠之门”，《抽思》说“何独乐斯謇謇兮，愿荪美之可光”。朱熹《楚辞集注》说：“其叙事陈情，感今怀古，以不忘乎君臣之义。”但他忠君效国的品行，在当时并未得到楚王的重视。王逸《楚辞章句·离骚经序》说：“人臣之义，以忠正为高，以伏节为贤。故有危言以存国，杀身以成仁。是以伍子胥不恨于浮江，比干不悔于剖心，然后忠立而行成，荣显而名著。若夫怀道以迷国，详愚而不言，颠则不能扶，危则不能安，婉娩以顺上，逡巡以避患，虽保黄考，终寿百年，盖志士所耻，愚夫所贱也。”这就是说，人们渲染人臣之义以忠正为高，杀身成仁也无所顾惜，至于那种逢迎顺从，虽保寿考者，为志士所鄙。屈原的忠君是自己人格的制高点。王逸《楚辞章句叙》赞颂道：“今若屈原，膺忠贞之质，体清洁之性，直若砥矢，言若丹青，进不隐其谋，退不顾其命，此诚绝世之行，俊彦之英也。”深受《楚辞》感染的王逸在为屈原争取历史文化地位时，寻找到了屈原身上可为正统文化意识形态接纳、并可促进社会伦理秩序稳固的忠君意识。

君臣忠义在汉代集权专制帝国的政治意识形态中极为重要，它是维护

① 司马迁：《报任少卿书》，见班固：《汉书·司马迁传》，中华书局1962年版，第2736页。

② 司马迁：《史记·屈原贾生列传》，中华书局1959年版，第2503页。

统治秩序的条件，君臣名分得到空前的巩固。司马迁作《史记》是“孝亲”“忠君”的表现。元封元年（前110年），武帝前往泰山封禅，司马谈对这旷代大典心向往之，然“不得从行”，自叹“是命也夫！是命也夫。”他在病危之际，流泪授命于司马迁：“余死，汝必为太史，为太史，无忘吾所欲论著矣。且夫孝，始于事亲，中于事君，终于立身；扬名于后世，以显父母，此孝之大者。”父亲遗命是司马迁创作《史记》的动力，他“绝宾客之知，忘家室之业，竭忠尽智”，书写《史记》，写史是他恪守君臣忠义、行孝尽忠、言行一致的表现。

在追求理想人格的路径上，屈原、司马迁都以修身为本。屈原坚持美政理想，并不断修养自己的人格。他以自我人格完善的庄严性，诠释了儒家“修身”信念在政治人生领域的实践。《离骚》说“民生各有所乐兮，余独好修以为常”“纷吾既有此内美兮，又重之以修能”“余虽好修姱以鞿羁兮，謇朝谇而夕替。既替余以蕙纕兮，又申之以揽茝。亦余心之所善兮，虽九死其犹未悔”，即是强调修德。

修身积德、舍生取义的儒家学说是汉代一些士人的理想人格境界。司马迁就是这些士人的代表。他在《报任少卿书》中说：

> 修身者，智之符也：爱施者，仁之端也：取与者，义之表也：耻辱者，勇之决也：立名者，行之极也。士有此五者，然后可讬于世，列于君子之林矣。①

司马迁抱负不凡，他强调尚“德”是修德的根本。《史记·乐书》说：“君子不为约则修德，满则弃礼，佚能思初，安能惟始，沐浴膏泽而歌咏勤苦，非大德谁能如斯！”认为“德”乃人格独立与完整，是大公无私的仁的精神。

第三节　司马迁对屈原的精神继承

在《史记》中，司马迁对屈原的思想和精神多有继承。司马迁的义利观

① 司马迁：《报任少卿书》，见班固：《汉书·司马迁传》，中华书局1962年版，第2727页。

与屈原有相通之处。屈原轻利而取义,为了美善的事业之“义”,虽死而不悔。《离骚》云:“忳郁邑余侘傺兮,吾独穷困乎此时也。宁溘死以流亡兮,余不忍为此态也。”“亦余心之所善兮,虽九死其犹未悔!”屈原为了寻求心之所善,舍生取义,死而未悔!即使穷困潦倒,横尸江河,也不愿取利媚俗,行不义之举。在屈原看来,世俗小人之所以斤斤于求利,原因是不注重自我修养。《离骚》云:“兰芷变而不芳兮,荃蕙化而为茅。何昔日之芳草兮,今直为此萧艾也?岂有其他故兮,莫好修之害也。”屈原对人民的生活尤为关心。“长太息以淹涕兮,哀民生之多艰”,对人民遭受到的苦难十分同情。屈原重义轻利,《离骚》云:“夫孰非义而可用兮,孰非善而可服?阽余身而危死兮,览余初其犹未悔。”为了“义”,即使危及生命也不懊悔,正是儒家“杀身成仁,舍生取义”的传统道德观念。“伏清白以死直兮,固前圣之所厚!”死直,即死于直道,也就是为“义”而献身。屈原始终“好修”,继承“惟善以为宝”的传统思想,贵“义”贱“利”。

司马迁重义、尚义,反对争权夺利。在《吴太伯世家》中,司马迁从“义”的角度,歌颂太伯主动让位,“奔荆蛮,文身断发,示不可用”,在结语中借用孔子的话赞扬道:“太伯可谓至德矣,三以天下让,民无得而称焉。”又在《伯夷列传》中,写伯夷让国奔义。国,可谓最大的利,而太伯、伯夷则把最大的利让给别人,表明司马迁的重义、尚义。他在《太史公自序》中说:“太伯避历,江蛮是适……嘉伯之让,作《吴世家》第一。”又说:“末世争利,维彼奔义,让国饿死,天下称之。作《伯夷列传》第一。”可见司马迁的重义是贯穿《史记》之中,并以“义”来约束统治阶级不择手段获利,从而让黎民百姓去追求富利。当然司马迁的“重利”,说到底其核心乃是富民,人民富有了,国家自然强盛。重“义”的核心则是正道直行。正道直行了,就不会弄法犯奸,争权夺利,就能与太伯、伯夷一样主动让利。所以,在司马迁看来,义和利是统一的。司马迁从朴素的唯物史观出发,认为物质利益决定道德观念。他在《平准书》中说“人人自爱而重犯法,先行义而后绌耻辱焉”,认为人们的物质财富多了,就能自爱守法,恪遵道德规范。又在《游侠列传》中称,“何知仁义,已飨其利者为有德”,物质利益决定道德观念。所以,司马迁以为人人应该追求财富，求得富有。人们富有了，就会行德行义，实质上是宣扬义利并重，物质利益与道德及法律法规的和谐统一。

司马迁和屈原在发愤为作的创作观上是一脉相承的。司马迁受宫刑忍辱负重、隐忍苟活完成《史记》，在《报任少卿书》中。司马迁这样写道："所以隐忍苟活，幽于粪土之中而不辞者，恨私心有所不尽，鄙陋没世，而文采不表于后世也。"在司马迁看来，宫刑乃受辱之极致，甚至想到"引决自裁"。然而，为了"究天人之际，通古今之变，成一家之言"，所以"就极刑而无愠色"。《太史公自序》云：

> 于是论次其文。七年而太史公遭李陵之祸，幽于缧绁。乃喟然而叹曰："是余之罪也夫！是余之罪也夫！身毁不用矣。"退而深惟曰："夫《诗》《书》隐约者，欲遂其志之思也。昔西伯拘羑里，演《周易》；孔子戹陈蔡，作《春秋》；屈原放逐，著《离骚》；左丘失明，厥有《国语》；孙子膑脚，而论兵法；不韦迁蜀，世传《吕览》；韩非囚秦，《说难》、《孤愤》；《诗》三百篇，大抵贤圣发愤之所为作也。此人皆意有所郁结，不得通其道也，故述往事，思来者。"①

列举先贤受困厄却有所成就，以屈原的遭遇自励。正是像屈原这样的贤圣的"发愤著书"鼓舞了受极刑的司马迁。

另外，司马迁和屈原在创作缘由上也有相似。可以说他们的作品都是忧愁幽思而作。司马迁在《屈原贾生列传》中说，屈原作《离骚》是为了抒发心中的愤懑。司马迁《史记》鞭挞历代昏暴之君、抨击汉武帝的政治、贬斥酷吏、嘲讽汉儒等，也是忧愁幽思而作。

司马迁《屈原列传》称屈原"其志洁，故其称物芳。其行廉，故死而不容。自疏濯淖污泥之中，蝉蜕于浊秽，以浮游尘埃之外，不获世之滋垢，皭然泥而不滓者也。推此志也，虽与日月争光可也。"屈原的品质追求影响了司马迁的创作。在整个《史记》创作中，司马迁坚持实录精神，像屈原那样堂堂正正立于天地之间。司马迁在《屈原列传》中指出了《离骚》的内容及创

---

① 司马迁：《史记·太史公自序》，中华书局1959年版，第3300页。

作目的:“上称帝喾,下道齐桓,中述汤武,以刺世事。”这与司马迁作《史记》的内容、目的不谋而合,即“述陶唐以来,至于麟止,自黄帝始。”“有所郁结,不得通其道,故述往事,思来者。”二者均以讽刺世事为终极目的。由此可见,司马迁从心理上认同屈原的创作观。

司马迁和屈原有着一致的生死观。司马迁在《报任少卿书》中说:“人固有一死,或重于泰山,或轻于鸿毛,用之所趋异也。”这是他对生死的看法。司马迁对待生死是严谨的,对生死的选择也是理性的。在《报任少卿书》中,司马迁多次表明其受宫刑乃受辱之极致,他的隐忍苟活不是“贪生恶死,念亲戚,顾妻子”。他的活乃为了著书立说“以究天人之际,通古今之变,成一家之言。”一个人死去是很容易的,而有意义地生存才是真正困难的事情,必须具有顽强的生命意识。司马迁选择了隐忍苟活,其生的勇气、意志及动力都是常人所不能及的。尽管屈原投江而死,司马迁隐忍苟活,在命运面前的选择不同,其结果不同,但两人对待生死的价值观是相同的。屈原的死并不源于对生的怯懦和畏惧。在《屈原贾生列传》中,司马迁写屈原并不愿意因世人皆浊而浊,因世人皆醉而醉。屈原选择的依然是“清”和“醒”。屈原宁愿“赴常流而葬乎江鱼腹中耳”,也不愿“以身之察察,受物之汶汶者”。可以说,司马迁对屈原生死的选择是理解并且认同的,甚至是崇敬的,认为屈原的死重于泰山。因此,司马迁有着更重要的选择:

> 仆之先人非有剖符丹书之功,文史星历近乎卜祝之间,固主上所戏弄,倡优畜之,流俗之所轻也。假令仆伏法受诛,若九牛亡一毛,与蝼蚁何以异?①

他所选择的是屈原宁死追求真理的精神,而不是结束生命的形式。

司马迁之生,乃为心中追求之希望,其生重于泰山;屈原之死,乃为心中追求之绝望,乃为追求“义”,为洁身自好,其死重于泰山。

总之,司马迁不仅在创作上受到屈原的影响,在精神上也与屈原一脉相

① 司马迁:《报任少卿书》,见班固:《汉书·司马迁传》,中华书局1962年版,第2732页。

承。司马迁视屈原为榜样，两人虽处在不同的时代，但在创作上和精神上息息相通。鲁迅在《汉文学史纲要》中说：司马迁的《史记》是“史家之绝唱，无韵之《离骚》”，李长之在《司马迁之人格与风格》一书中认为“司马迁就是第二个屈原”，他们都看到了司马迁与屈原心灵上的强烈共鸣。

结　语

中国古代社会，“士”这一阶层作为知识分子，既是中国文化的创造者或承担者，也是中国社会传统的操纵者和管理者。他们关于人类社会的思考和理性总结是相当深刻的，在中国传统文化体系中，对价值观念、知识生产以及意识形态等的形成，具有重要的文化功能。对中国社会政治、经济、文化等都产生了巨大的影响。

由《史记》来看，司马迁的个性气质与思想精神都深深根植于先秦士人文化土壤中，他一生都在追踪古代国士风范，承继思想精神传统。因此，从精神文化层面讲，先秦士人的忧国忧民传统影响了司马迁的爱国思想，使他在《史记》中不仅为爱国的人物作传，更为重要的是他提出了民族统一的思想。先秦士人“诗书言志”传统，经过司马迁的创新和实践，形成了影响深远的“发愤著书”说。先秦士人“立德”“立功”“立言”的不朽意识，对司马迁有一定的感召作用，成了他创作《史记》的元动力。

理想人格乃是先秦士人在任何时候都对其不懈追求的人生境界。儒家“君子”的人格理想及其知其不可而为之的积极进取精神，激励司马迁忍辱发愤，在“仁”“智”“勇”等方面表现出了独特的人格结构。道家的自然人格和柔弱不争的处世方式，影响了司马迁“不羁”的个性气质以及在人生境界上的自我超越。

学术思想是学术知识的总汇。先秦士人在社会动乱、礼崩乐坏的情势下，纷纷发表见解，探究治世良方，形成了“百家争鸣”的局面。司马迁融百家而成一家，形成了独特的“一家之言”。儒家、道家、法家的学术思想深深地影响了司马迁。就儒家来说，他欣赏“六艺”、赞美《春秋》，以儒学思想作为自己的根基。就道家来说，他肯定黄老思想，吸收辩证思想，形成了“见盛观衰”的历史观。就法家来说，他肯定法的治世作用，也反对严刑酷法。

先秦士人有着较为系统的政治思想，如“德治”思想、“民本”思想、“法治”思想等，司马迁在《史记》中也深刻地表现了对以上思想的继承和创造。他强调“德治”的重要性和必要性及其对社会和谐的作用，同时申说积德累善的历史功用，在肯定“德治”的同时，反对暴政。司马迁强调“民”的作用，记录“民本思想”的形成历史，注重其对治国兴邦的必要性。司马迁主张“法治”与“德治”结合及“德主刑辅”的治国方略。

作为史官的士人从巫祝序列中分离出来以后，就产生了浓厚的历史意识。其史官文化中从对神的依赖到对人的重视，使司马迁开始对人的主体地位进行思考，在《史记》中确立了人的主体地位，开创了新的史官文化。先秦史官在对社会历史进行思考的过程中，形成理性精神，司马迁在对其把握的基础上，表现出了探讨天道与人事的关系，展现历史的变化和发展，总结一切人间社会史事，考治乱之源的决心和勇气。形成了“究天人之际，通古今之变，成一家之言”的著史宗旨。自商代以来的“殷鉴”意识和历史教育传统，使司马迁形成了“承弊通变”“见盛观衰”的历史功用论。

先秦史官在记述历史的过程中，有着一定的“书法”传统，到了司马迁，他在前人的基础上，形成了具有“实录”精神的“太史公笔法”。先秦史官的著史体制，使得大量阅读“金匮石室”典籍的司马迁在继承的基础上创新，有了独具一格的“五体结构”。对历史的评价，是史官们不可回避的问题。先秦史官著史，有着一定的史论意识，但往往还不是自觉的。司马迁熔铸前人，断以己意，开创了“太史公曰”的史论形式。

更为重要的是，司马迁在他的《史记》里，继承了先秦“士人”的道义传统。首先，他将人生的意义置于“道”这一终生追求的目标之上，被德怀义，仁厚忠恕，将个体的荣辱穷达与社会的兴衰治乱联系在一起。他的“人固有一死，或重于泰山，或轻于鸿毛”就是这一精神的体现。其次，著史明“道”，并使之见于当世。他以孔子为楷模，“修旧起废”，“究天人之际，通古今之变，成一家之言”。因此，上自远古，下迄“当世”，不论天子、诸侯、大夫，乃至凡夫俗子，莫不辨是非，著得失。这一切，都成了司马迁批判精神的基础。因此，在《史记》里，表现出了强烈的批判意识和抗争精神。

先秦士人产生以后，“以道为尊”成了他们价值体系的核心内容，“不治而议论”体现了士人对社会的深厚关怀，批判精神就是其实现这种关怀的政治诉求。司马迁秉承“世典周史”的史官家学渊源，继承了先秦士人“以道自任”“评判社会”的优秀传统。同时，汉代士人社会地位所发生的显著变化，使得司马迁内心交织着多重矛盾，在这些矛盾的重压下，他便把积极入世的热情转化成了更为强烈的批判精神，这是司马迁批判精神产生的现实因素；除此之外，李陵之祸乃是其批判精神的诱因之一。受道义传统的影响，明政理、求治道成了司马迁《史记》批判的寓意所在。而其批判的内容包括政治思想的批判、社会历史的评判、现实的批判等方面。就司马迁《史记》的批判表现形式而言，“论赞”乃是直接的评判，寓论断于叙事之中以隐含批判。同时，《史记》还以讥讽的形式表现批判。

除对先秦士人与司马迁从总体上分析的同时，有必要对士人个体对司马迁及其《史记》的影响作以探究。选取先秦士人中孔子、孟子、老子、庄子、荀子、韩非子、屈原等在中国文化史上具有重要地位的代表人物，把司马迁同他们分别作以比较，既能印证太史公对先秦士人精神文化传统的承继和弘扬，又能看出士人个体对司马迁影响方式的表现。

总的说来，先秦士人精神、思想、文化、传统等对司马迁有着深厚的影响，这一影响不仅成就了司马迁自我，同时也使得《史记》成为一部不朽的世界文化成果。就文化传承而言，司马迁具有承续前贤，开启后世之功；就文化影响而言，先秦士人对其影响的方式、内容、表现是多方面的。然而，如何对之作更深刻的挖掘，更理性的分析，就成了需要进一步思考的问题。更为重要的是，如何发掘司马迁对先秦士人思想文化吸收、继承和发扬的现代意义，以培养现代知识分子的人格，使每一个人对自己的良心负责，对自己的知识负责，对客观问题的是非得失负责，并能藉此作个人的反省，时代的反省之一助，就成了迫切的、亟待研究的问题。

附录一　论司马迁《史记》中的“和谐”思想

“和谐”是中国传统文化的核心理念和根本精神，是中国社会珍贵的思想传统和恒久的价值追求，它贯穿于中国思想发展史的各个时期，包含着古代人关于自然、社会和人生的哲学智慧，“和谐社会”也成了理想的社会发展目标。“它既是中国古代人对宇宙万物本质规律的一种深邃认识，同时也给人们指出了一个人道追求的理想目标，即只有保持完满的和谐，万事万物才能各得其所，并能呈现出理想的发展景象。”①在司马迁的伟大著作《史记》中，也不例外地表现出了“和谐”思想。

一

司马迁《史记》的“和谐”思想首先是人与自然的和谐，体现为“天人合一”，善待万物，节用财物。关于人与自然的和谐，早在先秦时代，主张“天人合一”。即肯定人与自然的统一。所谓“合一”即指对立的统一，两方面相互依存。“天人合一”主要讲的就是人与自然合一，即人可以认识自然，合理地利用自然，保护自然与自然友好相处，不应该破坏自然，一味地向自然索取。即人与自然界不是敌对关系，而是不可分割的。其经典论述是《老子》：“人法地，地法天，天法道，道法自然”。强调人类必须以遵循自然

① 张岱年、方克立：《中国文化概论》，北京师范大学出版社 1994 年版，第 58 页。

规律并把它作为自己的行动准则。儒家认为“天地生万物”，人与万物都是自然的产儿，主张“仁民爱物”，由己及人、由人及物，把“仁爱”精神扩展至宇宙万物。道家把自然规律看成是宇宙万物和人类世界的最高法则，认为人与自然的和谐比人与人的和谐还要崇高。佛家认为万物都是“佛性”不同的体现，所以众生平等，万物皆有生存的权利。儒、佛、道在人与自然和谐的观点上是一致的。因此，“天人合一”代表着中国的人文精神。钱穆说：“中国文化中，‘天人合一’观实是中国传统文化思想之归宿处。”①

季羡林说，“‘天人合一’这个代表中国古代哲学主要基调的思想，是一个非常伟大的，含义异常深远的思想。”②“这是东西方文化最显著的区别之一。”③中国古代人与自然和谐的思想深深体现着生态智慧与“王道政治”的完美结合。孟子提倡绿化，反对破坏森林，《孟子·告子上》云：“牛山之木常美矣，以其郊于大国也，斧斤伐之，可以为美乎？是其日夜之所息，雨露之所润也，非无萌蘖之生焉，牛羊又从而牧之，是以若彼濯濯也……虽存乎人者，岂无仁义之心哉？其所以放其良心者，亦犹斧斤之于木也，旦旦而伐之，可以为美乎？”这是要求保护自然之美，不能对其进行破坏。《孟子·梁惠王上》还说：“不违农时，谷不可胜食也；数罟不入污池，鱼鳖不可胜食也；斧斤以时入山林，材木不可胜用也。谷与鱼鳖不可胜食，材木不可胜用，是使养生丧死无憾也。”要顺应天时，保护生态环境。这说明人与自然和谐是生存发展与社会安乐的基础，即所谓“王道之始”。只有这样才能达到“养生丧死无憾”和谐幸福的理想社会。

司马迁《史记》中体现出的人与自然和谐的思想，正是先秦“天人合一”和谐思想的继承和延续。

司马迁《史记》中，人与自然的“天人合一”的和谐观念，首先体现在以和善、友爱的态度对待自然万物，善待鸟、兽、草、木。《秦本纪》记载大费“佐舜调驯鸟兽，鸟兽多驯服。”《殷本纪》记载“汤出，见野张网四面，祝曰：

① 钱穆：《中国文化对人类未来的贡献》，《联合报》1990 年 9 月 23 日。

② 季羡林：《人生絮语》，浙江人民出版 1996 年版，第 114 页。

③ 季羡林：《人生絮语》，浙江人民出版 1996 年版，第 147 页。

‘自天下四方，皆入吾网！’汤曰：‘嘻，尽之矣！’乃去其三面，祝曰：‘欲左，左；欲右，右；不用命者，乃入吾网。’诸侯闻之，曰：‘汤德至矣，及禽兽。’”《封禅书》记载“（秦始皇）即帝位三年，东巡郡县，祠驺峄山，颂秦功业。于是征从齐、鲁之儒生博士七十人，至乎泰山下。诸儒生或议曰：‘古者封禅为蒲车，恶伤山之土石草木；埽地而祭，席用菹秸，言其易遵也。’然始皇不听此议，而诎儒生。”儒生建议秦始皇用蒲车而不至于“伤山之土石草木”，即是要保护自然环境。在《周本纪》中说，“夫国必依山川，山崩川竭，亡国之征也。川竭必山崩，若国亡不过十年，数之纪也。天之所弃，不过其纪。”强调人类的生存和生活必须依靠自然，只有保护自然，才能国兴民安。

司马迁《史记》中的人与自然和谐的观念，还体现在顺应天时，按自然规律去耕种务作。在《五帝本纪》中，黄帝“顺天地之纪，幽明之占，死生之说，存亡之难。时播百谷草木，淳化鸟兽虫蛾，旁罗日月星辰水波土石金玉，劳勤心力耳目，节用水火材物。”这是说黄帝顺天地阴阳四时之纪。在《周本纪》中，言公刘虽在戎狄之间，复修后稷之业，务耕种，“行地宜”，自漆、沮度渭，取材用。“行地宜”是说公刘按自然规律去务作。在《平准书》中讲道：“卜式以时起居，养羊肥息，遂拜为郎。”这也是说，顺自然之道。

司马迁《史记》的人与自然和谐的观念，也体现在要节用自然之物。司马迁在《五帝本纪》中记载，高辛氏——喾“取地之财而节用之，抚教万民而利诲之”，黄帝“节用水火材物”。在《孝文本纪》中记载，孝文帝“保护山川无改”，驾崩前告诫臣子，为自己修陵墓时，“霸陵山川因其故，毋有所改。”还说，孝文帝从代来，即位二十三年，“宫室苑囿狗马服御无所增益”，这既体现节用，又是对自然的保护。这其间饱含着对文帝行为的赞颂。然而，在《秦始皇本纪》中记载，秦始皇出巡到湘山祠时，“逢大风，几不得渡”，于是“始皇大怒，使刑徒三千人皆伐湘山树，赭其山。”让山都变得光秃秃了，字里行间有对秦始皇的批评。

在《孟尝君列传》中，用孟尝君与其父的对话，表达了节俭的见解：“今君后宫蹈绮縠而士不得短褐，仆妾余粱肉而士不厌糟糠。而君又尚厚积余岁，欲以遗所不知何人，而忘公家之事日损，文窃怪之。”提倡节约。

此外,司马迁认为,司马相如在“赋”的篇末“劝百讽一”,乃是突出节俭。说《子虚赋》是“空藉此三人之辞,以推天子诸侯之苑郁。其卒章归之节于节俭,因以风谏。”又在《司马相如列传》篇末“太史公曰”中称:“相如虽多虚辞滥说,然其要归引之节俭,此与诗之风谏何异。”意思是说司马相如的赋作提倡节俭,其讽谏之功与《诗》相类。

这种“‘节用观’体现了司马迁对人与自然和谐共处,天人合一的哲学思考。”①因为,只有懂得珍惜,使人类对自然环境的关爱变成一种完全自觉的行为,才能保证人与自然的协调、和谐,才能实现可持续发展。

人与自然的和谐,也应当使“农业生产以至整个社会生活都要与自然界气候变化的节律保持一致。”②人类对自然的开发利用必须限定在自然系统维持自身运行所需的最低限度之内,否则对眼前利益的追求,不仅会对自然系统造成伤害,而且会危害到人类自身的长远发展。

二

司马迁《史记》“和谐”思想还体现为人与社会的和谐,表现为“以德治国”“以仁施政”“礼乐之治”。人与社会的和谐主要包括政治和谐、经济和谐和文化和谐。政治和谐是指在处理统治者和人民的关系时,如《大学》所言,“大畏民志,此谓知本”。意思是说,人民有伟大的力量,执政者应该懂得敬畏人民的意志,把人民视为安邦立国的根本。即“民惟邦本,本固邦宁”的民本思想。因此,统治阶级只有行“王道”才能“保民而王”。行“王道”的核心,即在于“以德治国”与“以仁施政。”

司马迁提倡德治,他在《五帝本纪》《夏本纪》《殷本纪》中,都从历史上的成败来说明“德治”的必要性。是否实行“德治”,成为司马迁评论历史,评论现实的根本出发点。司马迁首先强调以德治国的重要性。在《孙子吴

---

① 刘宏伟:《史记中“节用观”初探》,见《司马迁与史记论集》,陕西人民出版社 2004 年版,第 274 页。

② 张家诚:《中国的传统文化与现代科学的发展》,《贵州气象》1998 年第 22 期。

起列传》中，魏武侯与吴起谈论治国之道：“武侯浮西河而下，中流而下，顾而谓吴起曰：‘美哉乎山河之固，此魏国之宝也。’起对曰：‘在德不在险。昔三苗氏左洞庭，右彭蠡，德义不修，禹灭之。夏桀之居，左河、齐，右泰、华，伊阙在其南，羊肠在其北，修政不仁。汤放之。殷纣之国，左孟门，右太行，常山在其北，大河经其南，修政不德，武王杀之。由此观之，在德不在险。若君不修德，舟中之人，尽可敌国也。’武侯曰：‘善。’”这就是说，要使国家长治久安，就必须修德义，施仁政。他还借赵良之口，盛赞五羖大夫之德。“发教封内，而巴人致贡。施德诸侯，而八戎来服。由余闻之，款关详见。五羖大夫之相秦也，劳不坐乘，暑不张盖，行于国中，不从车乘，不操干戈，功名藏于府库，德行施于后世。”“教之化民也深于命，民之效上也捷于令。”

司马迁还强调仁德对社会和谐的重要意义。《五帝本纪》说：“帝尧者，放勳。其仁如天，其知如神。就之如日，望之如云。富而不骄，贵而不舒。黄收纯衣，彤车乘白马，能明驯德，以亲九族。九族既睦，便章百姓。百姓昭明，合和万国。”这就是说仁德让社会和谐。当然，实施“以德治国”的同时，也应注重“以德化民。”《孝文本纪》记载道：“群臣如张武等受赂遗金钱，觉，上乃发御府金钱赐之，以愧其心，弗不吏。专务以德化民，是以海内殷富，兴于礼义。”篇末赞又说：“汉兴，至孝文四十有余载，德至盛也。”

此外，司马迁还强调积德累善的历史功用。《秦楚之际月表序》称：“昔虞、夏之兴，积善累功数十年，德洽百姓，摄行政事，考之于天，然后在位。汤武之王，乃由契、后稷修仁行义十余世，不期而会孟津八百诸侯，犹以为未可，其后乃放弑。秦起襄公，章于文、缪，献孝之后，稍以蚕食六国，百有余载，至始皇乃能并冠带之伦。以德若彼，用力如此，盖一统若斯之难也。”司马迁追溯历史，得出长期积德累善，才能得天下的结论。

要实现“以德治国”，就要“以民为本”或“以天下为本”。因此，司马迁的社会和谐思想也表现为“以民为本”。孟子以帝王之师的身份教导统治者，《孟子·离娄上》说：“得天下有道：得其民，斯得天下矣；得其民有道：得其心，斯得民矣。”司马迁在《史记》中也充分表明了这一思想。在《周本纪》中，记载古公的主张和态度：“有民立君，将以利之。今戎狄所为攻战，以吾地与民。民之在我，与其在彼，何异。民欲以我故战，杀人父子而君子，予不忍为。”他避开战争，不愿让人民成为战争的牺牲品。《郦生陆贾列传》说：“臣闻知天之天者，王事可成；不知天之天者，王事不可成。王者以民人为天，而民人以食为天。”说明治理天下的国君要以人民为依靠。《鲁周公世家》引用周公的话说：“政不简不易，民不有近；平易近民，民必归之。”主张为政要平和简易，不可繁苛使人民手足无措。《赵世家》记载赵武灵王派王緤向公子成转达的一段话：“制国有常，利民为本；从政有经，令行为上。”说明礼法制度都是为了给百姓谋利而设。《平津侯主父列传》用太皇太后下诏之言：“治国之道，富民为始；富民之要，在于节俭。”《五帝本纪》记载尧帝“立七十年得舜，二十年而老，令舜摄行天子之政，荐之于天。……尧知子丹朱之不肖，不足授天下，于是乃授权舜，授舜则天下得其利而丹朱病。授丹朱则天下病而丹朱得其利。尧曰‘终不以天下之病而利一人’，而卒授舜以天下。”体现以民为本思想。

司马迁提倡德治，并不绝对反对法治。《循吏列传》说：“法令所以导民也，刑法所以禁奸也。”其中“导民”，实际上是强调教化，崇尚德治。《酷吏列传》说：“法令者治之具，而非治清浊之源也。”其赞赏的当是德治与法治的结合。从汉兴到武帝即位的七十多年之间的“约法省禁”，“国家无事”，司马迁对此倍加称赞。“高祖入关，约法三章，蠲削烦苛，兆民大说。其后四夷未附，兵革未息，三章之法不足以御奸，于是相国萧何攈摭秦法，取其宜于时者，作律九章。”及时修改制定法律，以有效治理。

司马迁的和谐社会目标，突出百姓平安。在记述商鞅变法之后的和谐景象时，《商君列传》写道：“行之十年，秦民大悦，道不拾遗，山无盗贼，家给人足。民勇于公战，怯于私斗，乡邑大治。”《五帝本纪》说：“舜耕历山，历山之人皆让畔。渔雷泽，雷泽上人皆让居。陶河滨，河滨器皆不苦窳。”“舜举八恺，使主后土，以揆百事，莫不时序；举八元，使布五教于四方，父义、母慈、兄友、弟恭、子孝，内平外成。”“舜曰：‘契，百姓不亲，五品不训，汝为司徒，而敬敷五教，在宽。’”《平准书》记载汉代和谐盛世的状况：“汉兴七十余年之间，国家无事，非遇水旱之灾，民则人给家足，都鄙廪庾皆满，而府库余货财。京师之钱累巨万，贯朽而不可校。太仓之粟陈陈相因，充溢露积于外，至腐败不可食。众庶街巷有马，阡陌之间成群，而乘字牝者傧而不得聚会。守宫阎者食粱肉，为吏者长子孙，居官者以为姓号，故人人自爱而重犯法，先行义而后绌耻辱焉。”经济发展，国家富足，百姓守法，社会安泰。

司马迁认为，实现社会“和谐”之途径和方式，乃是实施礼乐之治。《礼书》说：“人道经纬万端，规矩无所不贯，诱进以仁义，束缚以刑罚，故德厚者位尊，禄重者宠荣。所以总一海内而整齐万民也。”“治辨之极也，强固之本也，威行之道也，功名之总也。王公由之，所以一天下，臣诸侯也；弗由之，所以捐社稷也。故坚革利兵不足以为胜，高城深池不足以为固，严令繁刑不足以为威。由其道则行，不由其道则废。”他在《乐书》中说：“治定功成，礼乐乃兴。”“礼乐刑政，其极一也，所以同民心而出治道也。”“治世之音安以乐，其政和；乱世之音怨以怒，其政乖；亡国之音哀以思，其民困。声音之道，与政通矣。”说明音乐是社会治理状况的表征。《乐书》还说：“上古明王举乐者，非以娱心自乐，快意恣欲，将欲为治也。正教者皆始于音，音正而行正。……夫礼由外入，乐自内出。故君子不可须臾离礼，须臾离礼则暴慢之行穷外；不可须臾离乐，须臾离乐则奸邪之行穷内。故乐音者，君子之所养义也。夫古者，天子诸侯听钟磬未尝离于庭，卿大夫听琴瑟之音未尝离于前，所以养行义而防淫佚也。夫淫佚生于无礼，故圣王使人耳闻《雅》、《颂》之音，目视威仪之礼，足行恭敬之容，口言仁义之道。”《封禅书》则说：“三年不为礼，礼必废；三年不为乐，乐必坏。”说明礼、乐对社会治理的和谐至关重要。

三

司马迁《史记》的“和谐”思想还包括经济和谐，体现为“四业并兴”。司马迁的经济思想，“不仅突破了重农抑商的传统观念，而且强调四业并重，缺一不可”，“对‘重农抑商’这一传统的‘抑商’政策作了彻底否定。”①

---

① 张大可：《司马迁经济思想论述》，《学术月刊》1983年第4期。

在我国古代，农是本业，虞工商被视为末业。但也有对四业（农、工、虞、商）并兴重要性的论断。《逸周书·程典》说：“商不厚，工不巧，农不力，不可成治。”《逸周书·文典》也说：“商贾以通其货，工不失其务，农不失其时，是谓和德。”

司马迁在《史记·货殖列传》中说：“待农而食之，虞而出之，工而成之，商而通之。”使“人各任其能，竭其力，以得所欲。故物贱之征贵，贵之征贱，各劝其业，乐其事，若水之趋下，日夜无休时，不召而自来，不求而民出之。岂非道之所符，而自然之验邪？”“此四者民所衣食之原也。原大则饶，原小则鲜，上则富国，下则富家。”指出了“四业”的重要性及其与国计民生的关系。司马迁把商业作为人民衣食之原放到国民生产总体结构中考察其作用，“四业兴旺，国家富强，四业不齐，国家贫弱。”这就说明人们并不是都能生产自己所需的一切，各生产者之间，必须进行协作交换，以互通有无，只有这样，才能实现经济和谐，使国家富强，社会发展。《史记·货殖列传》还说：“《周书》曰：‘农不出则乏其食，工不出则乏其事，商不出则绝三宝，虞不出则财匮少。’财匮少而山泽不辟矣。此四者，民所衣食之原也。原大则饶，原小则鲜。上则富国，下则富家。”

后来的学者对司马迁“四业并兴”的思想多有论述。清代陈玉树《后乐堂文钞续编》说：“三者（指商、工、农，引者注）皆式微，而国势亦弱矣。太史公知其然也，故引《周书》曰：‘农不出则乏其食，工不出则乏其事，商不出则绝三宝’，其下历举齐太公以妇功技巧鱼盐，辐奏天下。勾践以利农平粜贵出贱取致富，厚报强吴，观兵中国。盖古人之所以富强其国者，举不外是矣。”近代学者梁启超《史记货殖列传今义》说：“西人言富国学者，以农矿工商分为四门。农者地面之物也，矿者地中之物也，工者取地面、地中之物制成致用也，商者以制成致用之物流通天下也。四者相需，缺一不可，与《史记》之言若合节符。”都肯定司马迁经济思想中“四业”和谐的观点。

当代的司马迁《史记》研究专家对此也给予充分肯定。王明信说：“司马迁从古代社会的生产分工，看到了经济发展的客观规律，如农虞工商，四者必须互相协作。”[①]张大可认为：“司马迁从经济人俗发展之‘势’的观点出发，认识到社会出现农工虞商的分工是不以人们意志为转移的客观规律。”[②]周怀宇认为：司马迁“在全面研究汉代社会经济，尤其是工商经济实际状况的基础上，通过历史的总结，深刻地认识到工商经济的发展和农业经济的发展具有同等重要的意义，因而在前人‘重农’的思想基础上，大大前进一步，提出了‘农末俱利’，即既要重农又要重视工商经济的主张。”[③]

四

司马迁《史记》的“和谐”思想还包括民族和谐，体现为“民族统一”“协和万邦”。司马迁认为，中华民族是一个统一的整体，华夏周边各民族都是中国的重要组成部分。司马迁撰《史记》从上古写到当世，从体例到内容，大一统思想贯穿其中，为上古以来至西汉当世的大一统政治和大一统思想作了全面的反映和总结。据学者统计，“一统”一词作为国家统一的意思，在《史记》中出现过6次。[④] 他在《秦本纪》中称赞秦统一说：“秦并海内，兼诸侯，南面称帝，以养四海，天下之士，斐然向风，若是者何也？曰，近古之无王者久矣……”《吴太伯世家》说：“余读《春秋》古文，乃知中国之虞与荆蛮勾吴兄弟也。”《楚世家》说：“楚之先祖出自帝颛顼高阳。高阳者，黄帝之孙，昌意之子也。”《越王勾践世家》说：“越王勾践，其先禹之苗裔，而夏后帝少康之庶子也。封于会稽，以奉守禹之祀，文身断发，披草莱而邑焉。”《匈奴列传》说：“匈奴，其先祖夏后氏之苗裔也，曰淳维。唐虞以上有山戎，猃狁、荤粥，居于北蛮，随畜牧而转移。”司马迁的这些表述，说明不仅中原诸侯列国，而且周边各民族始祖，都可溯源为黄帝子孙。这就是司马迁的大一统的历史观与民族统一历史观。司马迁的这些论述乃是有意识采用传说，

---

① 王明信：《论司马迁的经济思想》，见《中国历史文献研究集刊》（四），岳麓书社1983年版，第326页。

② 张大可：《司马迁经济思想论述》，《学术月刊》1983年第4期。

③ 周怀宇：《司马迁工商思想论述》，《安庆师院学报》1983年第2期。

④ 孙文阁：《史记大一统思想析论》，《龙门论坛》，华文出版社2005年版，第356页。

作为民族统一思想的历史依据和理论。

司马迁把少数民族看作是汉天子的一方臣民，为之设传。《太史公自序》说：“自三代以来，匈奴常为中国患害；欲知强弱之时，设备征讨，作《匈奴列传》；直曲塞，广河南，破祁连，通西国，靡北胡，作《卫将军骠骑列传》；汉既平中国，而佗能集杨越以保南藩。纳贡职，作《南越列传》……唐蒙使略通夜郎，而邛笮之君请为内臣受吏，作《西南夷列传》……汉既通使大夏，而西极远蛮，引领内乡，欲观中国，作《大宛列传》。”司马迁把各少数民族的传记穿插安排于各有关名臣大将的列传之间，这种安排方式说明司马迁把少数民族作为汉天子一方臣民看待。

司马迁民族统一思想还表现在，对凡是为中国统一事业做出贡献的帝王都给予了积极的评价，并加以颂扬。《史记》对大禹的功绩进行了颂扬，说：“维禹之功，九州攸同”，大禹治水，疏导九州，使中国的疆域达到了空前的统一。《史记》还颂扬了秦的统一，特别是对秦始皇的统一功业给予了极大的肯定。《六国年表》说：“秦取天下多暴，然世异变，成功大。”他还对一些儒生看不到秦在统一事业上的功绩进行批评。《史记·六国年表》说：“学者牵于所闻，见秦在帝位日浅，不察其始终，因举而笑之，不敢道，此与以耳食无异。”

司马迁民族和谐思想还体现在对和亲政策的肯定上。和亲是指中原地区的汉族朝廷同边疆少数民族政权之间的为施行政治和约而进行的联姻行为。司马迁在《史记》中虽然没有正面评论和亲之事，但从其有关记述中可以看出他对和亲持赞同的态度。在《刘敬叔孙通列传》中，他记下了刘敬提倡和亲之策的建议，并被看作是刘敬的功绩之一。在《匈奴列传》中，司马迁详细记述了历次和亲的时间、社会背景、双方往来书信等，有时亦述及和亲的效果。高祖时，“岁奉匈奴絮缯酒米食物各有数，约为昆弟以和亲，冒顿乃少止。”文帝继续执行和亲政策，大臣们也都认为匈奴不可击，“和亲甚便”，“景帝复与匈奴和亲，通关市，给遗单于，遣翁主如故，终景帝之世，时时小人盗边，无大寇。”“武帝继位，明和亲约束，厚遇关市，饶给之。匈奴自单于以下皆亲汉，往来长城下。”可见，司马迁对和亲政策是赞同的。

司马迁民族和谐思想还表现在对向少数民族发起边疆战争的否定上。司马迁虽然对一切攘夷制夷的正义战争给予肯定和称誉，但对穷兵黩武的政策和行为持否定态度，并给予抨击，认为与少数民族的战争不利于国家发展。司马迁总结汉兴以来的治国经验，认为使国家治强富裕，“必须有一个和平、安定的边境环境。”[①]因此，司马迁主张民族之间应友好往来，共存共荣，反对民族侵略战争。主张休宁边陲，发展经济。他在《律书》中指责秦始皇“穷武之不知足，甘得之心不息。”还记载，文帝不同意对外用兵，认为“坚边设侯，结和通使”对人民有利。

① 朱枝富：《论司马迁的民族思想》，《中央民族学院学报》1986 年第 3 期。

附录二　司马迁的“英雄观”

《人物志·英雄》云:“夫草之精秀者为英,兽之特群者为雄。故人之文武茂异,取名于此。”陈说“英”“雄”的字义内涵是“聪明秀出”“胆力过人”,又云“英以其聪谋始,以其明见机,待雄之胆行之;雄以其力服众,以其勇排难,待英之智成之;然后乃能各济其所长也。……必聪能谋始,明能见机,胆能决之,然后可以为英:张良是也。气力过人,勇能行之,智足断事,乃可以为雄:韩信是也。……一人之身,兼有英雄,乃能役英与雄。能役英与雄,故能成大业也。”①说明具有“聪”“明”“智”“胆”“力”“勇”六大品质的人才可以称作“英雄”。尽管这一“英雄”观念的正式形成是在魏晋时期,然《史记》中记载的一些人物,也有着“英雄”的品质。可以说,司马迁以深情的笔触书写着英雄的传奇人生和丰功伟绩,一部《史记》就是一个三千多年间英雄人物的画廊。《史记》的“英雄”书写,体现了司马迁的英雄观,并通过《史记》中“英雄”内涵的表述、对英雄人物记述以及自己的“生死观”体现出来。

一、司马迁对“英雄”品质的表述及体现

司马迁《报任少卿书》:“修身者,智之符也;爱施者,仁之端也;取予者,义之表也;耻辱者,勇之决也;立名者,行之极也。士有此五者,然后可以托于世,列于君子之林矣。”②司马迁认为人只要具备了“智”“仁”“义”“勇”

① 刘邵:《人物志·英雄》,刘昞注,红旗出版社 1996 年版,第 107 页。
② 班固:《汉书·司马迁传》,中华书局 1962 年版,第 2727 页。

“名”这五种要素的人就可以“列于君子之林”。这里的“君子”，其“智”“勇”“武”等品质与“英雄”品质相一致。

司马迁在《史记》中用一些“英雄”品质要素赞颂历史人物，如“神灵”“谋略”“聪”“明”“智”“胆”“力”“勇”“仁”“义”“贤”等。如《五帝本纪》开篇就有对黄帝的肯定：“黄帝者，少典之子，姓公孙，名轩辕。生而神灵，弱而能言，幼而徇齐，长而敦敏，成而聪明。”①说黄帝“生而神灵”，《史记正义》云：“言神异也。《易》曰‘阴阳不测之谓神’，《书》曰‘人惟万物之灵’，故谓之神异也。”②这是说黄帝出生时，就具备了远超于常人的神异能力。再如记颛顼：“帝颛顼者，黄帝之孙而昌意之子也。静渊而有谋，疏通而知事，养材以任地，载时以象天，依鬼神以制义，治气以教化，洁诚以祭祀。”③作为帝王英雄，颛顼深沉稳重而智谋超群，疏旷通达而明辨事理，能够效法天地，使才任物。《五帝本纪》记载帝喾：“高辛生而神灵，自言其名。普施利物，不于其身。聪以知远，明以察微，顺天之义，知民之急。”④高辛帝具有与黄帝同样的聪明才智，“生而神灵，自言其名”，而且能施恩于万物。他耳聪目明，能知悉遥远，洞察隐微。

由司马迁所说“智”“仁”“义”“勇”“名”品质要素看来，其“英雄观”通过以下这几类历史人物得以体现。其一，以大功业者而著称于世者，如黄帝、尧、舜、汤、周文王、周武王等皆是也。因为，“‘五帝时代’被称之为是中华民族的‘英雄时代’，因为在这时，我们的祖先为了本民族的生存和发展，在与大自然和周边其他民族的斗争中，涌现出了一大批巨人般的英雄。”⑤除五帝以外，《夏本纪》中的禹、启等；《殷本纪》中的契、成汤、太甲、盘庚、武丁等；《周本纪》中的后稷、公刘、古公亶父、周文王、周武王、周成王、周穆王等；《秦本纪》中的非子、秦仲、秦文公、秦穆公、秦献公、秦孝公、秦惠文君、秦武王、秦昭襄王等，都是成就功业的帝王“英雄”。其

① 司马迁：《史记·五帝本纪》，中华书局1959年版，第1页。
② 司马迁：《史记·五帝本纪》，中华书局1959年版，第2页。
③ 司马迁：《史记·五帝本纪》，中华书局1959年版，第11页。
④ 司马迁：《史记·五帝本纪》，中华书局1959年版，第13页。
⑤ 张新科：《中国古典传记文学的生命价值》，人民出版社2012年版，第234—235页。

二,以大智慧而著称于世者,如范蠡、张良、吕望等。作为谋士的范蠡有忠义风范、智慧谋略。越国战败后,越王勾践要到吴国当奴仆。吴王夫差想劝范蠡离开勾践以辅佐自己,而范蠡毫不动摇。返国之后,勾践听取范蠡建议,劝农桑,务积谷,不乱民功,不逆天时;治民亲民,稳定社会;施民所善,去民所恶;内亲群臣,下义百姓;有人生病,勾践亲自去慰问;有人去世,就亲自去办丧事;对家里有变故的免除徭役。这一系列的措施,使百姓得到安定,军事力量也得到了恢复。其三,以勇武有力而著称于世者,如秦武之、项羽等。写项羽“勇猛好武”“气力拔山”。他有着英雄的胆识,不学书、剑,要学“万人敌”,有着“取而代”始皇的魄力。“巨鹿之战”则显现了其一往无前、力撼山岳的英雄本色。此后,降章邯、杀子婴,灭秦国,楚汉之争中,困沛公于鸿门,败汉王于彭城……成为叱咤一时的英雄。其四,以忠于职守、克己奉公而著称于世者,如诸循吏。他们有经天纬地之才,智谋超群、忠义直谏、满腹经纶,运筹帷幄之中,决胜千里之外。其五,以义薄云天而著称于世者,如众刺客。这些英雄人物之所以能够青史留名,是因为他们的死或为了国家、民族大义,或为了自己肩负使命,或为了报答知遇之恩等。他们在生死面前,表现出了英雄人物身上所体现出的共同特点,那就是重义而轻生。除此之外,《史记》所记以仁人爱物之德行、信义、勇于革新等著称于世者,如汤、周文王、季布、秦孝公、商鞅等,在司马迁看来,他们都是“英雄”。

在《史记》记述中,司马迁不以出身论英雄,如出身社会底层的刘邦、乐毅、陈胜、吴广等;不以成败论英雄,如历史上以悲剧和失败而谢幕的英雄人物如项羽、赵武灵王、飞将军李广等;不以社会地位论英雄,如《游侠列传》《刺客列传》中所记载的游侠和刺客等。

需要指出的是,司马迁记述“英雄”人物,其“英雄观”是有一定的历史局限的。在某种意义上说,司马迁的“英雄观”反映的是“英雄史观”。《楚元王世家》有:“太史公曰:国之将兴,必有祯祥,君子用而小人退。国之将亡,贤人隐,乱臣贵。使楚王戊毋刑申公,遵其言,赵任防与先生,岂有篡杀之谋,为天下僇哉?贤人乎,贤人乎!非质有其内,恶能用之哉?甚矣,‘安危在出令，存亡在所任'，诚哉是言也！"[①]认为国家兴亡是帝王用人的结果，"一个政权的安危存亡，固然与用人当否有很大关系，但是将其视为唯一的原因，自然就是英雄造时势的观点了。司马迁在评论历史人物或历史事件中，十分注意甚至过分强调帝王将相的作用，所以说他是英雄史观。"[②]但司马迁"又有些实事求是精神，具有朴素的唯物的历史观点。"[③]

总之，司马迁在《史记》中述及"英雄"的基本质素，以实录的精神记述历史"英雄"，肯定了"英雄"的历史价值。

二、从司马迁"生死观"看其"英雄观"

"生死观"是指人对生存与死亡意义与价值的看法和观念。司马迁在《报任少卿书》中对"生死观"有所阐述：

> 盖钟子期死，伯牙终身不复鼓琴。何则？士为知己者用，女为说己者容。夫人臣出万死不顾一生之计，赴公家之难，斯已奇矣。
>
> 仆之先非有剖符丹书之功，文史星历近乎卜祝之间，固主上所戏弄，倡优畜之，流俗之所轻也。假令仆伏法受诛，若九牛亡一毛，与蝼蚁何以异？而世又不与能死节者比，特以为智穷罪极，不能自免，卒就死耳。何也？素所自树立使然也。人固有一死，死有重于泰山，或轻于鸿毛，用之所趋异也。
>
> 且勇者不必死节，怯夫慕义，何处不勉焉！仆虽怯懦欲苟活，亦颇识去就之分矣，何至自湛溺缧绁之辱哉！且夫臧获婢妾犹能引决，况若仆之不得已乎！所以隐忍苟活，函粪土之中而不辞者，恨私心有所不尽，鄙没世而文采不表于后也。[④]

在这里，司马迁表达了他对死亡的看法：其一，为知己而死，在所不辞。其

① 司马迁：《史记·楚元王世家》，中华书局1959年版，第1990页。

② 施丁：《司马迁评历史人物》，《辽宁大学学报》（哲学社会科学版）1980年第2期，第34页。

③ 施丁：《司马迁评历史人物》，《辽宁大学学报》（哲学社会科学版）1980年第2期，第34页。

④ 班固：《汉书·司马迁传》，中华书局1962年版，第2732—2733页。

二，为人臣子，为赴国难而死，在所不辞。其三，人固有一死，或重于泰山，或轻于鸿毛。重于泰山之死，死之值得；轻于鸿毛之死，一文不值。其四，为节义而死，值得尊敬，但壮志未酬而文章名节不著于后世就死去，实为不值。其五，生前富贵，死后名灭，不算英雄；生前受辱，而能坚强活下来，最终成就一番事业，流芳后世，才是真英雄。其六，完成自己的使命，实现自己的理想，虽遭万戮，也在所不辞。纵观司马迁的生死观，其实与其英雄观互为表里。从上面的引文可以看出，司马迁认为人为了国家、为了大义而死的就是勇，就重于泰山，就应当受到后世的敬仰和尊重；而为了使命、为了理想在遭受不公正待遇的境况下，能够坚强地活下来，最终完成使命，实现理想，也同样是英雄。对英雄人物来说，选择生，或是选择死，都是基于其自身肩负的使命、大义和理想。因此说，“死有重于泰山，或轻于鸿毛”者，司马迁更推崇的是“重于泰山”之死。这既是司马迁的生死观，同时又是其英雄观。

此外，在司马迁看来，只要为了神圣的使命，即使遭受“奇耻大辱”，也要为完成使命、实现人生理想而忍辱负重，坚强活下去。他在《报任少卿书》中说：

> 仆窃不逊，近自托于无能之辞，网罗天下放失旧闻，考之行事，稽其成败兴坏之理，凡百三十篇，亦欲以究天人之际，通古今之变，成一家之言。草创未就，适会此祸，惜其不成，是以就极刑而无愠色。仆诚已著此书，藏之名山，传之其人通邑大都，则仆偿前辱之责，虽万被戮，岂有悔哉！然此可为智者道，难为俗人言也。①

司马迁遭受腐刑之后，之所以没有选择一死了之，而隐忍苟活，“就极刑而无愠色”，就在于他自己心中有理想，肩上有使命。若不能实现理想、完成使命，而选择就死，实际上就是他所说的“轻于鸿毛”之死，与“蝼蚁”无异。他相信自己只要坚持活下来，就一定能够完成父亲司马谈的临终遗命：“余死，汝必为太史；为太史，无忘吾所欲论著矣。且夫孝始于事亲，中于事君，终于立身。扬名于后世，以显父母，此孝之大者”②，完成“究天人之际，通古

---

① 班固：《汉书·司马迁传》，中华书局1962年版，第2735页。

② 司马迁：《史记·太史公自序》，中华书局1959年版，第3295页。

今之变，成一家之言”的史学著作，实现父亲对自己的期望：“自周公卒五百岁而有孔子。孔子卒后至于今五百岁，有能绍明世，正易传，继春秋，本诗书礼乐之际”。因此，他选择了“就极刑而无愠色”，勇敢坚强地活下来，坚持完成了《史记》创作，实现了自己的人生使命。在司马迁看来，“人生本身就是人超越死亡的战场。在这个战场上，人们通过各种形式的拼搏，与命运对抗，以获得永存的、不朽的人生价值，从而也就取得了对死亡予以否定的胜利。”①而司马迁的生死观是古代圣贤人物事迹激励的结果。《汉书·司马迁传》说：

> 古者富贵而名摩灭，不可胜记，唯倜傥非常之人称焉。盖西伯拘而演《周易》；仲尼厄而作《春秋》；屈原放逐，乃赋《离骚》；左丘失明，厥有《国语》；孙子膑脚，《兵法》修列；不韦迁蜀，世传《吕览》；韩非囚秦，《说难》《孤愤》；《诗》三百篇，大氐圣贤发愤之所为作也。此人皆意有所郁结，不得通其道，故述往事、思来者。②

这些先贤圣哲英雄在遭受困厄、困难、折磨、屈辱时，“意有所郁结，不得通其道，故述往事、思来者”，才使他们一方面抒发了自己内心的郁结不平之气，另一方面又成就了他们的伟大事业，实现了自己的人生价值，完成了自己的历史使命，成为彪炳史册的英雄人物。

司马迁以“不朽”超越死亡。“死而不朽”是西周以来的传统观念，是指生命个体死后的多个“灵魂”依然以肉体方式与活人影响宗族社群的血缘延续性。司马迁把“立言”作为实现“不朽”的选择，在《与挚伯陵书》中说：“迁闻君子所贵乎道者三：太上立德，其次立言，其次立功。伏维伯陵材能绝人，高尚其志，以善厥身，冰清玉洁，不以细行荷累其名，固已贵矣；然未尽太上之所由也！愿先生少致意焉。”表明了强烈的生命不朽意识。

《史记》中不同身份、不同社会地位英雄人物面对生死的态度立场，也一定意义上体现了司马迁的生死观。如《史记·刺客列传》所记载：

---

① 朱发建：《超越死亡：司马迁的著史心态》，《湘潭大学学报》1996 年第 5 期，第 23 页。

② 班固：《汉书·司马迁传》，中华书局 1962 年版，第 2725—2735 页。

荆轲者,卫人也。其先乃齐人,徙于卫,卫人谓之庆卿。而之燕,燕人谓之荆卿。①

燕国有勇士秦舞阳,年十三,杀人,人不敢忤视。乃令秦舞阳为副。荆轲有所待,欲与俱;其人居远未来,而为治行。顷之,未发,太子迟之,疑其改悔,乃复请曰:“日已尽矣,荆卿岂有意哉?丹请得先遣秦舞阳。”荆轲怒,叱太子曰:“何太子之遣?往而不返者,竖子也!且提一匕首入不测之强秦,仆所以留者,待吾客与俱。今太子迟之,请辞决矣!”遂发。

太子及宾客知其事者,皆白衣冠以送之。至易水之上,既祖,取道,高渐离击筑,荆轲和而歌,为变徵之声,士皆垂泪涕泣。又前而为歌曰:“风萧萧兮易水寒,壮士一去兮不复还!”复为羽声慷慨,士皆瞋目,发尽上指冠。于是荆轲就车而去,终已不顾。②

荆轲刺杀秦王嬴政虽未成功,但其为了报答对自己有知遇之恩的燕王,为了燕国利益,重义轻生、勇于牺牲的精神足以彪炳史册。荆轲是为了民族大义和国家利益而从容赴死的英雄。这样的英雄人物,虽死犹生,流芳百世。

《史记·陈涉世家》记载陈胜、吴广谋划起义时说:“今亡亦死,举大计亦死;等死,死国可乎?”同时发出“且壮士不死即已,死即举大名耳,王侯将相宁有种乎”的呼号,表现出面对死亡无所畏惧的精神。还有“力拔山兮气盖世”的项羽,至死不悔与命运抗争,张扬着生命的英雄气概。再如孔子一生困顿、潦倒,却百折不回,为实现其理想奔走游说,以不移的意志与命运抗争。司马迁对孔子“高山仰止,景行行止,虽不能至,然心向往之。”可见其崇敬之情。记载“忍辱就功名”的伍子胥,司马迁赞叹“向伍子胥从奢俱死,何异蝼蚁,弃小义、雪大耻,名垂后世。”这也可以看作司马迁自己人生悲歌的高唱。

---

① 司马迁:《史记·刺客列传》,中华书局1959年版,第2526页。

② 司马迁:《史记·刺客列传》,中华书局1959年版,第2533—2534页。

三、司马迁“英雄观”的表达方式

司马迁《史记》所记载“英雄”人物众多，上自帝王将相，下至贩夫走卒，其“英雄观”或通过人物之述、或以“君子曰”、或直接发表议论来表达。

司马迁通过历史人物之口表达对英雄人物的肯定。如《史记·五帝本纪》对鲧和舜德行的颂赞就是通过尧与大臣的问对表现出来。《五帝本纪》载：

> 尧曰：“谁可顺此事？”放齐曰：“嗣子丹朱开明。”尧曰：“吁！顽凶，不用。”尧又曰：“谁可者？”讙兜曰：“共工旁聚布功，可用。”尧曰：“共工善言，其用僻，似恭漫天，不可。”尧又曰：“嗟，四岳，汤汤洪水滔天，浩浩怀山襄陵，下民其忧，有能使治者？”皆曰鲧可。尧曰：“鲧负命毁族，不可。”岳曰：“异哉，试不可用而已。”尧于是听岳用鲧。九岁，功用不成。
>
> 尧曰：“嗟！四岳：朕在位七十载，汝能庸命，践朕位？”岳应曰：“鄙德忝帝位。”尧曰：“悉举贵戚及疏远隐匿者。”众皆言于尧曰：“有矜在民间，曰虞舜。”尧曰：“然，朕闻之。其何如？”岳曰：“盲者子。父顽，母嚚，弟傲，能和以孝，烝烝治，不至奸。”尧曰：“吾其试哉。”①

这里记载了两件事：其一，帝尧向四岳询问，谁可以治理洪水；其二，帝尧向大臣咨询谁可以接替自己的帝位来治理天下。在这两段问对中，我们可以看到，帝尧作为一个帝王英雄，对事关天下黎民百姓的重大事情的重视。当四岳向帝尧推荐治水英雄鲧时，帝尧对鲧的评价是“负命毁族”，所以不愿意让鲧来治理洪水。最后，在四岳的劝说下，帝尧才勉强答应，让鲧来试试。结果，鲧治理洪水，九年而功不成。而在推荐接替帝位人选时，帝尧更是以德行和才能为标准，不论亲疏。当四岳向帝尧推荐丹朱时，帝尧以其“顽凶”而不用；当推荐共工时，帝尧以其“善言，其用僻，似恭漫天”而不用；当

① 司马迁：《史记·五帝本纪》，中华书局1959年版，第20—21页。

推荐虞舜时，帝尧听闻他以孝而闻名，才答应考验一下虞舜。这两段人物对话，不仅显示出帝尧作为帝王英雄，其以天下为公的宽广胸襟和选贤任能、不论亲疏的帝王风范，而且还借历史人物之口，对诸如丹朱、共工、鲧和虞舜等英雄人物作出了评价，体现了司马迁的“英雄观”。

司马迁还以历史人物行为选择来体现“英雄观”。如《史记·秦本纪》：“戎王使由余于秦。由余，其先晋人也，亡入戎，能晋言。闻缪公贤，故使由余观秦。”①司马迁通过由余入秦乃是因为“缪公贤”，以体现秦缪公为人贤达的英雄品质。同样，还通过卫鞅入秦来表现秦孝公之贤：“公叔既死，公孙鞅闻秦孝公下令国中求贤者，将修缪公之业，东复侵地，乃遂西入秦，因孝公宠臣景监以求见孝公。”②通过公孙鞅的听闻说明秦孝公为政贤明，体现司马迁对英雄人物的评价。

司马迁还通过“君子曰”来表达“英雄观”。如《秦本纪》对秦缪公的记述：

> 君子曰：“秦缪公广地益国，东服强晋，西霸戎夷，然不为诸侯盟主，亦宜哉。死而弃民，收其良臣而从死。且先王崩，尚犹遗德垂法，况夺之善人良臣百姓所哀者乎？是以知秦不能复东征也。”③

以“君子曰”评价较为客观，既有对英雄人物秦缪公历史功绩的赞颂，又有对其“不为诸侯盟主”的慨叹，还有对其死后以“良臣而从死”的否定，也有对“秦不能复东征”的预判。司马迁采用“君子曰”的形式表达“英雄观”，也体现了“秉笔直书”“不虚美，不隐恶”的“良史”品质。

司马迁以“太史公曰”对“英雄”评价，体现“英雄观”。如《项羽本纪》：

> 太史公曰：吾闻之周生曰“舜目盖重瞳子”，又闻项羽亦重瞳子。羽岂其苗裔邪？何兴之暴也！夫秦失其政，陈涉首难，豪杰蠭起，相与并争，不可胜数。然羽非有尺寸，乘埶起陇亩之中，三年，遂将五诸侯灭秦，分裂天下，而封王侯，政由羽出，号为“霸王”，位虽不终，近古以来

---

① 司马迁：《史记·秦本纪》，中华书局1959年版，第192页。
② 司马迁：《史记·商君列传》，中华书局1959年版，第2228页。
③ 司马迁：《史记·秦本纪》，中华书局1959年版，第194—195页。

未尝有也。及羽背关怀楚，放逐义帝而自立，怨王侯叛己，难矣。自矜功伐，奋其私智而不师古，谓霸王之业，欲以力征经营天下，五年卒亡其国，身死东城，尚不觉寤而不自责，过矣。乃引"天亡我，非用兵之罪也"，岂不谬哉！①

这一段议论，对项羽的评价带有强烈的感情色彩。既有对项羽英雄气概和功业的赞扬，又有对其"背关怀楚，放逐义帝而自立"，"自矜功伐，奋其私智而不师古……欲以力征经营天下，五年卒亡其国，身死东城"的同情，还有对项羽至死都"尚不觉寤而不自责"的批评。最后，司马迁指出项羽将自己的失败归结为"天亡我，非用兵之罪"的错误。这里司马迁通过"太史公曰"的方式，评价历史英雄人物的同时，也表达对英雄人物命运的思考。

再如《伍子胥列传》说："太史公曰：怨毒之于人甚矣哉！王者尚不能行之于臣下，况同列乎！向令伍子胥从奢俱死，何异蝼蚁。弃小义，雪大耻，名垂于后世，悲夫！方子胥窘于江上，道乞食，志岂尝须臾忘郢邪？故隐忍就功名，非烈丈夫孰能致此哉？白公如不自立为君者，其功谋亦不可胜道者哉！"②司马迁在通过"太史公曰"对伍子胥做评价的同时，也表达了自己的英雄观。那就是，如果伍子胥跟随他的父亲伍奢一块死去，那样虽然尽了孝道，但是那样的死没有任何价值，与蝼蚁之死没有任何区别。然伍子胥必定是英雄，所以他选择了艰难地活着，"隐忍就功名"，最终替自己的父亲报仇，成就功业。司马迁称赞伍子胥为"烈丈夫"，在司马迁看来，伍子胥才算得上是"烈丈夫""大英雄"。

① 司马迁：《史记·项羽本纪》，中华书局1959年版，第338—339页。

② 司马迁：《史记·伍子胥列传》，中华书局1959年版，第2183页。

主要参考文献

一、古籍

司马迁:《史记》,中华书局 1959 年版。
班固:《汉书》,中华书局 1962 年版。
许慎撰,徐铉校订:《说文解字》,中华书局 1963 年版。
刘勰:《文心雕龙》,上海古籍出版社 2008 年版。
黎靖德编:《朱子语类》,中华书局 1986 年版。
陆淳:《春秋集传纂例》,嘉兴钱氏经苑本。
刘知幾:《史通》,浦起龙通释,吕思勉评,上海古籍出版社 2008 年版。
杜佑:《通典》,中华书局 1988 年版。
张耒:《张耒集》,中华书局 1990 年版。
顾炎武:《日知录》,上海古籍出版社 2006 年版。
严可均编:《全上古三代秦汉三国六朝文》,中华书局 1958 年版。
阮元校刻:《十三经注疏》,中华书局 1980 年版。
赵翼:《廿二史札记》,王树民校证,中华书局 1984 年版。
赵翼:《陔余丛考》,商务印书馆 1957 年版。
章学诚:《文史通义》,上海古籍出版社 2008 年版。
徐元诰:《国语集解》,中华书局 2002 年版。
国学整理社:《诸子集成》,中华书局 1954 年版。

二、著作

范文澜:《正史考略》,1931 年北平文学社印行。
郭沫若:《郭沫若全集》考古编,科学出版社 1962 年版。
郭绍虞:《中国历代文论选》,中华书局 1962 年版。
余嘉锡:《余嘉锡论学杂著》,中华书局 1963 年版。
范文澜:《中国通史简编》(修订本,第一编),人民出版社 1964 年版。
钱锺书:《管锥编》,中华书局 1979 年版。
白寿彝:《史记新论》,求实出版社 1981 年版。
章太炎:《章太炎选集》,上海人民出版社 1981 年版。
王国维:《观堂集林》,上海古籍书店 1983 年版。
杨树达:《积微居小学述林》,中华书局 1983 年版。
郭双城:《史记人物传记论稿》,中州古籍出版社 1984 年版。
吕思勉:《先秦学术概论》,东方出版中心 1985 年版。
杨明照:《学不已斋杂著》,上海古籍出版社 1985 年版。
白寿彝:《中国史学史》第一册,上海人民出版社 1986 年版。
梁启超:《中国历史研究法》,上海古籍出版社 1987 年版。
聂石樵:《司马迁论稿》,北京师范大学出版社 1987 年版。
王利器:《史记注译》,三秦出版社 1988 年版。
梁启超:《饮冰室合集》,中华书局 1989 年版。
张新科、俞樟华:《史记研究史略》,三秦出版社 1990 年版。
张大可:《史记全本新注》,三秦出版社 1990 年版。
韩兆琦:《史记通论》,北京师范大学出版社 1990 年版。
黄新亚:《司马迁评传》,光明日报出版社 1991 年版。
牟钟鉴:《道教通论》,齐鲁书社 1991 年版。
孙绿怡:《〈左传〉与中国古典小说》,北京大学出版社 1992 年版。
陶东风:《中国古代心理美学六论》,百花文艺出版社 1992 年版。

陈桐生:《中国史官文化与〈史记〉》,汕头大学出版社 1993 年版。

瞿林东:《中国古代史学批评纵横》,中华书局 1994 年版。

李春青:《乌托邦与诗——中国古代士人文化与文学价值观》,北京师范大学出版社 1995 年版。

杨燕起:《史记的学术成就》,北京师范大学出版社 1996 年版。

阎步克:《士大夫政治演生史稿》,北京大学出版社 1996 年版。

朱东润:《史记考索》,华东师范大学出版社 1996 年版。

王锦贵:《中国纪传体文献研究》,北京大学出版社 1996 年版。

章太炎:《章太炎学术史论集》,中国社会科学出版社 1997 年版。

王子今:《史记的文化发掘——中国早期史学的人类学探索》,湖北人民出版社 1997 年版。

顾颉刚:《顾颉刚集》,上海文艺出版社 1998 年版。

李泽厚:《世纪新梦》,安徽文艺出版社 1998 年版。

冯川:《人文学者的生存方式》,四川人民出版社 1998 年版。

陈雪良:《司马迁人格论》,上海人民出版社 1998 年版。

李泽厚、刘纲纪:《中国美学史》,安徽文艺出版社 1999 年版。

牟钟鉴:《走近中国精神》,华文出版社 1999 年版。

傅修延:《先秦叙事研究——关于中国叙事传统的形成》,东方出版社 1999 年版。

周光庆:《中国读书人的理想人格》,湖北教育出版社 1999 年版。

冷成金:《中国文学的历史与审美》,中国人民大学出版社 1999 年版。

张新科:《唐前史传文学研究》,西北大学出版社 2000 年版。

于迎春:《秦汉士史》,北京大学出版社 2000 年版。

鲁枢元、童庆炳、程克夷、张皓:《文艺心理学大辞典》,湖北人民出版社 2001 年版。

徐复观:《两汉思想史》(第三卷),华东师范大学出版社 2001 年版。

钱穆:《论语新解》,三联书店 2002 年版。

余英时:《士与中国文化》,上海人民出版社 2003 年版。

张新科:《史记学概论》,商务印书馆 2003 年版。

刘生良:《鹏翔无疆——〈庄子〉文学研究》,人民出版社 2004 年版。

张强:《司马迁学术思想探源》,人民出版社 2004 年版。

张桂萍:《〈史记〉与中国史学传统》,重庆出版社 2004 年版。

马小虎:《魏晋以前个体“自我”的演变》,中国人民大学出版社 2004 年版。

王明信、余樟华:《司马迁思想研究》,华文出版社 2005 年版。

杨燕起、陈可青、赖长扬汇辑:《史记集评》,华文出版社 2005 年版。

田刚:《鲁迅与中国士人传统》,中国社会科学出版社 2005 年版。

查屏球:《从游士到儒士——汉唐士风与文风论稿》,复旦大学出版社 2005 年版。

韩兆琦、张大可、宋嗣廉:《史记题评与咏史记人物诗》,华文出版社 2005 年版。

张大可:《司马迁评传》,华文出版社 2005 年版。

安平秋等:《史记研究集成》,华文出版社 2005 年版。

陈桐生:《〈史记〉与诸子百家之学》,安徽大学出版社 2006 年版。

朱义禄:《儒家理想人格与中国文化》,复旦大学出版社 2006 年版。

彭红卫:《屈原文化人格研究》,华中师范大学出版社 2007 年版。

李长之:《司马迁之人格与风格》,天津人民出版社 2007 年版。

梁启超:《要籍解题及其读法》,岳麓书社 2010 年版。

张新科:《中国古典传记文学的生命价值》,人民出版社 2012 年版。

程世和:《司马迁精神人格论》,商务印书馆 2013 年版。

冯友兰:《中国哲学史》,古吴轩出版社 2021 年版。

张新科:《史记文学经典的建构之路》,中国社会科学出版社 2021 年版。

张新科:《〈史记〉与中国文学》,商务印书馆 2021 年版。

[苏]列宁:《列宁全集》第 35 卷,人民出版社 1959 年版。

[奥]弗洛伊德:《精神分析引论》,商务印书馆 1985 年版。

[日]泷川资言、水泽利忠:《史记会注考证附校补》,上海古籍出版社1986年版。

[美]B.R.赫根法:《现代人格心理学历史导引》,文一、郑雪等编译,河北人民出版社1988年版。

[日]清宫刚:《中国古代文化研究——君臣观、道家思想与文学》,九州图书出版社1997年版。

三、期刊、报纸论文

程金造:《司马迁崇尚道家说》,《师大月刊》1933年第2期。

陈柱:《李斯列传讲记》,《学术世界》1936年第1卷第10期。

卢南乔:《论司马迁及其历史编纂学》,《文史哲》1955年第11期。

任继愈:《司马迁的哲学思想》,《新建设》1956年第6号。

白寿彝:《司马迁与班固》,《北京师范大学学报》1963年第4期。

钱锺书:《诗可以怨》,《文学评论》1981年第1期。

吴忠匡:《司马迁"成一家之言"说》,《人文杂志》1984年第4期。

杨燕起:《司马迁与董仲舒》,《史学史研究》1986年第4期。

刘家和:《对于中国古典史学形成过程的思考》,《史学理论》1987年第2期。

范振国:《司马迁对法家的否定态度有反专制主义精神》,《河南大学学报》1988年第1期。

曲炜:《什么是人格》,《百科知识》1988年第9期。

邓晓芒:《"人格"辨义》,《哲学动态》1989年第8期。

孙文钿:《从司马迁笔下的执法者看他的法制思想》,《西南民族学院学报》1990年第5期。

汪洋泉:《论司马迁的爱国主义思想》,《学术论坛》1991年第3期。

张大同:《司马迁与道家思想的关系》,《文史哲》1992年第5期。

陈兰村:《司马迁传记文学中的理想人格》,《浙江师范大学学报》(社会科学版）1994 年第 1 期。

毛曦：《论司马迁史学的继承性》，《唐都学刊》1994 年第 6 期。

杨燕起：《司马迁的〈史记〉与中国史学的自觉》，《史学史研究》1995 年第 1 期。

葛兆光：《古代中国还有多少奥秘？——读李学勤〈简帛佚籍与学术史〉》，《读书》1995 年第 11 期。

施丁：《论司马迁的"成一家之言"》，《中国史研究》1996 年第 1 期。

王成军：《司马迁史学思想新探》，《人文杂志》1996 年第 2 期。

易平：《论司马迁写当代史成一家之言》，《史学理论研究》，1997 年第 2 期。

曹顺庆：《"春秋笔法"与"微言大义"——儒家经典的解读模式与言说方式》，《北京大学学报》（哲学社会科学版）1997 年第 2 期。

李贤臣：《老子之辨与〈史记〉的书法体例及附传——〈史记·老子传〉析疑之一》，《河南大学学报》（社会科学版）1997 年第 2 期。

王绍东：《论"三不朽"说对司马迁及〈史记〉创作的影响》，《内蒙古社会科学》1998 年第 5 期。

赵志方、朱晶松：《大写的"人"——读〈史记·孔子世家〉》，《广西大学学报》（哲学社会科学版）2000 年第 6 期。

王萍：《略论司马迁的道家思想》，《齐鲁学刊》2000 年第 4 期。

尚永亮：《司马迁对庄、屈之接受及〈史记〉二传的文献价值》，《文学前沿》2000 年第 3 期。

陈桐生：《〈史记〉与〈荀子〉》，《苏州铁道师范学院学报》（社会科学版）2001 年第 2 期。

高益荣：《试论司马迁崇高人格的形成》，《西安建筑科技大学学报》（社会科学版）2002 年第 1 期。

王长华、杨克飞、易卫华：《从〈诗经〉看先秦理性精神的发展和演变》，《河北师范大学学报》（哲学社会科学版）2002 年第 6 期。

田平：《司马迁的人格精神探析》，《南都学坛》2003 年第 3 期。

张强:《论司马迁仁学思想的来源与帝王批判》,《苏州大学学报》2005年第4期。

张强:《司马迁与〈春秋〉学之关系》,《南京大学学报》(哲学·人文科学·社会科学版)2005年第4期。

陈桐生:《司马迁写老子》,《广东外语外贸大学学报》2006年第3期。

周永刚、向德富:《论司马迁对先秦仁学的继承和改造》,《北京化工大学学报》(社会科学版)2007年第4期。

苏鹏、韩文娟:《先秦道家的理想人格》,《兰台世界》2007年第5期。

肖振宇:《〈史记·孟子荀卿列传〉的撰写方式》,《咸阳师范学院学报》2009年第1期。

吴祖春:《老庄申韩合传与西汉前期的学术思想特征》,《西南民族大学学报》(人文社科版)2009年第1期。

王长顺:《论司马迁〈史记〉文史张力的审美价值》,《西北大学学报》(哲学社会科学版)2009年第3期。

王晓鹃、王长顺:《论〈庄子〉之"奇"对司马迁"爱奇"的沾溉》,《兰州大学学报》(社会科学版)2014年第4期。

张新科:《〈史记〉文学与文献研究(三篇)》,《甘肃社会科学》2016年第11期。

柳维本、赵忠文:《对司马迁"成一家之言"的认识》,《光明日报》1991年7月31日。

王子今:《商鞅虽死,其"弱民"之法却未死》,《光明日报》2016年11月23日。

张新科:《〈史记〉与中华民族精神塑造》,《光明日报》2017年4月16日。

赵望秦:《〈史记〉的特殊接受——咏史怀古词》,《中国社会科学报》2020年10月12日。

增订版后记

本书是在自己硕士学位论文的基础上完善而成的，初版于 2010 年 10 月，至今已经十二年了。这十多年来，在恩师张新科先生的引领指导下，我始终关注汉代文学，尤其是《史记》文学及其接受研究，承蒙先生教导，在他门下读完博士并顺利毕业，博士学位论文《生态学视野下的西汉文学》于 2013 年 10 月由中国社会科学出版社出版；先后撰写有关《史记》研究的学术论文十余篇；参与了以张先生为首席专家的国家社科基金重大招标项目——“中外《史记》文学研究资料整理与研究”。这都让我有更多的机会向师友们讨教《史记》文学研究，也迫使自己有更多的精力投入学术研究，并对《史记》接受及其文学经典化有了更深的认识。基于这些，我将《先秦士人与司马迁》原书稿再修改、再完善，在基本保持原貌的基础上增添了有关内容，使论证更为充分，分析更为细致，尽可能更加完备，毕竟这是我走向学术道路的初作。《司马迁〈史记〉中的“和谐”思想》曾发表在《理论导刊》2009 年第 9 期，《司马迁的“英雄观”》曾收录在《〈史记〉论丛》（中国文史出版社 2020 年版），两篇论文都论及司马迁及其思想，与书中所论有关联，故作为附录。

我要感谢张新科先生。先生勤奋忘我，兢兢业业，深耕学术，潜心研究，他经常在自己著作“后记”中说，“学习无止境，学术无止境。我将继续努力，争取更大的成绩。”先生潜心做大学问，工作精益求精，用自己的全部行动阐释“立德、立功、立言”的优秀传统。是先生的言行激励着我在学术的道路上不停下脚步。在此，我向先生致以崇高的敬意和衷心的感谢！

我要感谢师友和亲人们。师友、同事常常与我分享学术研究的快乐，交流研究思路心得，让我视野更加开阔，目标更为高远。年近八旬的母亲经常给我做饭，有了些微的病痛也不告诉我，让我专心致志好好学习工作。妻子在忙碌的教学工作之余，帮我查阅文献，校对书稿，付出了辛劳。女儿安心工作并不断进步，我感到欣慰。兄弟姐妹们经常提醒我注意身体，让我忙乱的心绪得以宽慰。我要将全部收获献给所有的亲人朋友，以表达我深深的谢意！

本书的出版得到了咸阳师范学院学术著作出版基金、国家“一流专业”——汉语言文学专业建设经费、校级重点学科——中国语言文学学科建设经费资助，对咸阳师范学院科学研究处、文学与传播学院的支持表示感谢！

人民出版社责任编辑汪逸女士为著作的出版付出了辛劳，在此深表谢意！

王长顺

二〇二二年十一月

责任编辑：汪　逸
封面设计：王欢欢

图书在版编目（CIP）数据

先秦士人与司马迁（增订版）/王长顺 著. —北京：人民出版社，2022.12
ISBN 978－7－01－025345－9

Ⅰ.①先…　Ⅱ.①王…　Ⅲ.①知识分子-研究-中国-先秦时代 ②司马迁（前145-前90）-人物研究　Ⅳ.①D691.71 ②K825.81

中国版本图书馆 CIP 数据核字（2022）第 250112 号

先秦士人与司马迁（增订版）
XIANQIN SHIREN YU SIMA QIAN（ZENGDING BAN）

王长顺　著

人民出版社 出版发行
（100706　北京市东城区隆福寺街 99 号）

中煤（北京）印务有限公司印刷　新华书店经销

2022 年 12 月第 1 版　2022 年 12 月北京第 1 次印刷
开本：710 毫米×1000 毫米 1/16　印张：22.25
字数：331 千字

ISBN 978－7－01－025345－9　定价：89.00 元

邮购地址 100706　北京市东城区隆福寺街 99 号
人民东方图书销售中心　电话（010）65250042　65289539